本书的第二章"新化地名修辞研究"属湖南省社科基金项目"地理语言学视角下的湘中地名研究"（项目编号：17YB238）研究成果。

本书的出版获湖南人文科技学院科研处2019年度优秀学术著作出版资助、湖南人文科技学院梅山文化研究中心资助、湖南人文科技学院"十三五"应用特色学科中国语言文学学科资助。

新化方言修辞研究

姜珍婷 著

中国社会科学出版社

图书在版编目(CIP)数据

新化方言修辞研究 / 姜珍婷著. —北京：中国社会科学出版社，2021.6

ISBN 978-7-5203-8666-1

Ⅰ.①新… Ⅱ.①姜… Ⅲ.①湘语—修辞—方言研究—新化县 Ⅳ.①H174

中国版本图书馆 CIP 数据核字(2021)第 124490 号

出 版 人	赵剑英
责任编辑	宫京蕾　周慧敏
特约编辑	李晓丽
责任校对	秦　婵
责任印制	郝美娜

出　　版	中国社会科学出版社
社　　址	北京鼓楼西大街甲 158 号
邮　　编	100720
网　　址	http://www.csspw.cn
发 行 部	010-84083685
门 市 部	010-84029450
经　　销	新华书店及其他书店
印　　刷	北京君升印刷有限公司
装　　订	廊坊市广阳区广增装订厂
版　　次	2021 年 6 月第 1 版
印　　次	2021 年 6 月第 1 次印刷
开　　本	710×1000　1/16
印　　张	23.75
插　　页	2
字　　数	402 千字
定　　价	138.00 元

凡购买中国社会科学出版社图书，如有质量问题请与本社营销中心联系调换
电话：010-84083683
版权所有　侵权必究

序

吴礼权

众所周知，修辞学是一门古老而年轻的学科，也是一门多元融合的学科，跟语言学、美学、心理学、文学等都有着密切的关联。因此，有关修辞学的研究自古以来就有很多视角。同一修辞现象，不同学科的学者透过不同视角予以观照，就可能有完全不同的见解。正因为如此，修辞学的研究在诸多学科中是最具魅力的。

但是，在汉语修辞学界，由于长期以来学者们囿于"修辞学是语言学的一个分支"的旧有认知，总是拘泥于"语言本位"观而热衷于修辞格的归纳与描写，对修辞学研究应涉及的其他方面则关注甚少，以致汉语修辞学研究的局面长期不能打开，进而造成其他学科的学者对修辞学的认识存在诸多误解，以为修辞学就是研究比喻、比拟、夸张、借代等几个修辞格。正因为存在误解，所以语言学其他专业的一些不知轻重的学者以及非专业的社会闲杂人等都敢动口动笔大谈所谓修辞学。大概他们以为自己知道诸如"姑娘像花一样美"是比喻，"羌笛何须怨杨柳"是比拟，"飞流直下三千尺"是夸张，"田园寥落干戈后"是借代之类的修辞格皮毛，就算是懂得修辞学了。殊不知，修辞学是一门博大精深的学问，根本就不是浅薄之徒可以望其门墙的，更不是什么人都可以登堂入室的。

事实上，在人文社会学科中，修辞学研究的准入门槛是最高的。从事修辞学研究的人，除了要有扎实的语言学基本功，还应该具备广博的文学视野，因为"文学是语言的艺术"，而"语言的艺术"正与修辞有关。人们运用语言表情达意，为什么面对不同的对象要采取不同的表达方式？为什么人们的语言表达除了讲究"信"和"达"，还会追求"雅"？当"信""达""雅"三者发生矛盾时，应该如何取舍？如此等等，要将其中的学理阐释清楚，就需要研究者懂得心理学，运用心理学的原理予以解释。研究修辞学,除了要懂语言学、文学、心理学外,还要懂得美学,懂得历史学,懂得哲学,懂得逻辑学,懂得文字学。比方说,汉语中有一种独特的修辞手法叫"列锦",构句完全不用动词以及连词、介词等虚词,而只以一个名词或名词性短语单独构句,或是以两个或两个以上的名词或名词性短语联合铺排构句,对于这种修辞现象,如果用语言学的原理来解释,无论如何都说不清楚。但是,掌握了美学的基本理论,从意境创造与审美效果的关系来观照,就能将其中的奥义精蕴予以清楚地阐释。又比方说,在汉语特别是古汉语中有一种非常重要也是特别常见的修辞手法叫"用典",它往往是阅读理解中国古典文学作品的关键。但是,如果不懂历史,就根本读不懂,不知道用的是什么典故,自然也就不可能了解作者用典所要表达的思想感情,更谈不上什么修辞分析与作品欣赏了。又比方说,汉语修辞中有"对偶""回环"等修辞手法,对于这些修辞现象的存在,如果不懂中国哲学,对中国古代"阴阳对立""阴阳互补"的二元思维及其二元对立统一的哲学观有所了解,就根本无法解释中国人为何自古以来一直在说写表达中特别钟情于对偶对仗,也无法解释为何中国自古及今都有回文诗与回文联的存在并为中国老百姓所津津乐道。至于对《老子》中诸如"信言不美,美言不信""善者不辩,辩者不善""知者不博,博者不知"之类的哲理名言的奥义精蕴,以及为何如此表达的原因,不懂哲学者就更不可能明白了。又比方说,汉语修辞中有"层递""同语""承转""顶真"等修辞手法,如果不懂逻辑学,恐怕对这些修辞现象的存在及其特有的表达效果都难以解释清楚。再如,汉语中有一种特殊的修辞手法,是世界上其他非表意文字的语言不可能有的,这就是"析字",是利用汉字形体特点,通过汉字偏旁构件的巧妙拆分与组合来实现表情达意的目的。如果不懂文字学,不仅不能充分利用汉字资源进行析字修辞文本的建构,实现情与意的创造性表达,甚至连他人所建构的析字修辞文本的奥义精蕴也不能理解欣赏。可见,研究修辞学不具备多学科知识背景与广阔的学术视野、深厚的学术修养,是迈不过修辞学研究的准入门槛的,要想在修辞学研究方面取得突破性成就更是不可企及的奢想。

姜珍婷的新著《新化方言修辞研究》,全书共五章,计约40万言,是其精思傅会,十年乃成的力作。我作为这一力作的第一个读者,读毕全稿感到非常振奋。之所以感到振奋,是因为从姜珍婷的这部新著中,我看到了中国新生代修辞学人跳脱中国修辞学研究旧有研究思路与模式的新思维与新追求，看到了这其中孕育的中国修辞学发展的新希望。

姜珍婷原是学文学的，不仅会写文学评论，还会文学创作，算得上是个才女。2010年来复旦跟我做访问学者，改学修辞学。其实，当时她已经是学有所成的副教授了。访问学者的学习结束后，她又通过复旦大学严苛的考试而成了汉语言文字学专业的博士生，投在了我的门下开始修辞学研究。刚入学时，我对她的语言学基础感到很担心。但是，事实证明我多虑了。她是个非常聪明的人，学习能力很强，吸收新知的能力更强，而且学习兴趣广泛。复旦大学对于博士生的知识结构有明确的要求，提倡不同学科专业的融合交叉，而且有跨专业、跨学科修读学分的具体要求。加上复旦大学各种前沿学术讲座很多，跟国内外知名学者交流的机会也很多。在这样优越的学术环境下，姜珍婷不仅很快补足了语言学方面的基础，而且在历史、哲学等方面的学养也大有精进。至于文学与心理学方面，我就不担心了。因为相比于我的其他博士生，姜珍婷在这两个方面都有先天的优势。文学方面，她硕士阶段就是学文学的，无论是古今中外文学作品的阅读面与阅读量，还是对审美的感知力，都是其他语言学专业博士生不能望其项背的。心理学方面，她大学阶段上的是师范，学的是教育，心理学的学习早就有了基础。其实，当年我破格录取姜珍婷为博士生，其中最重要的原因就是看重她的知识结构与学历背景跟其他语言学专业的博士生不同，更符合我对从事修辞学研究者的目标预期。

现在读到姜珍婷这部新著《新化方言修辞研究》，我确信我当年的目标预期没有落空。因为这部新著的研究思路契合了我对修辞学研究多元融合的想法，昭示了修辞学研究所应努力的方向。这部新著虽是一部汉语修辞学专著，但却突破了传统修辞学研究的旧有思维模式，没有在现代汉语辞格、篇章结构等方面原地打转，也没有以汉语通语中的其他修辞现象为研究对象，而是选取汉语地域变体之一的湖南新化方言为研究对象，从新化的地名、新化的禁忌语与委婉语、新化的俗语、新化的山歌等四个方面研究新化方言中的修辞现象。这一选题思路就具有创新性，值得肯定。虽然汉语方言修辞的研究，在此之前也曾有过，但多是着眼于不同方言在节律、连续变调、语音构词等有关语音对修辞的影响方面，研究的格局未曾展开。而姜珍婷的这部新著对汉语方言修辞的研究则并未局限于语音一端，而是包括了词汇、语句、篇章等几个方面。研究中涉及的学科专业知识体系非常完整，运用的理论与知识，除了修辞学之外，还包括了方言学、词汇学、语音学、声乐学、历史学、地理学、社会学、心理学，跟传统修辞学研究者仅着眼于语言形式的描写的思路大不相同。如第一章"地理语言学视角下的新化方言修辞研究概述"，其中谈到新化县自然环境与人文环境时，就涉及了历史学与地理学。第二章"新化地名修辞研究"，其中对新化方言地名结构成分、结构类型的分析与归纳，涉及的就是词汇学的内容。第三章"新化禁忌语、委婉语研究"，其中讨论的新化方言中禁忌语产生的原因与委婉语的生成机制，涉及的就是心理学的内容。第四章"新化俗语修辞研究"，其中讨论的新化方言俗语的音韵特点，就是方言学的内容。第五章"新化山歌篇章修辞研究"，其中谈到的新化山歌的"兴象"问题，涉及的就是文艺学的内容；谈到的新化山歌的音乐性，涉及的是声乐学的内容。事实上，正是因为作者有广阔的学术视野，有丰富的多学科专业知识，所以才能对新化方言中的诸多修辞现象作出深入而精当的理论阐释，从而为方言修辞的研究开辟了一条新路径，确立了一个新范式。

除了融合方言学、词汇学、语音学、声乐学、历史学、地理学、社会学、心理学的知识与理论对新化方言的修辞现象予以透视而独具特色外，姜珍婷的这部新著在修辞理论的创新上也多有斩获，值得肯定。如第一章一开始，作者就明确提出："在修辞研究中，我们应该引进空间思维，从人地关系的角度，展开修辞的地域性研究，以此来对修辞原理、修辞方法、修辞现象做出发生学的解释，让修辞研究呈现出时空合一、内外兼顾的立体多维研究态势。"这一观点是非常有启发性的，在此之前修辞学界尚未有人认识到。也正因为有此清醒的认识，她才会选择从方言的角度切入，拓展汉语修辞研究的新天地，从而为汉语修辞研究开辟出了一个全新的生存空间，续添了一个新的增长点。又如第三章"新化禁忌语、委婉语研究"的第二节"委婉语的修辞学阐释"，其中对禁忌语、委婉语的生成机制进行修辞学阐释时，作者指出："禁忌语的形成是具有理据性的，是恐惧、厌恶心理在某些语词符号上追加色彩语义形成的。在正常的交际场合，如果直接使用禁忌语，会给交际对象带来恐惧、厌恶等消极情感，从而阻碍交际活动的正常进行。因此，人们在言语表达中，为了消除禁忌语带来的负面影响，会用别的'能指'形式去回避、掩盖甚或装饰、美化实际的'所指'，在语言学中，这种能指形式被统称为委婉语。鉴于禁忌语与委婉语是社会文化中的'语词符号对'，禁忌对象是'所指'，禁忌语是'能指1',委婉语是'能指2'。能指1的形式往往是单一的、确定的,但作为它对应存在的能指2却会因时间、空间的差异而出现多样化,众多的能指2汇集成一个聚合,它们共同与能指1构成对应关系;因此,禁忌语和委婉语这组'语词符号对'的对应关系不是简单的一对一的方式,更多的时候是一对多的关系。在进行言谈交际时,'能指2'处在语言的表层,它以间接、婉曲、折绕甚至是倒反的方式与'能指1'建造'距离',距离的存在有效地消除了'能指1'给人们带来的消极情感,让交际活动正常进行。作为禁忌语的'能指1'处在语言的底层,虽然它在言语交际时不直接出现,但它才是真实语义所在,在言语交际中,人们通过语境获知它,以保证整个交际活动不出现信息的谬差。"这种具有穿透力的理论阐释,在一般的语言学理论或社会语言学的教科书中都是找不到的,是作者沉潜思考,从修辞学视角作出的学理阐释,非常可贵。这部新著中还有很多理论创新的亮点,兹不一一列举,留与读者诸君自己细细体会。

2020年8月28日草于复旦大学

【注:吴礼权,复旦大学文学博士,复旦大学中国语言文学研究所教授、博士生导师,日本京都外国语大学客员教授,中国台湾东吴大学客座教授,湖北省政府特聘"楚天学者"讲座教授,中国修辞学会会长,历史小说作家。】

目　录

第一章　地理语言学视角下的新化方言修辞研究概述 …………（1）
　第一节　地理语言学视角下的方言修辞研究构想 …………（1）
　　一　当代人文社会科学的"空间"转向 …………（1）
　　二　修辞研究与空间思维 …………（3）
　　三　地理语言学视角下的方言修辞研究目标、内容及方法 ……（14）
　第二节　新化县概况 …………（15）
　　一　新化县自然环境 …………（16）
　　二　新化县人文环境 …………（17）

第二章　新化地名修辞研究 …………（27）
　第一节　新化地名结构分析 …………（28）
　　一　汉语地名的结构成分 …………（28）
　　二　汉语地名的结构类型 …………（29）
　　三　新化地名的结构类型 …………（29）
　第二节　新化地名通名的构成及其地域特征 …………（30）
　　一　新化地名通名的词汇分析 …………（31）
　　二　富有地域色彩的方言通名考释 …………（35）
　　三　新化地名通名的地域特征 …………（41）
　第三节　新化地名专名命名及其地域特征 …………（54）
　　一　新化地名专名的类型 …………（54）
　　二　地域自然条件制约下的专名 …………（55）
　　三　地域人文条件制约下的专名 …………（82）
　　四　双重制约下的数词专名 …………（93）
　本章小结 …………（99）

第三章　新化禁忌语、委婉语研究 （101）
第一节　禁忌与语言崇拜 （102）
　　一　禁忌的产生 （102）
　　二　语言崇拜与语言禁忌 （103）
　　三　语言禁忌的类型 （104）
第二节　委婉语的修辞学阐释 （110）
　　一　委婉语的生成机制 （110）
　　二　委婉语中的修辞意识 （111）
　　三　委婉语的修辞原则 （112）
　　四　委婉语的建构手段 （115）
第三节　新化方言的禁忌选择 （119）
　　一　生态物种条件与动物禁忌选择 （120）
　　二　民众价值观与禁忌选择 （122）
　　三　民众伦理观与禁忌选择 （132）
第四节　新化委婉语及其地域特征 （139）
　　一　"长生久视，死而不亡"生死观下的死亡类委婉语 （139）
　　二　"尊巫信鬼"信仰制约下的职业委婉语 （142）
　　三　民众性格制约下的病厄类委婉语 （146）
本章小结 （149）

第四章　新化俗语修辞研究 （151）
第一节　新化俗语概况 （152）
　　一　俗语定义 （152）
　　二　俗语的范围 （153）
　　三　新化俗语的类型 （154）
第二节　新化俗语语音修辞及其地域特色 （164）
　　一　语音修辞概述 （164）
　　二　新化方言音韵特点 （168）
　　三　新化俗语语音修辞的地域特色 （170）
第三节　新化俗语的辞格使用及其地域特色 （179）
　　一　新化俗语修辞格使用概貌及其地域成因 （179）
　　二　新化俗语中的比喻格 （181）
　　三　新化俗语"喻象"的地域特征 （188）

本章小结 ……………………………………………………… (233)
第五章　新化山歌篇章修辞研究 ……………………………… (235)
　第一节　新化山歌的"兴"及其篇章修辞效能 ……………… (236)
　　一　"兴"与"兴象"的修辞学阐释 ……………………… (236)
　　二　新化山歌"兴象"的地域色彩与文化内涵 …………… (242)
　　三　诗歌的篇章结构及其特点 ……………………………… (271)
　　四　新化山歌"兴"的篇章修辞效能 ……………………… (274)
　第二节　新化山歌的韵律特点及其篇章修辞效能 …………… (281)
　　一　新化山歌歌词的音乐性 ………………………………… (281)
　　二　新化山歌语音的篇章修辞效能及其地域特征 ………… (292)
　第三节　新化山歌的风格特征 ………………………………… (310)
　　一　山歌语言风格手段 ……………………………………… (310)
　　二　新化山歌的地域风格 …………………………………… (313)
　本章小结 ……………………………………………………… (321)

附　录 …………………………………………………………… (323)
　表1　新化县自然景观类地名通名统计表 …………………… (323)
　表2　新化县人文景观类地名通名统计表 …………………… (336)
　表3　新化县行政区划类地名通名统计表 …………………… (339)
　表4　新化县方位词类地名统计表 …………………………… (339)
　表5　新化县物产类地名统计表 ……………………………… (342)
　表6　新化方言祖、父辈亲属称谓 …………………………… (345)
　表7　新化方言子、孙辈亲属称谓 …………………………… (346)
　表8　新化方言同辈亲属称谓 ………………………………… (346)
　表9　新化方言姻亲称谓 ……………………………………… (347)
　表10　新化山歌自然类兴象统计表 …………………………… (347)
　表11　新化山歌生产类兴象统计表 …………………………… (350)
　表12　新化山歌生活类兴象统计表 …………………………… (351)
　表13　鄂温克族歌谣兴象统计表 ……………………………… (352)

参考文献 ………………………………………………………… (355)
后　记 …………………………………………………………… (366)

第一章

地理语言学视角下的新化方言修辞研究概述

在哲学领域，时间和空间作为物质运动的两种基本形式，是两个具有终极意义的话题。时间是物质运动过程的持续性、顺序性，它的特点是一维性。空间是运动着的物质的伸张性、广延性，它的特点是三维性。恩格斯认为："世界万物的存在形式是时间和空间。……因为一切存在的基本形式是时间和空间，时间以外的存在和空间以外的存在同样是非常荒诞的事情。"① 修辞，作为一种言语活动，是一项空间性极强的社会活动。以空间性极强的修辞为研究对象的修辞研究，如果缺乏空间思维，不能从空间的角度去考察修辞与环境的关系，其研究必然流于单薄。因此，在修辞研究中，我们应该引进空间思维，从人地关系的角度，展开修辞的地域性研究，以此来对修辞原理、修辞方法、修辞现象做出发生学的解释，让修辞研究呈现出时空合一、内外兼顾的立体多维研究态势。

第一节 地理语言学视角下的方言修辞研究构想

一 当代人文社会科学的"空间"转向

19 世纪至 20 世纪上半叶，在西方现代性的发展中，时间性的历史范畴是一种占主导地位的思维方式。这一时段科学研究的时间意识要明显强于空间意识，对研究对象强调其历时性、进程、规律、本质的把握，而忽视其共时性、在场、关系的探求。法国后现代主义者福柯甚至据此认为，19 世纪的特征之一就是对历史的迷恋，对发展、悬置、危机、循环、过

---

① ［德］马克思、恩格斯：《马克思恩格斯全集》卷三，人民出版社 1979 年版，第 91 页。

去、人的死亡等与时间相关主题的关注。

20世纪下半期，人文社会科学呈现出整体性思维方式的"空间转向"。首先，福柯前瞻性地意识到了空间时代的崛起："当今的时代或许应是空间的纪元。我们身处在同时性的时代中：处在一个并列的年代，近与远、肩比肩以及消逝的年代。我确信，我们处在这么一刻，其中由时间以一生发展出来的世界经验远少于联系着不同点与交叉间之混乱网络所形成的世界经验。"①

随之，列斐伏尔在1974年出版了《空间的生产》，提出"空间生产"的著名概念，从时间—空间—社会的三重辩证法中提出一套完整的社会空间理论。认为空间具有社会性，是社会关系、生产关系的脉络，它不仅被社会关系所支持也被其所生产。空间是在历史发展中产生的，并随着历史的演变而重新结构和转化。因此，现代社会的复杂关系必须要从空间性—历史性—社会性三者的复杂关联中探讨。随后，爱德华·索亚从后现代地理学的视角，提出了三类空间模式的认识。即所谓第一空间认识论，主要注重客观性和物质性空间，诸如家庭、建筑、邻里、村落、城市、国家乃至世界经济和全球地理政治等。第二空间，偏重于主观性与想象性空间，从构想或者想象的地理学中获取观念，并进而通过反思的、主体的、内省的、哲学的、个性化的活动，把观念投射到经验世界；第三空间则是超越物质空间与精神空间对立的空间思维，是开放的空间模式。在此基础上，索亚进一步强调，人类从根本上就是空间的存在者，人类主体自身就是一种独特的空间性单元。"一方面，我们的行为和思想塑造着我们周遭的空间，但与此同时，我们生活于其中的集体性或社会性生产出了更大的空间与场所，也在我们只能去理解的意义上塑造我们的行为和思想，用社会理论所熟悉的术语来说，即人类的空间性是人类动机和环境或语境构成的产物。"② 由此，20世纪70年代，在福柯、列斐伏尔、索亚及卡斯特、布迪厄等一批社会理论家的共同推动下，空间问题开始成为西方主流社会学的核心问题，空间概念也开始成为社会学理论的核心概念。

哲学社会科学的"空间转向"一方面颠覆了传统空间等同于"容器"的观念，确立了全球化视野中空间的本体性价值；另一方面带来了人文社

---

① 夏铸九编译：《空间的文化形式与社会理论读本》，明文书局1988年版，第225页。
② [美] 爱德华·索亚：《后大都市：城市和区域的批判性研究》，李钧等译，上海教育出版社2006年版，第8页。

科研究提问方式、言说方式和解释方式等的空间化转向。从人类的认知规律看，在时间感知的背后，渗透着人类如何理解、把握自身的历史，而在空间感知的背后，显示出人类如何把握、建构自我与周围世界的关系。因此，应用空间思维能有效突破传统时间观的遮蔽，寻求空间场域的批判思路，是整个学术思想言说方式的转型，将对当代哲学、社会学、地理学、历史学、文化研究、语言学等学科产生重大影响，使之形成多学科交叉发展的态势。

二 修辞研究与空间思维

（一）语言研究与空间思维

在语言学发展史上，结构主义诞生之前，语言学家对语言的研究多从纵向的时间轴展开。到了结构主义时代，索绪尔首创了语言的历时性和共时性的观点。根据语言在时间和空间所处的位置，索绪尔用图 1-1 表示语言的两种关系。

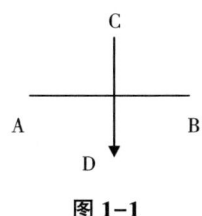

图 1-1

索绪尔认为："1. 同时轴线（AB），它涉及存在的事物之间的关系，一切时间的干预都要从这里排除出去；2. 连续轴线（CD），在这个轴线上人们一次只能考虑一样东西，但是第一轴线的一切事物及其变化都位于这条轴线上。"① 对此，他还有进一步的阐释，认为，目前已有的术语完全不能表现出这种区分。"历史"和"历史语言学"这样的术语是不适用的，因为它们是同不清楚的概念相联系着的。术语"进化"和"进化语言学"，更确切些，我们常常使用它，在它的对立面可以谈到语言的"状态"（静态）的科学，或者"静态语言学"。"但是，为了更好地表明有关同一对象的两大秩序的现象的对立和交叉我们不如叫作共时语言学和历

---

① ［瑞士］费尔迪南·德·索绪尔:《普通语言学教程》，高名凯译，商务印书馆 1980 年版，第 118 页。

时语言学。有关语言学的静态方面的一切都是共时的,有关演化的一切都是历时的。同样,共时态和历史态分别指语言的状态和演化的阶段。"①

显然,在上述阐述中,索绪尔已经感知到了语言的向度和维度。对于语言的时间性,他用了"进化"一词来阐释语言在时间流中的发展演变。然而,对语言的空间性,他的认识依然混沌而封闭。混沌性在于,他虽然用与语言的历时性构成对立的横坐标来表示语言的共时性,但在解说的时候却说"同时性的轴(AB),牵涉到存在的东西之间的关系,在那里排除任何时间的干扰"。显然,他对于语言系统的"横向轴"依然是从"时间"的角度认识的,并用表示时间概念的"共时"对其进行指称。而从严格的科学意义上来说,语言的共时性几乎不可能。因为,作为人们交际工具的语言,它总是在时间流中演变着,在空间中与周边事物进行交互作用。无论是形式还是内容,语言都是在永恒地变化着,根本不存在所谓"静态语言"。索绪尔的封闭性在于,他的共时观不但要排除时间的干扰,只描写语言的静止状态,而且还只研究语言系统内各要素之间的关系,不牵涉到语言系统之外的任何东西。

显然,索绪尔的共时观虽然发现了语言的另一维度,认识到了语言自身的空间性,但并没有意识到在语言之外还有一个触发和容纳它的空间,没有认识到语言与外部空间的交互关系,因此,还没能建立起科学意义上的语言空间观。

后来,随着功能语言学的兴起,特别是文化语言学的出现,在语言学领域,越来越多的学者开始应用空间的思维来考察和分析语言现象。语言学研究的空间思维是从对传统的封闭型思维进行反思开始的。首先,在功能语言学者看来,语言既然是在一定社会中产生和发展的,那么研究这个系统时就不能不考虑它同社会现实(文化、文学、艺术等)的联系,不能抛开"此在"去研究语言结构中的纯关系。在文化语言学者看来,语言与社会文化息息相关,语言研究不能游离于社会,游离于它所处的人文空间。显然,随着语言学研究的发展,学者们开始用空间思维来开启思路和寻找方法;但是,即使是极为重视空间思维的文化语言学,也还只是把语言所处的空间局限在社会文化范围,还没能认识到空间的多样化,没能

---

① [瑞士] 费尔迪南·德·索绪尔:《普通语言学教程》,高名凯译,商务印书馆1980年版,第119页。

认识到空间的开放性和动态性。

(二) 修辞研究中的空间思维

在修辞学领域，受语言学研究思路和方法的影响，长期以来，学者们对修辞学的研究，应用的是索绪尔的历时观和共时观。

修辞学研究的历时观主要体现为从线性时间角度研究修辞的演变发展过程，如对某修辞现象发展轨迹的推演和对修辞史和修辞学史的回溯等。修辞学研究的共时观主要体现为对修辞系统内部各要素之间关系的研究，如对各修辞要素关系的探讨和分析，对修辞手段的剖析和解构等。

以强调变化的历时观来看修辞，修辞是在时间序列中不断向前延伸和发展的，是随着时代、社会、境况的不同而不断变化的东西。据此，在研究中，修辞学者把修辞纳入时间流动的框架中，从每一时间段上考察、描述、阐释修辞现象的兴替变化，然后把各个时间段上的修辞现象和修辞学研究成果进行比较，最终通过阐述其演变发展来确立其历史渊源和发展轨迹。因此，历时观对修辞学的贡献是：把修辞看作一个动态的变化的系统，认为一切修辞现象都处在一个构成因果关系的时间链中。虽则如此，用历时观来研究修辞学，修辞学者对修辞学做的依然只是线性的贯串工作。而不能从根本上对修辞原理、修辞方法、修辞现象做出发生学的解释。

从共时角度研究修辞学，修辞系统呈现为一个稳定的静态结构。如果说，历时性结构在时间的流动中展示了修辞的因果式链状发展进程；那么，共时性的研究模式则是在静态的空间中展示恒定的秩序。共时观对修辞学研究的贡献主要是：把修辞视为一个独立于社会、历史、修辞主体的自足体。用符号学的手段构造一定的关系模式来显现修辞现象、修辞原理的深层结构，并认为深层的关系结构才是研究的真正意义所在。由此可见，共时观显然是受传统空间观的影响，在修辞研究中切断了修辞与外界事物的一切联系，从而把修辞本体看成了死亡的、固定的、非辩证的、不动的"容器"。

从上述分析可见，不论是从线性时间上展开的历时研究，还是从纵深剖面上展开的共时研究，其研究方向的指向始终是向"内"的，即指向研究本体。而实际上，修辞，作为一项有意识的、积极的语言活动，不仅本体是一个具有空间性的结构体，而且其要素无不处在一定的空间中，与空间中的其他存在构成互动。首先，在修辞活动中，主体，即用修辞的

"人"是修辞活动的核心因素，而每一个人都是有空间属性的，即都是有一定地理归属和民族文化特质的个体。先于修辞主体而在的空间环境往往会以认知框架的形式存在于人的头脑中，并在外界信息与认知框架所建立的关联中显示出它的特性。因此，在修辞研究中，修辞主体所处的环境及由此生成的认识差异能为不同民族文化下的修辞差异提供重要的理据。其次，人又是在一定的时间地点、一定的地理环境、一定的社会文化中使用语言的。修辞主体对言辞的一切调适都是以"适应题旨情境为第一义的"，因此，修辞"语境"这一空间因素亦是影响修辞活动、形成修辞现象的重要成因。此外，修辞主体的每一项修辞行为都是针对一定的修辞接受者展开的，具有一定地域背景的修辞接受者会以暗隐的形式参与到修辞活动中来，进而影响到修辞主体对修辞原则的确立，对修辞方法的采用，对修辞材料的择取。由此可见，修辞活动是一项空间性极强的言语活动，以空间性极强的修辞为研究对象的修辞研究，如缺乏空间思维，不能从空间的角度去考察修辞与环境的关系，其研究必流于片面与浅薄。

修辞的空间性，《修辞学发凡》早有提及："我们知道切实的自然的积极修辞多半是对应情境的：或则对应写说者和读听者的自然环境社会环境，即双方共同的经验，因此生在山东的常见泰山，便常把泰山来比喻事情的重大。生在古代的常见飞矢，便常把飞矢来喻事情的快速；或则对应说写者心境和写说者同读听者的亲疏关系、立场关系、经验关系以及其他种种关系，因此或相嘲谑，或相反诘，或故意夸张，或有意隐讳，或只以疑问表意，或单以感叹抒情。种种权变，无非随情应境随机措施。"[①] 可见，对于修辞的空间性，早期的修辞学者是有充分认识的。在上述论述中，作为现代修辞学的缔造者，陈望道不但意识到了修辞是受时空限制的，而且还进一步把修辞空间分作了两种形态即大环境和小情境。可惜的是，后继学者在研究的过程中多把修辞空间局限在范围极窄的"言说情境"，而没能扩展到更广的社会空间和自然空间。在修辞研究中，以小情境为主的空间思维虽然突破了修辞的静止性、封闭性，充分考虑到了修辞活动的动态性和开放性，在研究过程中，把修辞主体、修辞接受者等环境产物和修辞活动的具体情境等环境因素都纳入了修辞研究的范畴，在对修辞现象进行研究时充分考虑到这些因素的影响；但因其秉持的空间观始终

---

① 陈望道：《修辞学发凡》，上海教育出版社2001年版，第10页。

是小空间，即拘泥于言说者的一时一地之境，如，把修辞主体所处的空间局限在"说写者心境""写说者同读听者的亲疏关系、立场关系、经验关系"，而没能把修辞主体放在更广阔的时空背景中，如生活的地理环境、所处的人文背景等地域生活背景中去展开；因此，极易把修辞研究拘囿于语用这一小范围内。而事实上，不依个人意志为转移的生存条件，如自然环境、民族文化、社会阶层、宗教信仰、道德原则等空间背景透过修辞主体对修辞原则的确立、修辞手法的产生、修辞材料的择取、修辞文本的建构起着决定性的作用。因此，在修辞研究中，从人地关系的角度，应用空间思维去考察和分析各种修辞思想、修辞方法、修辞现象，不仅能使修辞学焕发出更具科学性的解释力，而且还能使修辞研究呈现出时空合一、内外兼顾的立体多维研究态势。

现代空间哲学认为空间本身既是一种产物，是由不同范围的社会进程与人类干预形成的，又是一种力量，它要反过来影响、指引和限定人类在世界上的行为与方式的各种可能性。在此意义上来理解人与空间环境的关系，那么，不仅主体总已经在世界之中存在着，这是它以前意识的不言而喻的方式所熟悉的世界，而且每一个他人都作为一个不容挑战的共存的类型或背景而为我存在，并且我的生命具有一种社会的基调，就如同它具有一种难免一死的特点一样。在修辞活动中，先于修辞主体存在的空间背景是透过修辞主体对修辞产生作用的，特别的空间存在不仅决定着生活在此空间域中人的认知内容，还决定着他们的认知方式。以认知内容而论，生活在沿海的民族，其生活的海洋空间决定了海洋、鱼类和捕鱼工具是其主要认知对象，而生活在内陆的民族，其生活的空间决定了平原、山地、植物、兽类和农耕用具是其主要认知对象。以认知方式而论，据人类文化学者的研究成果，生活在不同文化中的民族可能会产生不同的视错觉经验。住在"木器化"世界方形环境中，具有理解三维图形的二维表象能力的民族如美国人，比住在"非木器化"世界中的民族如住在圆形环境中的布须曼人和祖鲁人，容易产生"缪勒—莱伊尔错觉"。住在广阔平原上的人如塞内加尔人比住在丛林中的人如达荷美人更为容易产生"横竖错觉"。靠狩猎为主的游牧部落多属场域独立型知觉模式，而以耕种为主的农业社区更倾向于场域依赖型知觉模式。在一定空间背景中获得的认知对象和塑就的认知方式最终会透过修辞主体的心理空间对言语行为产生影响，进而在语言空间中呈现出不同的结构和表征。具有某种特定结构和表征的语言空间一旦形成，又会对认知空间的建构产生重要影响。此三种空间的关系如图 1-2 所示。

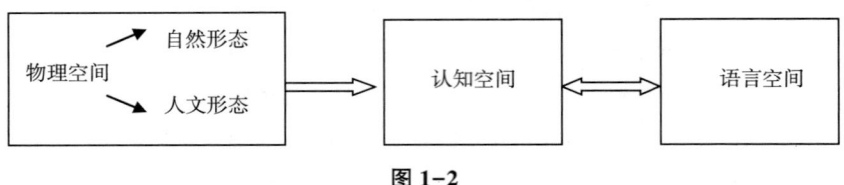

图 1-2

在修辞学研究中引进空间思维，并不是要排除时间思维。时间与空间虽则作为一组对立概念出现，但事实上，它们的统一性才是绝对的。因为，任何具有时间性的实践活动都必然是一种空间性的在场，体现为在空间之中展开的程序和表格。同样，任何处在空间中的事物又必须是分成序列的、过程性的、不断积累的、周期性的、富有节奏的、目标定向的甚至是进化的。由此可见，空间的关系性总是一种时间性行动的空间性即时间的空间性；反之，行动的时间性始终是关系的时间性即空间的时间性。抛开时间性和空间性的人为划分的分析提法，时间性和空间性实则一体于行动之中，这便是行动的时空性。因此，用空间思维来进行修辞研究，并不是完全摒弃时间思维，相反，任何空间性的存在其实是时间性的积淀，是由时间集聚而成的空间。因此，应用空间思维对修辞的地域性展开研究，其考虑的空间因素并不只限于空间的自然条件，还要考虑到在漫长的时间流中逐渐积淀而成的其他空间要素，如地域发展史、地域风俗礼仪、地域宗教信仰等对修辞的影响。

（三）修辞与地域的关系

地域对人们的修辞活动有着重大影响。在地域空间中，不但其自然环境各要素，如气候、物产、地形、地貌等对修辞有着制约和影响；社会环境的各要素，如历史背景、风俗习惯、宗教信仰等也在规约着修辞活动的进行。

1. 自然因素对修辞的影响

地域，首先以一个地理概念出现。作为地理概念出现的地域，其所处的地理位置，所具有的地形、气候、土壤、水文、矿藏、植物、动物等地理资源是先于主体存在的对象化世界。于生活在此域的修辞主体而言，它们是身体各感官能直接感知的对象，是思考和认识赖以建立的逻辑前提。在人类内知觉和外知觉的交感作用下，上述自然物象会以复合、完整、理想的状态进入主体的认知世界，形成表象储备于大脑中。由此可见，地域地理资源是该区域人们重要的认知对象，它以原始物象的形式通过表象形成物理现象和价值现象进入人们的认知世界中。在世界范围内，不同的地域，由于所处空间位置的差异，它所具有的地理资源也各不相同，因此而提供的自然物象也各有区别。不同的自然物象进入主体的认知视野中形成不同的表象。这些表象以两种方式对修辞活动产生影响：

其一，以表象的形式进入修辞主体的认知世界成为主体的修辞材料。自然物象经由表象成为修辞材料，这恰如卡西尔所论："——人文对象（或文化对象）显然地于任何情况下都需要——物理的或质料性的基础（Substrat）。"① 以"竹"为例，因为"竹"是我国常见的一种植物，所以在汉语世界中，常见以"竹"为修辞材料的修辞文本，如"胸有成竹""势如破竹""功垂竹帛""雨后春笋"等。而在英国，因不产竹，其修辞文本中就缺乏"竹"象，甚至其语词世界中的 bamboo 也是借词。同样，英国物产"欧芹""鼠尾草""迷迭香"等也不会进入汉语世界中，成为汉语修辞的取象资源。

其二，各地域的地理资源除了以表象的形式进入修辞主体的认知世界外，它还会以其存在的特性影响到主体的认知方式。如在多山的地域，地表的起伏崎岖，群山的环绕围抱很容易在人的认知世界里形成容器图式。容器图式的形成，是"里""内""中""外"这一组方位词进行投射的基础。由此，在语言世界里形成了以"里""内""中""外"来进行方位指称的习惯。在修辞活动中，居住在多山地域的民众在给地理实体命名时，多择取"里""内""中""外"等容器类方位词。而在平原地域，因地形起伏不大，地表样貌变化不显著，这样的地貌特征很难在人的认知世界里形成容器图式；因此，居住在平原地域的民众一般喜用以太阳为参照点的"东""南""西""北"来进行定位指向，在地名中多出现"东""南""西""北"等方位词。

其三，各地域地理资源的差异除了对当地居民的认知产生影响外，它还会影响到他们的情感、意志、态度等心理要素，最终形成特定的民族心理和性格。对此，早在先秦时代《管子·水地篇》就云："地者，万物之

---

① ［德］恩斯特·卡西尔：《人文科学的逻辑》，关子尹译，上海译文出版社 2004 年版，第 92 页。

本原,诸生之根菀也,美恶、贤不肖、愚俊之所生也。水者,地之血气,如筋脉之通流者也。……故水一则人心正,水清则民心易。"① 地理环境作为人类活动的外部环境,对人的生理和心理素质的影响是毋庸置疑的。孟德斯鸠就认为,地理环境尤其是气候条件,使人的生理和心理产生不同的反应。如,他认为:"寒冷的空气使人们身体外部纤维的末端紧缩起来;这会增加纤维末端的弹力,因而增加它们的力量。反之,炎热的空气使纤维的末端松弛,使它们伸长,因此减少了它们的弹力和力量。所以人们在寒冷气候下,便有较充沛的精力,……有较强的自信,也就是说,有较大勇气。对自己的优越性有较多的认识,也就是说,有较少复仇的愿望;对自己的安全较有信任,也就是说较为直爽,较少猜疑,策略与诡计。结果,当然产生很不同的性格。"② 虽则孟德斯鸠对地理环境的作用有片面化和夸大性,但地理环境对人的生理和心理影响却是毋庸置疑的。地理环境对人的生理和心理的影响最终会形成不同的民族性格,进而影响到该区域文艺作品的语言风格。如:南北朝时,同为民歌,以吴歌和西曲为代表的南朝民歌因处在南方,南方山水的清幽娟秀间接导致了南方民歌语言细腻委婉、优美精致的风格特征,而北地风物的苍茫粗放则造就了北朝民歌语言的简单疏朗、质朴无华。

2. 人文因素对修辞的影响

地域除了是一个地理概念外,还是一个社会文化概念。首先,不同的地理条件会对地域的生产方式和生产力水平产生影响,使各地区生产力的发展速度和水平出现不平衡,进而使不同地区、不同民族处于不同的社会发展阶段,即处于不同的生产方式和社会制度之下。对此,马克思在《资本论》中这样论述:"不同的公社在各自的自然环境中,找到不同的生产资料和生活资料。因此,它们的生产方式、生活方式和产品,也就各不相同。"③ 正因为如此,在人类社会早期,古巴比伦的两河流域、印度的恒河流域和我国的黄河流域,其空气湿润、温度宜人、土地肥沃等自然条件为古老的农业文明提供了先天的土壤,这些地区因此而长期采用农耕生产方式。而对亚欧大陆的草原地带及青藏高原等区域而言,其气候干

---

① (春秋)管仲:《管子》,辽宁教育出版社1997年版,第122—124页。
② [法]孟德斯鸠:《论法的精神》,张雁深译,商务印书馆1961年版,第227页。
③ [德]马克思、恩格斯:《马克思恩格斯全集》第23卷,人民出版社1958年版,第390页。

旱、牧草丰茂的自然条件使游牧生活成为了当地民众主要的生产生活方式并由此创造了灿烂的游牧文化。

不同的生产生活方式最终会透过修辞主体映射到语言世界中来，在语言中形成具有地域特色的修辞文本。如以农耕生活为主的民族，在言语修辞中，其取象多来源于农耕用具、农耕作物、农耕方式等。汉语中的"牛饮""牛脾气""肥水不流外人田"等都是农耕生产方式下构筑出的修辞文本。而在以畜牧业为主要生产方式的英国，其言语修辞中多现与畜牧有关的物象，如用"a piece of cake"来喻指简单的事，用"butter sb up"来喻指讨好某人等。

生产方式的差异会直接影响到生活方式，进而在不同地域形成不同的风俗礼仪、宗教信仰。在生产方式导引下产生的地域文化或以物质形态的方式成为修辞材料、修辞意象，或以意识形态的方式影响到主体的修辞理念和修辞建构。物质形态的地域文化对修辞的影响主要表现为以物质形态存在的生活事象、风俗事象、宗教事象极易进入修辞主体的认知世界里进而成为他们言语修辞的物象储备。如，在农耕生产方式下，米、面、豆成了主要的食品；棉布、丝帛成了主要的衣饰面料，草鞋、蓑衣成了常见的穿着；砖、木是常用的建筑材料；家族聚居是主要的居住方式。于是，在语言世界里出现了"别拿豆包不当干粮""糍粑心""豆腐渣工程""布衣""绣花枕头""烂草鞋配臭袜子""穿蓑衣点火""国家栋梁"这样的修辞文本。又如，家族聚居形式下的烦琐礼俗，婚丧社时礼仪也给修辞主体储备了丰富的生活事象，因此在语言世界里出现了"花花轿子人抬人""请人哭娘不伤心""年三十的砧板——借不得"等修辞文本。

地域文化除了以物质形态的方式成为修辞材料、修辞意象外，更为重要的是，它还以意识形态的方式影响到修辞主体的世界观、人生观、价值观、审美观，最终规约着其言语修辞的态度、原则、方法。如，日本作为一个岛国，其疆域的狭窄、资源的短缺让日本民众在言语交际时特别小心谨慎，在言语表达时多持谦和、退让的态度，由此在修辞上多用敬谦语、委婉语。又如，中华民族作为一个以农耕为主的内陆民族，特别的地理位置和生产方式形成了家族聚居的居住模式，由此，形成了以"和"为贵的处世观念。"两千多年来，这种文化心态已成为汉民族社会普通承认的价值取向。要达到和谐，就要不偏不倚，要均衡、协调。因此，汉人特别重视和谐、均衡，由此而造成了多种修辞的产生，如对偶、排比、镶嵌、回环、顶针等修辞手段特别发达。"①

(四) 方言修辞研究中的空间域

以列斐伏尔等人为代表的当代空间理论认为，空间是由多个领域共同构建的一个理论的统一体，这些领域包括：物理的，如自然、宇宙；心理的，如逻辑的和形式的抽象等。由此可见，"空间"是混合了物理和观念形态的空间，是物质和观念的混合体。以此为依据，在方言修辞研究中，对空间域的认识应大致有以下内容：

1. 空间域的划分

在社会生活中，人类对空间区域的划分是以地域的概念出现的。地域是在对空间进行区划后获得的特定范围，是自然要素与人文因素共同作用形成的综合体。地域区划可以从自然、种族、政治、文化和经济等方面进行。早期的地域划分以自然的、种族的因素为主导，如"江南""中原""塞北"是从自然地理划分出的区域概念。而"东夷""西羌""南蛮""北狄"是把种族与地域结合起来进行的划分。其后则是以政治、军事为主，《周礼·地官·司徒》中"惟王建国，辨方正位，体国经野，设官分职，以为民极"②即带有鲜明的区域政治性划分观念。在此基础上，后来的燕、赵、韩、魏、齐、秦、楚即是按政治、军事的观念进行的区划。政治性区域划分作为一种重要划分方式持续了几千年，在今天，它依然是一种主流的区域划分方式。进入现代社会以后，经济、文化对人类的影响越来越重要，社会学家开始更多地结合经济文化对地理区域进行划分，如长江三角洲、长株潭城市群等则是从经济、文化角度进行的区域分划。但上述各划分方式都只能是一个大致取向，并不是一个绝对标准，因为各种类之间容或有交叉和兼用。首先，在地域划分中，自然（尤其是山川）是诸因素中最重要的。《禹贡》中所划"九州"即以山水为标识，自不必论；而如后世之行政区域或文化区域，其划分仍然要考虑山川的阻隔和绵延；因此任何一种区划方式中都必然含有自然地理的因素。此外，政治区划中也难免会加进种族因素，如现在我国的民族自治区和民族自治州就既是一个行政区划也是一个民族区划。同样，长期一统的政治区域也会逐渐形成相对稳定的文化形态，因而使行政区域兼有鲜明的文化区域色彩，如

---

① 李军华：《汉语修辞学新著》，中国社会科学出版社2010年版，第252页。
② 吕友仁译注：《周礼译注》，中州古籍出版社2004年版，第112页。

江浙两省是典型的吴越文化区，两湖是荆楚文化区，四川重庆是川蜀文化区。鉴于区划标准的多样性、动态性，在进行方言修辞研究时，区域的历时性、变化性、多样性于研究时是必须注意的。

2. 地域的属性

从空间的维度看，"地域"是个立体的概念。其立体性除了在形态外观上呈现为三维的状态外，更重要的是，在历史发展中，它还裹持了种种社会文化形态，进而内蕴了丰富的观念内涵；因此，其地理外观又与地域文化形成了一个富有层次的立体。作为立体状存在的地域，自然地理或自然经济地理之类是其最外在最表层的东西，再深一层是风俗习惯、性情秉性、礼仪制度等，而处于核心的、深层的则是心理、价值观念等。地域的不同层次都能对修辞产生影响，自然地理方面：如在地名命名中，山林茂密、溪水纵横的南方山地区域多以"冲""湾""岭"为地名通名。而在地势平阔的北方平原，其地理景观的单一性，区别特征的不明显使人文景观类通名如"庄""屯""店""铺"等成为常用通名。经济地理方面：如农耕区域的民众在进行比喻时多以"牛""犁""锄"等农耕用具为喻象，而渔猎区域的民众则多以"鱼""船""海运"等为喻象。风俗信仰方面：在信仰佛教的地域，其修辞材料多用"上香""菩萨""打卦"等佛教事象，而在崇巫信鬼的古南楚地域，其修辞材料则多"鬼""神"等。心理和价值观方面：在农耕区域民众的心理中，"屎""粪"等污秽物因有着肥料的价值而去污秽化，在语言表达时不再成为规避的对象，可以进行直接指称。但在实际中，各个层面并非如此界限分明互不相关，而是相辅相成，互为关联，互相影响并制约，共同起作用，形成一个有机的整体。

从空间的整体性来说，"地域"还是个部分的概念。它应具有相对明确稳定的范围，指向某一特定空间，与其他部分共筑一整体。在进行区域分划时，区域的特性是使之成为独特个体的重要原因。而区域的特性也在与其他区域进行比照的过程中得以确立，由此意义上，地域又是一个相对的，具有比较性、对照性的概念，任何地域都是在一个可资比较、对照的参照物之下得以确定、命名和指称的。如同"上"与"下"的存在一样，内地是与沿海构成对立存在的，内陆文明是对照海洋文明的一个指称，而农耕区域、游牧区域、渔猎区域更是在相互比照之下产生的一组对立概念。因此，在进行修辞的地域性研究中，在比照中彰显特性是研究之必然。

三 地理语言学视角下的方言修辞研究目标、内容及方法

（一）研究目标

1. 充实和完善方言研究

受特殊地理环境和民族发展史影响，每种方言都有自己独特的发展史，由此而呈现出较强的地域特色。以往的方言研究多在语音、词汇、语法三个方面进行，方言修辞研究应用地理语言学理论方法对方言修辞展开系统性研究，对方言的各类修辞现象做大量的收集和整理，对特殊修辞现象的空间分布进行地图式描写，结合地域地理历史文化背景对其生成机制、分布原因做深入探究，最终能达到充实和完善方言研究，对方言形成全面立体认识的目标。

2. 应用地理语言学的理论和方法研究修辞，给修辞学提供新的思路

修辞是一项空间性极强的言语活动。不仅修辞本体是具有空间性的结构体，且修辞各要素无不处在一定空间中，与空间中其他存在构成互动。因此，在修辞研究中，把修辞作为一个动态的开放性系统，应用空间思维，从地理语言学的视角，去展示方言修辞现象与地理空间的关系，去考察和分析各种修辞思想、修辞方法、修辞现象的变化过程和生成机制，其目的是使修辞学焕发出更具科学性的解释力，最终使修辞研究呈现出时空合一、内外兼顾的立体多维态势。

3. 保护语言资源，储存学术资料

地理语言学视角下的方言修辞研究所集方言资料，所画方言数据图表，及对方言修辞空间分布做的地图集，将为充实方言语料库，保护、传承方言资源服务，能为方言学、修辞学及地方文化等学科的教学与研究提供重要学术资料。

（二）研究内容

以地理语言学的视角来研究修辞，其研究内容应该有两项：一是分布，即某些修辞现象、修辞手法的播散范围和分布区域，据此可以画出修辞的地域分布图；二是定点，即对某特定地域的修辞情况进行深描和阐释。

然而，方言修辞的研究不是仅仅画出地图，或作描述性的资料性的排列，更重要的是要以此为基础提出问题，并作出解释。譬如，对"好吃者"的表述，在不同的地域会有不同的修辞形式，在中原地区用"吃

货",在福建用"吃豹",在江西用"蛇舌鬼",在湖南用"好吃鬼"或"好吃婆",在四川用方言词[suŋ^{24}],在山西用"日囊",在山东,用"饭囊"。同一所指之下,出现了不同的能指,这些能指构成了一个修辞的聚合簇。何以出现这样的情形,其修辞动因和修辞材料各有什么差异,地域的因素在其中起了什么作用?都需从地理语言学的角度进行立体交叉研究才能获得科学的解答。

(三) 研究方法

作为以一种言语活动为对象的研究,地理语言学视角下的方言修辞研究在研究中,有下列几种方法值得倡导:

1. 综合性研究法

作为一种空间型研究,在方言修辞研究过程中,必然要研究修辞与空间环境中"他者"的互动关系,因此,要综合应用地理学、历史学、人类学、社会学、语言学等学科的知识对修辞进行研究,只有结合其他学科的知识对修辞现象进行全面的、综合性的考察,才能得到准确、客观、透彻的研究成果。

2. 田野调查法

因研究对象是方言修辞,需要大批来自方言区的语料,也需要对方言区及其周边地区地理、风俗作深入了解,所以广泛深入的田野调查是研究开展的第一步。

3. 文献考证法

因方言修辞的开展,除了掌握大量的语料外,还要对地理、历史、文化有充分的了解。查阅方言区及周边县市文史资料和当地方志是了解地域历史、民族状况及文化源流的重要途径。

第二节　新化县概况

上文已论及,地域自然条件和地域人文条件是制约修辞的两大因素,是形成修辞地域性的根本原因。因此,在对新化方言修辞的地域性展开论述之先,本节将以地方文献和田野调查的资料为依据,对新化县地理环境和人文环境进行简要介绍。

一 新化县自然环境

（一）地理位置

新化县位于湖南省中部偏西，娄底地区西部。在雪峰山东南麓，跨资水中游两岸。地理坐标：北纬27°31′—28°14′，东经110°45′—111°41′。东北至东南与涟源、冷水江市交界，南至西南与新邵、隆回县为邻，西至西北与溆浦县接壤，北与安化县毗连（图1-3）。新化县总面积3567平方公里，占全省面积1.693%，占娄底地区面积43.94%。

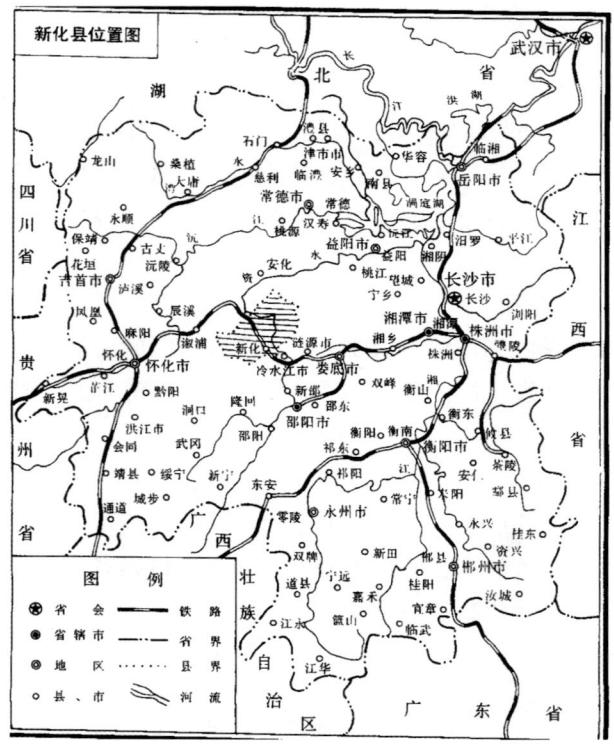

图1-3

（二）地形地貌

新化县属山丘盆地，西部、北部雪峰山主脉耸峙；东部低山或深丘连绵；南部为天龙山、桐凤山环绕；中部为资水及其支流河谷。

新化县位于亚热带中部，典型的地带性土壤为红壤。据《新化县志》载："因自然条件复杂，其母岩母质、地形气候、生物等成土条件均有差异，形成各种不同类型的土壤。根据成土条件、土壤发育程度与发展阶段，分为水稻土、红壤、黄壤、黄棕壤、山地草甸土、粗骨土、石灰土、紫色土、潮土9个土类。"①

（三）气候水文

新化属中亚热带季风气候区，特征明显。据《新化县志》载："县气象部门测报，新化历年平均气温16.8℃。变化范围15.8℃—17.7℃。月平均气温以元月最低为4.9℃，7月最高为28.4℃。"②

"新化降水较充沛，但时空分布不均，年际变化大，故少雨年常多干旱，雨水集中季节则易成涝。"③

新化县内长1公里以上河流266条，流域面积5平方公里以上河流106条，全都直接或间接过溆浦、安化注入资水。"境内最大的河流资水源自广西资源县境。从冷水江市流入，在东南部化溪乡浪丝滩进入县境，贯穿中部，将全县分为东北与西南两部分。……在西北部荣华乡、杨木洲乡间瓦滩出境去安化县，县内河段91公里。"④

二 新化县人文环境

（一）历史沿革

清同治《新化县志》载："新化县，禹贡职方为荆州之域。春秋战国楚地。秦属长沙郡。汉属长沙王国，本益阳县旧梅山地。后汉末置县，地属昭陵。吴孙皓宝鼎元年（266），以零陵北部为昭陵郡，分昭陵置高平。晋武帝太康元年（280），改高平为南高平，后复曰高平，距今治百里，隶邵陵。宋、齐、梁俱因之，寻废。梁末陈初，以邵阳为郡治，省高平，入邵阳。"⑤ 同治《新化县志》又载："新化地，隋隶潭州，唐入邵州，五代时为蛮獠所据，宋初未置县，地属邵阳及'梅山蛮'。……宋熙宁五年开复为梅山，析其地为二，安化为上梅山，隶潭州，新化为下梅山，隶邵州。……元至元十四年，隶属宝庆路。明洪武九年隶宝庆府。国朝仍之旧时宪纲。"⑥ 辛亥革命后，民国三至十年（1914—1921）属湘江道，民

---

① 新化县志编撰委员会：《新化县志》，湖南出版社1996年版，第112页。
② 新化县志编撰委员会：《新化县志》，湖南出版社1996年版，第119页。
③ 新化县志编撰委员会：《新化县志》，湖南出版社1996年版，第120页。
④ 新化县志编撰委员会：《新化县志》，湖南出版社1996年版，第114页。
⑤ （清）关培钧等修，刘洪泽等纂：《新化县志》，成文出版社1975年版，第455页。
⑥ （清）关培钧等修，刘洪泽等纂：《新化县志》，成文出版社1975年版，第456页。

国十一至二十六年（1922—1937）直属湖南省，民国二十七至三十八年（1938—1949）属第六行政督察区。1949年10月5日新化解放，21日成立新化县人民政府，属邵阳专区。1977年属涟源地区。1982年涟源地区更名娄底地区，属娄底地区。

（二）族群迁移

北宋新化置县，境内有主客户之分，客户即从外地迁入的汉族。

1. 苗瑶土著

宋代以前新化县境内居民多为瑶族。《新化县志》载："宋代以前县境居民多为瑶族，汉称'长沙蛮'，隋称'莫瑶'，自云其先祖有功，常免瑶役，故以为名。至唐宋始称'梅山蛮'，其酋长有扶、苏二姓，均为'十二姓王瑶子孙'中的巨姓。建县后该民族大都移居长塘、当江、园递山、麻罗山、大彼江、小彼江、四石厂等地，而以距小沙江约二十里之瑶山为多。瑶人于"明末死徙殆尽。小沙江奉氏与奉家山奉氏原同宗，民国时期因分属瑶汉，不再通谱。"[①] 至今，县西南山区，仍保留有瑶民居住遗址。

2. 江西移民

"宋熙宁年间建县后，朝廷诏谕江西大批移民至新化。明永乐二年（1404），又有调江西人来县屯田之举，有的后来即定居下来。亦有在新化或邻县为官，或'镇守南藩'不复回原籍者。其间几经转徙，最后定居新化的也不少。"[②] 因此，现今新化县汉族人口占绝大多数，是一个以汉族为主体的地域。

3. 主要姓氏源流

宋代建县时，始居梅山的峒民中有扶、苏、向、蓝、青、田、赵、卜、包、舒、毕、励、史等姓，均为地方土著，故称"主户"。唐末至元明，外地人陆续迁入县境。有因兵乱避入此境者，有奉朝廷移民、屯田的诏令迁入者，其姓氏有陈、邹、刘、罗、颜、毛、潘、李等，通称"客户"。清代至民国，因外籍人口迁入多，姓氏随之增多。下面是新化姓氏中人口超过1万以上的宗支源流与分布。

刘姓：茅坪村刘氏，始祖玉盛，江西吉州泰和人，宋太祖建隆初

---

① 新化县志编撰委员会：《新化县志》，湖南出版社1996年版，第147页。
② 新化县志编撰委员会：《新化县志》，湖南出版社1996年版，第147页。

(960—963），徙居邵州，生子三，名政、远、滔。政徙四川，远居梅山之茅坪，滔迁溆浦。坪底刘氏，始祖文斌，泰和人，子吉祥、吉蕴，宋元丰八年（1085），吉祥徙邵阳斛木山，吉蕴徙新化坪底。城南刘氏，始祖名现，泰和人，宋熙宁五年（1072）徙新化城南五里。小滩村刘氏，始祖秉良，江西安福人，子层，孙则贤，曾孙点，明万历间徙新化小南山小滩村。

曾姓：始祖泰谕，江西吉州泰和早禾渡人。宋熙宁七年（1074），携子永强、福寿徙新化黄阳山清水塘（今孟公镇月塘村）。

罗姓：利村冷水巷罗氏，始祖云飞，江西吉州泰和人，宋皇祐间徙居新化。茅田村罗氏，始祖一松，泰和人，宋建隆间徙新化横阳山之柘木岭。潮水村罗氏，始祖尚敬，江西清江清泉人，明成化中徙新化潮水村。

邹姓：白水邹氏，始祖名瓒，字明仲，江西吉州泰和早禾渡人，五代时，官大理寺评事，后唐同光三年（925）避乱入梅山为客户，始居白水溪。洋溪邹氏，始祖世守，江西泰和人，宋初任签判，后罢官返里经衡阳，爱其风土，徙迁定居。生三子：希可，希贤，希圣。希可转徙新化洋溪，希贤徙邵阳。当下村邹氏，始祖育文，明正德元年（1506）始居新化当下村。

李姓：城东李氏，始祖名泰，江西吉州泰和南乡人，首迁邵阳，转徙新化高平。龙溪村李氏，始祖嗣松，江西吉州泰和长丰人，宋季与表兄袁光三郎、光五郎徙新化侯田，后转徙太平。千户李氏，始祖名仁，华亭人，孙世雄，授五开卫千户，明永乐二年（1404）屯田新化城东，因定居。

陈姓：鹅塘村陈氏，始祖百万，江西吉州泰和人，后唐庄宗同光二年（924）徙居鹅塘。陈家山陈氏，始祖汝嘉，始居新化。

张姓：白溪张氏，始祖通义，宋熙宁间始居新化麻溪。八字岩张氏，始祖仲三，元末始居新化。潮水铺张氏，始祖孟政，湖北黄州府城人，明成化岁贡，官授宝庆府新宁训导，徙新化县城西门内。

伍姓：始祖名昌隆，江西卢陵人，官至评事，宋熙宁中徙新化三塘。

杨姓：始祖维圣，江西泰和人，宋大观中官授广西签判，徙新化槎溪。

康姓：吉庆康氏，始祖福三，原籍安化龙坳，元泰定间迁居陂头关上吉庆鸡叫岩。太阳康氏，始祖春发，始居新化太阳。

吴姓：鹅羊塘吴氏，始祖吴和，江西泰和县人，南宋隆兴年间迁居邵阳，旋徙安化，再转徙新化鹅羊塘。崇山吴氏，始祖福朝、福成，原籍安化丰乐，明初迁居新化崇山。炉观村吴氏，始祖续兴，始居新化炉观。龙塘吴氏，始祖道卿，元大德间始居新化龙塘。

袁姓：始祖广五郎，江西吉州泰和人，后唐庄宗同光三年（925）徙居潭州茶陵，生子伯万，伯万生必清。宋真宗乾兴壬戌（1022）必清徙湘乡，生子公亮，徙宁乡，生伯庸。伯庸生光三郎、光五郎，均徙新化侯田。

王姓：始祖明远，原籍江西，宋元丰八年（1085）徙邵州隆回，再徙高平金凤山。

肖姓：始祖世郊，南宋末由武冈徙居新化辇溪。

谢姓：青山谢氏，始祖六郎，江西安福人，宋中徙新化城东青山。麻罗谢氏，江西高安县人，南宋末首迁贵州，奉调新化七都严村（今下圫），后徙麻罗。黄沙村谢氏，始祖圭甫，始居新化黄沙村。

曹姓：由江西迁入。

周姓：澧溪周氏，官授评事，宋元丰八年（1085）自江西徙新化高平之古塘。鹅塘村黄阳山周氏，始祖堂宝，元初始居新化黄阳山（现横阳）。石脚村周氏，始祖尚书，始居新化石脚村。在城周氏，始祖十四，始居新化。

欧阳姓：始祖嘉言，吉州安福人，官授潭州主簿，其孙尧章于元至顺间徙新化。

彭姓：基祖元亮，原居新化龙源，元至正间迁居。温塘彭氏，始祖才库，江西吉州泰和清平人，北宋真宗大中祥符九年（1016）徙新化温塘。洋溪彭氏，始祖怡德，江西安福人，生廷惠，廷惠生理、现，明弘治间皆徙居新化洋溪。

戴姓：始祖千胜，江西人，进士，宋大理寺丞，授廷尉。宋元丰八年（1085）徙新化县西之芭蕉山。

方姓：始祖秉忠，浙江淳安县人，唐宣宗大中十三年（859）迁新化圳上。

胡姓：鹅塘胡氏，明神宗万历十六年（1588）从江西迁新化县鹅塘。乌石胡氏，从江西迁入。

（三）风俗礼仪

1. 劳动习俗

（1）农民劳动习俗

在新化县，农家劳动男女略有分工。一般男人做田里工夫，干重活；妇女则干点种间苗、锄畲扯草、摘菜拾棉、簸筛打场、砻谷舂米、绩麻纺纱、养猪喂鸡等农活。农民从翻地播种，到收获归仓，有其世代相沿的习俗。具体而言，翻地有打锣鼓挖土的习俗。播种有以"纸钱"（用土纸仿旧钱币剪成）压于地角，祈求土地神保佑丰收的习俗。插田有请"打垄师"先下田"开垄"的习俗，插田期间还伴有唱山歌和插田竞赛的活动。

（2）猎人劳动习俗

新化县所属的古梅山地域分上中下三硐，民谚谓"上硐梅山，装车挽弩；中硐梅山，游山弋猎；下硐梅山，捕鱼打网"。梅山猎户多信梅山教，通梅山法术。猎人平时进山，先要敬"梅山爷爷"，祈神保佑：一不被猛兽咬，二不被毒蛇噬，三不坠岩河，四不遭脚刺。发现野兽足迹，即反手扯茅草三根挽结，以石头压于三岔路口，叫封山。

（3）船工劳动习俗

在新化，资江纵贯全境，船运业因此发达。旧时，船工会宴，醑于江流，祭奠河神。祭罢进食，称鸡头为"凤凰头"，应敬奉舵手；抛锚的水手吃鸡爪；划桨摇橹的水手吃鸡翅。靠船行船，两船相遇，都有规矩。春夏发大水放毛板船，舵工、水手都要喊号子。歌声粗犷、激越。

（4）挑夫匠人习俗

新化山路崎岖、山崖陡峭，挑夫远途负重，随带草鞋一双敬"孟公爷爷"，以祈腿脚矫健，无伤无痛。山路旁多有孟公庙。传说称此神是"不要富，不要贵，只看哪里凉快些"的烧窑得道神。挑担有四字诀言："上坡莫冲，下坡莫顿，平地莫跑，歇肩莫困。"

其他，锯匠上山有先烧一堆火的习俗。木匠在造棺椁寿木时有以第一斧观兆头的习俗。弹匠有以起工先弹三空掭，祈祷家神土地的习俗。

2. 生活习俗

（1）饮食习俗

新化地域，古瑶民"食则燎肉""饮则饮藤"。吃饭时，以开锅第一碗饭喂狗。传说人类始源，乃狗泅水带来稻种，后人为报其恩，故每饭不忘。县人有食狗肉的禁忌，这也与古瑶民敬孝狗有关。瑶民日常饮食，极其粗劣。以一锅煮之，无分菜饭。饭食通常为甜薯片，杂以稻米、高粱、玉蜀黍及老鸦菜（多生于高山畬土中，其色青，类芹）。今天门、金凤一带山区，仍称玉米饭为瑶人饭，称玉米粑为瑶人粑，称玉米丸为瑶人丸，还有一种类似饭豆的豆子，称为瑶人豆。其特色吃食为白溪豆腐，素有"走过天下路，白溪好豆腐"的俗谚。

（2）服饰习俗

新化居民现服饰如常，但据《宝庆府志》记载：古瑶民"衣制斑斓、跣足、佩刀挟弩"①。后逐渐进化，瑶妇上身穿长裳，下身穿一肥大花裤，亦有系裙者，脚穿细密草鞋。"清末，男人穿长衫，腰系抱兜，劳动或习武时，束腰带将前后襟扎紧，缠结于背后，留一截下垂，状如狗尾，这与古瑶民以犬为图腾有关。"②

（3）住行习俗

新化县近现代民房建筑材料以砖木为主，因贫富而略有差异。穷人多建土砖房，更穷则砌土墙，盖木皮或茅草；中产阶层建木房；富户建青砖房；豪绅大户建几重堂的四合院，院内有天井，院外修槽门，砌围墙。

据县志载："古瑶人住室半在土洞中，半露于外，其土洞为人工掘成，多位于大石底下，深数尺，宽丈余，外以木料为架，盖以杉皮，每逢大雪，常有倾覆之虞；亦有以岩石砌石屋者。屋不分隔，一室多用，男女老少、翁姑儿媳同睡窝铺，习惯自如。此种'瑶人屋'，县西锡溪乡白原村仍留有遗址。"③ 县内居民夫妻出门，有女走前，男走后的习俗。这是由孟姜女背范喜良的骨殖演化沿袭而来。出远门须三人以上结伴，一人为"死客"，二人为"孤客"，三人方为"行客"。走夜路遇人应做声响，免使对方受惊吓。为方便行人，乡村大路每隔数里建有茶亭，过往者可小憩用茶，歇憩后上路。

3. 社时礼仪

（1）立春

清代，立春仪俗非常隆重。据同治《新化县志》载："立春先一日，长吏率僚属迎春于东郊之亭。各户装演故事随行。次日按交春时候，鞭土

---

① （清）黄宅中等修，邓显鹤等纂：《宝庆府志》，成文出版社1975年版，第2060页。
② 新化县志编撰委员会：《新化县志》，湖南出版社1996年版，第995页。
③ 新化县志编撰委员会：《新化县志》，湖南出版社1996年版，第995页。

牛，谓之打春。"① 民国后，这一习俗渐废。

（2）春节

俗称"过年"，为最传统，最隆重的节日。春节期间，民间文化活动相当活跃，龙灯狮舞，锣鼓喧天；拳术杂耍，鞭炮动地，一派喜庆气氛。民间艺人纷纷出动，走村串户，吉言祝福，以求主家施舍，其形式有赞土地、送财神、送春牛、唱莲花闹、打三棒鼓等。

（3）元宵

俗云："三十夜的火，元宵夜的灯"，故元宵又称灯节。在新化县，是夕，家家张灯结彩，火炬通明，繁华闹市，更是火树银花，照耀如同白昼。艺人装鱼虾各样花灯沿街挨门祝贺，鼓乐相随，家家迎以爆竹或馈以财物。游灯者表演武术拳棍，亦有演唱花鼓灯调者。孟公镇更有抬"孟公爷爷""河神菩萨"之乡俗，以花轿抬着菩萨，走村串户，住户各备香烛鞭炮相迎。还有"照元宵"之说：入夜，各住户即是阴暗角落，均要插上蜡烛，称为"照元宵"，也称"照虚耗"，据说这样做可免老鼠毁物。

（4）清明

清明前十日至清明节，是挂扫祖坟之日。新化民众极其重视追思怀祖，清明时节，家家提壶挈盒，走上墓地，刘草披荆，培土筑冢。然后，焚香挂纸，鸣放鞭炮，叩首跪拜，以示追念之情。

（5）端午

端午为县内三大传统节日之一（另有中秋、年节）。新化地处古南楚，对端午尤为重视。端午除相沿吃粽子，插菖蒲、艾叶者，点雄黄、祭江神等旧俗外，最为盛况空前的是端午龙舟竞赛。其节庆程序一般为：先抛粽子、包子于江，祭祀屈原，然后举行划舟赛会。县内沿河一带，城关镇、资江、三江口、游家、洋溪、炉观、白溪、琅塘等地均有划龙舟的习俗。乡下人喜欢看龙船，青年男女、小孩换上新装，怀揣荞麦粑粑，赶早就到河边。龙舟赛至高潮时，江上鳌鼓震天，舟飞碧浪；岸上观众如云，喝彩声声。洋溪一带，尚有白天赛舟余意未尽，入夜乘兴划旱龙船者。所谓旱龙船，其实并无船，只用一个木制龙团（形似鳌鱼，分红、黄、白、黑诸色），在街道屋场进行比赛。划时，一人舞龙脑，后面鼓乐相随，两旁围观者则齐声呐喊，鸣炮助威。

---

① （清）关培钧等修，刘洪泽等纂：《新化县志》，成文出版社1975年版，第804页。

（6）尝新

尝新是颇具新化地域特色的农家节令，时间是立夏后头伏逢卯日。农民满盛豇豆拌煮的米饭，备酒礼牲食，时鲜蔬菜，并摘新稻数茎，祀请"五谷大神"，保佑无旱无涝，岁稔年丰。

（7）中元

农历七月十五日为中元节，又称鬼节。七月初十晚上，家家设果品斋点，焚香顶礼，接宗祖还乡，每日三餐盛筵奉祀；至十四日晚，又焚财化楮相送。

（8）中秋

农历八月十五为中秋节。新化县风俗，家家备酒肉瓜芋，恣为醉饱。入夜，焚香点烛，供月饼、香柚、藕片等食品，敬祀月神，而后，全家团聚赏月。新化县中秋还有"摸秋"的习俗。宅旁柚子飘香，院内山枣透红，路过顺手或特意爬墙摘几个尝鲜，只算一件逗趣取乐之事，是不算"偷"的。更有爱开玩笑者，摘来一个冬瓜，戴帽穿衣，放爆竹，送至尚无子嗣的育龄夫妇人家，主家须出迎招待，以谢祝愿。

（9）重阳

旧历九月初九为重阳节，亦称重九登高节。是日，新化城区居民相携登城郊北塔。节前后有去南岳烧香还愿者。农家则因新稻登场，多喜于是日汲清泉以配米酒。俗云："重阳美酒桂花香"。

（10）除夕

农历十二月三十日夜，称除夕。入暮，家家炭火熊熊，灯光明亮，一派节日喜气。初更时分，"年羹肉"飘香，敬祀天地祖先后，旋即紧闭"财门"，饮团圆酒，吃"砧板肉"。砧板肉向不加调料，照例亦不回锅。吃毕，围炉守岁，大人告诫小孩莫说不吉利的话，并给他们"压岁钱"，嘱其好好"挖窖"（指睡觉）。

4. 喜丧礼仪

（1）婚仪

新化县内婚仪随历史发展而变迁。据县志载："古瑶民男女约会，对歌传情，两情融洽，渐聚一处，许订终身。成婚之日，新娘头插山花，冠稻草编织之帽，冠沿草茎参差，披拂满面，取永远相伴，如牛羊不离草之意。新娘一见新郎，返身行走，新郎随后紧追，如此反复三次；新娘快到男家门口，新郎抢先进门躲藏，新娘四处寻找，如此亦反复三次，以示男女爱情坚贞不渝。瑶人嫁女，拾两架草鞋为嫁妆，希冀女儿多穿草鞋劳动。结婚礼仪要举行成亲六合，须扮演'宝庆大可'，以检查礼物是否齐备。瑶妇丧偶，兄死弟继，谓之转房；姐死妹续，谓之填房。甲家以女嫁乙家，而又娶乙家之女为媳者，谓之对扁担亲。"①

北宋建县后，县内汉族移民婚礼，其制与古六礼同，即问名（行庚）、纳采（行定）、纳征（行聘）、纳吉（过小酒）、请期、迎亲（完娶）。

此外，县人结亲重媒妁，有"天上雷公大，地下媒人大"的俗谚。受梅山教影响，成婚之日，有"斩煞"旧俗。花轿进屋时，一人立于门槛，左手提雄鸡，右手握菜刀，高声吟唱斩煞歌。歌曰："日吉时良，天地开张，新人到此，大吉大昌，昨日成单，今日成双，鸳鸯一对，凤凰一双，若有神煞，雄鸡顶当。鸡血落地，百无禁忌，天煞归天，地煞归地，子子孙孙，万代富贵。"念毕，杀鸡，拔鸡毛蘸血贴于门框。随后，喜炮齐鸣，鼓乐合奏，花轿一直抬至堂中。新郎开轿门，携亲娘子扶新娘出轿。新娘手抚布尺、剪刀，缓步入洞房。房内点上一盏油灯，以米筛遮住，意为万盏明灯照耀。婆婆登梯，以小棍连击三下。说这样可以压住媳妇，不致让她占上风。新郎与新娘行坐床礼。之后，大宴宾客。

（2）建房礼仪

新化地域建房礼仪程序如下：先由风水先生摆罗盘择向定基，然后，择请木匠师傅竖大门门框。竖门框须在晚上，要杀雄鸡敬神斩煞，焚香化楮，放爆竹，门上书贴"紫微高照"字样的大红纸。"照"字下边四点，只能点三点，三点为水，四点为火，建房忌火。房屋垛子砌成后，于良辰上梁，叫圆垛，每垛站一人鸣炮，木匠、瓦匠杀雄鸡镇煞，向主家唱赞词，叫赞梁，主家要抖红包。人们听圆垛炮声即来作贺，贺礼须备礼金、粮米。新屋落成，厅堂安神龛，木匠敬神唱赞词"起龛"。神龛上用红纸书写"天地君亲师位"，民国以来改"君"为"国"；下用绿纸写："本宅土地之神位"，谓之"立香火堂"。

（3）寿礼

新化地域，花甲、古稀、耄耋称为华诞，须大庆，天命之年庆寿者亦不少见。县内有"男上女满"之说，男满59岁，女满60岁，称花甲之

---

① 新化县志编撰委员会：《新化县志》，湖南出版社1996年版，第1000—1001页。

寿，要举行寿庆。寿诞之日，儿女侄甥及其他亲戚均来祝寿。儿女四揖四拜，侄甥二揖二拜，平辈拱手作揖或脱帽鞠躬。主家邀留拜寿者宴饮。早餐吃寿面，六十岁出七碗，七十出八碗。中午为正席，请"寿星"坐首位。富家大宴宾客三日，一般人家一宴而已。

(4) 丧礼

丧事又叫白喜事。据县志载："古瑶俗'死人装殓穿长过膝的对襟裻子。'即死即葬，不吊唁，亦不超荐。"[①] 后县内葬礼，老人快寿终时，家人肃穆守立床前，静候送终。传统丧仪程式如汉俗，其程式为：大殓、小殓、成服、朝夕奠、建斋、出殡、安葬、烧香、点主、挂镫、守服。其众多仪式，大都与中原汉族同，但在安葬上受梅山教影响，照例要"安山煞"。另外，其挂镫也别有讲究，一般而言，丧家于立春"头戊"后即可择日挂镫，俗称"挂社镫"。"社镫"要连持3年。"头镫""头戊"挂，为白色，"二镫""二戊"挂，花色，"圆满镫""三戊"挂，为红色。

(四) 宗教信仰

新化古为"梅山蛮"地。人们以狩猎为生。宋初，仍习于原始社会生活，对风雨雷电等自然现象和人的生老病死，均视为神鬼作祟，信仰古老的巫术。巫师遍及城乡，香火通行，无庙观，无统一组织，只在家设一神坛作为象征。在猎民中普遍信奉"梅山教"（属自然宗教）。由于人们笃信巫术与"梅山教"，佛教、道教、基督教的传入均受到一定抵制。但随着时代的发展，佛教、道教、基督教都有传入，特别是道教和佛教在县内发展尤快。

(五) 方言

县域方言，成因于古瑶语与江西话，属老湘话，娄邵片，新化小片。其语音体系将在文中详述，在此不再赘述。

---

① 新化县志编撰委员会：《新化县志》，湖南出版社1996年版，第1004页。

第二章

新化地名修辞研究

地名是人类认知活动的产物。原始人类在从事采集和狩猎等社会生产劳动时，必须了解周围的自然环境，知晓什么地方可以采到野果、哪个山坳有野兽出没、何处可以取到生活用水等。在外出采集时，则必须区别地理方位、辨认方向，以确保能够返回驻地。正是出于生产与生活之需要，地名产生了。

地名一经产生便成了人们日常生活中最常用的词汇之一。它是人们赋予社会生活中某一地理实体、行政区域或居民点的专有名称。是人们根据地理实体所处位置、范围及形态特征，用对应的语言符号指称而成。对地球上地理实体的有效指称使世界万物在地表上的分布呈现出有序化。地名同一切语言符号一样，具有能指和所指，它的所指为它所代表的地理实体，能指则是构成地名的语言形式。然而，地名作为专名之一种，它与一般名词不同，它的能指和所指之间具有内在的理据。"地名产生于语言之后，来源于一种发育良好的语言系统……地名是由语言中的基本词汇经过修辞手段构成，它主要表达的是一种社会意义而非语言意义。"[1] 诚然，以地理实体为命名对象的地名，其对象的特殊性使其构成不再具备任意性，而是有着特定的构造理据。具体而言，地理实体所在的空间位置、地理方位及其地形地貌、气候物产、景观景物、历史文化等都将制约和影响到地名的形成，成为地名命名的依据和素材。因此，细究地名命名下的构造理据和构造方式，我们能够发现浸润于其中的浓郁的修辞意识，而对特定地域地名的语料和构造方式进行深入研究，我们能解构出该地域方言在语词层面的修辞特色及其地域成因，据此而论证出修辞的地域性。

---

[1] 李军：《论地名与语言》，《语言与翻译》1996年第4期。

第一节　新化地名结构分析

一　汉语地名的结构成分

（一）汉语地名的构成

汉语地名的结构成分包括通名和专名，在构成上大部分是专名+通名的形式，也有少量单用专名或单用通名构成的。关于通名和专名的定义，李如龙认为："通名标志着人们对于自然地理环境的认识和分类，记录着人类改造自然的各种举措和设施，也体现着行政管理的区划系统。专名的形成则和人们对该地域的最初理解和认识相关，体现着各式各样的'命名法'，也就是通常所说的地名的'得名之由'。"[①] 由此可见，在汉语地名中，"通名"应是指普遍存在的有着明显共性的地理实体、人文景观、行政区划等。"市、县、山、河、沟、庄、庙、铺、台"等均应归入通名中。"专名"是构成地名词组的修饰语部分，是区别共性地理实体的特定名称。如，"嵩山""华山""泰山""衡山""恒山"，四者的通名都为"山"，各自的专名分别为"嵩""华""泰""衡""恒"，这几个专名起到了区别共性地理实体"山"的作用。在汉语地名中，一般是专名在前，通名在后。在后的通名起着定类的作用，标注着地名词组所指代区域的地理类型。而在前的专名则是对该名所指代区域特点的简要记录、说明、描写，其主要作用是对通名加以修饰限定。

（二）地名通名的类型

在汉语地名中，根据通名的指称内容大致可以分为三种类型：

1. 自然景观类通名如：山、岭、河、溪、湾、沟、坪。
2. 人文景观类通名如：庄、寨、寺、庙、桥、亭、场。
3. 行政单位类通名如：省、市、县、乡、村、社区。

（三）地名专名的类型

专名是特指个性、单独概念或现象的名称。相较于通名的类别性，地名的专名具有特指性。专名的特指性是通过对它所指称区域的地形地貌、

[①] 李如龙：《汉语地名学论稿》，上海教育出版社1998年版，第31页。

方位距离、居民物产、历史源流等进行概述、描写实现的。针对地名专名的这一特性，我们可以把地名专名分为以下类型：

1. 描写地理形貌的专名如：黄河、峨眉山、擂钵井。
2. 说明方位距离的专名如：南山、即墨、西华。
3. 说明数量序列的专名如：三水、四会、九龙。
4. 介绍居民物产的专名如：元氏、柳林、枣庄。
5. 包含历史传说的专名如：中山、安化、仪征。
6. 寄寓美好意愿的专名如：仁寿、平乐、泰顺。

二　汉语地名的结构类型

尽管汉语地名在构成成分上只有专名和通名两种，但其组构方式却是多样化的，通过对众多汉语地名进行综合分析，汉语地名的结构类型大致有以下几种：

（一）"专名+通名"结构类型

如：宿州、香河、宁城、浮山。

（二）"专名+通名+通名"结构类型

如：长岭县、尖岭庵、清塘湾、温江冲。

（三）"专名型"结构

如：扶余、卢龙、吉庆、川石。

（四）"通名型"结构

如：峡山、坝函院、堰塘山、井冲岭。

（五）"附加型"结构

如：下炭山坪、坳背后、庙山里、深坑边。

附加型地名的产生是由于人类聚居地的延伸和扩大，新生产生活区域的建立等原因，原地名已经不能满足人们的交际需要。于是，在原有地名前后附加表示方位的词语，以便产生出新地名，这是一种简便经济的造词行为。

三　新化地名的结构类型

通过对新化县 6807 个自然村落地名进行数据统计和综合分析，其地名结构类型大致有以下几种：

（一）"专名+通名"结构类型

如：雷公凼、肖家排、竹台。

（二）"专名+通名+通名"结构类型

如：垅山界、仁山冲、双江溪、坛山湾。

（三）"专名型"结构

如：刘家、坐石、萝萱蓬、散客纸、网形。

（四）"通名型"结构

如：峡山、坝塘冲、庵堂坪、河溪江。

（五）"附加型"结构

附加型地名在新化地名中数量较多，且情况复杂，充分体现出山地民众对地理方位的独特认知，其类型大致有以下几种：

1. 前加型

如：上芹菜坑、下芹菜坑、上梅树、下梅树。

2. 后附型

如：湾里、洋楼上、井山里、干塘边、田中间、彭家底下。

3. 前加+后附

中凼里、下炉前、对门凼里、前安界上。

第二节 新化地名通名的构成及其地域特征

地球表面的形态样貌是千姿百态的。生活在不同地貌形态之下的各民族，在通过生产劳动与自然进行物质和能量交换的过程中，学会了用自己民族的语言，为自己生活辖域的地理实体及周围的山川湖海、草原平地、坡崖沟坎、溪水河流等命名。然而，由于各民族生活在千差万别的自然环境中，环境提供的可资命名的依据并不完全相同。故而，处于不同生态位上的民族，各自形成了一套对自然环境命名的地名系统。这个以反映自然地理特征为基础的地名系统，在很大程度上受制于各民族所处的生态环境，能不同程度地反映出民族形成和发展演变区域的地理环境特点。

在上一节中，我们对汉语地名的结构成分及其构成方式进行了简要分析。尽管在基本的结构成分和构成方式上，汉语地名呈现出了诸多共性。但鉴于我国是一个幅员辽阔、历史悠久、民族众多的国家，不同的区域，其地形地貌、气候物产及在此条件下产生的生产生活方式、风俗习惯都有着显著差异,这些差异性会直接决定人们在地名命名中对通名的择取。譬如,在一个多丘陵山地的区域,山区是当地居民的主要生活场所,他们必然会对山体的各种形态认识得更为精微,由此在山地类通名上呈现出多样化、高频化的特征。而在平原地带,地形地貌的变化不大,可识别性和标记性的自然景观不多,人们对通名用字的选取必然会偏向于人文类景观。同样,在一个地理位置重要,军事活动频繁的地域,其通名中必然会多用营、寨等词,而在经济繁荣,商业活动发达的地域,其通名用字则会多场、市、集等词。地域特征除了制约着自然类和人文类通名的用词外,对行政单位类通名也有着同样的影响力。在一个少数民族聚居的地方,其通名用词就会打上民族政策、民族历史、民族语言的烙印,譬如,同为省级单位,广西壮族自治区的通名是自治区,而湖南省的通名则为省。内蒙古的行政区划通名中有旗、苏木、嘎查等,这样的行政类通名字甚少出现在其他各省市。除了民族的原因导致行政通名的地域性外,城乡的差别也是形成行政通名地域性的一个重要因素,在城市,办事处和社区是常用行政通名,而在农村,乡和村是常用行政通名。

由上述简论可知,通名的用词及出现频率是深受地域特征制约的,是一定地域条件下的语词修辞。因此,通过对特定地域的地名通名展开研究,能够发掘出通名命名与地域特征之间内在的联系。而在修辞学领域,地名是一个地域最普遍、最富代表性的语词修辞,以它为样本,对修辞与地域的关系展开研究更具有典型性和说服力。

一 新化地名通名的词汇分析

为了深入发掘出新化方言修辞在语词层面的地域特征,本节对湖南省新化县6807个自然村的通名命名规律和命名理据展开了深入研究。之所以在研究中选用自然村而非行政村,是因为在研究中发现,自然村落名的理据性、民族性、文化性更强,因而更具语言学研究价值。

通过对《湖南省新化县地名录》中地名的调查统计分类发现,新化县自然村落的通名用词共有74个,使用频率最高的是"冲",共1065次,占6807个自然村落名的15.65%,其次是"湾",共有641次,占总地名的9.42%,第三是"山",共478次,占总地名的7.02%。新化县地名通名用词详情见附录表1、表2,现将其自然村落通名及其在地名录中出现条次概况统计如表2-1所示。

表 2-1　　　　　　　新化县自然村落通名用词统计表

通名	山	岭	峰	塝	坳	排	台	岩	界	塅	坨
条次	478	475	10	60	235	116	32	69	129	58	40
通名	墈	岽	坡	垭	埈	畬	冲	坪	垅	甸	凼
条次	3	1	4	2	2	2	1065	257	116	3	226
通名	坑	洋	江	河	湖	溪	塘	潭	湾	洲	池
条次	88	2	65	3	4	222	191	10	641	10	2
通名	井	田	滩	圳	荡	口	洞	庙	寺	殿	观
条次	27	67	17	2	1	35	65	24	5	24	4
通名	庵	宫（宗教类）	堂	亭	楼	阁	园	庄	寨	堂	庐
条次	17	2	7	60	7	6	53	11	35	24	1
通名	屋	院	屋场	庙	馆	桥	牌	第	窑	坊	场
条次	39	327	65	7	1	114	1	1	3	23	9
通名	厂	市	店	铺	路	街	巷	码头			
条次	5	3	3	26	9	35	23	2			

新化县自然村落通名用词虽多，但大体可分为以下 2 大类 12 小类。

（一）自然景观通名类聚

1. 表示山间高地的通名共 17 种

"山""峰""岭""塝""坳"①"排""台""岩""界""塅""坨""墈""岽""坡""垭""埈""畬"。

如：半山、大湾山、九溪山、万龙山、大象山、雷鸣山、尖峰、维峰、牛寨岭、穿岩岭、东古岭、陆家塝、马颈坳、横阁坳、扁担坳、当阳排、老屋排、王家台、谷丰台、观音岩、鹤嘴岩、后龙界、野鸡界、松树界、谭家塅、羊牯塅、鹅梨树坨、牛丫坨、洞子墈、芭蕉岽、麻石坡、枫树垭、白岩埈、大畬等。

在这 17 种山地类通名中，"排 [bʰæ¹³]"是一个表示山坡上狭窄平地的方言词，在《新化地名录》中记作"排"。"坨"在《新化地名录》注音为 [tʰuo³⁵]，并释义为坨上，故此字应为"砣"字之误，在新化方

---

① "坳"在新化方言中常用指跨越分水岭山脉高处的要隘，一般不指称山间平地，如"山坳上"，也可重叠为"山坳坳上"，故在此把它列入山间高地类通名。

言中读作［tʰo¹³］，为有凸出平地的山坡。"畲"在新化方言中念作［ya¹³］，本有两层含义，一为畲族，二为焚烧田地的草木，用草木灰做肥料的耕作方法。但第二种含义也与畲族相关，如《临汀汇考》载："畲客开山种树，掘烧乱草，乘土暖种之，分粘不粘二种。四月种，九月收。"① 而在新化县，由于以山地丘陵地形为主，刀耕火种也是其主要的耕作方式，因此在当地用"畲"来指称在山地上开的荒地。在此，把它列入山地类通名中，这样的通名虽在新化地名录中只出现了两次，但显然具有鲜明的地域色彩。

2. 表示山间平地的通名共4种

"冲""坪""垅""甸"。

如井头冲、干家冲、黄龙坪、凤阳坪、何家垅、月湾垅、杨家甸、彭家甸等。

3. 表示山间洼地的通名共2种

"凼［dʰã²¹］""坑"。

如丝茅凼、锅坝凼、罗心坑、铜星坑等。

在这6种山间低洼平地的通名中，"凼［dʰã²¹］"为山间洼地的意思，虽易积水，但与水没有关系。"坑［kʰõ³³］"其实是沟，但不是水沟是山沟，其低洼的程度要高于"凼"。

4. 表示地下地形的通名共1种

"洞"。

如白水洞、檀木洞等。

5. 表示各种水文环境的通名共15种

"洋""江""河""湖""溪""塘""潭""湾""洲""池""井""田""滩""圳""荡"。

如：小洋、潘洋、三溪江、油麻江、锁匙江、茅洲河、白岩河、烟竹湖、九寨湖、化溪、汝溪、鼎溪、洋溪、白溪、温水塘、鸬鹚塘、龙潭、深碧潭、红田、水打田、坛山湾、大石湾、洗马池、鲢鱼洲、猪头井、擂钵井、太阳滩、周家滩、石圳、同美圳、雷公荡等。

在《新化县地名录》中有两次用到"洋"即"小洋"和"潘洋"，之所以以"洋"命名，是因为此两处都为江水合流之处，江面平阔，江

---

① （清）杨澜：《临汀汇考卷四·物产考》，光绪四年刊本。

水盛大，故当地居民称之为"洋"。以"洋"命名带有夸张的意味。而"湾"应该是兼有山水意义的通名，在新化县，群山耸立，溪流纵横，水随山势而曲折蜿蜒，因此"湾"既是水湾亦是山湾。

6. 表示具有交通意义的地形通名 1 种

"口"。

如：猪公口、雷公口、双江口等。

"口"这个通名是由隐喻产生的，它是一个兼具山水意义的通名，既可指山口也可指水口，如"石冲口"即为山口，而"双江口"则显然为水口。"山口"和"水口"在交通、军事上具有重要意义，但就新化县而言，因地处南楚，历史上战事甚少，故交通意义要高于军事意义。

（二）人文景观通名类聚

1. 表示宗教建筑物的通名共 7 种

"庙""寺""殿""观""庵""堂""宫"。

如：真新庙、李氏家庙、西泉寺、麻油寺、金树殿、真人殿、石山观、崇阳观、朝天庵、太平庵、观音堂、玉虚宫等。

2. 表示园林建筑物的通名共 4 种

"亭""楼""阁""园"。

如：理亭、格虎亭、八角楼、三义阁、文昌阁、凤尾园、竹园等。

3. 表示一般人工建筑物的通名 12 种

"庄""寨""堂""庐""屋""院""屋场""庙""馆""桥""牌""第"。

如：尧公寨、黄牛寨、官庄、栗树庄、蒙化堂、行恕堂、省吾庐、老屋、黄家院、游家院、老屋场、周美屋场、张家庙、西畲山馆、万家桥、接龙桥、石渣牌、南昌第等。

在这十二个人工建筑类通名中，"屋场"在《新化县地名录》中共有 65 例次。在新化县，这是一个传承极久远的通名。在我国，有宗族聚居的习惯，而在新化，一族的老祖宗在建村的时候喜以祠堂为中心，每家的房屋依次建开，于是就逐渐形成了大片连接在一起的房屋群落。按照当地的说法，这样的地方称为一个"屋场"。2000 年在新化大熊山发现的一块民国石碑上刻有"公讳显聪，礼照其字也。以清同治丁卯没，葬蚩尤屋场之蝻□□……公葬地其自择也"。如果蚩尤屋场经考证属实，那"屋场"这一通名当深具民族历史渊源。"庙"是新化山民旧时居住的草房。

4. 表示生产、贸易等活动场所的通名类聚

（1）表示手工业生产活动场所的通名共 4 种

"窑""坊""场""厂"。

如：罐子窑、江田窑、螃夹坊、槽坊、石禾场、看牛场、铁湾厂等。

（2）表示商业贸易场所的通名共 3 种

"市""店""铺"。

如：石枫市、三合店、杉木店、福典铺、潮水铺等。

5. 表示道路交通的通名共 4 种

"街""巷""路""码头"。

如：东正街、向东街、毕家巷、兴贤巷、南墙路、城南路、大码头、炭码头等。

（三）新化行政区划单位通名类聚

因《湖南省新化县地名录》编订于 1983 年，距今已近四十年，其间新化县行政区划变动频繁，故本节对新化县行政区划通名的数据统计不再以《新化地名录》为据，而是以新化县委办 2014 年区划为依据，其具体情况详见附录表 3，现将概况呈示于表 2-2。

表 2-2　　　　　　　　新化县行政区划通名统计表

通名	县	镇	乡	林场	办事处	村	社区	工区
条次	1	19	7	2	1	1133	42	13

由表 2-2 可见，新化县行政区划通名共 8 种

"县""镇""乡""林场""办事处""村""社区""工区"。

如：新化县、白溪镇、奉家镇、科头乡、天门乡、大熊山林场、上渡办事处、红田村、许家村、高峰工区、芦茅江社区等。

二　富有地域色彩的方言通名考释

（一）通名用字"排 [bʰæ¹³]"考释

1. "排"在词典中的释义

"排"是一个常见于武陵山区的地名通名。"排"，《说文》释义为："挤也。一曰推也。"《释名》："彭旁也。在旁排敌御攻也。"《增韵》："斥也。"可见，"排"在古文时代是一个典型的动词，其核心语义为推

挤，排斥。而翻阅《汉语大辞典》《辞海》《现代汉语词典》这三部现代权威性辞典，在"排"的诸多义项中未有词义近似于地名通名"排"者。

但杨立权与张清华著的《中国少数民族语地名概说》① 提到，苗语地名中反映苗族生存环境时，"山坡多用'排''摆''报'"。李锦平在《苗族语言与文化》② 中说："苗族多居住在边远高寒的贫困山区，这一点在苗语地名上反映十分明显。山坡，苗语说bil，常用'排''摆''报'等字译写。"石开忠著的《贵州地名来源探析》③ 中也提到，"在苗族地区以'摆'、'排'等作地名的较为多见"。黔东南苗族有句俗话说："汉家住城头，苗家住山头，侗家住水头。"可见，苗族与山结下了不解之缘，这在地名中得到了很好的体现。据盘秋梅、贺瑞雅《说地名词"摆"》言："从江县的摆亥（别人送的山坡之意）、丹寨县的排路（Bil Hlet，铁坡之意）、雷山县的排告（Bil Ghot，旧坡之意）、台江县的报效（Bok Xud，突出的山坡之意）。苗语主要分黔东、湘西和川黔滇三大方言区，而表'坡'义的词语分别为'bil'（或"dangx"）'bid bul'（或"bad bul"）'daox'（或"drongb"）。例如，在苗语黔东方言中的养蒿话里，山坡说bil，念［pi^{11}］，如三棵树镇的大新寨，苗语为Bil Vib Vux，碎石坡之意。又如贵州省凯里市剑河县的'返排'，古《清江厅志》称'范排'，俗称'方必'，皆为苗语Fangs Bil的音译，意为居住在高坡上的方氏族。"④ 由此可见"排""摆""板"只是苗语"坡"不同的音译方式。《中国地名通名集解》中虽未收录"摆"字，但对"排""派"等字均有记载，其内容如下：【排】（方）山坡；缓坡梯田。①用作山的名称，主要分布于我国南方地区。②用作山峰名称，分布同①。③用作岛屿名称，主要分布于广东省海域。④用作礁石名称，分布同③。⑤用作自然村落名称，我国许多省区均有分布。【𰓉】〈土〉义同"排"，即山坡。用作自然村落名称，主要分布于江西省。【派】（方）义同"排"，即山坡。用作自然村落名称，主要分布于广东、广西等省区。【𫰛】〈土〉义同"排"，即山坡。用作自然村落名称，主要分布于广西壮族自治区。此可进一步为新化地名通名"排"来源于苗语"bil"的佐证。

---

① 杨立权、张清华：《中国少数民族语地名概说》，中国社会出版社2011年版，第270页。
② 李锦平：《苗族语言与文化》，贵州民族出版社2002年版，第224页。
③ 石开忠：《贵州地名来源探析》，贵州民族出版社2004年版，第13页。
④ 盘秋梅、贺瑞雅：《说地名词"摆"》，《中国地名》2018年第7期。

2. "排"在《湖南省新化县地名录》中的释义

新化县以"排"作为通名，读为 [bʰæ¹³]，其语音近似苗语的"bil"，且其语义与 bil 所指称的"山坡"具有高度一致性。如六山排，在《湖南省新化县地名录》中释义："村居排上，山分六支，故名。"五里排："因山坡约达五华里，故名。"横排："村居排上，横截南山寨山脉，故名。"通名"排"，在新化邻近县市地名录中也均释义为山坡，如《湖南省涟源县地名录》中有丛树排："斜坡上树木丛生，故名。"堆子排："因地处斜坡得名。"梓山排："因山坡上有片梓树得名。"梨子排："坡上梨树较多，故名。"茶山排："因山坡上有一片茶园得名。"黄土排："因坡上土质呈黄色得名。"大山排："位于大山的坡上，因名。"根据上述地名释因可见，"排"在新化及邻近县市为"山坡"之义是十分明显的。

有些排类地名，在地名释因中虽未见山坡字样，但多带"上""下"方位词，其为山间高地义也十分显豁。如吴家排："村居排上，吴姓居住，故名。"长冲排："村居排上，下有长冲，故名。"田排上："村居排上，多梯田，故名。"田山排："村居排上，前有天，后有山，故名。"长排："村居长排上，以排名村。"等等。

3. "排"作为新化地名通名用字的历史缘由

在《湖南省新化县地名录》中"排"共出现 116 次，占比 1.70%。"排"之所以呈高频出现，除了因新化县为山地丘陵地形外，还与新化所处武陵山区，其原著居民多为苗族有关。石朝江在《国际视野中的贵州人类学·苗学辑·中国苗学》中详细记述了苗族的五次大迁徙："进入农业社会后，苗族先民——'九黎'集团，生活于我国东部黄河下游和长江下游之间的平原地带。曾与东下的炎黄部落集团发生战争，'逐鹿中原'，后九黎集团惨败，蚩尤被杀，其集团部落被迫离开东部平原，向西南迁入长江中游地带……这是苗族第一次迁徙。"[①] "蚩尤余部举族南迁，在左洞庭、右彭蠡一带又逐渐强悍起来，并号称'三苗国'，与尧、舜、禹为首的华夏集团再次发生冲突。经尧、舜、禹三代的不断'征伐''窜三苗于三危''放驩兜于崇山''三苗'集团被瓦解，余下主要部分被迫迁入鄱阳、洞庭两湖以南的江西、湖南崇山峻岭之中，被称为'南蛮'

---

① 石朝江：《国际视野中的贵州人类学·苗学辑·中国苗学》，贵州大学出版社 2014 年版，第 27 页。

'荆蛮'或'荆楚'"①，这是苗族历史上的第二次迁徙。春秋战国时期，兵连祸结，部分苗族先民西迁，逃入荒无人烟的武陵山区。秦灭楚国之后，苗族大量向西南迁逃。他们中的大部分涉澧水，溯沅江，进入武陵地带的"五溪"地区。此为苗族第三次迁徙。秦汉至宋时期，封建王朝又对"武陵蛮""五溪蛮"采取了一系列大规模的军事行动，迫使苗族再度向西迁徙，大部进入贵州、四川、云南，这是苗族第四次迁徙。"元、明、清时期，由于兵祸及天灾等原因，主要是由于战乱，苗族继续从武陵、五溪地区迁入贵州、广西和四川，并由贵州、广西及川南经过不同路线进入云南，又由云南、广西徙入越南老挝和泰国。这是苗族的第五次迁徙。"② 到第四次迁徙为止，我国境内的苗族分布结构就已基本奠定。由上述史论可见，地处武陵山区的新化县在历史上曾有很长时间为苗族栖居。从楚国开始一直到清代，在漫长的民族发展史中，苗语对新化方言的影响是可想而知的。

著名语言学家罗常培先生曾说过："被征服民族的文化借字残余在征服者的语言里的，大部分是地名。"在新化，"排"作为表"山坡"义的常用通名，应该是苗语"Bil"的留存，其在地名中的大量存在，再一次证明了语言的历史沉积性。

（二）通名用字"塝 [pyõ¹³]"考释

1. "塝"在词典中的释义

塝，《说文》中未有收录。《康熙字典》："蒲浪切，音傍。地畔也。吴楚间方语。土之平阜曰塝，沟塍之畦畔处亦曰塝。"而现代词典中一般均释义为"方言，山边地势较高的田地"。由上述字书可见，"塝"的方言意味是十分浓的。

2. "塝"在《湖南省新化县地名录》中的释义

在新化地名中，以塝为通名的共60条，占比0.88%。如戴家塝、沙子塝、岩屋塝、何公塝、新屋塝、黄土塝、鸟函塝、黄土塝、刘家塝、魏家塝、刘家塝、吴家塝、大山塝、枫树塝、谢家塝、刘家塝、当风塝、木鱼塝、砂子塝、峨梨塝、石山塝、枫树塝、学堂塝、烟石塝、火烧塝等。

---

① 石朝江：《国际视野中的贵州人类学·苗学辑·中国苗学》，贵州大学出版社2014年版，第29页。

② 石朝江：《国际视野中的贵州人类学·苗学辑·中国苗学》，贵州大学出版社2014年版，第35页。

据《新化县地名录》对"塝"类地名的释因，发现其语义与词典中的解释稍有出入。如老山塝，地名录释义为"村居塝上，曾有原始森林，故名"。蜡树塝："村居塝上，多蜡树，故名。"罗家塝："村居塝上，罗姓聚居，故名。"大湾塝："村建大湾塝上，故名。"岩山塝："村建大岩山塝上，故名。"石塝山："村居石塝山上，以塝名村。"葫芦塝："村居塝上，塝像葫芦，故名。"从上述释义可见，"塝"在新化方言中不是"沟塍之畔畔处"，而更接近现代词典中的解释"山边地势较高的田地"。

（三）通名用字"垴[lɔ¹³]"考释

1. "垴"在词典中的释义

"垴"，《汉语大字典》："音 nǎo，〈方〉小山头。"《现代汉语词典》："音 nǎo，〈方〉山岗、丘陵平的顶部（多用于地名）。"《中国通名集解》："〈方〉山丘；山岗；山坡的最高处；用作山峰的名称；用作丘陵名称；用作自然村名称。"由上可知，"垴"是一个具有浓厚方言色彩的通名。

2. "垴"在《湖南省新化县地名录》中的释义

在《湖南省新化县地名录》中，"垴"共58次，占比0.85%。"垴"作为地名通名表示山间高地的意思，在新化方言中读为[lɔ¹³]，例如"塘垴"在《湖南省新化县地名录》中释义为"村前有塘，村后有山垴，故名"。松山垴："村居垴上，后山劲松挺拔，故名。"李家垴："村居垴上，李姓居住，故名。"除此之外，在邻近县市涟源市中，"垴"字作为通名也高频出现，根据其地名录的释义，山间高地意义更为显豁。如羊角垴在《湖南省涟源县地名录》中释义为："山形似羊角，故得名。"羊化垴："山峰似羊群故得名。"七星垴："境内有七个小山头，形似北斗七星，故名。"庵堂垴："因山垴上有一庵堂得名。"枇杷垴："因山垴上枇杷树多而得名。"盘古垴："山垴上原有盘古大帝庙，故名。"木鱼垴："此地有块石头，形似木鱼，故名。"亭子垴："以前在湘乡通往安化的山垴上建了一座茶亭，故得名。"梨子垴释义为："因山垴上有大片梨树得名。"柿子垴："山垴上有几株柿子树。"由上述地名可知，"垴"在新化及周边地区，其意义为山间高地，且该通名的形成与当地多山地的地形地貌息息相关。此义与上述词典中的释义基本一致。

（四）通名用字"圫[tʰuo¹³]"考释

1. "圫"在词典中的释义

圫在《康熙字典》中："《集韵》：墺古作圫。"《类篇》："乙六切，又力竹切。"《集韵》:"四方之士可居也。"《字汇补·土部》:"圫,知村切,地名。"《汉语大字典》:"音 yù,同塎;音 zhūn,地名。"《汉语大词典》:"地名用字。"《现代汉语词典》:"音 tuō,用于地名。"对于"圫"这个字,有人认为在作为地名通名时,与"坨"意思相近。"坨"可解释为地块即地理上的块。

2. "圫"在《湖南省新化县地名录》中的释义

"圫"在新化方言中读 [tʰuo¹³],其语义应为"山岗"。"坨"在《湖南省新化县地名录》中,共出现 40 次,占比 0.59%。如南蛇圫,《湖南省新化县地名录》中释义为"村居圫上,传有蚺蛇,后谐音为南蛇"。桃树圫:"村居圫上,多桃树,故名。"稗籽圫:"村居圫上,旁有废凼,多稗籽,故名。"横屋圫:"村居圫上,横山建屋,故名。"土地圫:"村居圫上,旁边曾有土地庙,故名。"在上述地名释因中,虽只有横屋圫提及圫与山有关,但在所有以圫为通名的地名中都用到了"上"这一方位词,说明"圫"在新化方言中应为山间高地。这一语义与"塎"颇有出入,而与邻近县市比较也有不同。

在邻近新化的涟源市,根据《湖南省涟源县地名录》的地名释义,"圫"有两个意义,在接近新化的西北部,其语义与新化方言"圫"基本相同,如蛇坡圫:"因昔时山坡上蛇多得名。"蒿子圫:"以此圫上蒿子草多得名。"洞眼圫:"因土圫上有一溶洞得名。"庵堂圫:"因原在山圫上建有庵堂得名。"其为山坡山岗之义十分明显。

但在离新化较远的东南部,其"圫"多为山间洼地之义。如大圫《湖南省涟源县地名录》中释义为:"三面环山,中间平坦,因名。"天井圫:"因地形狭窄,形似庄园中的天井,故名。"大海圫:"四面环山,中间有凼,水利条件好,故名。""天井圫""大圫"和"大海圫"这几个地名在地名录里均因周围环山,中间平坦或有凼得名。锅子圫:"地形如锅子,故名。""锅子"的形状显然是四周高,中间低。结合"天井圫""大圫""大海圫"这几个地名的解释,足以验证"圫"在涟源市的地名通名中有"周围隆起,中间低或平坦的地形"之义。且在《湖南省涟源县地名录》中也有以"圫里"进行称说的,如枫树圫:"以圫里有大枫树得名。"栗山圫:"此圫里栗子树多得名。"豹子圫:"昔时山圫里的古木参天藏有豹子,故名。"大石圫:"以此圫里有许多大石头得名。"由此可见"圫"应该为一种形似容器,具有容器性的地形,再一次印证了"圫"

是一个四周高，中间低的地形。除此之外，翻阅《湖南省双峰县地名录》，对"圫"的释义也应是山间洼地。如荞麦圫："以圫内宜种荞麦得名。"天圫："此处高山脚之天然大圫，故名之天圫。"柑子圫："以圫内有柑子树得名。"在双峰县地名中以"圫"为通名的共184条，地名录中对其进行地名释因均为"山间洼地"。之所以出现巨大的语义差别，还是与新化县历史息息相关，古新化地域是梅山蛮聚居之地，是梅山文化的核心区域，今天涟源西北邻近新化的地方都属梅山文化圈。但往东走则由资水流域进入湘江流域，因地形明显改变，中原文化对其影响加强，其方言受少数民族语言影响不大，因此双峰县地名中的"圫"与词典中的释义更为接近，而新化地名中的"圫"明显具有地域性，应是民族语言的又一留存。

（五）通名用字"台［dʰæ¹³］"考释

1. "台"在词典中的释义

台，《说文》释义为："台，观四方而高者。从至从之，从高省。与室屋同意。"《汉典》中，"台"释义为高平的建筑物，通常是指人工搭建的建筑。

2. "台"在《湖南省新化县地名录》中的释义

在新化县地名中，以台字作为通名的地名一共有32个，占总数的0.47%，例如：竹台、老屋台、周家台、王家台、邹家台、伍家台、高坪台、龙坪台、刘家台、坪头台、卢家台、黄家台、彭家台、金家台、黄家台、杨家台、自山台、张家台、吴家台、余家台、虎印台、桂花台、柳阴台、胡家台等。这类地名命名缘由，如竹台，《新化县地名录》载："此处地形似台，且长有竹子，故名。"王家台："村居台上，王姓居住，故名。"虎印台："此台地形似虎的爪印，故名。"由此可知，此处的"台"并不是指人工搭建的建筑，而是一种地形。又如柳阴台，《新化县地名录》载："村居台上，柳树成荫，故名。"自山台："村居台上，两山对峙，后谐音为自山台。"天台山："村居山下，村后山台高耸云天，故名。"龙坪台："村居坪台上，后山如龙，故名。"从这几个地名中，可知"台"是一种地势较高的平地地形，这与《说文》中释义的"方形平顶的瞭望高地"是一致的。

三　新化地名通名的地域特征

尽管汉语地名在通名上存在很多共性，但因为每个地域都有着独特的地形地貌、历史沿革、习俗观念；因此，在通名的命名及用字频率上都会显出个性，通名命名中的地域特征也就体现在其中。为了鲜明地显现出新化县地名通名的地域特征，深入发掘出地域特征对修辞的制约性，本节以内蒙古赤峰市地名通名为对照点，对新化县地名通名修辞的地域特征展开研究。

（一）新化县与赤峰市地名通名条数对照

湖南新化县与内蒙古赤峰市各类通名及出现例次比照见表2-3至表2-9。

表2-3 新化县、赤峰市行政类通名及出现条数对照表

通名	市	区	旗	县	镇	乡	苏木	办事处	林场	行政村	嘎查	工区	社区
新化县	无	无	无	1	19	7	无	1	2	1133	无	13	42
赤峰市	1	3	7	2	80	21	14	14	无	无	365	无	无

表2-4 新化县、赤峰市山地类通名及出现条数对照表

通名	山	峰	岭	梁	塝	岩	坳	排	台	界	墟	圫	堪	崀	坡	坺	垭	畲
新化县	478	10	475	无	60	69	235	116	32	129	58	40	3	1	4	2	2	2
赤峰市	88	无	7	18	无	无	无	13	无	无	无	无	3	无	无	无	无	无

表2-5 新化县、赤峰市平洼地类通名及出现条数对照表

通名	冲	凼	坪	垅	甸	坑	洞	沟	洼	地
新化县	1065	226	257	116	3	88	65	无	无	无
赤峰市	无	无	无	无	无	无	无	213	25	102

表2-6 新化县、赤峰市水文类通名及出现条数对照表

通名	洋	江	河	湖	溪	塘	潭	湾	洲	池	泉	井	浩特	田	滩	圳	荡	口
新化县	2	65	3	4	222	191	10	641	10	2	无	27	无	67	17	2	1	35
赤峰市	无	无	14	无	无	无	40	无	19	37	2	无	无	无	无	无	无	无

表2-7 新化县、赤峰市宗教类、园林类通名及出现条数对照表

通名	庙	寺	殿	观	庵	堂	宫	亭	楼	阁	园
新化县	24	5	24	4	17	7	2	60	7	6	53
赤峰市	34	无	无	无	无	无	无	无	无	无	4

表 2-8　新化县、赤峰市一般人工建筑类通名及出现条数对照表

通名	寨	堂	庐	屋	院	屋场	廪庙	馆	桥	牌	第	坟	堡	府	屯	敖包	庄
新化县	35	24	1	39	327	65	7	1	114	1	1	无	无	无	无	无	11
赤峰市	无	无	无	无	无	无	无	无	无	5	6	12	14	16	28

表 2-9　新化县、赤峰市生产贸易类、交通道路类通名及出现条数对照表

通名	窑	坊	场	厂	市	店	铺	码头	街	巷	胡同	路	道
新化县	3	23	9	5	3	3	26	2	35	23	无	9	无
赤峰市	无	无	16	无	无	29	74	无	53	无	11	23	8

（上述赤峰市数据均来自王洪莉硕士论文《赤峰地名研究》，中南大学，2010年）

（二）两地通名的异同及地域原因

上述统计表格显示：新化县和赤峰市在通名的选用上存在着极大的差异。深入解读这些差异性，挖掘其产生的原因，我们能够发现地名修辞的地域性。

1. 行政单位通名的异同及其地域成因

表2-3显示：在行政单位名中，两地通名的主要差异性在于赤峰市有三个具有民族性的行政单位名即"旗""苏木""嘎查"。而新化县的通名中多了"林场"及其所辖的"工区"和社区三个行政单位名。

"旗"是内蒙古特有的行政区域单位，其行政级别和县相同。"旗"是古代军队单位编制的名称，清朝时期全国的地方行政区域设置主要是省、道、府（州），但在内蒙古则另有一套社会组织形式——八旗制或盟旗制。现在赤峰市的通名"旗"便来源于这一历史性的军事编制。"苏木"来源于蒙古语，其行政地位介于旗与村，相当于乡。"嘎查"是蒙古族的行政村，在内蒙古有关盟市所属旗的行政编制下，设嘎查，其行政地位相当于村。

内蒙古是一个以蒙古族、汉族为主的多民族自治区，而处其辖域内的赤峰市更是商族、东胡族、匈奴族、乌桓族、鲜卑族、库莫奚族、契丹族、蒙古族等北方少数民族繁衍生息之地。赤峰民族发展史的记载，可以上溯到春秋战国时代。在春秋战国时代，赤峰北部为东胡地，南部为燕国北境。而到了秦代，赤峰有些地域已归入中央政府的版图，如其南部先属辽西、右北平二郡，后属匈奴左地；北部先属东胡，后属乌桓。在以后漫长的历史时期，赤峰始终是一个少数民族聚集，民族交往频繁的区域。赤

峰市现共有 30 个民族，汉族人口 346.95 万人，占赤峰人口的多数；蒙古族人口 83.77 万人，回族人口超过 2 万，满族人口超过 10 万，另外还有朝鲜族、达斡尔族等民族。多民族的发展史直接影响了其行政、军事的建制制度和语言。"旗""苏木""嘎查"这些行政类通名的选取正是该地域民族分布状况的产物，是修辞在语词层面呈现出的地域色彩。透过这些通名，我们能看到该地域曾有过的民族发展史。

相比之下，虽然新化县在唐宋时期的居民是梅山峒蛮，包括了以瑶族为主的苗、瑶、侗等族。但在宋以后，由于官军多次征剿，瑶民大批南迁。留下来的瑶民或退居深山，或讳其所出，客依、融合到苗、汉等民族之中。到了明初，"扯两江填湖广"，大批汉族移民进入梅山，进一步改变了当地的民族结构。"新化猺民于明末死徙殆尽，其地即今奉家、江东二村是也，皆已内属而内地黠民往往冒猺籍入学，然弗齿于士，久之自绝，故新化无猺生。"① 现在，新化的少数民族基本上是抗战时期避难及新中国成立后因工作、婚姻关系来县的。据新中国成立后进行的四次人口普查统计，新化县少数民族人数如表 2-10 所示。

表 2-10　　　　　　　　　新化县少数民族统计表

年代	少数民族人数	瑶族人数
1953	5	0
1964	20	4
1982	157	6
1990	354	15

由上述分析可知，尽管新化县在历史上曾有过瑶族聚居的情况，但自北宋以来，其民族迁徙、民族融合的速度极快，民族分布状况渐趋单一化，汉族在全县人口中占绝大多数。因此，在新化县现有的行政类通名中，缺乏具有民族语言和民族制度特征的通名。

"林场"和"工区"是新化县有别于赤峰市的两个行政类通名。这两个通名的出现与新化县的地理物产息息相关。在上一章新化县概况中已介绍，新化县属亚热带季风气候，降水丰沛。地形地貌以山地丘陵为主，雪峰山支脉从西南逶迤入境，向东北延展，形成了六大主要支脉，即天龙

---

① （清）关培钧等修，刘洪泽等纂：《新化县志》，成文出版社 1975 年版，第 959—960 页。

山、桐凤山、奉家山、古台山、凤凰山、大熊山。适宜的气候条件和地形条件使得这些山峰山高林密，林业资源十分丰富。特别是古台山和大熊山两山的活立木蓄积量多达15.45万立方米。为了实现对林业资源的有效管理，新化县政府在古台山和大熊山专设两座国营林场，下辖13个工区。"林场"和"工区"这两个行政类通名正是这种地理物候下的产物。而在赤峰市，虽然也多山地丘陵，但属中温带半干旱大陆性季风气候区，草原面积较广，林业资源没有新化丰富，故其行政通名中缺乏"林场"和"工区"。

由上述对照分析可知，不同的地域，其地形地貌、气候物产、民族发展和民族分布都会有所不同，而正是这些不同的地域特征直接影响到了地名通名的命名，从而使新化方言修辞在语词层面呈现出鲜明的地域色彩。

2. 自然景观类通名的异同及其地域成因

根据表2-4、表2-5、表2-6可知，新化县自然景观类通名共有40个，其中表示山中高地的通名共17种，即"山""峰""岭""塝""坳""排""台""岩""界""垴""托""墈""峁""坡""垭""崚""畲"。表示山间平地的通名共4种，即"冲""坪""垅""甸"。表示洼地的通名共2种，即"凼""坑"。表示地下地形的通名1种，即"洞"。表示各种水文环境的通名共15种，即"洋""江""河""湖""溪""塘""潭""湾""洲""池""井""田""滩""圳""荡"。表示具有交通意义的地形通名1种，即"口"。而赤峰市自然景观类通名共有13种，其中山地类的通名共5种，即"山""岭""梁""台""坡"。洼地类通名2种，即"沟""洼"。平地类通名1种，即"地"。水文环境类通名共5种，即"湾""河""浩特""泉""井"。

比照之下，首先在自然景观类通名数量上，新化为40个，比赤峰市的13个多了27个。其次，在各类通名出现的频次上，两地也出现了巨大的差异。以两地共有的通名"山""岭""湾"为例，"山"在新化县地名中出现了478条次，而赤峰市为88条次，"岭"在新化县地名中出现了475条次，而赤峰市仅为7条次，"湾"在新化县地名中出现了641条次，赤峰市为40条次。

自然类景观通名类数的多寡及其出现的频率，是与当地地形地貌的多样态和复杂性分不开的。上一章我们已介绍到新化县半山、半丘陵地貌特征。其西部、西南部和西北部多为山地，东部、东南部和东北部为丘陵地。而赤峰市地处内蒙古高原向松辽平原过渡地带，其地貌形态为：山地面积占 17.74%；高平原占 5.72%；熔岩台地占 3.21%；低山丘陵占 19.44%；黄土丘陵占 22.9%；河谷平原占 8.17%；沙地占 23.3%。地貌形态虽有山地、高平原、熔岩台地、低山丘陵、沙丘平原。但山地面积仅占 17.74%；其他多为高平原、台地和丘陵。平原和台地地形起伏不大，地表样貌变化不显著，特征不鲜明。在求实修辞原则制约之下，两地地名的通名类出现了巨大的差异。

赤峰市的山地通名只有 5 种，而新化县的山地通名则多达 17 种。17 种山地通名的出现充分体现出了山地居民对山地地貌认识的精微化。在新化，群山迭起，山体蜿蜒起伏，其高低、大小、尖团、隆起、弯曲、凹陷的形状是千变万化，各有差异的。这些差异性是当地居民辨识地理实体、地理位置的主要依据；所以，同为山坡，在他们的认知世界里，有凸出形的"塝"，有低矮形的"塅"，有斜坡状的"排"，有坡度较长的"堎"，有倾斜度大的"坡"，还有凸出平地的"垞"。有高山就有平地，对山间平地的认识，新化居民们也同样十分精微。他们把山间平地分为了夹在群山之间面积较窄的"冲"，面积略宽的"垅"，面积较宽、地形开阔的"坪"，地势低洼的"凼"，地势低平的"甸"，地势凹陷的"坑"。新化山地类通名的多样化和细致化，是由新化多山地丘陵的地形地貌特点决定的。在这一点上，它迥异于赤峰地名通名，是特殊地域条件下的语词现象，是修辞地域性的鲜明体现。

表 2-6 显示，新化县水文类地名通名多达 16 个，而赤峰市的水文类通名仅为 5 个。两地水文类通名数量的多寡、频次、用词特点是受其地域的气候条件和地形条件制约而成的，是一定地域条件下的产物。

赤峰属中温带半干旱大陆性季风气候区，冬季漫长，春秋季干旱少雨。赤峰的水资源远没有新化丰富，而其地形地貌又相对单一，故匮乏凹凸起伏、蜿蜒回转的地形条件去积水蓄流，所以其水文类通名仅为 5 个。但在这 5 个通名中，"浩特"是一个具有民族色彩的通名。"浩特"来源于蒙古语，原意是水草旁的聚居地，作为一个以牧业为主要生产方式的地域，丰茂的水草地在当地居民的认知世界中是极为凸显的。因此，"浩特"成为了内蒙古一个特别的地名通名。作为一个融合了民族性和地域性的通名，"浩特"的出现充分体现出了赤峰作为一个多民族地域的语词修辞特色，是修辞地域性的鲜明体现。

新化县水文类通名的多样化及其出现的高频次则与其地域降水丰富，地形地貌复杂多变有着直接的关系。在新化，与山地相伴而生的是丰富的水资源。在群山林立、丘陵起伏之间，溪水奔流。全县河流长度在1公里以上的有266条，其中长年不断水的有89条，最大的资水纵贯全县，河段长达90公里，平均流量每秒377立方米。新化溪流纵横的水文环境直接决定着地名中水文类通名的种类和出现频次。"洋""江""河""湖""溪""塘""潭""湾""洲""池""井""田""滩""圳""荡"，与水文环境相关的各类通名新化县几乎都有，特别是"湾""溪""塘"，出现的频次分别多达641、222、191次之多。在新化，溪随山转形成湾，水流集聚而形成塘，溪流、山塘随处可见，在这样的水文环境下，"湾""溪""塘"类通名呈高频出现的局面。除了湾、溪、塘出现得比较多外，在新化地名通名中，"田"出现得也较多，共67次。通名"田"的出现与新化县的耕作方式有着直接的联系。在新化，能藏水的平地被开掘为水田，主种水稻，在山地，开荒为畲，种各种经济作物。以"田"为主要耕种场地的生产方式使"田"成为了凸显对象，它由此而成为了新化地名中较常见的通名。而赤峰市，以牧业为主要生产方式，因此，在其地名中不可能出现"田"这样的通名。水资源丰富，地形地貌的丰富多变，形成了新化县地表储水的多态化，"洲""池""井""田""滩""圳""荡"等水文类通名就此出现在新化地名中，构成了该地地名命名的特色。

在自然类通名中，新化还有一个有别于赤峰市的地名通名："洞"。"洞"在新化地名中出现的频次也较高，达65次，这与新化的地质构造有着直接的关联。在新化县，有很多地方为岩溶地貌，故地下多溶洞，其中最著名的是国家级重点风景名胜区"梅山龙宫"，共有九层洞穴，由上万个溶洞组成，是"天下奇洞"。梅山龙宫仅为新化县溶洞的一个代表，但从它的规模我们可以看到岩溶地貌在新化地域分布的盛况。独特的岩溶地貌让"洞"成为了人们认知视野中比较凸显的自然景观，用它来指称它所在的地域也就成了新化地名命名中较为常见的现象。如，"薛家洞"就因"村旁有洞，曾住薛家，故名"[1]。以"洞"为通名来对某一地理实体命名，这是新化地名命名的特点，是新化方言修辞地域性的鲜明体现。

---

[1] 李传机主编：《湖南省新化县地名录》，新化县人民政府编制，1983年，第40页。

在上面的论述中，我们对新化县和赤峰市两地的自然类地名通名的种类和出现条次进行了比较。通过比较发现，两地的自然类通名不论是在类数还是在出现频次上都有着巨大的差异。这些差异的形成与两地的气候条件、地形地貌、民族分布有密切的联系。深入研究自然类通名与当地地理条件、历史发展的关系，我们能够发现，气候条件、地形地貌、民族分布这些地域特征是决定地域通名类数和频次的重要因素，而一定地域的地名通名则是该地域自然条件的一面镜子，透过它们我们能大致了解到该地域的自然条件。

3. 人文景观类通名的异同及其地域成因

据表 2-7、表 2-8、表 2-9 可知，新化县人文景观通名共 34 个。其中宗教建筑类的有"庙""寺""殿""观""庵""宫""堂"，共 7 个；园林建筑类的有"亭""楼""阁""园"，共 4 个；一般人工建筑类的有"庄""寨""堂""庐""屋""院""屋场""庙""馆""桥""牌""第"，共 12 个；表生产场所的有"窑""坊""场""厂"，共 4 个；表商业贸易的有"市""店""铺"，共 3 个；表示交通道路的有"路""街""巷""码头"，共 4 个。赤峰市人文类景观通名为 15 个。其中表宗教建筑的有"庙"，共 1 个；园林建筑类的有"园"，共 1 个；一般人工建筑类的有"庄""府""屯""坟""堡""敖包"，共 6 个；表生产场所的有"场"，共 1 个；表商业贸易的有"铺""店"，共 2 个；表交通道路的有"街""胡同""路""道"，共 4 个。

通过以上比较可见，在宗教建筑类通名中，新化县的该类通名有 7 个，而赤峰只有 1 个，即"庙"。宗教建筑通名类数的差异是由两地宗教信仰不同导致的。赤峰地区有着悠久的历史文化积淀，早在距今 8000 年前，就已经孕育了发达的文明。到了公元 10 世纪，契丹民族在北方草原崛起，进入 13 世纪之后，赤峰地区作为蒙古后族弘吉剌部的封地，在这一时期，宗教文化得到了较大发展，宗教出现了多元化趋势；但"从现存元代宗教遗址的数量和规模看，弘吉剌部在信奉的诸多宗教中，佛教还是其最为推崇的"[①]。在赤峰，宗教建筑通名的单一化与其佛教信仰主流化是分不开的。

---

① 康建国：《从赤峰元代宗教遗存看蒙古弘吉剌部的宗教信仰》，《赤峰学院学报》2012 年第 6 期。

相比而言，新化县处于古梅山文化的中心区域。梅山文化是荆楚文化的一个重要支流，"信巫鬼，尚淫祀"① 是其一贯的文化传统。独特的人文环境，营造了古梅山地区原始、质朴的民俗信仰氛围。在新化县，儒释道及民间古朴的巫教无分轩轾，且各宗教的元素互相渗透。新化山民尊儒、信佛、信道，也信自己的梅山教。在这个地域内，他们建了"庵堂"来供奉观音，建了"殿"来敬奉南岳圣帝，建"寺庙"供奉佛祖，建"道观"供奉真武，建"家庙"供奉家主祖宗，建"宫"来供奉文昌星。总体而言，新化县民众的宗教信仰出现了一个以实用功利为指导的多信仰混同态势。在这样的文化氛围下，其宗教建筑类通名自然就出现了多样化。

新化县的园林建筑通名比赤峰多了三种，即"亭"共出现了60次，"楼"7次，"阁"6次。

"亭"在新化县是一种兼有公益性、审美性、纪念性的建筑。因群山起伏、山路崎岖，极难有代步的交通工具。乡民们物资的交流，人情的往来全靠肩挑手提。因此，在新化的乡野之中，常设供行人休憩用的茶亭，如"气可亭"的建立就是缘此，"村旁曾有气可亭，供行人歇肩换气，以亭名村"②。这些茶亭常设于离人烟甚远的荒野之地，十分凸显，因此"亭"就成了指代地理实体的通名。除了作为公益建筑出现外，"亭"还是富于纪念意义的建筑。在新化县，人们有建亭以记功，建亭以祝寿的习俗。如"格虎亭"的得名就因"村旁有格虎亭，为李孝子格虎救母处，以亭名村"③。除了表功记事外，还有用以祝寿的，如"九九亭"的建立就为村民八十一岁寿庆而建。独特地形地貌下的交通条件，独特风俗习惯下的行为方式是"亭"这种园林建筑在新化县大量出现的原因。鉴于"亭"在一般人工建筑中的凸显及其独特的使用价值和审美价值，"亭"就此成为了新化县地名中出现频次较高的一种通名。由此可见，在新化地名录中，"亭"这一园林建筑类通名的大量涌现也是该地域独特的地理状况、风俗习惯的产物，以它为地名通名依然是一定地域特征制约下的语词修辞。

在一般的人工建筑类通名中，新化县和赤峰市无论是在类数还是在类

---

① （清）关培钧等修，刘洪泽等纂：《新化县志》，成文出版社1975年版，第803页。
② 李传机主编：《湖南省新化县地名录》，新化县人民政府编制，1983年，第37页。
③ 李传机主编：《湖南省新化县地名录》，新化县人民政府编制，1983年，第317页。

名上都显现出了巨大的差异性。

  首先，在类名上，赤峰市的通名显示出了极强的民族性、政治性和军事性，而新化县则显示出了极强的民用性。赤峰市的"敖包"是一个极富民族性的通名。就其语言形式而言，"敖包"是蒙古语，可汉译为"堆子"，意为木、石、土堆，就是由人工堆成的"石头堆""土堆"或"木块堆"。在平阔的草原上，因缺乏地形地貌的起伏变化，人们只能用石头堆成道路和境界的标志，"敖包"由此产生。赤峰市的"屯""堡"两种通名是两个具有军事性的通名。"屯"的本义为"艰难"，形容词。后引申为"聚集"，后又在聚集的基础上再次引申为："戍守，驻扎"，动词，如《庄子·寓言》中有："火与日，吾屯也；阴与夜，吾代也。"[①] 后由"戍守，驻扎"再引申为"兵营"，名词，如在《管子》中有"请以令发师置屯籍农"[②]。"堡"的本义是"土筑的小城"，《晋书·符登载记》有"险筑堡以自固"[③] 之语，后由此引申为"堡垒"，如明魏禧《大铁椎传》"送将军登空堡上"中的"堡"即堡垒之义也。至于现在地名通名中的"堡"，则指有城墙的城镇，但究其根源还是与战争有着莫大关联。军事性通名的出现与赤峰市特殊的地理位置和历史发展是密切关联的。赤峰市位于内蒙古自治区东南部，西南与河北，东南与辽宁省，西北与锡林郭勒盟相连，距首都北京和东北重镇沈阳均在500公里左右，历来是北方强悍民族和汉家进行攻防的对垒之地。因此，在赤峰地名通名中出现了大量的具有军事意味的"屯""堡"。

  赤峰重要的地理位置和显赫的民族发展史除了给它带来了两个打上军事烙印的通名外，还给它带来了两个颇具政治意义的通名："府"和"坟"。重要的地理位置、显赫的民族发展史导致了此地贵族和重臣的集聚。"府""坟"是重要人物生前和死后的安居场所，其建制规模和装饰档次自然要超越于一般民众的居所和墓葬，成为区域的标志建筑。赤峰市的"王子府""贝子府""公主坟""王子坟"正是此种人文环境下的修辞语词。由此可见，赤峰市四个建筑类通名的产生是由其重要的地理位置和显赫的民族发展史决定的，是地域特征影响下的语词修辞。

  相比之下，新化县地处楚南，"梅山万仞摩星躔。扪萝鸟道十步九曲

[①] （晋）郭象：《南华真经评注》，杭州古旧书店1983年版，第288页。
[②] （春秋）管子：《管子》卷第二十四，四部丛刊景宋本。
[③] （唐）房玄龄注：《晋书》卷一百五十，清乾隆武英殿刻本。

折，时有僵木横崖巅"①。所以，侗民长期以来都是据塞自守，"梅山峒蛮，旧不与中国通"②。尽管北宋时期梅山蛮也曾有过与中央政府的对抗，但其战事所花时间并不长，自归皇化后，一直处在和平宁静中。因此，在其一般建筑类通名中，仅有一个具有军事意味的通名"寨"，相较于赤峰的"屯"和"堡"，"寨"是一个具有山地特色的军事营垒。"寨"本义为防御用的木栅，后引申为四面环围的驻军处，如，《陈书》"巴山陈定亦拥兵立寨"③的寨就是指这种军事营垒。当然，这种四面环围、易守难攻的营寨只有在群山环抱的南方才极易建成，这是为什么"寨"这个具军事意味的通名没有在战事频繁的赤峰出现，而在相对太平的新化却出现了的原因。

尽管在新化地名通名中出现了具有军事意味的通名"寨"，但相较于民用建筑类通名"院""屋场"，"寨"的出现频次要低得多。如果说，赤峰的"府"和"坟"散发出的是贵族气息的话，新化的"院"和"屋场"则是沾染上了宗族气息的平民聚所。在《新化县地名录》中，凡是以"院"和"屋场"为通名的地名，其专名往往冠以宗族形式的×家，如曾家院、闵家院、罗家院、陈家屋场、易家屋场等。新化的通名"院"和"屋场"的高频出现与元末明初的大移民潮"江西填湖广"有着直接的关联。在新化，有大量居民是江西移民的后裔，这些移民往往是以整族或整房的形式进行迁移的。待达到新化后，寻找相对宽阔的地方修屋建院，仍然保持原有的宗族聚居风貌，对其聚居地的命名则以姓氏为专名，"院""屋场"为通名。对这一段移民史和定居史除了有大量族谱明确记载外，现在某些村的专名还依然有着历史的痕迹，如"相思院"，《新化县地名录》给予的解释是："村呈院落，金姓从江西来，思念故乡，故名。"④

在一般的人工建筑类通名中，"桥"这个具有交通意义的通名是赤峰地名通名中没有，而在新化地名录中出现得比较频繁的。"桥"在新化地名录中，共出现114例次。"桥"的高频出现与新化县的地理、气候条件有着直接的关联。作为一个降水丰富、溪流众多、沟壑纵横的地域，桥梁

---

① （清）黄宅中等修，邓显鹤等纂：《宝庆府志》，成文出版社1975年版，第137页。
② （元）脱脱：《宋史·蛮夷二》，中华书局1985年版，第14196页。
③ （唐）姚思廉：《陈书》卷三十五，清乾隆武英殿刻本。
④ 李传机主编：《湖南省新化县地名录》，新化县人民政府编制，1983年，第342页。

是连贯交通的必备建筑。

在新化,县境溪河众多,民多架桥以渡,各式各样的桥横跨于溪流沟壑之上,它们既起着沟通往来的作用,同时也是历史文化的承载者。据《新化县志》载,新化的桥梁建筑史有文字可考的可追溯至宋、元时代,但当时多为简易木桥;到了明代中期始有石桥出现;清代,民修石桥增加,造型多样;民国期间,民修桥梁发展较快。"民国三十三年统计,全县有民桥610座,多为石拱桥和木面屋廊桥,桥型独特,建造技术颇为精巧。"① 数量众多、造型各异的桥梁是新化县一道独特的人文景观,它凸显于自然山水之间又与山水悄然融合,成为人们认知视野中一道别样的风景。在偏全联想的思维机制作用之下,它就成为了所在区域的指称符号。如,"大同桥",《新化地名录》解说为: "村旁有大同桥,以桥名村。"② 而"木笕桥",同样也是村旁有木笕桥,以桥名村。这就是"桥"在新化地名通名中高频出现的原因。

通过表2-9可见,在生产贸易类通名中,新化县比赤峰市多了"窑""坊""厂""市"4类。这4个通名中出现频率最高的是"坊",为23次;其次是"厂",为5次;"窑"和"市"均出现3次。"坊"的高频出现同样是一定地域特征下的修辞现象。

在群山阻隔、相对闭塞的地理环境下,长期以来,自给自足的小农经济是新化县的主要生产生活方式。为了满足自身生活的基本需求,新化县很多乡村都附带有生产各种生活必需品的手工作坊,如,酿酒的槽坊、榨油的油坊、磨制豆腐的豆腐坊等。这些作坊对于乡村而言,既是生产和生活的场所,也是公共活动场所。因在功用和建筑形式上都有别于其他建筑,"坊"不仅成为了村落中最凸显的部分,而且还是全村建筑布局的坐标。在关系联想心理机制作用下,"坊"就此成为了指称整座村庄的通名。如"彭家坊",得名的缘由是: "村内曾有彭姓开设的豆腐坊,故名"③。同样,"张家坊"的得名是因为"村旁曾有张姓槽坊,故名"。④

"窑",这一通名的出现与新化民居的建筑材质息息相关。在新化,一般民用建筑都是砖木结构,屋顶以青瓦为盖;因此,砖瓦成为了一种主

---

① 新化县志编撰委员会:《新化县志》,湖南出版社1996年版,第510页。
② 李传机主编:《湖南省新化县地名录》,新化县人民政府编制,1983年,第291页。
③ 李传机主编:《湖南省新化县地名录》,新化县人民政府编制,1983年,第272页。
④ 李传机主编:《湖南省新化县地名录》,新化县人民政府编制,1983年,第398页。

要的建筑材料。受制于交通条件，就地取材，烧制砖瓦陶器成为了新化山民生活的必须。在新化乡郊，各种简陋的砖瓦陶窑是一道别样的人文景观，而"窑"也就此凸显出来具备了指代整座村庄的功能。如"江田窑"，《新化县地名录》进行了这样的解说："村旁四江会流，冲积成田，有陶器窑，故名。"①至于"厂"，应是后起的一种通名。随着科技的发展，新化的生产技术也在逐渐进步，农副产品的加工、矿产资源的开掘，新化的某些乡村也有了具有现代意义的工厂，如"富山厂"，就因"村内有康富山办的铁厂，以厂名村"②。显然，相较于村内一般的人文景观，具有现代色彩的"厂"是一个新鲜的、特别的认知对象；因此，它也就成为了一个比较凸显的事物，在偏全联想思维机制之下，以它去指称它所在的整个区域就成为了必然。而在赤峰市，以草原为主要生活环境、游牧式的生活方式都让这三个通名缺乏了产生的条件，这也是它们在赤峰地名通名中空缺的原因。

其次，即使是两地共有的通名"场"和"铺"，也具有地域的差异性，在相同的语词下有着迥异的内涵。"场"在《说文》中释义为："场，祭神道也。"③后由此引申为"平坦的空地"，如，《诗经·豳风》中有"九月筑场圃"之语。由此可见，"场"在最初的时候还是主指禾圃场，后来，此义项的内容进一步扩展，进而能泛指从事各种活动的"平坦的空地"，如马场、战场等。由于新化县和赤峰市两地自然条件、历史沿革的差异，其主要生产生活方式都存在显著不同，因此，"场"这个通名在两地的地名中各具偏义性。新化县的主要生产方式是农耕稻作，因此晒谷场、看牛场是乡民们必要的生产场地，通名"场"在新化地名中虽也有指称战场和集市的，如"大吉场""久大场"，但更多的是用来指称禾场和看牛场、杀青场等与农事有关的场地如"石禾场""杀青场"。

在交通道路类通名中，赤峰有一个具有民族色彩的通名"胡同"。"胡同"源于蒙古语 gudum。元人呼街巷为胡同，后即为北方街巷的通称。元关汉卿《单刀会》第三折："你孩儿到那江东，旱路里摆着马车，水路里摆着战车，直杀一个血胡同。"中的"胡同"就是受蒙古统治影响

---

① 李传机主编：《湖南省新化县地名录》，新化县人民政府编制，1983 年，第 298 页。
② 李传机主编：《湖南省新化县地名录》，新化县人民政府编制，1983 年，第 299 页。
③ （汉）许慎撰，（清）段玉裁注：《说文解字注》，上海古籍出版社 2000 年版，第 693 页。

产生的,当时元朝势力所及之地都把巷改成"胡同",至今,北方叫"胡同",南方叫"巷"。比照显示,交通类通名中,新化县多了一个通名"码头",这是新化历史上发达的航运业在语词世界的反映。上文已论及,发源于广西的资水横贯新化全境,在陆路交通尚不发达的岁月,水路的航运成为新化县主要的交通运输方式,作为物流链中重要环节的"码头"就此进入新化民众的语词世界,具备了指代地理实体的功能,成为该地地名通名。

通过上述比照可见,新化和赤峰两地在人文景观类通名上的差异性是由两地不同的地理条件、历史发展及由此生成的生产生活方式、风俗习惯等因素造成的。不同的地域,其地理条件、民族发展史及在此基础上形成的生产生活方式、宗教信仰、风俗习惯会有着千差万别,这些差别正是形成地域特征的基础,在不同的地域特征影响下,不同的地名通名得以产生。由此可见,人文景观类通名也是深具地域特征的语词修辞。

第三节 新化地名专名命名及其地域特征

专名是特指个性、单独概念或现象的名称。相较于通名的类别性,地名的专名具有特指性。专名的特指性是通过对它所指称地域的地形地貌、方位距离、居民物产、历史源流等进行概述、描写实现的,这就是所谓的"专名定位,通名定类"。因此,相较于"定类"的通名,"专名"的命名具有更多的个性,更能体现出命名者的修辞理念、修辞方式、修辞水准。对特定地域的专名展开研究,能让我们进一步发掘出蕴含在其中的地域成因,从而更深入地解构出该地方言修辞的地域特征。

一 新化地名专名的类型

新化县地名专名按语法结构可分为以下类型:
(一) 单纯词型
大/坑、岩/山、光/冲、蛤蟆/凼、下/山、红/山、竹/坳、芭蕉/冲、娘娘/洞等。
(二) 复合式合成词和词组型
1. 联合型:俭朴/冲、兴隆/街、安乐/山、打造/坳等。
2. 偏正型:白茅/塘、尖石/岭、深碧/潭、鸡脚/山等。

3. 述补型：歇凉/山、流南/山。
4. 述宾型：穿岩/岭、回鸟/坳、思澧/溪、拔刀/界。
5. 主谓型：谷丰/台、龙落/坪、文昌/宫、狗爬/岩。
（三）附加式合成词型
刘氏/界、竹子/坪、磊儿/岩。
新化县地名专名按语义内容可分为以下六类：
（一）描写地理形貌的
飞凤/山、螳蛭/冲、碧田/冲、大/山、蛇形/岭、横溪/冲、新/亭子、三角/塘、花石/桥、破石/冲、甘/溪。
（二）介绍居民物产的
国楚/湾、李老/冲、彭家/湾、鸟/坳、芭蕉/岭、苦竹/溪。
（三）表述历史传说的
思念/冲、绚牛/坪、拔刀/界、百人/寨、黄旗/寨、辇/溪。
（四）寄寓美好意愿的
旺/冲、来时/坳、平乐/冲、长乐/坳。
（五）说明方位距离的
下段/垣、上流/江、七里/冲、南/冲。
（六）说明数量序列的
三塘/冲、双江/口、五/房头、九峰/山。

二 地域自然条件制约下的专名

（一）地域地形条件制约下的方位型专名

方位词出现在地名中有两种情况，一是作专名对通名加以修饰限制，如"南冲""东凼""北方院""下冲""上头铺"等。二是作附加成分修饰限制原地名，形成新地名，实现指称的准确性和精细化，如"白岩岭下""下芳溪""岩凼里""上茶底冲"等。作为一种简便经济的造词行为，在我国，附加型地名是一种常见的地名类型。在新化县的6807个自然村落中有989个村落名为附加型，约占其村落总数的14.53%。

1. 地名方位词使用概况

在新化地名中，方位词的出现同样为上述两种情况，一是作专名对通名加以修饰限制，如"东塘""中街""后冲"等。二是作附加成分修饰限制原地名。其附加形式有三种，一是附加在原地名前，如"上罗家排"

"上禾冲""中横江""中黄花溪""对门院""对门山""下谭家冲""下芭蕉山"。二是附加在原地名后，如"大界上""田塝上""河对门""罗对门""红岩下""彭家底下""李家边""祠堂边""胡家门前""井湾里""大坪里"。三是附加在中间，如"坝上院""舟上垣""洞下冲""山下垅"。

对新化地名录中的6807个村落名中的方位词进行统计发现，新化地名中用到的方位词有上、下、里、边、前（门前）、后、东、南、西、北、中、对门共12个。其使用具体情况详见附录表4，现将附录中的统计数据简要呈示如表2-11。

表2-11　　　　　新化县地名方位词使用数据统计表

方位词	下	上	里	边	前	后	南	中	对门	东	西	北
次数	273	234	268	60	28	28	29	19	12	15	18	5
比率	27.60%	23.66%	27.09%	6.06%	2.83%	2.83%	2.93%	1.92%	1.21%	1.51%	1.82%	0.51%

2. 山民对方位的体认与方位词的使用

空间方位概念是人们在与世界互动的过程中形成的，是人类赖以生存的最基本的概念之一。在空间方位概念衍生下的空间方位词是人类表述空间位置的重要语言符号。语言学者认为："现代汉语的方位词根据表示方向的性质，可以分为以下5组：（1）水平方向：前、后、左、右；（2）水平方向：东、南、西、北；（3）垂直方向：上、下；（4）辐辏方向：里（内、中）；（5）泛向性：旁、中、间。"① 而根据方位词的表意特点，大致把单纯方位词划分为以下一些次类系统：一是靠身体定位的水平系统，包括前、后、左、右；二是靠太阳定位的水平系统，包括东、西、南、北；三是靠身体定位的垂直系统，包括上、下；剩下的四个：里、内、中、外自成一个体系。里、内、中、外具体是一个什么体系呢？根据杨辉的观点："由于'里、内、中、外'表示的方所系统的特点，人们在认识这个方所系统的时候会根据自身的经验把它抽象为一个图式，用常见的容器图式来映射'里、内、中、外'表示的方所系统。所以我们

---

① 方经民：《汉语空间方位参照的认知结构》，《世界汉语教学》1999年第4期。

把'里、内、中、外'称作容器方位词。"① 根据认知语言学的观点,人类认识的容器图式也来源于身体,如人类进食和排泄的体验就是认识"里外"的基础。

不论是哪类方位词,在表示方位时都是有参照点的。廖秋忠指出:"方位词表示方向时,必须选定一个位置作为面对的方向,这个位置就是方向参考点。另外,还需要一个立足点,它就是面对某个方向时所处的位置。位置点随着语境的变化而变化……方向参考点是由立足点来决定的。……没有参考系的方位词是无法用来定位的。"② 东南西北选择的原初参考点是太阳,前后左右选择的原初参照点是人体。太阳是恒定的,所以东南西北表示的方向比较稳定。人体是多变的,因此,前后左右表示的方向就不具稳定性。人体除了具多变性外,还具可投射性,即可以把人体方位投射到某个非人类的实体上,这叫作"投射参照",投射参照中的"单体投射参照"具有明显的人类为中心的性质,"如动物、玩具娃娃、相机、望远镜等具有或被赋予知觉器官。动物脸部朝向为'前',车子的头部、车子的常规运动方向为'前'。通过投射,这些实体也获得了比较稳定的方位"③。

上述是语法界对方位词的一些认识,这些认识可帮助我们找到地名中方位词择取的理据,从而解析出方位词使用上的地域特征。

如表 2-11 所示,在新化地名中共用到了 12 个方位词,其中"边"和"对面"是两个带有方言色彩的方位词。这两个方位词,根据其表向的性质和语义特点,可列入"靠身体定位的水平系统"中。显然,在这 12 个方位词中,靠身体定位的方位词和容器方位词的使用频率要远远高于靠太阳定位的方位词。而在靠身体定位的方位词中,表示垂直方向的"上""下"的使用频率又要远远高于表水平方向的"前""后""边""对面"等。新化县地名中方位词的这一特征是新化县独有还是别的区域也同样具有?为了鲜明地显现出新化县地名中方位词使用的地域特征,本文再次以内蒙古赤峰市地名为对照点,用赤峰市地名中方位词的使用情况与新化县地名中方位词的使用进行比照。赤峰市地名首字的方位词使用情

---

① 杨辉:《容器方位词里、内、中、外的空间意义》,《四川教育学报》2008 年第 12 期。
② 廖秋忠:《空间词和方位参考点》,《中国语文》1989 年第 1 期。
③ 储泽祥、王寅:《空间实体的可居点与后置方位词的选择》,《语言研究》2008 年第 4 期。

况见表 2-12。

表 2-12　　　　　　赤峰市地名方位词使用数据统计表

方位词	东	西	南	北	中	上	下	前	后	左	右	东北	西北	东南	西南
条数	88	70	50	47	18	39	50	15	9	1	1	3	1	12	4

资料来源：本表数据来自王洪莉硕士论文《赤峰地名研究》，中南大学，2010 年。

　　由表 2-12 可知，在赤峰市地名中，靠太阳定位的方位词"东""南""西""北"及其复合词使用的次数共 275 次，而靠身体定位的方位词"上""下""前""后""左""右"使用次数共 115 次。"虽然在赤峰的专名系统中这两套说法都用，但是所用的数量相差悬殊，可见赤峰人还是更倾向于用'东西南北'作为地名的专名。"[①] 此外，赤峰地名中的容器方位词只有一个"中"，它的使用次数为 18，也远远低于靠太阳定位的方位词使用次数。

　　显然，在两地地名中，对方位词的择取出现了巨大差异。根据上文的论述，"东""南""西""北"这一组方位词和"上""下""前""后""左""右""里"等方位词最大的差别在于其参照点不同。"东""南""西""北"的参照点是太阳，具有恒常性，不可投射。"上""下""前""后""左""右""里"等方位词的参照点是身体，可投射到其他非人类的实体上，从而形成"投射参照"。前面已经论述到，赤峰市山地面积仅占 17.74%，其他多为高平原、台地和丘陵。平原和台地地形起伏不大，地表样貌变化不显著，这样的地貌特征显然与立体多维的人体不具对应性，因此要构成投射的难度比较大。而如果仅用人的身体作为参照来定位，身体的多变性又会造成指向的不确定。在这样的地理环境下，用以太阳为参照点的"东""南""西""北"来进行定位指向是比较科学合理的。由此可见，赤峰市地名中对"东""南""西""北"这几个方位词的高频使用是一定地貌条件下的产物，是地域特征制约下的语词修辞。

　　与赤峰市的地貌不同，新化县的平原面积仅占 4.19%，岗地占 10.5%，丘陵占 11.2%，低山占 12.4%，中低山占 31.1%，中山占 23.7%，水域占 7.3%。上面数据显示，新化县的典型地貌是山地丘陵。山地的立体多维，特别是它隆起形成的海拔高度，极易与人体位的"上""下"形成对应，在

[①] 王洪莉：《赤峰地名研究》，硕士学位论文，中南大学，2010 年。

人类的心理空间中构成映射，从而形成投射参照。山以它的海拔高度与人体产生对应，水则以它的流程和落差与人体位的"上""下"形成对应，也可以形成投射参照。除此之外，"上""下"还是一组表示垂直方向的方位词，用它们对山地丘陵等地理实体进行定位指称具有天然优势。在新化地名中，带"上""下"方位词的地名大量呈现，有以山体为参照点的，如"上横排""下横排""上爪山""下爪山""石塝上""岩底下"。有以水流为参照点的，如"上梅溪""下梅溪"。有以树为参照点的，如"樟树下""杏树下"。山体和水流的出现，除了构成投射，形成垂直方向外，它们还能在空间上造成阻隔，从而把大的空间分割成多个具有封闭感的小空间，在人类心理上形成容器图式。容器图式的形成，是"里""内""中""外"这一组方位词进行投射的基础。在新化县，群山耸峙，溪水奔流，山围水绕之间是山冲、是水湾。上文曾论及，新化县以"冲""湾"为通名的地名是极多的，分别为1065条和641条。除了"冲""湾"极具容器图式感外，"塘""谭""坑""洞"等地理实体也是很容易在心理上形成容器图式的。因此，在新化地名中多用到容器方位词"里"，如"井冲里""洞冲里""泥湾里""岩函里""塘湾里""大坪里""富田里""茶园里""岩落里""石坑里""毛铺里""新屋里"等。

综上所述，两地在地貌上的特点直接决定了地名命名中对方位词的择取。在以山地为主要地貌的新化县，人们在对地理实体命名时，习惯用到以身体为参照点的方位词，特别是表示垂直方向的"上""下"和容器方位词"里"。而在赤峰市，因平原和沙地较多，地表可与身体构成投射的参照点较少，因此，惯用以太阳为参照点的方位词。由此可见，在地名命名中，地理实体所在区域的地貌特征直接决定了方位词的择取，地名中方位词的选用也是一定地域特征制约下的语词修辞。

(二) 地域地貌条件制约下的形貌类专名

对地理实体的指称光有表示"类别"的通名是不够的。为了指称的具体化和明确化还需在通名的基础上对其所属地理实体的形貌样态进行进一步的描述。地理形貌类专名就是通过对地表的颜色、形状、大小等显性特征进行描写形成的。不同的地理区域，由于地质构造、气候植被等的不同，它们在表层色彩、大小样态上会呈现出千姿百态，这些外显的形态特征在人们的认知视野里都是易于感知的对象，人们据此而为该地理实体绘色赋形，从而凸显出该地域的个性特征以实现对它的具体指称。通过对这类专名进行研究，我们能更清晰地发现和论证新化地名修辞的地域特征。

1. 地表颜色制约下的专名颜色词

在地名中，色彩词常见于偏正结构类专名中，起修饰限制作用。色彩是客观物体的重要外在属性，易于被人们感知。因此，在专名命名中，人们惯于用色彩词去对地理实体的外在形貌进行描写、限定，以实现它的称名功能。在语言学中，汉语的色彩词是兼具理性意义和色彩意义的一种词汇。它的理性意义在于，色彩是事物的客观存在，人们运用色彩词对客观事物进行色彩描绘时总是忠于客观色彩的。它的色彩意义在于，色彩词具有丰富的感情义和独特的民族内涵。色彩词所具有的这两种属性，能让我们通过对新化地名专名中的色彩词研究，探寻到新化专名命名的地域特征。

（1）新化县地名专名颜色词使用概况

新化县地名专名中用到的色彩词有黄、白、青、金、红、黑、绿、蓝八种。八种色彩词在新化地名中出现条数统计如表2-13所示。

表2-13　　　　　　　　新化县颜色词类地名统计表

颜色词	地名名称	条数	比率
黄	黄垅、黄毛田、黄鸡岭、黄皮冲、黄麂冲、黄土塝（3条）、黄土坳、黄泉坳、黄茅岭（2条）、黄土田、黄心塘、黄泥坳（3条）、黄桑坪、黄牯冲、黄牯坳、黄蜡溪、黄泥坪、黄连溪、黄冲、黄瓜坪、黄基鼓、黄茅冲、黄龙湾、黄毛江、黄土江、黄溪湾、黄土山、黄沙江、黄板桥、黄柳坪、黄皮界、黄花溪、黄连冲、黄冲、黄金坪、黄连溪、黄连、黄旗寨、黄泥凼（5条）、黄龙潭、黄麂冲、黄栗山、黄蜡冲、黄皮凼、黄皮坳上、黄獭塘、黄茅岭、黄塘冲、黄茅界、黄麂洞、黄泥冲、黄沙洞、上黄沙洞、中黄沙洞、下黄沙洞、黄栗江、黄皮、上黄皮、下黄皮、黄溪、上黄溪、下黄溪、大黄栗界、细黄栗界、黄包冲、黄泥桥、黄茅栗山、黄牯冲、黄冲里、黄皮溪、黄土岭、黄皮冲、黄沙坪、黄泥湾（2条）、黄獭庵堂、黄冲里、黄田里、黄双洞、黄皮扡、黄荆坪、黄阳界	92	28.66%
白（银）	白羊冲、白塘、白背垅、白地、白牛塘、白井、白蛇冲、白公坳、白水洞（2条）、白竹山（2条）、白石江、白石凼、白沙坪、上白沙坪、白岩冲（4条）、白石坳、白水冲（2条）、白茅冲（2条）、白耳冲、白石岩、白露溪、白岩垅、白岩（5条）、白茅洲、白泥坪、白枫院、白沙湾（4条）、白云庵、白水溪（2条）、白水桥、白石溪、白杨湾、白竹垅、白沙、白沙洲、白溪、白岩坳、白岩坳上、白水冲、白岩塘、白岩岭、白水亭、白家岭、白岩底下、上白岩底、下白岩底下、白岩山、下白岩山、白毛界、上白岩山、白岩下、白毛江、白水垅、白沙溪、白羊山（2条）、白术冲、白家坳、白岩岭下、白泥湾（2条）、白竹岭、白蜡冲、上白蜡冲、下白蜡冲、白岩底下、白杨山、白岩口、白岩河、白毛扡、白岩垅、白马洞、白岩桥、白山岭、银星湾	91	28.34%

续表

颜色词		地名名称	条数	比率
青		环青堂、青台冲、杀青场、青山桥、青坡溪、青猴江、青山棚（2条）、青京寨、青山湾（8条）、青草溪、青山（2条）、青岗山、青石街、青围溪、青龙湾、青山冲（5条）、青龙坪、长青排、柏青院、青实、青龙山、青烟坪、青峰、梅青岭、梅青凼、梅青坳、青山园、青山垇、木青岭、青岳岭、青凼、青树底下、青山岭、青山坑、青狮岩	48	14.95%
金		金鹅排、金江溪茶亭、金滩、大金溪、小金溪、金竹园、金竹山（3条）、金竹坪、金竹亭、金竹冲、淘金坪、黄金垴、金羊垅、金凤、金凤庵、金鸡塘、金鸡坨、金鸡排、黄金坪、金木坪、金树殿、金志塘、金南坪、金子岩坑里、倒挂金钩、罩金岩、摊金坪、金盆岭、金盆山、金粟岭、金章湾、金马田	34	10.59%
红	红	红岩、红山冲、红岩山（7条）、红田、红山、红豆冲、红花园、红亭子、红岩岭（2条）、杨红岩、红家岭、映山红	26	8.10%
	赤	赤竹山（4条）、赤竹冲		
	丹	丹塘湾、丹滩坪		
黑	黑	黑冲（3条）、黑鸡冲、黑山坨、黑槽冲、黑泥湾（2条）、黑土排（2条）、黑湾里、黑竹	16	4.98%
	乌	乌石、乌龟山		
	玄	玄冲、玄溪江		
绿	绿	绿竹、绿竹湾（2条）	8	2.49%
	碧	碧岭界茶亭子、碧岭界、碧塘边、碧田冲、深碧潭		
蓝		靛山坑、靛里冲、靛山桥、蓝靛湾（2条）、蓝溪湾	6	1.87%

表 2-13 显示：在新化地名专名中，黄、白两色出现的频次高达 92 次、91 次。其次是青、金两色，分别为 48 次、34 次。红、黑两色出现的频次稍微少一点，分别为 26 次和 16 次。绿、蓝两色稍少，分别 8 次和 6 次。在这几种颜色中，红、赤、丹是一个色系可以进行合并，碧、绿是一个色系，都可以归入绿色系。

（2）岩土条件与颜色词的使用

"新化县位于新华夏构造体系第三隆起带东缘，属雪峰山弧形构造带东南侧和祁阳山字形构造前弧北翼部位。"[①] 其岩性主要由石英砂岩、白云质灰岩、厚层块状灰岩、红砂岩、花岗岩等组成。在这样的岩质条件下，新化山岩的颜色主要为白、灰白、红。本着求实的修辞原则，新化山

---

① 新化县志编撰委员会：《新化县志》，湖南出版社 1996 年版，第 101 页。

民在以山岩代称地理实体时，都会以其实际的色彩来进行修饰限定，这是白色、红色在新化地名中出现得比较多的原因。如"白石岭""白石岩""白石溪""白石凼""白岩口""白岩冲""白沙溪""红岭""红岩桥""赤壁""红岩山"等都是依据山岩的颜色加以命名的。因此，白、红两色在新化地名中的高频出现是特别地质条件制约下的修辞结果，是修辞地域性的表现。

"新化县位于亚热带中部，典型的地带性土壤为红壤。因自然条件复杂，其母岩母质、地形、气候、生物等成土条件均有差异，形成各种不同类型的土壤。根据成土条件、土壤发育程度与发展阶段，分为水稻土、红壤、黄壤、黄棕壤、山地草甸土、粗骨土、石灰土、紫色土、潮土9个土类，黄红壤等21个亚类，花岗岩黄红壤等79个土属，粗麻砂土等149个土种。"① 在新化县，红壤面积为11.6万多公顷，占总面积的32.2%，分布在海拔700米以下的低山丘陵与谷地。黄壤面积为34560公顷，占总面积的9.6%，主要分布在海拔700—1100米的山腰地带。黄棕壤面积为8757公顷，占总面积的2.4%，主要分布在海拔1100—1400米的中山上部。上述土壤，在新化当地都被称为黄泥或黄土。"黄"作为传统的五色之一，《说文解字》释义为："黄，地之色也。"② 黄色，在中华文化中，本就是大地的颜色，而在以红壤和黄壤为主要土质的新化县，其地名专名中就多有黄色，如"黄田里""黄泥坳""黄泥井""黄土坳""黄土塝""黄泥凼""黄皮凼""黄土庙""黄路""黄阳界"等，都是以对地理实体表层色泽的描摹来进行命名的。虽以黄土为主，但在资水东部的山坡，也还有黑色石灰土存在；因此，在新化地名专名中也有用黑来进行修饰限制的，如"黑土排""黑鸡冲"等均是黑色土壤条件下的专名命名。由上述分析可见，黄、黑两色在新化地名中的出现，是受制于该地岩土条件的结果，是求实修辞原则下的语词修辞。

（3）植被条件与颜色词的使用

新化县山地广阔，降水丰富，森林资源丰富。昔日诗人描述为："行人五六月，赤日忘当空。""民国二十九年，《湖南森林概况》载：'新化有林地面积452.61万亩，成材林木2027.61万株'。"③ 丰茂的植被条件，孕育

---

① 新化县志编撰委员会：《新化县志》，湖南出版社1996年版，第112页。
② （汉）许慎撰，（清）段玉裁注：《说文解字注》，上海古籍出版社2000年版，第698页。
③ 新化县志编撰委员会：《新化县志》，湖南出版社1996年版，第273页。

的是青山绿水。良好的生态环境下，青、碧、绿、蓝、白五色成了新化地名专名中常用的颜色词。以"青"色为例，"青"也是传统的五色之一。邵晋涵《尔雅释义》云："春胜德在木，木色青，故其气为青阳。"① 新化地名中的"青"同样来源于草木之青。在新化地名中有"青山冲""青山湾""青围溪""青龙湾""青凼""木青岭""长青排""青山塘""青京寨""青岗山"等几十个带"青"色的地名。相同的一个"青山湾"在《湖南省新化县地名录》中就出现了8例。这些专名中的"青"都是由草木之青渲染而就，它在新化地名中的高频出现，是与新化县丰富的森林蓄积量分不开的，是新化山民们在求实修辞原则下的又一语词修辞。

除了用"青"来表示草木繁茂、山林葱茏外，新化山民们还喜用带夸张色彩的"黑"来描述层林的深邃与苍郁。如"黑冲"，《湖南省新化县地名录》释义为："村居冲内，林荫蔽日，故名。"② 如"玄冲"，得名的由来是："村居冲内，树林深邃，幽雅清静，故名。"③ "黑山坨"："村居山坨，林荫如黑夜，故名。"④ 而其他的带黑色的专名，如"黑槽冲""黑湾里""黑公岭"等无不与山林茂密，林荫蔽日有关。

新化处于中亚热带常绿阔叶林带，植物种类丰富，在海拔较低的丘陵地区，其植物品种主要为杉木、马尾松、楠竹、油茶、油桐、樟木等。在海拔较高的山地，其植物品种主要是檵木群落、白栎群落和胡枝子、花香、白茅草群落及野麦、一色针、白茅群落等。新化地名中的"黄""白""绿""赤"这几种颜色词的使用与当地植物的类属及其色泽有着直接关系，如"黄茅冲""黄茅界""白茅洲""白茅塘""黄莲溪""黄蜡溪""白竹垅""赤竹凼""赤竹山""绿竹""绿竹湾""蓝靛湾"等地名中的颜色词都是命名者择取当地常见植物的颜色进行的语词修辞。

与青山相伴的是清水、碧水、白水。在新化地名中，有系列以"白"命名的地名，如"白溪""白水溪""白水冲""白溪冲"等。"白"也是传统五色之一，是汉民族文化中的正色，以"白"来修饰和限定水，除了如实地描写水的颜色，还彰显了水质的纯净、天然。在新化，流动的水是"白"的，而沉积的水则是"碧"的，如"深碧潭""碧田冲"等。

---

① （清）邵晋涵撰：《尔雅正义》卷九，清乾隆刻本。
② 李传机主编：《湖南省新化县地名录》，新化县人民政府编制，1983年，第173页。
③ 李传机主编：《湖南省新化县地名录》，新化县人民政府编制，1983年，第52页。
④ 李传机主编：《湖南省新化县地名录》，新化县人民政府编制，1983年，第296页。

"清"虽然不是颜色词，但在新化地名中出现的频率也是比较高的，共出现了14次。"清"在偏正结构地名中的高频出现也是良好生态环境下的结果，如"清江溪""清水溪""清水塘""清函湾"等都是通过对水质状况的描写来给地理实体命名的，它同新化地名中的颜色词一样都是在求实修辞原则下的语词修辞，是修辞地域性的鲜明体现。

（4）"金"色的特别择取

"金"是一个实物颜色词。尽管在汉民族直观思维方式的影响下，汉语中很多颜色词的衍生都来自实物，如"红""绿""黄"等。但在现代汉语中，"金"依然是一个兼指实物与颜色的词，它的语法属性是兼为名词和区别词。"金"在新化地名中出现次数是比较多的，为34次，超过了作为传统五色之一的"黑"。"金"在新化地名中的出现主要有这几种形式：第一，描摹动物的颜色，如"金鹅排""金马田""金鸡排""金羊坳""金凤庵""金凤"等。其中金鸡出现的次数最多，为3次。第二，描摹植物的颜色，如"金竹冲""金粟岭""金木坪""金枫"等。其中金竹出现的次数最多，为7次。第三，描摹其他事物的颜色，如金星寨、金盆岭、金滩等。

"金"色在新化地名中的高频出现除了受制于地表颜色外，还与南楚的日神崇拜有着直接的关联。古时，人类对太阳充满了狂热的崇拜，在他们看来，只有太阳才能给人带来光明，而黄金散发着和太阳一样神秘的光芒，被人类当作太阳的化身，认为拥有了黄金也就拥有了太阳，也就拥有了至高无上的权力和财富。于处在中国南方的楚民族而言，日神崇拜尤甚。

楚地的太阳崇拜可以从两个方面看出：一是以太阳神为始祖神的民族世系认知。楚地民众多把自己的始祖神归于太阳神。据《史记·楚世家》云："楚之祖先出自帝颛顼高阳。高阳者，黄帝之孙，昌意之子也。高阳生称，称生卷章，卷章生重黎。重黎为帝喾高辛居火正，甚有功，能光融天下，帝喾命曰祝融。"[①] 由楚世系可见，颛顼是楚之先祖，而颛顼的号实高阳。颛顼称为高阳，这个称号和太阳崇拜密不可分。据尹黎云考证："阳，繁字作陽，字形从阝、从昜。昜，甲骨文作 ，是旦字的变体，可见昜的本义是指日初升时的光芒。"[②] 阳，既为太阳初升之象，那么高阳，

---

① 司马迁：《史记》，中华书局1959年版，第1689页。
② 尹黎云：《汉字字源系统研究》，中国人民大学出版社1998年版，第29页。

即为天上初升的太阳,以高阳为名号,体现了浓郁的太阳崇拜情节。在承继始祖太阳崇拜情节的基础上,楚地民族更进一步把自己的始祖归位为太阳神。如屈原《离骚》首句即云:"帝高阳之苗裔兮,朕皇考曰伯庸。"王逸注云:"高阳,颛顼有天下之号也。"① 可见,楚地民族是以太阳神为始祖神的。

二是楚文化中的太阳崇拜情节。《楚辞》的很多篇章都有太阳神出现,如《九歌》是一组以祭祀"东皇太一"为主神的祭歌,因为祭东皇太一的"祠在楚东",不少学者认为东皇太一就是太阳神。此外,《离骚》中更是充满着"太阳崇拜"的情结。在《离骚》中屈原像"天神之长"的太阳那样驾龙乘凤,指星挥月,驱风驭云,作长天之游。这正是屈原自认是太阳神苗裔思想认知下的行为表征。"楚骚诗人是南国太阳文化之精英,他追求的是象征真理和美政的光明。他是太阳神的文化苗裔或精神子孙。"② 显然,《楚辞》,尤其是《离骚》,潜藏着一个太阳和太阳神崇拜的原始性信仰系统。

在新化民间,更有以祝融为最高神祇的文本记录,如《梅山苏氏歌郎本经》的第五《古作盘根》中有这样的句子;"何人先死?何人后亡?""东皇公先死,西王母后亡。"把祝融的死与王母娘娘并论,显然,楚地民众是把祝融当玉皇来尊崇的。楚地民间以火神祝融为最高神祇,这是楚地民族太阳崇拜的鲜明体现。在太阳神信仰下,他们对金色的崇仰更深更远。因此,在描摹神圣、尊贵事物的色泽时都喜用"金",以彰显修饰对象的高贵、神圣。如,对埋葬死人的穴位要尊称为"金井",墓穴本与"金"色、金属没有关联,但在信仰崇拜和趋吉心理下,新化先民们用了他们最崇仰的"金"来为之命名。

在众多存在对象中,新化先民最喜用金来为之绘色的当属公鸡。公鸡于生活在南方山地的居民而言,除了具司晨的作用外,还是敢斗毒虫的勇士。因此,在新化民俗中,公鸡是一种具有神秘力量的动物,很多重要的仪式活动都要用雄壮的公鸡来"斩煞"。艰难的生存条件,阻隔重重的交通状况,信巫好鬼的传统使新化山民认为,任何事件的进展都会遇到"煞"。只有在开端的时候有效地斩除这些神秘而颇具破坏力的"煞",才

---

① (宋)洪兴祖注,卞岐整理:《楚辞补注》,凤凰出版社2007年版,第3页。
② 萧兵:《楚辞的文化破译——一个微宏观互渗的研究》,湖北人民出版社1991年版,第94页。

能使事情顺利进行。而公鸡，鉴于它的勇猛、雄强，在新化民俗中，成为了"斩煞"神器。所以，在新化民间，建房、娶亲、丧葬等重要活动中都要用公鸡来斩煞，以驱除邪恶，让事情进展顺利。对此，新化民歌的仪式歌记载颇多，如《出木马》的歌词就写道：

鸡冠耀耀透天堂，千贤万圣坐中央，造主请我来去煞，凶神恶煞听我言：此鸡生来似凤凰，生得头高尾又长，造主养尔来报晓，仙师用尔祭煞神，天煞打从天上去，地煞打从地下藏，年煞归年位，月煞归天方，日煞归时藏，五方各煞都归位，用此雄鸡来顶当。鸡血落地，百无禁忌。

除了在建房中用公鸡来斩煞外，迎娶中也同样如此，有一首《迎花轿斩煞》就是记叙这种斩煞活动的：

伏乞，值阴值阳，天地开张，新人到此，大吉大昌，鸡血落地，百无禁忌，凶煞退位，三星入堂，夫妻好合，瓜瓞绵长。

民俗中特殊的地位与作用，让公鸡染上了神圣的光芒。因此，在进行称谓时，新化山民们喜用具有太阳般光泽的"金"来对公鸡的色泽进行描摹。在进行地名命名时，他们也喜用"金鸡"之态来状地理实体的形貌。这是作为色彩词的"金"在新化地名中出现得比较多的原因之一。

新化民间的实物崇拜，除了动物类的"公鸡"外，还有植物类的"竹"。"竹"是我国南方最为常见的一种植物。于新化山民而言，"竹"不仅是他们常见的自然景观，而且是他们重要的食材、器材。"竹"的多样化用途让它成了新化山民崇拜的对象。

"竹"除了其实用价值外，在苗瑶民族的起源传说中，还是苗族的先祖。据陆次云《峒溪纤志》："播州，古夜郎地，昔有女子浣于水滨，见竹节流至，内有啼声，剖之，得一婴孩……弃所破竹于野，竟成竹林，此地之苗多其后裔，信鬼好诅，涉猎为业。"[①] 以"竹"为祖的祖宗崇拜情节在

---

① （清）陆次云撰，徐霆疏：《峒溪纤志·上卷·播州苗》，问影楼舆地丛书影印本，光绪戊申仿聚珍版。

苗瑶民族流散之地一直都有留存。刘芝凤在《湖南傩文化现状与抢救、保护对象研讨》中提到，在湖南新晃侗族自治县文化局拍到的 108 个傩面具中就有"本民族崇拜的始祖姜良姜妹、竹王、稻童、书童、汉子黑"①。

对"竹"的多重崇拜让新化山民在对"竹"进行称谓时喜欢给它加上具有太阳般光泽的"金"以彰显其尊贵，如"金竹山"，得名的缘由就是："此村遍山是竹，村民靠竹为生，誉之为金竹，故名。"②"金竹"在新化地名中出现了 7 次之多，这是作为色彩词的"金"在新化地名中出现得比较多的又一原因。

综上所述，金色在新化地名中的高频出现是求实修辞原则下的语词修辞行为，既是对黄色系实体颜色描摹的结果，也是特殊民族文化心理制导下的语词择取。新化，作为古南楚民族，太阳崇拜是其原初的信仰，在这一信仰的驱动下，衍生出了对金色的尊崇；因此，他们在给崇仰的事物命名时，喜欢择取具有太阳般光泽的"金"来描摹其色泽。新化地名中众多的金色地名"金鸡排""金竹坪""金粟岭""金凤庵"等都是特殊民族文化心理下的语词修辞，是新化方言修辞地域性的鲜明体现。

2. 地表形状制约下的比喻格专名

地貌类专名的形成，除了因描色而成外，还可因绘形而成。在我国地名专名中，很多专名的指称功能是通过对地理实体的外观形状进行形象化描绘实现的。在汉民族喜具象思维的影响下，汉语很多地貌类专名采用了比喻修辞格。新化县的 6807 个自然村落名中有 504 个应用了比喻修辞格，占总数的 7.40%。众多比喻格专名的出现，一方面让我们看到了汉民族独特的思维形式；另一方面，深察比喻格专名中喻体的形态和属性，我们能挖掘出其中蕴含的地域特征，从而进一步论证出新化方言修辞在语词层面的地域性。

（1）新化地名中比喻格专名喻体概况

以《湖南省新化县地名录》所载的地名命名理据为依据，对新化地名专名进行统计分析发现，在新化县 6807 个自然村落中有 504 个专名应用了比喻修辞格。其喻体关涉到的动物有：牛、马、羊、鸡、鹅、狮、蛇、虎、鸭、猪、鹰、猫、豹、鱼、燕子、兔、骡、鹤、雁、斑鸠、老鼠、象、麒

---

① 刘芝凤：《湖南傩文化现状与抢救、保护对象研讨》，《中国原生态稻作民俗文化抢救与保护——黎平国际学术研讨会论文选》2005 年 8 月。

② 李传机主编：《湖南省新化县地名录》，新化县人民政府编制，1983 年，第 384 页。

麟、虾、螺蛳、蛤蟆、蜈蚣、螳蛭、螃蟹、飞蛾、蚂蚁等三十多种。关涉到的植物有：茄子、辣子、葫芦、栗叶、梅等十多种。关涉到的器具有：耙齿、曲尺、扇子、擂钵、捞扒、钩刀、笔架、扁担、钉子、锁、碟、斗笠、木鱼、香炉、椅子等多种。关涉到的神物有：龙、凤、观音、麒麟、罗汉五种。此外，还有星、月两种天体。其喻体分布情况如表2-14所示。

表2-14　　　　　　　　新化县比喻格地名统计表

喻象		地名名称	条数	比率
天体	星	流星岭、五星湾、七星湾、魁星岩、七星桥	5	0.99%
	月	月弓桥、月角冲、月塘、月塘湾、月茶山、月冲、月光山（2条）、月湾坳、月田湾、月光凼、月山下	12	2.38%
神物	龙	长龙坳、龙脑山、龙山溪、龙爪塘、回龙庵（3条）、龙塘湾、龙岩、龙须湾、龙骨冲、龙滩湾、三龙桥、龙虎洞、岩龙坑、吉龙山、青龙湾、黄龙湾、龙坪台、龙逼、黄龙坪、龙头山、活龙溪、九龙湾、龙古坑、龙虎冲、龙溪（3条）、龙船头、黄龙潭、回龙庄、龙爪湾、龙塘冲、龙塘、青龙、龙池冲、卧龙界、龙溪冲、回龙桥、回龙潭、回龙、望龙庵、双龙殿、龙盘场、龙逼塘、龙茅山、双龙圫、天龙山、龙院里、合龙桥、龙湾溪桥、龙回山（2条）、长龙界、龙山岭、龙真塘、万龙山、龙落坪、龙坑、合龙湾、龙潭湾、木龙、龙须凼	64	12.70%
	凤	凤山冲、鸾凤、金凤庵、冲天凤（2条）、凤阳坪、凤形山、鸾头印、飞凤山、凤形地	10	1.98%
	观音	观音凼、观音山（5条）、观音塘（2条）、观音岩（2条）	10	1.98%
	其他	麒麟上、罗汉	2	0.40%
动物	牛	牛崽圫、黄牯冲、石牛院、黄牛垴、牛丫圫、三牛凼（2条）、牛皮洞、山牛凼（3条）、牛奶坳、牛脚塝、羊牯垴、牛耳冲、牛头山、牛婆坝、牛子冲、牛坳、牛湾冲、牛鼻界、牛角湾、牛角岭、牛婆凼、黄牯冲、牛角冲、牛屎塘、牛鼻洞、牛轭塘、牛牯冲、黄牛寨、牛骨界、牛角岭（2条）、小牛牸亭、水牛山、牛形地、牛角冲（2条）、牸牛坳、横牛尾、牛婆冲	42	8.33%
	马	马脑山、马头山、马槽冲（2条）、马鞍岭、五马垴、石马溪、马颈坳（3条）、马溪坝、马岭、马塘冲、马牯冲、马蹄山、马龙坳、马口坳、马蹄塘、龙驹山、石马山、马鞍山、马溪坑、小马颈坳、白马洞、木马洞、马鞍山、马牯丘、马鸡坳、马牯凼、马田江、马牯坳（2条）、四马归槽、马牯田、马颈界、马界上	36	7.14%
	羊	石羊寨、石羊山、羊头洞、羊牯垴、羊眼冲、羊脑冲、羊顶坳、羊牯岭、鹅羊岭、白羊山、羊牯石、羊角冲、羊牯岭（3条）、山羊塘、羊牯凼、羊牯冲（2条）、羊撞、羊角、羊牯坳、白羊冲	23	4.56%
	鸡	火鸡冲、鸡婆凼、岩鸡湾、马鸡坳（2条）、金鸡塘、金鸡排、吊鸡山、石鸡院、竹鸡垅、鸡婆井、凫鸡塘、鸡峰凼、金鸡湾、野鸡岭、鸡公冲、鸡脚山、黄鸡岭、黑鸡冲、鸡冠寨	20	3.97%

第二章 新化地名修辞研究　　69

续表

喻象		地名名称	条数	比率
动物	鹅	鹅婆塘、鹅塘院、鹅公岭（4条）、天鹅函（4条）、鹅洋江、鹅颈坳、天鹅印、鹅公山、鹅羊岭、鹅公垴、天鹅头冲、鹅公冲、鹅公函	19	3.77%
	狮	阳狮冲、狮子垴（2条）、狮子岩、狮子岭（3条）、狮子山（4条）、石狮湾、狮子石、石狮寨	14	2.78%
	虎	龙虎洞（2条）、虎老寨、龙虎冲、老虎岩、虎印台、虎形山（3条）、虎形院、猛虎岭、虎鸭冲	12	2.38%
	猴	猴里塘、猿猴冲、猴子岩（4条）、大猴溪、猿头山、猴子山、猴子岭、猴子冲	11	2.18%
	蛇	蛇溪冲、蛇坪、蛇形界、蛇冲湾、蛇山阁、蛇溪函、蛇溪坑、蛇形头、蛇田、蛇形岭	10	1.98%
	燕子	燕子坪、燕山坪、燕子窝、燕子岩、燕子岭、石燕（2条）	7	1.39%
	猫	猫儿岭、猫儿江、猫儿冲、猫儿石、猫儿陷、猫儿塘（2条）	7	1.39%
	狗	天狗屋场、狗公岭、狗石冲、狗脑岩、狗脚岭、狗脑丘、豺狗岭	7	1.39%
	鸭	鸭婆桥、鸭公冲（3条）、鸭婆冲、鸭子冲、鸭背冲	7	1.39%
	猪	野猪函、猪脑上、猪婆函、猪嘴园、猪公口	5	0.99%
	其他	蛤蟆函（4条）、螳蛭冲、犀牛、骡子塘、螃山、飞蛾界、豹子岩、蜈蚣溪、石鳖、螃夹坊、鹰背后、螺蛳塘、鳌头冲、鸬鹚湾、团鱼石、老鸦井、石蚁冲、豹溪、象塘、伏雁山、飞蛾山、田螺湾、飞蛾函、乌龟山、岩鹰冲、虾溪、蜈蚣桥、鸽子冲、蛤蟆石、画眉岭、田螺冲、团鱼界、喜鹊巢、墨鱼湾、乌龟岩、乌龟石、象门前、犀牛寨、鸬鹚坳、大象山、兔子岭、蛤蟆、石老鼠、象形湾、骡子冲、鹤嘴岩、鹰下、斑鸠岭、蚂蚁塘、田螺寨、鲢鱼洲（2条）、鲢鱼边	56	11.11%
植物		茄子坳、辣子排、莲花庵、杨梅石、荷花坳、梅花洞、萝卜岭、梅形塝、辣子山、兜萝卜、圆栗叶	11	2.18%
器具类		毛笔冲、椅子冲、旗山、勺把街、捞扒函、石鼓山、香炉冲、茶盘丘、靠椅冲、擂钵井（2条）、锅底、斗笠山、葫芦溪、木鱼山、鼓花印、天盆坳、布袋冲、椅子湾、香炉、笔架山（2条）、锁匙江、锅底函、葫芦塝、木鱼塝（2条）、钩刀湾、木鱼垴、铁炉寨、铜铃、梆子岭、斗大印、槽船、钟岭界、石槽冲、铁炉冲、瓦槽冲、铜锣山、斗笠岭、炉岭岩、射弓坪、吊钟岩、槽头印、鼓架、猪槽冲、石鼓塘、锁落州、椅子坪、香炉、香炉岩、梆子岭、碟子塘、香炉山、曲尺塘、吊钟岩、铜锣函、锁匙江、扁担坳（2条）、钉子山、铁锁江、内鼓塘、曲尺岭、耙齿山、石鼓溪、槽子冲、茶盘印、锯齿岭、磨峰、铜锣滩、铜锣山、高椅山、船形上、高椅冲、高箕冲、石鼓村、捞扒函、磨冲、锣形山、网形、斗笠界、鸡笼界	83	16.47%
其他		将军石（2条）、峨眉土、十指寨、西施岭、塔山（3条）、挂榜山、回心函、金字山、帽子印、油麻塘、戴冠岭、五箭山、将冲、豆腐岩、球溪坑、帽子冲、冠子岭、牌头印、城墙岩、荷包冲、峨眉山、纱帽冲、爪山（2条）、角塘、峨眉坳、燕窝院子、火把岭	31	6.15%

(2) 地表形状制约下的比喻象

①曲折蜿蜒的地表线条与喻象的选取

依控制地貌形成的主导营力，新化县地貌可分为四种类型：剥蚀型地貌区；侵蚀型地貌区；溶蚀型地貌区；侵蚀堆积型地貌区。在这四种地貌类型中，溶蚀型地貌占全县面积的一半，侵蚀型地貌区约占全县面积的30%。以溶蚀、侵蚀型为主导的地貌特征是形成新化地表形状崎岖、形态变化多样的原因。群山起伏、沟谷纵横、岩层形态变化多姿的地貌特点使新化地表呈现出千姿百态。因此，以地表形态的本来样貌为基础，加上丰富的联想，在新化地名中出现了众多的比喻格专名。如"猴里塘"，得名的由来是"村旁塘里有石似猴子"①。"黄牯垴"的得名是"村居垴上，形似黄牯"②。"鸭公冲"的得名是"村居冲内，有山象鸭公"③。"观音山"的得名是"村居山旁，山形似观音"④。"青龙湾"是"村居湾内，后山蜿蜒青翠如龙，故名"⑤。"牛角岭"是"村居岭下，岭似牛角，故名"⑥。"辣子排"是"村居排山，有山似辣子"⑦。"葫芦溪"是"村临小溪，地形似葫芦"⑧。"钩刀湾"是"村居湾内，湾似钩刀"⑨。"捞扒凼"是"村址落凼似捞扒"⑩。"耙齿岭"是"村居岭上，山峰并排如齿耙"⑪。"月光冲"是"村居冲内，地形弯如新月"⑫。

在新化众多的比喻格专名中，动物类的喻体远远多于器具类和植物类喻体。喻体类属出现的不均衡，与形成地貌的控制力有着直接关联。溶蚀和侵蚀这两种主营力把新化山地、丘陵的线条捏塑得格外曲折蜿蜒，这显然与形体相对规整的植物和器具难具备"形似"。在想象机制的催生下，

---

① 李传机主编：《湖南省新化县地名录》，新化县人民政府编制，1983年，第134页。
② 李传机主编：《湖南省新化县地名录》，新化县人民政府编制，1983年，第171页。
③ 李传机主编：《湖南省新化县地名录》，新化县人民政府编制，1983年，第174页。
④ 李传机主编：《湖南省新化县地名录》，新化县人民政府编制，1983年，第187页。
⑤ 李传机主编：《湖南省新化县地名录》，新化县人民政府编制，1983年，第203页。
⑥ 李传机主编：《湖南省新化县地名录》，新化县人民政府编制，1983年，第53页。
⑦ 李传机主编：《湖南省新化县地名录》，新化县人民政府编制，1983年，第181页。
⑧ 李传机主编：《湖南省新化县地名录》，新化县人民政府编制，1983年，第218页。
⑨ 李传机主编：《湖南省新化县地名录》，新化县人民政府编制，1983年，第152页。
⑩ 李传机主编：《湖南省新化县地名录》，新化县人民政府编制，1983年，第342页。
⑪ 李传机主编：《湖南省新化县地名录》，新化县人民政府编制，1983年，第39页。
⑫ 李传机主编：《湖南省新化县地名录》，新化县人民政府编制，1983年，第421页。

新化山民很容易把线条曲折多姿的地理实体与形体线条曲折的动物联系起来，用动物及其器官去状山川之形态。由此可见，新化地名中比喻格专名，特别是动物类喻体地名的高频出现是特殊地质条件下的产物。特殊的地质条件造就了地貌形态的复杂多样，地貌形态的复杂多变是新化山民由此及彼进行联想的基础和依据，也是激活命名者进行联想的动力，在这个动力的牵引下，人们很容易用自己熟悉的物体去比拟、描摹山川形态并据此而给山川命名，这是地域特征制约下的又一种语词修辞形式。

②地表形状与物产特征双重制约下的喻象选取

比喻的产生源自观物取象的认知方式以及类万物状的思维方式。其取象方式主要是"仰则观象于天，俯则观法于地，视鸟兽之文与地之宜。近取诸身，远取诸物，于是始作八卦，以通神明之德，以类万物之情"①。由此可见，在比喻修辞中，喻象的选取，除了决定于本体的"形"外，还取决于修辞者的认识水平和主观情感，整个修辞过程是一个主客体统一的过程。在这个过程中，修辞者的认识水平、价值观、审美观与喻象的确立、定型有着直接的关联。而任何修辞者，其认识能力、价值观、审美观的形成都与生活的地域有着密切的联系，是一定的自然环境和文化环境影响、制约、浸染而成的。

细察上文统计的新化地名中的喻象，我们能充分感觉到新化山民"近取诸身，远取诸物"的思维特征，以及在这种思维方式下显露出的地域特征。

在新化地名的众多喻象中，除了"龙""凤""麒麟""观音""罗汉"这五种观念形态物象和"星""月"两种天体不是南方的特产外，其他的动植物以及器具都体现了浓郁的地域特征。

首先，很多喻象的称谓形式呈现出了浓郁的方言色彩，由此而体现出鲜明的地域特征。在新化方言中，对动物的指称形式是类属+性别式。所以，对雄性的牛、羊、马的称呼为"×牯"，对雌性家畜的称呼为"×婆"。在新化地名中多有"小牛牯岭""黄牯堖""羊牯岭""羊牯冲""马牯凼""猪婆凼""牛婆坝"等名称。对雄性的鸡、鸭、鹅等禽类的方言称谓为"×公"，雌性禽类的方言称谓为"×婆"，所以在地名中多有"鸡公岭""鸡婆凼""鸭婆桥""鸭公冲""鹅公冲""鹅婆塘"等名称。

---

① 朱安群等编著：《周易》，青岛出版社2010年版，第214页。

除了这些系列性的方言指称外，还有其他命名理据独特的方言名词，如"蛤蟆"（指青蛙）、"螳蛭"（指蜻蜓）、"螺蛳"（指田螺）、"月光"（指月亮本身）、"辣子"（辣椒）、"捞扒"（网勺）、"鸳箕"（指畚箕）、"牛湾（指牛轭）"等，所以在地名中有"蛤蟆凼""螳蛭冲""辣子排""月光山""螺蛳塘""捞扒凼""牛湾冲"等名称。

其次，地名中的喻象呈现出了浓郁的南方山地物产特征。据《新化县志》载："1951年第十二区政府报告称：'老虎经常出没在本区鹅坪、龙台、团坪、金凤等乡的边界地方。'……1983年'森林植物考察报告'，全县有哺乳动物23种：即云豹、野猪、豪猪、穿山甲、鹿灵猫、豺狗、青羊、狐狸、黄鼠狼、野兔、白面狸、狼、麝、胡狗、貂子、猸子、水獭、马尾狸、水猴子、松鼠、田鼠、家鼠、蝙蝠。"①除了上述的哺乳动物外，新化县的野生动物还有爬行类的蛇、蜥蜴、乌龟、鳖。两栖类的大鲵、蛙、蟾蜍、蝾螈。野禽类的金鸡、锦鸡、竹鸡、田鸡、岩鸡、角鸡、雉、斑鸠、画眉、带寿鸟、啄木鸟、猫头鹰、八哥、大山雀、山麻雀、喜鹊、乌鸦、白眉翁、翠鸟、岩鹰、鹞子、灰喜鹊、相思鸟、斑鸠、鹡鸰、水鸭子、鹌鹑、燕子、大雁、天鹅、白鹭、黄莺、麻啄、雪鸟、杜鹃、桐子鸮等。甲壳及软体动物有螃蟹、虾子、田螺、蜗牛、山螺。

陈望道在《修辞学发凡》中给比喻下的定义是："思想的对象同另外的事物有了类似点，说话和写文章时就用那另外的事物来比拟这思想对象的，名叫譬喻。现在一般称为比喻。"②在这个定义中，提到了比喻的两个要素及其产生联系的基础，但对于如何把这两者进行联系的运思过程，他并没有详说。后来的修辞学者吴礼权对此有了补充和引发："人们在修辞活动中运用语言进行修辞文本建构时，很多时候是基于联想和想象两种心理的。特别是比喻、映衬、仿拟、借代、拈连、列锦、示现等修辞文本的建构，一般说来都是典型的基于联想和想象心理的。"③所谓"相似联想"，心理学认为，是指由一种事物的经验联想到另一种在性质上和它相似的事物的联想类型。它是由于当前感知到的事物与记忆中的事物在性质或形态上有共同性、相似性，在大脑中形成了特定的联系，因而通过类比、类推，引起回忆、联想。

---

① 新化县志编撰委员会：《新化县志》，湖南出版社1996年版，第14页。
② 陈望道：《修辞学发凡》，上海教育出版社2001年版，第73—74页。
③ 吴礼权：《修辞心理学》，云南人民出版社2002年版，第55—56页。

由此可见，比喻中的喻象不是凭空想象出来的，它是建立在修辞主体前期的认知基础之上的，一般而言，是修辞建构者"记忆中的事物"。虽然在修辞学上有"比类不常"，但这里的"不常"往往是指"思想的对象"和"另外的事物"在联系上的"不常"，超出常人的思维和想象，"为着避免平凡，尽量在貌似不伦不类的事物中找出相关联的特征，从而把相隔很远的东西出人意外地结合在一起"①，而并不是说"喻象"的不常。因此，修辞主体在进行言语修辞时，特别是以公众为接受对象的地名修辞时，所取之"象"应该是建立在已有的认识基础之上的，甚至是极为熟悉的；因为，熟悉的事物对修辞表达者而言，是易于联想到的事物，而对于修辞接受者而言，也是易于接受的对象。

新化县的物产特征，比喻修辞的特殊运思过程，让新化的比喻格专名在喻象的选择上，呈现出了浓郁的地域色彩。在上述物产条件下，在新化的比喻格地貌专名中，出现了"虎形山"（村建山旁，山形似虎，故名）、"天鹅凼"（村居凼内，旁有小山似天鹅，故名）"蛇形界"（村居界上，地形似蛇，故名）、"猴子岩"（村后有岩象猴子，以岩名村）、"豹子岩"（村旁有岩似豹子，故名）、豺狗岭（村建岭上，岭似豺狗，故名）、"金鸡排"（村居排上，村后有山象金鸡，故名）、"野鸡岭"（村旁山岭，形像野鸡，故名）、"团鱼界"（村居界上，形似团鱼，故名）、"岩鹰冲"（村居冲内，有岩似鹰，故名）、"天鹅印"（村旁有石山，纹理似天鹅的脚印，故名）、"野猪凼"（村址落凼，村旁有巨石似野猪，故名）、"燕子岭"（村居岭上，岭似燕子，故名）、"螃山"（村后山形似螃蟹，故名）、"画眉岭"（村居岭上，有石似画眉，故名）、"竹鸡垅"（村居垅中，旁有小山似竹鸡，故名）、"喜鹊巢"（村址低陷如喜鹊巢，故名）、"伏雁山"（村居山下，山似伏着的大雁，故名）、"老鸦井"（村邻临水井，有石似乌鸦，故名）、"田螺寨"（村旁有山似田螺，并立过寨，故名）、"斑鸠岭"（村建岭上，形似斑鸠，故名）、"蛤蟆凼"（村居凼内，有石似蛤蟆，故名）等取象于身边常见物产的专名。新化地名专名中出现的系列喻象让我们看到了地域物产对修辞的影响，在人类"近取诸身，远取诸物"的思维影响下，人们在进行比喻时往往会取象于观念形态中已有的事物。而人类社会，越往早期，其认知的内容越受囿于空间。因

---

① ［德］黑格尔：《美学》（第二卷），朱光潜译，商务印书馆1982年版，第31页。

此，在新化先民的认知世界里，其生活地域的物产是他们最易感知和产生联想的事物。用这些事物来摹比山川地理的形态，从而实现对地理实体形象化的指称，是最自然的思维路径。对新化地名专名喻象的追踪蹑迹过程是修辞的地域性逐渐显露的过程，在这个过程中，我们能清晰地看到语言、思维、客观世界这三者之间盘根错节的联系，而修辞的地域性正是这三者合力下的结果。

③ "龙"象的特别择取

"龙"在新化定专名中共出现64次之多，是出现频次最高的一种喻象。"龙象"的高频出现，是新化地貌特征和民族信仰双重制约下的结果。

新化县内地质构造有四个体系，即雪峰山弧形构造、祁阳山字形构造、旋扭构造、东西向褶皱构造。这四种地质构造在新化地表上形成了西部、北部雪峰山主脉耸峙；东部低山或深丘连绵；南部天龙山、桐凤山环绕、中部为资水及其河谷的形貌特征。在地名命名中，新化地域的各地理实体是新化先民"思想的对象"。在特殊的地质构造下，新化县地表形态连绵起伏、蜿蜒曲折，这使得它们与"龙"在外形上具有了相似点。"凡比必于其伦"，相似点的存在是"龙"成为地貌专名常用喻象的原因之一。如"黄龙潭"得名的缘由是："村后山脊如龙，土呈黄色，村前溪中有潭，故名。"① 而"回龙庄"的得名是："村庄被小溪回流环绕，溪水蜿蜒如龙，故名。"② "长龙坳"在地名录中的解释是："村居坳上，后山蜿蜒如龙，故名。"③ 因山势的灵动多姿，新化地名的诸多"龙象"，摄取了龙的各种动态，有卧态，如："卧龙界"（村居界上，地势似卧龙，故名）；有回缓之态，如"回龙桥"（村旁有回龙桥，溪水回环似龙，以桥名村）；还有盘曲之态，如"龙盘场"（村居场上，两边山如龙盘，故名）；有斗跃之姿，如"龙逼塘"（村址如塘，山势似龙逼盘绕，故名）；还有飞舞的活龙，如"活龙溪"（村居溪旁，溪水荡漾如龙，故名）。除了以一龙独舞的姿态状山川形胜外，还常以双龙或群龙互戏的场景来状山峦层叠，妖娆多姿。如"双龙殿"（村旁有双龙殿，山势如双龙相会，故名）；有"三龙坪"（村居坪上，有三条山脉蜿蜒如龙，飞向此坪，故

---

① 李传机主编：《湖南省新化县地名录》，新化县人民政府编制，1983年，第258页。
② 李传机主编：《湖南省新化县地名录》，新化县人民政府编制，1983年，第258页。
③ 李传机主编：《湖南省新化县地名录》，新化县人民政府编制，1983年，第136页。

名）；有"九龙湾"（村居湾内，后有九条山脉蜿蜒如龙，故名）；还有"万龙山"（村居山下，山势绵亘如万龙飞腾）。除了以全龙来状山川形胜，在新化地名中，还摄取了龙的各种器官来进行描摹。有龙脑，如"龙脑山"（村建山上，山形似龙脑，故名）；有龙爪，如"龙爪塘"（村旁江水漩涡成塘，岸上岩石像龙爪，故名）；有龙颈，如"龙颈湾"（村居山湾，位于龙形山的龙颈上，故名）；有龙骨，如"龙骨冲"（村居冲内，后山起伏如龙骨）。由上述地名的命名理据可见，新化县山峦重叠，水流宛转的地貌特征是人们在地名命名时取象于龙的客观基础，因此，新化县比喻格地名专名中"龙象"的高频出现是地域地形特征制约下的语词修辞。

然而，"相似点"的存在还只是新化地名中"龙象"高频出现的原因之一。因为，同样的客体，在不同的主体关照下，可以形成"一千个读者有一千个哈姆雷特"的认知结果。新化地名专名对"龙象"摄取的高度统一还与修辞主体共同的思想观念有关。对中华民族，特别是南楚民族"龙神"崇拜的解析能让我们找到渗透在"龙象"类地名中的民族文化内涵。

中华民族对龙的崇拜由来已久，早在一万年前的母系氏族社会，以蛇为原型的龙图腾就是中华大地原始先民崇奉的自然神。据《山海经·南山经》："凡鹊山之首，自招摇之山以至箕尾之山……其神状皆鸟身而龙首。"①"凡南次二经之首其神状皆龙身而马首。"② 其《西山经》："又西北四百二十里，曰钟山。其子曰鼓，其状人面而龙身。"③ 《东山经》："凡东山经之首……3600里。其神状皆人身龙首。"④ 母系氏族时代行将结束之时，图腾崇拜逐渐衰竭，图腾蛇神开始向祖先崇拜和灵物崇拜分化。进入父系氏族时代以后，以蛇图腾为前身的灵物崇拜便定型成了龙崇拜。后来，在生产的发展过程中，由于人类和水的关系更加密切，以及人类对水这种自然力量的不理解，龙于是完全成了水的化身——水神。

在我国，关于龙是渊深广大水域中的动物的记载，可谓不绝于史。如

---

① 王学典编译：《山海经》，哈尔滨出版社2007年版，第6页。
② 王学典编译：《山海经》，哈尔滨出版社2007年版，第12页。
③ 王学典编译：《山海经》，哈尔滨出版社2007年版，第33页。
④ 王学典编译：《山海经》，哈尔滨出版社2007年版，第85页。

《左传·昭公二十九年》："龙,水物也。"① 《管子·形势篇》："蛟龙得水,而神可立也。"② 《吕氏春秋·有始览》："干泽涸渔,则龟龙不往。"③ 《荀子·致士》："川渊者,龙鱼之居也……川渊枯则龙鱼去之。"④ 除了典籍的记载,文学作品中也常出现龙的身影,如《楚辞·大招》："神龙失水而陆居兮,为蚁蝼之所裁。"贾谊《吊屈原》："袭九渊之神龙兮,勿渊潜以自珍。"鉴于龙作为水神在农业生产中的重要性,在古代传说中,三皇五帝以至大禹,无不和龙有关系,龙因此而成为尊显、高贵的王权象征。

在古中国的南方,因地处泽地,对身为"水神"的龙崇拜尤甚。首先,在中国神话体系中,南方之所以多雨,本身就与龙有关系。《山海经》记载："大荒东北隅中,有山名曰凶犁土丘。应龙处南极,杀蚩尤与夸父,不得复上,故下数旱。"⑤ 应龙不得复上,据后续的记载其实是长期待在南方,所以南方多雨。雨水的充足,是五谷丰登,生活幸福的保证,而与雨水有密切关系的"龙"当然也就成了南方民众崇仰的神物。在新化地域,有一种传统的"接龙"祭祀,应是这一历史传说下形成的民间信仰,有别于其他民族对龙的一般性崇拜。接龙仪式是在锣鼓、喇叭、唢呐、海螺声与巫师诵龙经的混合声中举行的。接龙队伍中,由一人抱着一只公鸡带路,从水边、江边、溪边,把龙接回家中,然后象征性地把龙置于龙室,以盼给主人带来吉祥、幸福。参加接龙祭祀活动的少则数百人,多则千人。祭祀过程中,诵龙经、唱龙歌、跳接龙舞,是一次"崇龙"狂欢,充溢着对龙神赐予神力的渴盼。

其次,在古代典籍中,南方与龙有着各种密切的关系。《山海经·海内经》："南方有人曰苗民。有神焉,人首蛇身,长如辕,左右有首,衣紫衣,冠旃冠,名曰延维,人主得而飨食之,伯天下。"⑥ 显然,这个苗民的神无论从其形象还是服饰上都已与后世人们对"龙"构想的形象相吻合。而《古本竹书纪年》辑本载："三苗将亡,天雨血,夏有冰,地坼

---

① 冀昀主编:《左传》,线装书局 2007 年版,第 625 页。
② 何怀远等主编:《管子》,远方出版社 2006 年版,第 36 页。
③ 冀昀主编:《吕氏春秋》,线装书局 2007 年版,第 25 页。
④ (唐)杜佑编:《荀子》,时代文艺出版社 2008 年版,第 122 页。
⑤ 王学典编译:《山海经》,哈尔滨出版社 2007 年版,第 224 页。
⑥ 王学典编译:《山海经》,哈尔滨出版社 2007 年版,第 262 页。

及泉，青龙生于庙，日夜出，昼日不出。"① 《吕氏春秋》载："禹南省，方济乎江，黄龙负舟。"② 更是鲜明地体现出南方民族与龙的天然联系。在文学领域，屈原作为"帝高阳之苗裔"，对龙更是有着特殊的嗜好，他的每次出行，其所备的交通工具都是"龙"，如《离骚》："驾八龙之婉婉兮，载云旗之委蛇。"《九章·涉江》曰："驾青虬兮骖白螭，吾与重华游兮瑶之圃。"

由上述论述可见，在长期的历史发展中，"龙"作为中华民族的一种崇拜物，其尊贵、神秘、能量无限的形象已经深入人心。于地处古南楚的新化地域而言，其特殊的地理位置，久远的风俗信仰使人们对龙的崇拜尤盛。新化地名中诸多的"龙象"正是这种崇拜心理作用下的语词产物。新化先民们给自己生活的地理实体冠以"龙"名，既潜藏着"根"崇拜的含义，也寄寓着现实平安、幸福的愿望以及对王权的欲望。

④"牛"象的特别择取

在新化地名专名中取象于"牛"的名称是极多的，共42次，占该类总数的8.33%，仅次于"龙"。"牛"象的高频择取，是农耕生产方式影响下的修辞结果。新化县的农耕历史虽不能跟中原地域相比，但其源流也较久远。据史记载，北宋章惇开梅山取得圆满成功，得益于他与当地瑶民达成的民族和解协议。在这些和解协议中有一条款与农耕生产有密切关联，即朝廷支援梅山发展生产，给牛贷种，帮助瑶民开田垦土，植桑种稻。这一条款的达成，促使新化先民们逐渐从山林中退出，开始稳定的农耕生活。而到了近代，"民国三十五年《新化耕地等级状况》统计：'共农田69.0223万亩，其中垄田31.952万亩，泽田6.2400万亩，山田30.8303万亩；旱土43.2177万亩，其中园土71850万亩，山地36.0327万亩'"③。由耕地结构状况可见，用"牛"力耕种的"田"占新化县耕作面积的大部分。"牛"作为农耕生活的主力军，成为了新化先民生产和生活中最密切的伴侣，因而也是他们认知世界里观察最精微、体认最深刻的动物。

前面已经分析，熟悉的事物是最易产生相似联想的对象，因此，在新

---

① （清）朱右曾辑，王国维校补，黄永年校点：《古本竹书纪年辑校·今本竹书纪年疏证》，辽宁教育出版社1997年版，第1页。

② 王启才注译：《吕氏春秋》，中州出版社2010年版，第324页。

③ 新化县志编撰委员会：《新化县志》，湖南出版社1996年版，第212页。

化地名中，出现了众多的"牛"象。首先，就牛的种类而言，在比喻格专名中出现了牸牛、牛牯、小牛牯、牛崽、黄牯、水牛、牛婆共7种，如"牛崽圫"（村居圫上，有石似牛崽，故名）；"黄牯冲"（村居冲内，有石像黄牯，故名）；"牛婆坝"（村旁有水坝，坝上有石似牛婆，故名）；"牛牯冲"（村居冲内，有石似牛牯，故名）；"小牛牯亭"（村内有小牛牯亭——石头似小牛，以亭名村）；"水牛山（村旁山形像水牛，故名）；"牸牛坳"（村居坳上，旁有石岩，似牸牛，故名）。对不同的牛进行分类指称是对牛精微化认识的结果，新化地名比喻格专名关涉到的多种"牛象"是农耕生产方式下特别的语言现象，它们的出现充分体现了语词修辞的地域特征。

新化地名中的"牛象"除了显示出对牛类指称的精微化外，还显示出了对牛体结构的熟悉。在众多的"牛象"地名中，有诸多关涉到牛的器官、产物及其形态的语词。如牛耳、牛鼻、牛骨、牛屎、牛尾、牛角、牛丫、牛皮、牛奶、牛头、牛湾、牛眠等。在地名中有"牛骨界"（村居界下，界像牛脊骨，故名）；"牛角冲"（村居冲内，地形似牛角，故名）；"牛耳冲"（村居冲内，地形似牛耳，故名）；"横牛尾"（村庄地形如横着的牛尾，故名）；"牛丫圫"（村居山圫，地形似牛丫，故名）；"牛皮洞"（村旁有洞，洞壁青苔如牛皮，故名）；"牛奶坳"（村居坳上，两边小峰突出如牛奶，故名）；"牛头山"（村居山上，山似牛头，故名）；"牛湾冲"（村居冲内，地形弯曲似牛轭，故名）；"牛屎塘"（村址如塘，土呈黑色似牛屎，故名）；"牛鼻洞"（村旁有洞似牛鼻，故名）；"眠牛山"（村居山地，有山似牛眠，故名）。对牛分类的细致，对牛体结构的熟悉，是牛耕生产方式下的认知结果。生活的客观环境条件是主体认知的来源和想象的基础，新化地名专名中诸多"牛象"的出现充分体现出了客观环境对人类思想认知的影响，它们也是地域特征制约下的语词修辞。

（三）地域物产条件制约下的物产类专名

地名专名的命名，是在通名的基础上进行的精确指称，它可以通过对通名所指实体形貌的描摹来实现，也可通过对通名所指区域物产的介绍来实现。新化地名中有很多物产类专名，通过对这类专名的分析、研究，我们可以看到地域物产对修辞的制约和影响，从而更全面地认识新化方言修辞在语词层面的地域特征。

1. 新化地名中的物产类专名概况

新化的6807个村落名，以物产命名的专名共952个，占总数的

13.99%。以当地的主要物产来对通名加以修饰限制，以实现对地理区域的进一步指称，这样的指称形式，修辞心理学认为，是基于关系联想的心理机制而建构的。显然，物产与地理实体关系的存在，是物产类专名产生的原因，而通过对专名中出现的物产的研究，我们可以看到地域特征对专名命名的制约。

在新化的物产类地名专名中，植物类的大致可以分为四种，第一，林木类，如竹、栗树、枫、桐树、樟树、梓树、檀木、蜡树、漆树、椆木、柏木、杨柳、杉树、松树、楠木、桑树、桔木、槐树、蜡树、桂、椿树等。第二，果木类，如油茶、峨梨、桃树、杨梅、石榴、葡萄、枣、柿、枇杷、樱桃、李树等。第三，作物类，如稷子、粟、芋头、麦子、红薯、莲藕等。第四，其他，如草类有蓝靛、黄连、栀子、蕨、香草、荞麦、稗草、白茅、芭蕉等。动物类有天鹅、老鸦、蛇、鸟、阳雀、蚂蟥、鸠鸡、竹鸡、野牛、野鸭、野猪、黄獭、羊、虎、豪猪、野牛、麻雀、黄麂、喜鹊、猴、大熊、蜜崽、蚂蟥等。能源矿产类有石灰、黄金、盐、煤炭、铁矿等。新化县物产类专名具体情况详见附录表5，现将出现频次较高的物产统计如表2-15所示。

表 2-15　　　　　　新化物产类地名中主要物产数据统计表

物产	竹	茅	栗树	枫树	桐	茶	杨柳	松柏	峨梨	桃树	杉	梅	樟
出现条数	147	73	47	38	36	39	30	30	26	25	25	23	18
比率	15.44%	7.67%	4.94%	3.99%	3.78%	4.10%	3.15%	3、15%	2.73%	2.63%	2.63%	2.42%	1.89%

2. 地域物产制约下的物产类专名

新化县地处湘中偏西，属亚热带季风气候区。其山地多，降水丰沛的地理条件使得县内林业资源丰富，植物种类繁多。"据清同治《新化县志》载：树木有松、枞、柏、圆柏、丹桂、屠杉、水桐、楸、合欢、檀、樟、柳、白杨、白棶、女贞、桑、椆、栎、枫等60种。竹类有楠竹、桂竹、水竹、四季竹、方竹、罗汉竹、箸竹等14种。而另据《南高坪物产记》载：果类有李、杏、梅、桃、枣、栗、梨、柿、石榴、橘、橙、枇杷、葡萄、无花果37种。饲草有水浮莲、苜蓿、苕子、蓝花草、狗尾草、蔓草、燕麦、野豌豆、锯屎草、灯笼草、旱稗子、絮被草、车线草、水稗子、野荸荠、光棍草、鸭舌草、犁头草、丝草、牛婆藤、菱角藤、白茅草、冬茅草、丝茅草、铁马鞭、白蒿、青蒿、糯米蒿、鹅公草、马齿苋、水牛花、碎米草、竹叶草、鸟屎苋、水苋菜、禾兜草、秤砣叶、万线藤、洋淤草。"①

"新化县的金属矿类有铁矿、锰矿、锑矿、铅锌矿、金矿、铜、钨、锡、砷矿等。非金属矿主要有：煤炭、石墨、高岭土矿、硅石、陶土、花岗岩、大理石、滑石、重晶石、灰绿岩矿、玄武岩矿、海泡石、硫黄矿、磷矿、石灰岩、白云岩等。"②

在上述物产条件下，本着求实的修辞原则，石灰、金、煤、铁、煤等矿物质进入新化地名中，如"石灰冲""黄金坪""铁山坪""炭山岭""盐塘冲""锡凼里""铜星坑"等地名的专名就取自该地的矿产。而该地域生长的植物，如竹、茅、栗树、枫、桐、茶、梨、桃、柳、杉、松、杨梅等更是新化地名专名常用的语词，如"竹山湾""芦茅冲""栗山塝""枫木岭""茶子山""桐子山""柳溪湾""松柏院""桃树坳""杉木坪""梅子凼""樟木冲""高禾冲""檀山排""梓木山""杏子湾""漆树凼""株木垞""梽木坳""桑树坪""楠木凼""皂角坳""枇杷山""小枣溪""葡萄冲""报木山""椆木山""柿子田""木瓜坪""柘垴上""芙蓉冲""香蒲冲""穆子冲""藕塘里""栀子湾"等地名专名用词无不与该地物产有着直接的关联，是地域物产特征制约下的语词修辞。其他，动物类也进入了地名中，如"野牛凼""黄獭冲""野猪溪""老虎界""黄麂冲""老熊湾""青猴江""乌鸦洞""野鸡岭""野鸭塘""喜鹊山""鹧鸪塘""鸠鸡坪""天鹅凼""鸦吉岭""鸟坳""金鹅排""南蛇垞""鲤鱼塘""蚂蚁院""蜜恩凼"等专名中的动物名均是该地物产的真实写照，是地域物产制约下的语词修辞。

在物产类专名中，"竹"出现得最为频繁，竹的高频出现与新化地域竹类的繁多，竹林的丰茂有着直接关联。在新化县，竹的种类繁多，分布面积较广。新中国成立后，1955 年，新化全县有楠竹 15.46 万亩。1975 年为 37.3 万亩。1985 年为 26.44 万亩。"竹"作为该地域主要物产，在关系联想机制作用下，具备了指代地理实体的功能。而竹林的繁茂、分布的广泛、品种的多样化，使得它成为了新化山民认知视野中最熟悉、最凸显的事物，继而成为物产类专名中出现频次最高的植物。

---

① 新化县志编撰委员会：《新化县志》，湖南出版社 1996 年版，第 275 页。
② 新化县志编撰委员会：《新化县志》，湖南出版社 1996 年版，第 138—139 页。

"竹",作为新化地域用途最广、最为常见的植物,先民们对它的体认是十分细致的。这种精微化的认识鲜明地体现在新化地名中。在地名中,有包含"竹"的种属的:实竹,如"实竹山"(村居山上,曾有实竹,故名);苦竹,如"苦竹溪"(村临小溪,曾多苦竹,故名);毛竹,如"毛竹坪"(村居坪内,曾多毛竹,故名);水竹,如"水竹凼"(村居凼内,曾多水竹);烟竹,如"烟竹山"(村居山下,山多烟竹,故名);油竹,如"油竹界"(村居界上,曾多油竹,故名);京竹,如"京竹冲"(村居冲内,曾多京竹,故名);管竹,如"管竹岩"(村居岩下,曾多管竹,故名);桂竹,如"桂竹冲"(村居冲内,曾多桂竹,故名)。有蕴含各种颜色的:金竹,如"金竹坪"(村居坪上,曾多金竹,故名);赤竹,如"赤竹山"(村旁山上多赤竹,故名);白竹,如"白竹岭"(村后岭上白竹多,故名);黑竹,如"黑竹山"(村居山地,山多黑竹,故名);绿竹,如"绿竹"(村后竹林葱绿,故名);麻竹,如"麻竹湾"(村居湾内,遍生麻竹,故名)。有各种大小形状的:小竹,如"小竹山"(村旁有小山,多小竹,故名);巨竹,如"巨竹园"(村居园内,曾多巨竹,故名);方竹,如"方竹山"(村居山上,曾多方竹,故名);苗竹,如"苗竹山"(村后山竹苗条,故名);扶竹,如"扶竹"(村依竹林,枝叶扶疏,故名)。就生长势态而言,有漫山遍野之态,如"满竹"(村内有四十八个山头,山山长满竹子,故名)。就用途而言,有车竹,如"车竹山"(村旁山上多大竹,可做车水工具,故名)。

尼采说:"语言本身全然是修辞的产物。"① 因此,透过一切语言形式,我们均能追索到语言表征之下的修辞内因。新化地名中物产类专名的命名过程,是对地理实体进行正确指称的过程,"名实一致"原则是这个修辞过程始终要坚守的准则。在这一准则的制约下,新化地名中出现了大量以当地物产进行指代的专名,如凤兰上、杜花冲、槐花坪、菖蒲塘、槐树凼、椿树湾、银杏坪、石榴坪、李子冲、樱桃界、红薯垯、茶籽山、枇杷冲、斑鸠洞、阳雀塘、喜鹊坪、老熊湾、白牛塘、豪猪坪、野牛堂、炭山塯、铁窝、黄金山等,这些专名呈现出亚热带季风气候下的物候风貌,无不充分体现出新化方言修辞的地域性特征。

---

① [德]弗里德里希·尼采:《古修辞学描述:外一种》,屠友祥译,上海人民出版社2001年版,第19页。

三 地域人文条件制约下的专名

(一) 地域历史制约下的历史传说类专名

在各类地名专名中，历史传说类专名是最能显现出当地人们社会活动轨迹的。它在完成指代功能的同时还是研究该地历史文化、民族特征、宗教信仰的重要资料，是最具人文色彩的专名。

1. 新化县历史传说类地名概况

湖南新化县是湘中建制历史最久的县，在其 6807 个村落名中，历史传说类专名数量众多，为 74 条。其中历史性质的有 41 条，传说性质的有 33 条。具体情况如表 2-16 所示。

表 2-16　　　　　　　新化县历史传说类地名统计表

历史传说类专名		地名名称	条数
历史类专名	原著民族史	瑶堡冲、瑶人凼、瑶冲、瑶山冲（2条）、瑶湾、瑶人坪	7
	民族斗争史	新化、四都、華溪、插旗岭、朝衣冲、沫溪江、卸衣岭、奉家、奉家湾、奉家凼、大房头、八房头、五房头、四房头、簪溪、金星寨、打赢寨、天星寨、寨下冲、寨塪上、百人寨、拔刀界、寨头山、黄旗寨、唐梅寨、昌家寨、寨上、鸡叫岩、马止坳、梁山寨	30
	民族迁移史	南昌第、思澧溪、相思坪、相思院	4
传说类专名	神仙传说	神山垅、龙王池、仙人石、龙王潭、坛山湾、仙石桥、仙神塘、神仙院、旨封冲、神仙坪、鉴字岭脚下、仙神桥、神仙湾、石神仙、神仙冲、双蹄坪、神仙岭、神冲湾、仙人桥、龙王潭	20
	宗教传说	玉虚宫、黄道岭、玄宗坪、道士坝、道士冲、道士岭、老君坝、老君塘、道人场、道堂冲、果老亭、坛山湾、娘娘洞	13

由表 2-16 可见，在历史传说类专名中，历史性专名呈优势出现，占该类总数的 55.41%。新化县历史悠久，作为大梅山的中心地带，早在 5000 多年前，蚩尤及其部族就在此繁衍生息。就界域而言，新化在周时为荆州之域，春秋时属战国楚地，秦时属长沙郡，汉时属长沙王国益阳县。唐代初期，新化境地属江南道邵州邵阳郡。但唐光启二年，石门峒酋向瑰聚众约梅山十峒峒民断邵州道，从此，境地大部分为土酋所有，新化开始了与中央政府对抗的"化外"历史，成为了"不与中国通"的神秘之地。漫长的民族发展史、复杂的民族迁移史、残酷的民族斗争史是新化

历史性专名得名的缘由，细究其地名命名下的理据，我们能够解构出该地域独特的民族发展历程，进而求证出新化方言修辞在语词层面的地域特征。

2."瑶"系专名下的原著民族史

在新化县，由漫长的原著民族史衍生的有"瑶"系专名。在《湖南省新化县地名录》中有"瑶堡冲"（相传此村，曾有瑶族村堡）；"瑶人冲"（村居冲内，曾为瑶族人聚居）；"瑶人凼"（村居凼内，曾为瑶族人居住，故名）；"瑶冲"（村居冲内，相传为瑶族住址，故名）；"瑶山冲"（村居山冲，曾为瑶族居住，故名）；"瑶湾"（村居湾内，曾居瑶族，故名）；"瑶人坪"（村居坪上，曾住瑶族，故名）共7条以"瑶"为专名的地名。这些"瑶"系专名的出现与新化地域的原著民族史有着密切关系。

到了宋代，中央政府从开宝八年开始对处于"化外"的梅山用兵，期间经过近百年断断续续的征战，到宋熙宁五年才得以收纳梅山。"熙宁五年，朝廷委中书检正章惇、湖南转运副使蔡煜'共纳梅山'。十月，'憯入蛮境，蛮民大欢，争辟道路以待，遂得其地'。以上梅山置新化县，谓'王化之一新也'，隶邵州。梅山峒民自此归服。"[①] 梅山平定后，中央政府不但给它冠以新名，而且对其所辖区域进行了建制。这一建制情况体现在"四都"这一专名中，新化地名录载："宋分全县为四乡二十二都，此地系永宁乡第四都，以都名村。"[②] 由上述史实可知，"新化""四都"这两个专名都深具历史内涵，它们展示的是古新化地域与中央政府之间复杂的归属问题，承载的是一部复杂的民族斗争史和融合史。

北宋章惇开梅山后，对梅山地域的原住民"梅山峒蛮"采取了怎样的安置政策呢？"清道光《宝庆府专·摭谈一·谈地·梅山旧民》云：'《宋史》：开梅山，籍其民得主客万四千八百九户，万九千八十九丁。然考宋史《张颉传》云：章惇取南江地，建沅、懿等州，克梅与杨光僭为敌，颉移书朝贵，言南江杀戮无辜，惇疾其说。又故老相传：邑在宋初有生户、熟户，生户者，邑西笋牙诸山峒瑶也；熟户者内地民也。民避税多以田寄瑶。章子厚开梅山，民皆逃奔宁、邵等县，而峒瑶据险，多被屠

[①] 新化县志编撰委员会：《新化县志》，湖南出版社1996年版，第11页。
[②] 李传机主编：《湖南省新化县地名录》，新化县人民政府编制，1983年，第42页。

戮。其投诚者又或随部分编伍而去。其后流亡暂复，而新著籍者强半江右吉安人。故今考民间谱牒，其世次犹可见，而土户反寥寥云。'从这一记述可以看出，宋代开梅山之后，当地的土著民族（生户，即瑶民）多被杀戮，部分投降朝廷者又多随军伍而去，只有极少部分躲进了深山老林，即邑西笋牙诸峒，从而成为梅山地区土著民族之遗民。"[①] 而仔细考究现今新化地名中的"瑶"系地名所处的地理位置，它们分别处在今新化县的上梅镇、大熊山林场、古台山林场、炉观镇、金凤乡、奉家镇等地。这几个乡镇除了上梅镇离县城较近外，其他几个都处在县西南部靠隆回、溆浦较近的地方，与《张颉传》所说的"邑西笋牙诸峒"的位置吻合。而另据按《宝庆府志》所叙，现居隆回县小沙江虎形山和茅垇一带的花瑶是古梅山地区土著遗民。花瑶又称瑶，俗称古佬，他们是宋代开梅山以后，因不服朝廷统治而被迫迁往这里来的。封建朝廷对他们大开杀戒，血流成河，因而留下了大沙（杀）江、小沙（杀）江等地名。他们在饮食、服饰、婚姻等方面，保留了浓厚的民族特色。今天新化县地名中残留的这几个"瑶"系地名与隆回花瑶聚居的大小沙江的位置是极为接近的。那么曾在新化县的"瑶"系地名区域中生活过的瑶人后来是继续向西迁徙了呢，还是被汉族同化了呢？这不属于本文要考证的内容，但根据以上史实可知，"瑶"这一民族性专名的出现是新化地域原著民族发展史和迁移史的产物，是一定地域历史对语词修辞影响的结果。

3. "寨"系专名下的民族斗争史

在宋史中，把当时在新化地域生活的民族称之为"梅山峒蛮"，"蛮"既是当时大汉族主义者对少数民族的一个蔑称，但也是对梅山土著民族性格的一个如实写照。古之新化境，雪峰山蜿蜒于其西北，资水河流贯其内，皆为深山密林，溪洞环列，遍布广谷深渊，悬崖峭壁。人们习惯于结绳木以为桥，傍山架木以为栈，"鸟道十步曲九折，全赖扣萝称揉上下"。险恶的自然环境，艰难的生存条件锻就了新化先民们坚忍不屈，强勇剽悍的民族性格。宋熙宁五年，在怀柔政策下，梅山区域虽得以回归中央政府的版图，然而犹未能彻底地征服梅山。梅山蛮仅存者，仍坚持"汉降瑶不降，男降女不降，生降死不降"。他们大部分退走边远，小部分避居深山，立寨拥兵以自重，伺机以犯邻境。《宋史·蛮夷列传二》载："嘉泰

---

① 刘伟顺：《梅山蛮主体民族刍议》，《邵阳学院学报》2004年第4期。

三年，前知潭州、湖南安抚赵彦励上言：'湖南九郡皆接溪峒，蛮夷叛服不常，深为边患。'"① 这样的情况延续了相当长的一段时间。南宋绍熙四年（1193年），皇帝下诏，以高皇城为督军，督促兼任邵州招讨使的镇国上将军奉朝瑞在梅山"扫荡扰攘蛮獠"，即"闹事"的瑶、苗等少数民族。时年已74岁的奉朝瑞率部进驻溆浦及新化江东、锡溪、奉家山下的坪下等地。据奉氏族谱载，驻军"经大小六十余战，捕杀叙浦瞿家峒峒主瞿赖三，并斩首百余级"，历时两年，终于使梅山三十六峒再次平静下来。在新化地名中，有"插旗岭"（村居岭上，传说奉朝帅征蛮，旗插此地，故名）；有"朝衣冲"（村居冲内，奉朝帅征蛮，将朝衣扔在此冲）；有"沫溪江"（村临沫溪江—奉朝帅征蛮，突闻朝廷政变，将旗浸没此江，因名没旗江，后谐音为沫溪江，以江名村）；"卸衣岭"（村居田边，传说奉朝帅征蛮，在此卸衣为民，故名）等地名均是对这一段民族征战史的如实记录。梅山基本平静后，皇帝下诏，奉朝瑞留在梅山"永镇南藩"，官爵世袭，并"增粮饷以优兵卒"。奉朝瑞便将家安在奉家山下的坪下。"东立太平寨，南开演武厅，西建奉氏祠，北筑土城营，中竖乐成碑。"奉氏子孙在留守地的繁衍生息，在下列新化地名中均有呈示。如，"奉家镇"及其下属的"奉家湾"（村居湾内，奉姓聚居，故名）；"奉家凼"（村居凼内，曾为奉姓居住，故名）；"大房头"（此村居住奉氏大房子孙，故名）；"八房头""五房头""四房头"等都是这一段民族发展史下的产物。经过奉朝瑞的征讨和镇守，新化境内基本清平，原住民族或迁移，或退出山林，开始与汉族逐渐融合。

  安定的环境让皇族有机会来此巡视，宋理宗赵昀任邵州防御使时，于嘉定十七年（1224年）乘船去杭州经今新化县游家镇辇溪，宿驿站。当地有碑文记载，清新化人李馥《过辇溪》诗亦云："石蹬依斜绕薜萝，江村风景近如何？荞花委地秋霜早，枫叶漫山夕照多。霞彩似迎神鲤出，波光曾送翠华过。茫茫古意凭谁语，断碣苔纹手自摩。"诗中"翠华"，即指皇帝乘坐的车船。新化地名"辇溪"得名的缘由即村临辇溪，相传宋理宗赵昀曾辇宿此村。

  经过宋代的反复征讨，新化境内的蛮民虽不再具备与中央政府对抗的力量，但其强悍的民族精神、不羁的民族气质却已融入民族血液中，形成

---

① （元）脱脱：《宋史·蛮夷二》卷494，中华书局1985年版，第14194页。

了一种民族性格。一旦遭遇压迫和不平，其强硬不屈的内质就会被激发出来。延至今日，习武好武，英勇尚义依然是新化山民的主要性格特点。在新化地名中，有诸多与"强人"有关的专名，是这种民族性格的历史沉积。如"金星寨"（村居寨前，昔有强人据寨称雄，自比牛金星，故名）；"打赢寨"（村后有打赢寨，曾有两伙强人在此争夺，胜者立寨，后以寨名村）；"天星寨"（强人伍天星曾在此立寨，后以寨名村）；"寨下冲"（村居冲内，后山曾有强人立过寨，故名）；"寨垴上"（村居垴上，曾有强人立过寨，故名）；"百人寨"（村后有寨，曾有强人一百人，故名）；"拔刀界"（村居界上，传说曾有强人拔刀厮杀，故名）；"寨头山"（村居山下，山上曾有强人立过寨，故名）；"黄旗寨"（村后有黄旗寨，寨主曾立黄旗，以寨名村）；昌家寨（传说曾有昌氏五姐妹在此立寨，以寨名村）；"寨上"（村上曾有强人立过寨，故名）。新化县众多关涉到"强人"的地名是民族历史影响下的语词修辞，它们鲜明地展示出了该区域民众的精神气质和品格追求。

4. "思"系专名下的民族迁移史

自宋以后，经过与朝廷的几次对抗失败，世代居住在梅山地区的瑶人大部离开了梅山，向湘南、湘西南，乃至两广、贵州，甚至海外迁徙。留下来的瑶民或退居深山，或讳其所出，客依、融合到苗、汉等民族之中。瑶民的迁徙，造成了新化境内的清冷、荒凉。新化的发展与繁荣急需人口补充，中央政府从宋末开始往新化移民，元末明初是高潮时段，至清中期结束。明初"扯两江填湖广"，大批汉族移民进入梅山，进一步改变当地的民族结构。据新化县58个姓氏的宗族家谱查证，有54个姓氏的始祖先后于唐、宋、元、明等朝代从江西、安徽、浙江、湖北、河南及湖南省各县迁至新化。从江西迁来的最多，共计39户。在新化地名中，还有少数专名记载着这一段民族迁移史。如"南昌第"（村内有南昌第——从江西迁建于此，故名）；"思澧溪"（何姓从澧溪迁居此地，思念故乡，故名）；"相思坪"（村居坪上，住户从江西迁来，思念故乡，故名）；"相思院"（村呈院落，金姓从江西迁来，思念故乡，故名）。

综上所述，地处古三苗之地的新化是一个有着复杂民族发展史和人口迁移史的地域。从先秦至宋，被称为"苗""瑶"（猺、傜）或"蛮"的少数民族一直生活、斗争在该区域。在一千多年的历史进程中，他们以强悍不屈的民族性格谱写了一部壮丽的民族发展史。今天新化地名的历史类专名是对这一段历史的真实记录,是该地域历史条件制约下的语言成品。透过这类地名专名,我们依稀还能看到新化先民们在该地域艰难生存、顽强斗争的身影。

(二) 民众信仰制约下的神仙类专名

古新化所处的梅山地区,直至宋初仍处于射猎采摘、刀耕火种的社会状态,人们对风雨雷电等自然现象和人的生老病死有很多疑惑不解的地方。"诸蛮族类不一,大抵依阻山谷,并林木为居,椎髻跣足,走险如履平地。言语侏离,衣服斑斓,畏鬼神,喜淫祀。"①

大约在秦代,道教开始进入梅山地域,相传秦始皇时有卢生、侯生在武冈云山修炼,《明一统志》载:"世传秦始皇遣卢生入海求神仙药,不获,卢与侯生谋隐入邵陵云山。今山有侯仙迹、卢仙影、秦人古道、炼丹井、飞升台、扫坛竹,皆其遗迹。"② 云山为道教第六十九福地,也是道教传入梅山地区的第一站。据张泽洪《古代少数民族与道教》《魏晋南北朝时期少数民族与道教》中考证,魏晋时期,豫章道士吴猛、许逊、梅子真曾进入湘州蛮区传教,又有"武陵十仙"在此修道。由上述文献记载可知,在新化地域,道教发展当较久远。现今新化村落名中的"玉虚宫"(巷内曾有玉虚宫,传为道教祖师玉虚真人的宫殿,后以宫名巷);"道士坝"(村居坝上,曾有道士居附近观中,故名);"道士冲"(村居冲内,曾有道士居住,故名);"老君坝"(村边有坝,传说系太上老君助修,故名);"道人场"(村内曾有道士,并设有道场,故名);"果老亭"(村旁有亭,曾有张果老神像,故名) 等都是道教兴盛下的产物,它们的得名与道教在新化地域的广泛传播有着密切的联系。

鉴于道教与巫术的天然联系,它很快深入了梅山的信仰生活并显示出强大的文化渗透力。唐宋之际,梅山猎人张五郎到龙虎山向张天师学习道法,开创梅山教。"梅山教源自梅山巫法,现今的梅山师公教仍然可以看到'梅山教'的痕迹。师坛上,三元法主供于上坛的中间,左右是教主和座主,下坛赫然可见张五郎的神位,成了掌管猖兵的兵主。"③

两宋时期,源于巫教的"梅山教"进一步受到流行于南方的天心正

---

① (元) 脱脱:《宋史·蛮夷三》卷495,中华书局1985年版,第14209页。
② (明) 李贤:《明一统志》卷3,台湾商务印书馆2008年影印本,第350页。
③ 倪彩霞:《族群变迁与文化融合——梅山地区宗教信仰的调查与研究》,《文化遗产》2009年第4期。

法、间山法影响，吸收正一派、民间道派的成分，最终形成了巫道合一的少数民族宗教形态。

新化地域现在的宗教信仰情况，据倪彩霞《族群变迁与文化融合——梅山地区宗教信仰的调查与研究》概括："大致呈现三个层次：梅山巫法——包括梅山法、茅山法，流传于三峒梅山，是一种古老的巫术信仰。梅山师教——有师公、师承，有组织，有本经、科仪、神系，是一种深受道教影响的民间宗教形式。道教、佛教——有道士、和尚，有宫观、寺院，制度化宗教所具有的一切组成因素。"①

道教在新化地域的影响渗透到了生活的方方面面。以新化民居为例，新化民居屋脊中的装饰物就有宝瓶、葫芦物。宝瓶、葫芦取"壶"的意义，壶是"混沌"的意向，意即其中包孕着宇宙万物，充盈着元气，蕴藏着生命。葫芦是道家的法器，是道家崇拜的神圣之物，"袖里乾坤大，壶中日月长"。在民居中使用葫芦、宝瓶，这是道教文化的产物。由此可见，"巫""道"在新化地域影响深远，是当地的主流宗教。"巫""道"的合流，"道"为体，"巫"为用的宗教组构体系在新化地名中也有呈现，如"坛山湾"（村居山湾，曾有人封坛镇妖）；"娘娘洞"（村旁有洞，传说洞内有娘娘，故名）（注：娘娘是新化地域对女巫的敬称）；大神山（村后有山，曾有人装神弄鬼，故名）。

与佛教的受苦和修来世的教义不同，道教讲究的是追求今生的永恒与快乐自由。永恒与快乐自由是人类主体意识觉醒后追求的两大主题，也是神仙信仰的两个源头。《老子》的"长生久视之道"；《庄子》的"齐生死，同人我"，由"生"到"更生"的生命境界，为神仙的长生不死提供了现成的理论依据。《庄子·逍遥游》中"不食五谷，吸风饮露，乘云气，御飞龙，而游乎四海之外"的"神人""至人""真人"，是对神仙自由境界的最早表述。

在古新化地域，梅山巫术的治病功能助长了人们对人类长生不老的想象，它的符咒制幻效力则让人们相信真有某种神通万能的力量存在，这种力量最终能使生命达到"万物为刍狗"的自由状态。道教和巫术在生命永恒和自由的追求上表现出的体用互助关系，促使他们互相渗透、快速融

---

① 倪彩霞：《族群变迁与文化融合——梅山地区宗教信仰的调查与研究》，《文化遗产》2009年第4期。

合。而对生活环境闭塞、生存条件险恶、时时要受朝廷征剿的"梅山蛮"而言，拥有神力，能驾驭自然，可以白日飞升、自由快乐的神仙理念远比"生而受苦"的佛家教义更为贴近他们的"实用理性心理"。因此，在巫道信仰的催生下，神仙信仰在古新化地域影响日渐深远。在新化地名中，出现了系列关涉到神仙和法术的专名。如神山垅（村建垅中，后有段氏坟山及神道，故名）；"龙王池"（村旁有深池，传说池内有龙王，故名）；"仙人石"（村旁有石，传说为仙人用丝线吊来，故名）；"龙王潭"（村旁有深潭，据说直通龙宫，故名）；坛山湾（村居山湾，曾有神坛，故名）；仙石桥（村头有石桥，传说系神仙点石建成，故名）；"仙神塘"（村前有塘通阴河，自然鱼源丰足，人们以为神仙所赐，故名）；"神仙院"（传说曾有神仙来过此院，故名）；旨封冲（村居冲内，传说曾有孽龙为害，玉帝降旨将它封在洞内，故名）；"神仙坪"（村居坪上，相传曾有神仙在此下棋，故名）；"錾字岭脚下"（村居岭脚下，传有仙人再洗錾字，故名）；"仙神桥"（村旁有桥，传有神仙帮助修成，故名）；"神仙湾"（村居湾内，传说曾发现过神仙，故名）；"石神仙"（村旁有石，传说是神仙化身，故名）。众多关涉到"神仙"地名的出现，体现了古新化地域民众在险恶的生存环境下对超现实神力的向往，对生命自由快乐状态的追求。因此，新化地名中神仙类专名的出现，是其民众宗教观念的产物，彰显着该区域民众对自然和生命独特的体认，是其深层思想意识在语言上的反映。

（三）地域人文条件制约下的美好意愿类专名

1. 美好意愿类专名概况

在新化地名录中，表达美好意愿的专名共70条，关涉到平安、喜乐、财富、福祉、仁义等人生价值的各个方面。在这些专名中，出现频次最高的是"安乐"和"仁义"，它们在美好意愿专名中各占15条和13条，具体情况如表2-17所示。

表 2-17　　　　　　　　新化县美好意愿类地名统计表

美好意愿词	地名名称	条数	比率
安乐	安乐山、长乐坳、常乐冲、石乐冲、乐家冲、平乐冲、乐田垅、安乐冲、见安塘、合安塘、治安堂、大安山、牛安排、乐台山、直乐	15	21.42%

续表

美好意愿词	地名名称	条数	比率
仁义	义学堂、三义阁、山义排、仁义冲、大义凼、孝义冲、三义塘、许义岭、羡仁坑、仁山冲、仁贤巷、仁怀冲、仁里院	13	18.57%
吉	吉龙山、大吉场、华吉岭、太吉冲、水吉冲、吉士堂、吉岩山、鸦吉山、丫吉山、上丫吉山、下丫吉山、吉庆	12	17.14%
富	富栗山、富木圫、富溪垅、都富凼、富溪、上富溪、下富溪、富山厂	8	11.43%
永	永隆桥、永盛巷、永镇桥、永兴街	4	5.71%
美	美貌山、美石山、俗美溪	3	4.29%
其他	添寿山、贵人岭、荣华岭、长生坳、旺冲、忠孝堂、大利山、见和岭、礼山冲、怀德亭、常宁垅、慈善岭、可兴岭、福景山、太平庵	15	21.42%

2. 民众价值观制约下的"乐"与"义"

古新化居民，居住于山岩陡峭、山路崎岖的丛林之中。他们依山岩而架设木板茅屋，用树皮作床席，男女皆跣足而行，以白布裹头，满戴山花野果。宋代章惇在其《梅山歌》中如实地记载了新化先民在艰险的自然环境下的生活形态："开梅山，梅山万仞摩星躔。扪萝鸟道十步九曲折，时有僵木横岩巅。负岩直下视南岳，回首局曲犹平川。人家迤逦见板屋，火耕硗确多畲田。穿堂之鼓当壁穿，两头击鼓歌声传。白巾裹髻衣错结，野花山果青垂肩。如今丁口渐繁息，世界虽异如桃源。"[①] 大自然的艰险既锻炼了新化先民不畏艰险、勇于挑战的坚韧意志，也培养了他们追求平安快乐、崇尚仁义的价值观。

艰险的自然条件，逼仄的生存空间是新化先民们的生存处境。面对这样的生存困境，新化先民们显然已经意识到，要战胜存在的困难，以保持种族的繁衍，不仅依靠外在的勇力，还需要强大的内心；不仅需要个人的坚忍，还需要团队的合作。在这样思想认识指导下，新化山民把"乐"作为他们个人发展的最高境界，以"义"为他们群体的核心价值观。新化民众对"乐"的追求体现在民俗、礼仪等文化样态的方方面面，但体现得最为鲜明的是它的歌谣。新化山歌被人概括为"蛮""野""逗""辣"。其中的"野"和"逗"是专指其乐观主义精神的，如《颠倒歌》：

---

① （清）关培钧等修，刘洪泽等纂：《新化县志》，成文出版社1975年版，第1026页。

我今唱个颠倒歌，颠颠倒倒图快活，昨日看见牛生蛋，今日看见马长角，高山顶上鱼产仔，湿泥田里鸟筑窝，鸡公笑掉大牙齿，蚂蟥喜得水底浮，雷公吓得哑了口，月光掉进鞋里头。

这首山歌以超常的想象力构想了人世间绝无可能的八件事，貌似"颠倒"，其实表达的是一种超然物外，不以心为形役的精神自由。这与庄子超越现实束缚，独与天地万物相往来的逍遥之乐是相通的。

既然世界是客观的，苦难不可避免要存在，而人的力量又极其有限，所以只能以精神上的"乐"去化解和战胜现实中的"苦"。在这种民族心理驱动下，"乐"成了他们普遍追求的人生目标，新化地名中大量的"乐"字专名正是这种价值观驱动下的语词修辞。"安乐山"（村居山内，取"安居乐业"之义命名）；"安乐冲"（村居冲内，取"安居乐业"之义命名）；"乐柏亭"（村旁有乐柏亭，古柏苍翠，人皆乐享，以亭名村）；"平乐冲"（村居冲内，取"太平同乐"之义命名）；"长乐坳"（村居坳上，取"长乐永康"之义名村）；"直乐"（取"正直为乐"之义名村）；"乐台山"（村上有土台，人们常在台上讴歌取乐，故名）等均表达出了新化先民对平安快乐的向往和追求。

"乐"是新化先民们为个体的成长与完善预定的精神境界。但人的生存除了讲求自我的修为外，还需要与他者共建外在的世界。在长期的自然斗争和社会斗争中，新化山民不但认识到了协同作战的重要，而且还形成了以"义"为伦理准则的团体秩序观。

"义"的本义，是礼仪、容止。《说文》："义，己之威义也。……董子曰：仁者，人也，义者，我也。仁必及人，义必由中断制也。从羊者，与善美同意。"[①] 由此可见，"义"应是一种道德自律上的"善"，而把"善"推及他人则变而为"仁"。孟子说："生亦我所欲也，义亦我所欲也；二者不可得兼，舍生而取义也。"他把"义"由行为规范上的"善"引向了指向真理性的"道"。

《新化县志》对新化民众的性格特点概括为："喜直而恶欺，好高而尚俭，士崇礼义而专嗜经籍，民力耕桑而少事商贾……善气贵信，好武少

---

① （汉）许慎撰，（清）段玉裁注：《说文解字注》，上海古籍出版社2000年版，第633页。

文，醇而不佻，俭而不侈。"① 新化民众"喜直而恶欺""善气贵信"的性格特征在道德境界上集中体现为"义"。

新化民众对"义"的崇尚体现为三种境界。一是为民族大义慷慨赴死，为人民利益奋不顾身的救世情怀。据《新化县志》载录，早在南宋靖康元年，金兵逼近宋都汴京时，"县民荷戈裹粮拥知县杨勋北上'勤王'，至襄阳，勋病死军中，县民扶棺归葬石马三都"②。到了近代，为国赴死的陈天华和勇救落水儿童的罗盛教更是闻名天下。

二是言出必践，急人之难，路见不平、奋勇相助的侠义精神。在新化民间长期流传的故事"十麻子交牛税""伍氏兄弟勇除巨盗""伍神童威震汉阳""'命再生'力斗洋武士""哑巴练武伏奸商"等讲的都是扶危济困的侠义之事，而故事中的十麻子和命再生更是人们心目中铲奸除魔、惩恶扬善的英雄。

三是知恩图报、为朋友两肋插刀的江湖义气。在新化有种民风叫"打相帮"，是这种江湖义气的典型体现。"打相帮"，据《新化县志》载："出了县境，在任何地方，只要遇到新化人打架，一声吆喝，不问青红皂白，即前往帮忙，十分齐心，此之谓'打相帮'。民国时期，新化人在汉口、宝庆、南岳等地以打相帮出名。有刘姓兄弟二人均为武师，因打相帮被围困在汉口码头，两人背靠背各持单凳一条，打过几条街。"③

上述三种，不管是"大义"还是"私义"都以其巨大的影响力渗透到了新化民众的生活习俗、心理习惯和行为模式中，成了他们最崇尚的情感、行为及坚定奉行的伦理准则。在这种民族意识影响下，新化地名中出现了众多的"仁义"类专名。如"仁义冲"（村居冲内，居民重仁义而轻钱财，故名）；"义学堂"（村建学堂边，清末邹姓在此建学堂，免费招收本族学生，故名义学堂）；"仁怀冲"（村居冲内，取"君子怀仁"之义名村）；"大义凼"（村居凼内，曾有人大义灭亲，故名）；"仁里院"（取"里仁为美"之义名村）；"孝义凼"（村居凼内，取"孝顺义气"之义名村）；"山义排"（村居排上，旁有三座小山紧偎相依，义不可分，故名）等。这些"仁义"类地名都是民族价值观影响下的语词修辞，是新

---

① （清）关培钧等修，刘洪泽等纂：《新化县志》，成文出版社1975年版，第803页。
② 新化县志编撰委员会：《新化县志》，湖南出版社1996年版，第11页。
③ 新化县志编撰委员会：《新化县志》，湖南出版社1996年版，第1011页。

化民众道德境界、民族个性的鲜明体现。

四 双重制约下的数词专名

（一）新化地名中数词使用概况

新化县地名中数字类地名共 228 条，使用到的数词有一、二、三、四、五、六、七、八、九、十、十二、十六、十八、百、千、万共 16 个。在对数词"二"的指称上出现了不平衡现象，直接用"二"进行指称的只有 2 次，用"两"进行指称的只有 6 次，用"双"进行指称的多达 37 次。新化地名的数词使用条数统计如表 2-18 所示。

表 2-18　　　　　　　新化县数词类地名统计

数词		地名名称	条数	比例
一		一家岭、六一塝、一家排、一字界、一眼界、一里冲、又一桥、一天门	8	3.51%
二	二	二板桥、二层函	45	19.74%
	两	两头塘、两板桥、两重堂、上两板桥、下两板桥、两山坳		
	双	双厂、双冲（3条）、双水冲、双坪函、红双塘、双江口（13条）、双林江、双井岭、双冲院、双龙殿、双江溪、响双函、双架冲、双岩岭、双石桥、双冲垅、双树坪、黄双洞、双家坳、双林、双子坳、石双坪、双树冲		
三		三庄冲、三尖岭、三塘湾、三义塘、三角塘（6条）、三尖峰、三江口（2条）、三板桥（3条）、三合店、三牛函、三塘冲（3条）、三门石、三角坪、三房院、三家托、三桥湾、三家托、三龙坪、三溪江、三角溪、三塘、老三塘、三房湾、三撞湾、三洲滩、三义阁、三房院、三堂印、三亩大丘、三门石、宿三巷	41	17.98%
四		四季栗山、四甲山、宝四坳、四方排、四季函、四亩湾、四丘田、四马归槽、四合棚、四亩田、四房院、四湾里、四合、四李湾	14	6.14%
五		五田山、五房头（2条）、五里排（3条）、五岭函、五箭山、五星湾、五马垴、五峰函、五溪、五房院	13	5.70%
六		瓜六山、上瓜六山、下瓜六山、六一塝、六山排、六股塘、老六房、六家冲、六子岭、六里冲、六象山、六亩湾	12	5.26%
七		七字冲、七家冲、七里亭、七里冲（3条）、七院里、七子岭、七星寨、七冲、七星湾、七亩田、壬七山庄、七都院、七星桥、七湾里	16	7.02%
八		八亩排、八房头（2条）、龙八基界、八房湾、八仙庵、八角湾、八亩田（2条）、八井冲、八角楼（6条）、八角院子、八家村、叉八冲、八重垞上、八房院	21	9.21%

续表

数词	地名名称	条数	比例
九	九峰山、九湾、九垅田、九龙湾、九亩大丘、九条冲、九立冲、九寨湖、九房院、九曲水、九九亭、九冲、九井冲、九顶凼、九槽冲、九溪山、田九湾、九里坪、九寨湖、九房头、夹九垅	21	9.21%
十	十冲、十字界、十指寨、十字坳、十里铺、十里坪、十都湾、十茶亭（3条）、十字路	11	4.82%
十二	十二排、十二亩田	2	0.88%
十六	十六湾（2条）	2	0.88%
十八	十八湾（2条）	2	0.88%
百	百羊坪、百步岭	2	0.88%
千	千家茶园（2条）、千家寨、千金茶园、千连屋、千斤茶园（5条）、千家山	11	4.82%
万	万家桥、万龙山、万山岭、万寿庵、万里岭、万家岭、万国冲	7	3.07%

（二）地貌特征制约下的数词使用

在地名命名中，人们为了达到对地理实体的准确指称，往往要用数量词来对它的数量、方位距离进行描述。在进行指称的过程中，名称中的数词和所指的实际事物（实）的数量距离倘若相一致或大体一致，这样的命名是符合修辞的求实原则的，是"适切"的修辞。但如果名实相峙，不仅无法正确表达，而且还会引起他人的严重误解，这就是修辞不当。因此，在求实原则的制约下，地名命名中的数量词使用首先是由它所指称的地理实体实际的数量和距离决定的，是地理形貌条件制约下的语词择取。

上文已经论述到，新化县的主要地貌形态是山地丘陵。群山的起伏、溪水的奔流让地表形态呈现出回环、层叠的特点。因此，在新化地名中常用山川数量的多寡来状山形的连绵起伏和溪水的蜿蜒汇流。如"双江口"（村居双江汇合口，故名），"双江口"在新化地名录中共有13条；"三江口"（村居三条江的会合口，故名），"三江口"在新化地名录中共有2条。在此，"双江口""三江口"的多次出现与新化四周高中间低的盆地地表形态分不开的。"新化县属山丘盆地，西部、北部雪峰山主脉耸峙；

东部低山或深丘连绵；南部为天龙山、桐凤山环绕；中部为资水及其支流河谷。"① 四周高中间低的地形，让群山中奔流的溪水最终在中部汇流，在县内形成多处"双江口""三江口"。

除了用数词指称水流的汇聚，地名中还常用数词来状山势的连绵起伏。如"三尖峰"（村后山上有三座尖峰，故名）；"五峰函"（村居函内，旁有五峰，故名）；"六子岭"（村旁有六个小山岭，故名）；"七子岭"（村居岭上，旁有七峰突兀，故名）；"八角湾"（村居湾内，湾有八角）；"九龙湾"（村居湾内，后有九条山脉蜿蜒如龙，故名）；"十指寨"（村寨左右各有五座小山，俨如十指并立，故名）等。在地名命名中，除了用山川的数量达到指称的目的外，还可通过对地理实体方位距离的说明来进行指称。在新化地域，山体林立、水流环绕，一个地理实体位置的确定往往是以另一更凸显的地理实体为参照的。因此，用两者之间的方位距离来对新的地理实体进行指称就成了一种常用的命名方式，如"五里排"（村居排上，距董溪茶亭五华里，故名）；"七里冲"（村居冲内，距县城七华里，故名）；"七里亭"（村旁有七里亭，距白溪七华里，以亭名村）；"十茶亭"（村旁曾有十茶亭，位于白溪东北十华里，以亭名村）等。由上述地名可见，在新化地域，由于地形复杂多变，地势起伏不平，因此，常用数词来对地理实体的数量、方位距离进行描述，以达到精确指称的目的。

（三）双重制约下"双"的使用

"双"的繁体写作"雙"，许慎《说文解字》："雙，隹二枚也，从雔，又持之。"② 由此可见，"双"的本义就是两只鸟，后又由"两只鸟"来指代"二、两"的数量，被看作数词。《玉篇·雔部》就解释"雙"为"偶也"③。两汉时期，量词产生，"双"也由其本义"二枚"的长期使用衍生出称量事物的功能，即被用作量词。"雙"，从"隹隹"，与"一只鸟"的"隹"相对，重在强调所量物体的"非单一性"，隐含着"相配成对"的意义。王力先生《汉语史稿》也曾提过数词"双"的这种修辞性："从语源来看，二鸟为双，可见，双字不一定用来表示天然成双的

---

① 新化县志编撰委员会：《新化县志》，湖南出版社1996年版，第112页。
② （汉）许慎撰，（清）段玉裁注：《说文解字注》，上海古籍出版社2000年版，第148页。
③ （宋）陈彭年修：《重修玉篇》卷二十四，清文渊阁四库全书本。

东西。再说，在多数情况下，'双'并不是纯粹数词，而是带形容词性质。"① 但古代汉语中的数词"双"最终没有发展成纯粹的数词，而"二""两"则是纯粹的数词。由上述论述可见，"双"作量词，与"二""两"在语义和语用上有所不同，它并不是纯粹数词，而是带形容词性质，隐含着"相配成对"的意义。

在新化地名中，表示数量为"二"的数词高频出现，达45次之多。在这45次中，数词"二"仅出现2次，为"二屋凼""二板桥"。数词"两"仅出现6次，为"两头塘"（村院两头都有塘，故名）、"两重塘"（村内有栋"两重堂"的房子，故名）、"两头塘"（村旁有塘，塘水向两头流，故名）。以数词"双"为专名的共37条，数词"双"的高频出现，是新化山民讲求对称美心理下的产物。

"语言是以民族文化为其中介物来反映和表现客观物理世界的，语言运用本身就是一种文化行为，表达的效果是一定的文化的产物。"② 上文曾论述到，新化地域是一个以巫道为主要信仰的地方。崇尚道教的传统，使"道法自然""天人合一"的思想意识，直接影响到他们的审美观和价值观，并渗透在民众生活的方方面面。对称美是形式美的美学法则之一。人类对于这种形式美的领悟来源于自然，大自然的鹰、猛虎、雄狮、孔雀、金鱼、知了、蝴蝶等等无一不表现出对称的形态。长期生活在自然山水中的新化先民们首先从大自然中感受到了对称美，然后又在道家思想法则的影响下认识和掌握了对称美。因此，在他们的生活中无不体现出对"偶化"的追求。新化的民居为以堂屋为中心，两边厢房对称的格局。新化人择吉日喜欢择双日。新化方言中，重叠式特别多，据刘卓彤《新化方言重叠研究》统计，单四字格的组建形式就达二十多种。在这种以偶为美的民族心理驱动下，人们在表示数量"二"时更偏向于择取带有修辞意义的"双"来表达他们对"相配成对"的审美追求。所以，在新化方言中，偶数化的事物都喜用"双"来指称，如把偶数日期称之为"双日子"，双胞胎被称之为"双双"，农忙时节的收获和栽种两项活动合称为"双抢"。而在新化地名中，数词"双"也高频出现，如"双树冲""石双坪""双江口""双蹄坪"（村居坪上，"天马"一双前蹄踏在此坪

---

① 王力：《汉语史稿》，中华书局2007年版，第292页。
② 王希杰：《修辞学通论》，南京大学出版社1996年版，第110页。

上，故名)、"双冲院"(村院位居两冲交汇处，故名)、"双槽门院"(村院有两座槽门，故名)、"双树坪""双龙垅""双林江""双石桥"(村旁有三步两石桥，故名)、"双岩山"(村居岭上，双岩对峙，故名)、"双天凼"(村居凼内，旁有两个朝天洞，故名)、"双梓垅"(村居垅中，旁有两株大梓树，故名)。地名中"双"的高频出现是追求对称美的修辞结果，是特殊民族审美心理制约下的语词成品。

(四) 双重制约下"三"的使用

数词"三"在中华文化中自古就有"生发""圆满"之义。老子《道德经》道："道生一，一生二，二生三，三生万物。"① "三生万物"，即世间的万事万物都是由"三"衍化而来。因此，中国早期哲学在解说自然、建构宇宙时，"三"成为了有限之极和无限之始，是万物生化的关键。

而清人汪中在《述学·释三九》篇中则对"三"的意义有进一步阐发："一奇，二偶，一二不可成为数；二乘一则三，故三者，数之成也。"② 他认为单单有个"一"，只是一个奇数，单单有个"二"，还只是一个偶数。唯有一加（乘）二得出三，包容了奇与偶，这才是一个完满的数。可见，在中国传统文化中，"三"还寓意着圆满，是阴阳达到调和的数字。

上表显示，在新化地名中，"三"呈高频出现，达 41 次之多。"三"在新化地名中的高频出现主要有三个方面的原因。

一是求实原则制约下对方位距离、实体数量的指称需求。上文已论及，新化地域，山围水绕，地形比降幅度大，地表线条曲折多变。这样的地理条件，让新化县境山水形状出现了多样性和多态化。多江回流、多山叠嶂成为常态化的显性外观。因此，在地名中出现了"三尖峰"(村后山上有三座尖峰，故名)；"三江口"(村居三条江的汇合口，故名)；"三塘冲"(村居冲内，旁有三口水塘，故名)；"三塘湾"(村居湾内，旁有三口水塘，故名)；"三撞湾"(村居山湾，有三条山脊在此相撞，故名)；"三门石"(村旁有四个石头并排矗立组成三扇石门，故名)；"三牛凼"(村居凼内，周围有三个小山如牛，故名)；"三洲滩"(村前资水中，有

---

① （春秋）老子著，李正西注：《道德经》，安徽文艺出版社 2003 年版，第 94 页。
② 汪中：《述学内外篇·内篇一：释三九上》，上海涵芬楼影印本。

三个沙洲，形成三个险滩，故名）等多个以"三"来表示山水数量的地名。地形的多变必然使地表呈现出不规则状态，因此，在新化地域，无论是山间的平地还是蓄水的溪塘很难是对称均衡的方形，多为棱角突出的形状。在这样的地表条件制约下，新化地名中多出现"三角塘"（村前有三角塘，以塘名村）；"三角坪"（村形呈三角，故名）；"三角溪"（此村三面环溪，形成三角形，故名），特别是"三角塘"在地名录中共出现6次之多，充分展现出了新化地域山水奇崛的特点。

二是中华文化中"三"独特的文化内涵。既然"三"在中华文化中有"生发""圆满"之义，那么民众在进行各种活动时就会在量上有着对"三"的自觉追求。

在新化地域，对"三"的追求体现在生活的方方面面。如，第一章中已介绍的结婚礼仪中，有新娘新郎的"三追三找"活动，有婆婆三击新娘的礼仪，有新娘三日后回门的习俗。小孩出生后，外婆家应在三日后为之庆生叫"打三斗"。人死后有三日后看坟，连续三年挂镪的习俗。另，工匠的劳动中，弹匠有以起工先弹三空捶的要求，虎将有以"三草"封山的讲究。其他，出远门时以三人结伴为宜，挖井、挖塘以三口为满，建房以三重为好，婚丧喜宴以三日为期，行礼以三下为尊等等无不在量上充满对"三"的刻意追求。在这样的民众价值观制约下，"三塘冲""老三塘"（村旁曾有三塘相连，故名）、"三堂印"（村中有三重堂的遗址，故名）等以"三"为量的水利工程和人工建筑自然就会成为地域常见的景观，映射到语言世界里，就成了"三"高频出现的又一缘由。

"三"在新化地名中高频出现，除了上述两个缘由外，还与"三"的方言音韵密切相关。在新化方言中，"三"读［sɛ̃³³］，它与另一口彩词"赚"的方言音［zã³³］在声韵调上极为接近，这两个音节的韵母均为开口呼，调值又完全相同。因此，相比普通话的"三"与"赚"，新化方言中的"三"与"赚"在音韵上更为接近。在相似联想的作用下，人们很容易由"三"联想到生意上的"赚"。谐音的产生，进一步促进了新化民众对"三"的追求。在新化地域，人们的喜庆礼钱以"三"为吉，并有"要想赚，就要三"的俗语。因此，新化菜系中有"新化三大碗"，三大碗中又以"三合汤"最为著名。由方言音韵而生的由"三"到"赚"的联想，让新化民众对"三"有了更为热切的追求，由此，他们在物理世界里刻意营造了数量为"三"的聚合体，如"三板桥"（村旁有三块石板架成的桥）；三合店（村旁有三合店，曾是三友合开的酒店，以店名村）；三义塘（村旁有塘，三姓共建，故名三义塘）；三家圫（村居圫上，曾住三家，故名）；"宿三巷"（相传清朝上任卸任县官，均须在此住宿三晚，办理移交事项，故名）等。物理世界的"三"映射到语词世界里，形成了语义上吉祥圆满，音韵上极具口彩的数词专名。

综上所述，新化地名中的数词专名，特别是"双""三"类专名，是地域自然条件和地域文化背景双重制约下的语词成品，是该地地理环境、民众价值观、审美观在语词世界的反映，是极富地域色彩的语词修辞。

本章小结

以地理实体为命名对象的地名是一个地域最富典型性、代表性的名词。它的构成有着特定的构造理据，是一种内蕴着修辞意识，有着特定修辞原则的修辞性语词。具体而言，地理实体所在的空间位置、地理方位及其地形地貌、气候物产、景观景物、历史文化等都制约和影响到地名的形成，成为地名命名的依据和素材。

汉语地名的结构成分包括通名和专名，在构成上大部分是专名+通名的形式。据此，本章从结构上对湖南新化县地名进行了分解，从通名和专名两个角度对其地名修辞进行了研究。在研究中，为了凸显出其地名命名的特性，彰显出地域性，本章选取了地理资源和历史发展迥异的内蒙古赤峰市作为参照点。在数据统计的基础上，经由对比分析，我们可以清楚地发现这样一个现象：基于地名修辞对"求实"原则与"求谐"原则的遵循，两地地名的通名，无论是在条目上还是在出现频次上都显示了巨大的差异。这些差异性是由两地不同的地理条件、历史发展及由此生成的生产生活方式、风俗习惯等因素造成的，是方言修辞的地域特征在语词层面的显现。

专名是特指个性、单独概念或现象的名称。相较于通名的类别性，地名的专名具有特指性；因此，"专名"的命名具有更多的个性，也就更能体现出命名者的修辞理念、修辞方式、修辞水准。在本章，根据专名的具体内容，我们把它分为六种类型，即地理形貌类专名、居民物产类专名、历史传说类的专名、美好意愿类专名、方位距离类专名、数量序列类专名。以《湖南省新化县地名录》所载地名命名理据为依据，我们对新化地名的六种类型进行了分类统计。统计数据显示：在新化县地名专名中，其颜色词的使用体现出了对"白""黄""青""金"的偏爱；其喻象的择取显现出了对动物象特别是"龙""牛"二象的熟稔和喜爱；其方位词的使用显现了对"上""下""里""边"等以身体为参照点的方位词的高频使用；其美好意愿词的使用出现了对"乐"与"义"的偏好；其数量词的使用体现出了对"双""三"的有意择取。其物产类专名所用词汇与当地物产有着直接联系，其历史类专名与该地域的民族发展史、斗争史有着密切关联。以统计数据为基础，结合新化县各种地方文献考证分析，我们发现，新化县地名专名中呈现出的种种修辞现象无不与当地的地形地貌、气候物产、生产生活方式、民族发展史、民族信仰、民族心理、价值观、审美观等地域自然条件和地域人文背景有着直接联系，是新化方言修辞地域特征的鲜明体现。

因此，在本章中，以湖南新化县地名为研究对象，通过数据分析法、对比分析法的综合应用，我们解构出了修辞在语词层面的地域性特征。以此为依据，综合应用田野调查法和文献考证法，深入挖掘出了新化县地名的地域成因，及其承载的地域文化内涵。

第三章

新化禁忌语、委婉语研究

禁忌，国际学术界统称为"塔布"。早在1777年，英国的航海家柯克船长带领船队来到太平洋波利尼西亚群岛的汤加岛上，他发现那里有很多民俗，比如某些物品只准酋长及巫师使用，而其他人则不准用；凡是接触过尸体的人，其他人便不敢与其接触；某些场所只允许成年男性进出，而女性及儿童则不许进出，等等，当地的土著人称这种现象为Taboo（译为"塔布"）。1829年，在太平洋群岛居住了八年的埃利斯出版了《波利尼西亚研究》一书，书中对波利尼西亚人的"塔布"进行了细致的描述。此后，大量相关的分析报告相继问世，人们逐渐认识到世界上的所有民族无不具有"塔布"。

在中国，"禁忌"一词源远流长，早在汉代就已经有相关记载了。《汉书·艺文志》中便有"及拘者为之，则牵于禁忌，泥于小数，舍人事而任鬼神"[1]的记载。许慎《说文解字》："禁，吉凶之忌也。"[2]"禁"表"禁止"，主要指君或神对下的干预禁止，所以《周礼》云："犯禁者，举而罚之……若不可禁，则搏而戮之。"[3]《广韵》云："忌，忌讳，又畏也，敬也，止也，憎恶也。"[4]"讳"侧重于"抑制"，主要是基于自我情感的避戒行为，与"禁"相比较，"讳"更趋向于下层化和民间化。《礼记·曲礼》"入境而问禁，入国而问俗，入门而问讳"[5]连用了"禁""俗""讳"三个词，其实是"禁忌"在不同社会空间中的三种指称。由此可见，禁忌在我国也是由来已久，且表现形式多种多样。

---

[1] （汉）班固编撰，顾实讲疏：《汉书艺文志讲疏》，上海古籍出版社1987年版，第133页。
[2] （汉）许慎撰，（清）段玉裁注：《说文解字注》，上海古籍出版社2000年版，第9页。
[3] 吕友仁译注：《周礼译注》，中州古籍出版社2004年版，第185—189页。
[4] （宋）邱雍、陈彭年等编：《宋本广韵》，中国书店1982年版，第338页。
[5] （清）孙希旦撰，沈啸寰、王星贤点校：《礼记集解》，中华书局1989年版，第91页。

既然世界上所有民族无不具有"塔布",因此,人们在言语交际中,为了避免厄运的降临就会自觉规避这些指称"塔布"的语词,采用其他的语言形式去进行替代。被规避和替代的语言形式就成了禁忌语,而取代禁忌语的语言形式被称作委婉语。显然,在这一规避和替代的过程中,充分体现出了表达者对语言的调配意识,是表达者为了使接受者乐于接受而采取的积极言语行为。因此,委婉语的建构是一种有着明确修辞意识的修辞行为。

在世界范围内,不同地域、不同民族,因地理环境、历史发展的差异,其禁忌对象各有不同,而对禁忌语的规避形式更是千差万别。对不同地域的禁忌语、委婉语的产生和构成进行考查,深入解析其修辞理念、修辞方式,挖掘其地域成因,我们能进一步论证出修辞的地域性。

第一节 禁忌与语言崇拜

一 禁忌的产生

原始社会,人们面临的自然环境极其恶劣,生产工具又极其简陋,根本无法抵御大自然的种种危害。而在原始人类的意识中,还无法明白自然现象的真正起因,他们往往把危害自身的现象归结为某种神秘的、特异的力量。在这种心理作用下,人们无时无刻不在惧怕自然界的威胁,这种心理不断强化,最终使人类萌生了禁忌的意识。"禁忌的来源是因为附着在人或鬼身上的一种特殊神秘力量(mana),它们能够利用无生命的物质作为媒介而加以传播。"[①] 萌芽状态的禁忌,主要表现为对具体实际的危险的恐惧和逃避,随着人类智力的不断发展,逐渐具备了概括和抽象能力,于是相伴产生了对想象虚拟危险的禁忌。由此可见,禁忌应是人类产生之初伴随人类思想意识产生而产生的。人类社会伊始,生产力和认识水平极端低下,由此产生了自然崇拜,由崇拜而生恐怖,由恐怖则惧罹祸害,为避祸害,就成禁忌。

[①] [奥地利] 西格蒙德·弗洛伊德:《图腾与禁忌》,文良文化译,中央编译出版社2015年版,第32页。

二 语言崇拜与语言禁忌

在人类的蒙昧时期，对自然和人类的诸多存在都没法做出合理解释，于是，他们把这些"存在"都归属于"神赐予"。中西方神话中，都有语言是由神直接创制的传说，如基督教认为上帝创造了人类，并赋予人类各种能力，包括语言能力。古印度的婆罗门教把语言本身看作是神，《吠陀》经说语言是一位女神，名字叫伐克（Vak），她法力无边。我国也有"仓颉造字"说法。既然语言是由神创制的，那么在人类的直观思维关照下，语言当然就具有某种"神性"了。语言具有神性的认识是人类对语言产生崇拜的最初动因。

语言既然是由神创制的，那它不仅属于人类，同时也为各种神灵所具有。人会说话，天地万物和各种神灵也会"说话"。比如，在中国的殷商时代，人们普遍认为天地日月江河湖泊等自然神具有"人格"，这些自然神以巫师为代言人，对人发出各种指令，同时也带给人福祉或惩戒。所以，殷王室贵族大事小事都要占卜，大至稼穑丰歉、征战讨伐、祈求祭奠，小至出行游猎、生儿育女、梦魇疾患都要向天地鬼神、先祖神灵卜问。占卜的主要程式是问辞和答辞（释辞）。其中释辞部分充分体现出殷人对语言的崇拜，因为商王要通过语言的表述对未知事件做出假设推想直至做出决断。把迫切的愿望，用独特的字句表达出来，使语言置于神灵的范畴，以实现自己的目的。于是，带有神意志的语言便具有逢凶化吉、避祸消灾、诅咒恶人、保佑善人的神奇魔力。至此，人类对语言的崇拜进一步加深。

在原始时代，人类的语言和人类的社会实践活动、物质交往活动是直接关联的，那时的人类语言带有浓重的具象性、直觉性，言语过程中包含大量生动的、形象的诸如手势、动作、表情、姿态、腔调、眼神等非语言因素。《诗·大序》："在心为志，发言为诗。情动于中而形于言；言之不足，故嗟叹之；嗟叹之不足，故咏歌之；咏歌之不足，不知手之舞之，足之蹈之也。"就是对这种具象性语言做的一个描绘。语言的具象性意味着"言语者客体化的符号、代码系统与主体化的情绪心理——实践语境系统仍然是一个相互交融的统一体。此时的词语尚未脱离其实践语境，第二语言系统尚未取代第一语言系统，因而语言与语言者的情感活动、情绪生活联系紧密。有何种言语，似乎就有何种心理趋势、情绪欲求及相应的体验感受乃至行为趋势，有时则直接在表情、行为上显露出来"。① 既然原始人语言的发出，总是伴随着言语主体的某种动作意向；那么，对于原始人来说，语言就是一种行为倾向，说出什么样的语言，就会产生什么样的实际效应。英国人类学家雷蒙德·弗思《人文类型》一书中记述道："非洲东南的伊拉人相信人死后就变作牲畜，当这种牲畜看到其为人时的老朋友在跑时，就追逐他们。当被追逐的老朋友站住，用其做人时的名字叫它，它就离朋友而去。"② 弗思在书中还记述了非洲的蒂科皮亚人取名时，常用已故的祖父、伯父、叔父或其他祖先的名字。因为他们相信同名的生者和死者之间有特别密切的关系，生者可以求得那同名的祖先的帮助和保护。在此，"语言拜物教"似的观念便得以形成和强化。

语言崇拜的产生对人类而言是一把双刃剑。因为，一方面，既然语言具有与神沟通的能力，那么对它的正确使用当然能逢凶化吉、避祸消灾。如对神灵和上帝的祷告，我国民间的贴春联，书吉祥词语，讨口彩等都是人们利用语言魔力积极效能的行为。另一方面，如果某人使用了冒犯神灵的不吉利词语那也必然会受到神的降罪与惩罚，从而导致某种厄运或乖戾命运的出现。在这种情况下，人们为了避免厄运的降临就会自觉规避这些语言，或采用其他的语言形式去进行替代。被规避和替代的语言形式就成了语言的禁忌，如西方对"13"的规避，我国对"7""4"的规避都是语言禁忌的表现，是语言崇拜消极效能下的修辞行为。

三 语言禁忌的类型

在语言崇拜下产生的语言禁忌最初仅限于对神灵的亵渎语。后来，随着语言功能的进一步神化，人类不可掌控事物的增多，语言禁忌的内容也进一步扩展。在漫长的历史发展进程中，人类逐渐对各种引起畏惧、厌恶等消极情绪的事物都产生了语言禁忌。这些语言禁忌按其内容及关涉对象大概可以分为以下类型。

（一）人名禁忌

人名禁忌又称为"名讳"，是指人们在言语或书写时，遇到与祖先尊长之名相同或同音的字都要避开。名讳禁忌在中西方都有，如在西方宗教

---

① 邵英：《古人语言崇拜的心理分析》，《西北林业科技大学学报》2011年第3期。
② ［英］雷蒙德·弗思：《人文类型》，费孝通译，华夏出版社2002年版，第140—141页。

社会中，犹太教和基督教的"十大诫命"（the ten commandments）之一就是不可妄称上帝的名字。凡是妄称上帝者，"耶和华必不以他为无罪"，死后定被罚入地狱。名讳的形成，西方学者多从巫术的角度加以述论，认为："在原始氏族的观念里，人名是一个人最重要的部分之一。所以，当一个人获知某一个人或某一个灵魂的名字时，他同时也获得它的一部分力量。"① "如果敌人知道了自己名字就会运用巫术加害自己。"② 我国学者也有类似的看法，如江绍原："呼名则能役使精物，是世界上文化程度很低的民族已有了的观念，中国在汉前假使也有，那便丝毫也不足怪。……《管子·水地篇》记有这样一则传说：'涸泽……，生庆忌。庆忌者，其状若人，其长四寸，衣黄衣，冠黄冠，戴黄盖，乘小马，好疾驰，以其名呼之，可使千里外一日仅报。此涸泽之精也。'"③ 上面所论的语言巫术也许是引起人名禁忌的最初原因，但在我国，名讳体系的庞大和严整却与封建宗法制度和封建礼法观念有着直接的关系。在汉文化体系中，人名的忌讳大概有以下三种情况：

1. 国讳

"国讳，指帝王之名讳，即帝王的名字，不可触犯，全国上下都须避讳。"④ 在封建社会，封建统治者为了维护自己的尊严，表示自己神圣不可侵犯，建立了一套严格的礼法制度，这中间就有对君主、国王和大臣的姓名甚至皇帝名字的同音字在一切场合避讳的规定。在漫长的封建帝国时代，汉文化中积累了丰富的国讳词语，它们都是一定时代语言禁忌的产物。

2. 家讳

"传统中国家族立法规定在言谈和使用文字时，要求避讳父亲、祖先及所有长辈的名字，这就是所谓的家讳。"⑤ 汉文化中的家讳有两种情况：一是给子女起名时，绝对不能运用与长辈名字相同的字词，谐音字或同音

---

① ［奥地利］西格蒙德·弗洛伊德：《图腾与禁忌》，文良文化译，中央编译出版社2015年版，第133页。
② ［英］詹·乔·弗雷泽：《金枝》，徐育新等译，中国民间文艺出版社1987年版，第362页。
③ 江绍原：《中国古代旅行之研究》，商务印书馆1935年版，第42页。
④ 陈北郊：《汉语语讳学》，山西人民出版社1991年版，第79页。
⑤ 李军华：《汉语委婉语研究》，中国社会科学出版社2010年版，第38页。

字也需避免，触犯者被视为不尊敬长辈。另外一种就是在言谈交际和书写中避讳直呼父亲及祖先之名，即所谓的"子不言父名，徒不言师讳"。"家讳"的产生是儒家传统礼法观念下的产物，它与西方喜用祖辈名为后代命名的习俗恰好相反。

3. 小孩名讳

中国民间有"贱名易养"的看法。在中国，有给子女取下丑名的风俗，其目的是防止恶魔及勾魂鬼伤害子女。一般而言，丑名用于未成年的小孩，在日常交际中进行称谓。子女上学后，父母会再为子女取学名，作为孩子正式的身份代码。汪泽树认为，"贱名易养"文化渊源在于"或则取其命贱、命大，易避邪恶，易防灾害，不易夭折，容易养大；或者取其与人的生活亲近，对人有亲昵之情"[①]。其实，这种习俗的认识根源是相反相成的辩证思维，即好的事物总是转瞬即逝，越是精贵的事物，生命越短促；越是卑贱的事物，生命力越强。因此，为了避免遭受命运的作弄和鬼神的嫉妒，为了让娇弱的孩子茁壮成长，人们有意在孩子未成年前取一个卑贱的小名，以求得对孩子的庇护。给孩子取贱名、丑名是汉民族趋吉避凶，消灾免病的深层文化心理体现。周一农认为，中华民族所取用的丑名语言表现方式大体上可以分为"以隐疾为名、以畜生为名和以数字为名三种"[②]。

（二）死丧禁忌

于整个人类而言，"死"是最恐怖、最神秘且不具可控性的东西。应用人类学的观点，这三个因素是产生禁忌的最根本原因。因此，"死"成为不同文化的一个共同禁忌。在中国民间，历来有"说凶即凶，说祸即祸"的俗语，这意味着汉民族在语言崇拜意识的驱动下，对语言的"物质性""现实意动性"特性和魔力更为深信不疑；因此，对"死"一词的禁忌尤甚。在相关联想心理机制作用下，"死"的禁忌进一步扩展，举凡与死有关的，如丧事、死者名字及殡葬等都列入了禁忌话题。

总之，"死"，作为生命的终结，在人类产生之初，就是人类最恐惧的对象；不同时代，不同民族，不同宗教的人们都对"死"有着最深的禁忌。在这种禁忌心理辐射下，举凡跟死亡相关的东西，如死讯、丧事、

---

① 汪泽树：《姓氏·名号·别称——中国人物命名习俗》，四川人民出版社2003年版，第101页。

② 周一农：《词汇的文化蕴含》，上海三联书店2005年版，第205页。

丧葬都成为了禁忌的对象,由此,在语言世界中形成了一个以"死丧"为核心的语言禁忌系列。

(三) 伤病禁忌

于人类而言,伤病是仅次于死亡的灾难,因此,对伤病的畏惧也会促使人类产生伤病类语言禁忌。身体的异常和残缺会给人类的生产生活带来极大不便,所以在人的心理上会产生厌恶、恐惧等诸多消极情感。在世界语言中,伤病类语词是典型的塔布义场,是各个民族语言相对密集存在和产生塔布的义类。在汉文化中,对伤病的禁忌大致包括三种情况:一是对偶发性疾病的禁忌;二是对生理残疾的禁忌,如聋、哑、痴、瘸等;三是对生理瑕疵的禁忌,如胖、瘦、秃、口吃等。

(四) 隐私禁忌

私密的东西于人类而言是神秘的,有些甚至带有不洁感。这两种感觉是人类产生塔布心理的情感动机,因此,在语言中对诸多私密的东西都有禁忌。在汉文化中,隐私类禁忌大致有以下几种:

1. 性禁忌

原始初民由于对自然规律的愚昧无知,往往将一些不能解释的自然现象如风、雨、雷、电以至土地、河流等归于神力,从而加以崇拜。同样,他们也不了解自身,特别是不能理解自身的性行为与生殖现象,不知是一种怎样的魔力使自己在性交过程中如此身心俱醉,也不知是一种怎样的魔力能使妇女怀孕,并使婴儿从母腹中生出来,因此产生了一种神秘的、敬畏的心理。两性生殖器相互接触—性交—生殖是紧密联系的,可是原始初民在很长的历史时期内还不能把这三者联系在一起,对三者都充满了神秘感。他们对生殖、性交心存神秘,同时也由此对生殖器产生神秘感,如此便出现了生殖崇拜、性交崇拜与生殖器崇拜,这三者构成了性崇拜的主要内容。在性崇拜之下还衍生了另外一种文化现象,那就是性禁忌。所谓性禁忌主要是指在某种情况下把性看成是"危险的""不洁的"事物加以规避,有时也因为其"神圣"而加以禁止。

在原始时期,人类对性的崇拜要远大于性禁忌。后来,在人类文明进程中,人们逐渐认识到因性引起的冲突对人类的负面影响,以及由乱交给人类带来的灾难,于是加之于"性"上的各种伦理约束和道德禁锢越来越多。禁锢越深,其神秘感也就越强,在神秘感的催生下,在人类的心理世界里,性禁忌逐步超越了性崇拜。弗洛伊德在《图腾与禁忌》中说过一段非常精辟的话："因为对一件没有任何人企图要做的事情加上禁制是多余的。一件被强烈禁止的事情，必然也是一件人人想做的事情。"① 他认为"塔布"有以下两种不同的意义：一方面是"神圣的""崇高的"，另一方面是"危险的""不洁的""禁止的"。在此基础上把禁忌的对象划分为事物和事情两大方面：一方面指在生活习俗或者宗教中所禁止的、不能接触的、不能谈及的某些事物；另一方面则指大家同意不提及、不去做的某些事情。伴随着性禁忌的加深，在语言世界里，各种有关"性"和"生殖"类的词语如"性爱""怀孕""分娩"等就都成了人们不能直接谈及的禁忌语。

2. 月经禁忌

妇女在月经期间要发生流血，在原始先民的认知世界中，这种月月必来的神秘的流血现象，必与某种神秘的伤害有关，所以就把行经（尤其是初次来月经）解释成某种精灵鬼怪的撕咬所致，或者干脆认为月经是与某种精灵性交的结果。有人类学研究成果发现，许多原始人认为这个精灵就是她的某个祖先。在有些民俗中，经期中的女孩常常被认为身上附着祖先的灵魂，所以令人敬畏，被作为禁忌对待。而在后来的人类文明进程中，随着女性地位的下降，人类对象征女性身份的生理特征——月经也逐渐产生了不洁和厌恶的情感，在这些情感的催生下，月经成为了人类共同的禁忌对象。对月经的禁忌心理反映在语词世界里，于是，与月经相关的一切语词构成了一个禁忌义场。

3. 排泄禁忌

排泄是人类生活中的一个重要环节，但相比饮食而言，排泄具有不洁感和私密性。如同趋吉避凶的心理，人类也具有趋洁避秽性。在这种心理导引下，人类对与排泄有关的事物都产生了禁忌，如排泄行为、排泄物、排泄场所、排泄用具等都是人类禁忌的对象。人类的认知世界直接影响语言世界，在这种认知观的作用下，举凡与排泄有关的语词都成了禁忌语。

（五）动物禁忌

在人类对自然掌控力度极弱的远古时代，恶劣的自然现象，神秘的生理现象给人类带来了极大的神秘感和畏惧情绪，他们因此而对这些现象形

---

① ［奥地利］西格蒙德·弗洛伊德：《图腾与禁忌》，文良文化译，中央编译出版社2015年版，第112页。

成了禁忌。除了自然灾害和生命规律不可抗拒外，与人类共处于自然当中的猛兽、毒蛇等也是威胁人类生存的大敌。在与猛兽、毒蛇的争斗中，原初的人类常处于下风，因此，人类对这些力量强过自己的异类有着深深的恐惧，这些恐惧感也促成了人类对怪蛇猛兽的禁忌。在自然界中，老虎、狼、蛇、猫头鹰、狐狸等都是人类的禁忌对象，人们在语言表达时，这些动物的实名都成了禁忌语，在不同的地域有不同的委婉语去规避禁忌。

（六）数字禁忌

在人类的语言崇拜情节之下，人类对一切含有"凶""厄"的词语都有回避的心理。在相关联想心理机制下，人们对一切与"凶""厄"有关联的其他语词也产生了厌恶、惧怕的心理，从而形成了相应的禁忌。语言符号中，数字词是度量时间和空间的必用语词，因此，它们成了使用频率较高、使用范围较广的常用词汇。在人类生活中，如果它们与其他"凶""厄"类词语产生某种联系的话，就极易形成禁忌，如汉语数字"四"因与"死"语音相似，在汉民族的心理世界里产生了不好的联想，因此"四"也成了人们的禁忌语词。而西方文化中，因耶稣遇难前参加的最后的晚餐是在 13 日，且恰好是 13 人参加，所以，在人们的认知世界里，很自然地把"13"与厄运联系起来了，"13"也因此成为禁忌语。在汉语世界里，受汉民族独特历史背景、语音特点及民族价值取向等诸多因素的影响，作为符号的数字既承载着特殊的文化内涵，又有着诸多的表意作用；因此，对数字的禁忌尤多。

（七）行业禁忌语

上述六种禁忌是全人类都存在的禁忌。但在社会生活中，人各有分工，每个行业都有各自的困难和危险，这些困难和危险或威胁到该行业工作者的生命安全，或阻碍该行业工作的正常进展。弗洛伊德认为，禁忌这个词"还具有'神圣的'和'超出寻常的'及'危险的'、'不洁的'和'怪诞的'等含义"。[①] 既然禁忌是以某种危险的存在为前提的，而每个行业都有各自的危险和困难，那么各个行业就都会有自己的禁忌。在联想心理机制的作用下，与该威胁有关的其他事物也会形成禁忌。如"折本"

---

① ［奥地利］西格蒙德·弗洛伊德：《图腾与禁忌》，文良文化译，中央编译出版社2015年版，第36页。

是商业行业的禁忌，在谐音联想下，"舌"也成了商业领域的禁忌。而在航运中忌"住"，与之相关的"打、滚、翻、破、烂、沉"等也相应成了禁忌，这些物理世界中的可怕事件反映在语言世界中，形成了众多的禁忌语。

第二节 委婉语的修辞学阐释

一 委婉语的生成机制

在进行言语交际时，人们总是希望自己的言语交际能够达到最佳的交际效果。怎样才能达到好的交际效果呢？那就要求"交际者的说写要尽可能地做到使受交际者'快于意''惬于心'，也就是说，交际者的言语表达要尽可能地富有艺术性，使受交际者乐于接受"[1]。由上文论述可知，禁忌语的形成是具有理据性的，是恐惧、厌恶心理在某些语词符号上追加色彩语义形成的。在正常的交际场合，如果直接使用禁忌语，会给交际对象带来恐惧、厌恶等消极情感，从而阻碍交际活动的正常进行。因此，人们在言语表达中，为了消除禁忌语带来的负面影响，会用别的"能指"形式去回避、掩盖甚或装饰、美化实际的"所指"，在语言学中，这种能指形式被统称为委婉语。鉴于禁忌语与委婉语是社会文化中的"语词符号对"，禁忌对象是"所指"，禁忌语是"能指1"，委婉语是"能指2"。能指1的形式往往是单一的、确定的，但作为它对应存在的能指2却会因时间、空间的差异而出现多样化，众多的能指2汇集成一个聚合，它们共同与能指1构成对应关系；因此，禁忌语和委婉语这组"语词符号对"的对应关系不是简单的一对一的方式，更多的时候是一对多的关系。在进行言谈交际时，"能指2"处在语言的表层，它以间接、婉曲、折绕甚至是倒反的方式与"能指1"建造"距离"，距离的存在有效地消除了"能指1"给人们带来的消极情感，让交际活动正常进行。作为禁忌语的"能指1"处在语言的底层，虽然它在言语交际时不直接出现，但它才是真实语义所在，在言语交际中，人们通过语境获知它，以保证整个交际活动不出现信息的谬差。

---

[1] 吴礼权：《委婉修辞研究》，山东文艺出版社2008年版，第206页。

由上面论述可知，委婉语是人们在语言交际中为了回避禁忌语给人带来的消极情绪而创制的新的能指形式。它以回避、掩盖甚或是装饰、美化的方式与禁忌语拉开距离，从而有效地消除了禁忌语在人类心理世界的负面影响。利用会话理论的相关原理，委婉语是以反合作性原则的方式去实现对礼貌原则的遵循，从而让交际活动正常进行的言语行为。

作为有效语言交流不可缺少的手段，委婉语几乎存在于各民族日常交际的方方面面。美国学者 Hugh Rawson 曾说："委婉语如此深深地嵌入我们的语言，以至我们中间没有谁——即使那些自诩为直截了当的人能够在不使用委婉语的情况下过完一天的。"①

中国是礼仪之邦，中庸和谐是汉民族共同的世界观，儒家思想体系把它视为最高道德境界。早在先秦诸子的言论中就有"不敢为天下先""知止可以不殆"的言论，对待情感往往用理性加以节制，所谓"发乎情止乎礼"，通过压抑自我的情感以达到人际关系的和谐。这一世界观造就了汉民族以含蓄、谦恭为美的审美意识，在语言表达上，更是"润物细无声"地渗透于各种场合，形成了丰富的委婉语，它们聚合成一个庞大的委婉语词汇系统，传达出丰富而深刻的民族文化内涵。

二 委婉语中的修辞意识

怀揣着对禁忌恐惧、厌恶或尊崇的情绪，在语言灵物崇拜的驱动下，人类在语言表达时尽量对禁忌义场内的语词进行规避，重新选用更能满足民族文化心理和符合语言环境的语词去替代禁忌语。在语言学领域中，这种用另一能指去回避、替代同一所指下的能指的语言形式就叫委婉，因委婉而生成的新能指就叫委婉语。有意规避和重新择取正是对语词的一种调整和适切，是为了适应题旨情境而进行的一种积极的语言活动。尼采说，凡是有选择的地方就有修辞。由此可见，在人类恐惧心理的作用下，在言语交际中，人们采取诸多言语策略去回避、替代禁忌语的言语活动正是一种修辞行为。在这一行为下产生的新能指是多种多样的，据谭汝为统计，"以张拱贵的《汉语委婉语辞典》为例，该词典收集的'死丧'相关的委婉语已达 481 个"②。可见，在委婉修辞中，虽然，禁忌语与委婉语是社

---

① Rawson. H. A. *Dictionary of Euphemisms and Other Double-talk* [M]. NewYork：Crown Publishers, 1981.

② 谭汝为主编：《民俗文化语汇通论》，天津古籍出版社 2004 年版，第 155 页。

会文化中的"语词符号对",但在这个对应轴中,"委婉语与禁忌语在数量上也具有非对应性。一对一的情况外,有时一个禁忌语对应多个委婉语"①。委婉语与禁忌语对应的不平衡现象,是修辞主体在不同的语境下采用多种修辞策略形成的。由此可见,在委婉语形成的过程中,修辞主体充分调动了主观想象力和思维力,是一种非常积极的言语活动,整个修辞过程充溢着修辞主体对修辞目的的自省性和修辞行为的自为性。

三 委婉语的修辞原则

《说文》:"委,委随也,从女禾声。"② 徐铉曰:"委,曲也。取其禾谷穗委曲之貌,当云从禾。"③《左传》:"婉而成章,尽而不汙。杜预注:婉,曲也。"④ 这是我国古典文献中对委婉的释义。委婉语的英文 euphemism 来源于古希腊。前面一部分 eu 意思是 good(好的),后面一部分 phemism 意思是 speech(言语),所以整个单词 euphemism 的意思就是好听的言语。由此可见,在英语世界里,委婉是一种用无害或悦耳的词语替代那些较直接或唐突的言辞,用善意的话语把事实掩盖起来的修辞手段。相比之下,汉语对委婉的解说更重于形与义,而英语世界则从语用修辞的角度谈得更透彻些。诚然,委婉都是"曲"的意思,就是在表情达意时,不直接用能指 1,而采用迂回曲折的能指 2 去表达。但委婉语在"曲"的过程中秉持了什么样的修辞原则,最终达到"eu"的效果呢,这是我们接下来要探讨的问题。

(一)趋吉原则

趋吉避凶,冀福忌祸,好生恶死,是人类的天性,它基于人类寻求生存和安全的本能,没有一个民族能够例外。较之其他民族,中华民族因历经封建社会的时间更长,在缺乏人权保障,以长官意志为法律,以强权为公理的时代里,更难以把握自己的命运,由此,在汉民族的认知世界里充满了各种他信力,这些他信力中就包括对"口彩"即吉祥语的迷信。在语言崇拜意识的驱动下,人们在表达凶祸类概念时,总会采用吉祥类语词

---

① 李海英:《汉语塔布性质综论——以胶东言语社区塔布为例》,《汉字文化》2013 年第 1 期。
② (汉)许慎撰,(清)段玉裁:《说文解字注》,上海古籍出版社 2000 年版,第 619 页。
③ (南唐)徐锴:《说文解字系传》,中华书局 1987 年版,第 243 页。
④ (清)洪亮吉撰:《春秋左传诂·下》,中华书局 1987 年版,第 471 页。

去取代凶祸类语词，以达到求吉避凶、祈福消灾、造福众生的现实效果。以"死丧"类委婉语为例，"死丧"是人类生活中最具凶险性的语词，为了回避"死"这一语词，人们喜用"安息""过世""长眠""仙逝""上天"等吉祥类词去替代。而在说到"棺材"的时候，则用"寿木""寿材""千年屋"等具有"恒长"意义的语词去进行替换。除此之外，"伤病"也是人们在生活中不喜直言的"凶厄"，为了消除这类语词给人带来的不祥感，人们在言及伤病时，会用"挂彩"这一颇具喜庆色彩的词去回避替换。同样，在人类的繁衍生息中，毒蛇猛兽是威胁人类生存的"凶物"，久而久之，这些动物的名称也成了凶祸类词，为了消解这些动物给人带来的恐惧感，人们在对它们进行称呼时会换用吉祥类词。如"蛇"，因其在物理世界里的有毒性和对人类攻击的出其不意，在语言世界里"蛇"成了一个凶祸型禁忌语，为了避祸求吉，人们用中华民族最高贵吉祥的"龙"去指代它。此外，即使是看上去跟凶祸关系不大的名讳，其讳称的建构也是建立在趋吉原则之上的，因为，隐讳真名的目的也无非是不让敌人知道自己的真名而施以巫术，至于贱名的建构更是为了免遭鬼神嫉恨带来的祸患。

委婉语的趋吉原则除了体现在上述"以吉代凶"的修辞策略上外，还体现在对"凶祸"的有意降格上。如在对生理残缺和疾病的指称上，为了减轻残疾和疾病给人们心理上带来的不幸感，在言语表达时，人们常用"不方便""不舒服"等言语方式去对禁忌进行降格。经过降格后的"凶厄"，以其轻微化的程度和可战胜性消除了此类禁忌在人们心中的恐惧感。

总之，在物理世界里，"凶厄"是给人类带来灾难，威胁人类生存的客观存在，是世界范围内分布最广的一种禁忌。在语言巫术的作用下，人们对各种指称凶祸的语词充满了禁忌。为了有效地消除恐惧，弭解祸患，在人类相关联想的牵引下，人们以正弭反，在言语交际中用吉祥类词语从禁忌的反面去委婉曲折地表情达意。因此，在委婉语的建构中，"趋吉"是修辞主体遵循最谨的一条修辞原则。

（二）趋雅原则

文明的进程是与人伦道德的日益规范化和严密化同步的。随着人类伦理秩序的逐渐建立，针对言谈交际的规约也就越多。如果说凶祸类语词因会引发交际对象恐惧心理而被禁忌的话，隐私类语词则因会引发对方尴尬和厌恶的情感而成为避用语汇。如果不加讳饰地直用禁忌语进行指称就会冒犯交际对象尊严，引起对方的厌恶、愤怒，此时，选用含蓄曲折、委婉动听的言辞去对那些语义直露、粗俗的禁忌语进行"雅化"会有助于交际的顺利进行。

"雅"，《毛诗序》训释为："雅者，正也。言王政之所由废兴也。"①《白虎通·礼乐》："乐尚雅，雅者，古正也。所以远郑声也。"② 由此可见，"雅者，正也"这个词义是从对音乐的评价发展而来的，在《诗经》时代，庙堂之音谓之雅，民间之音为之俗。作为庙堂之音的"雅"在内容上具有"言王政之所由废兴也"的宏大严肃叙事主旨，在形式上有"广哉！熙熙乎！曲而有直体"的特点。以雅乐为标准，在言谈交际中，对"性""排泄"等隐私类话题的谈论都是不雅的，要规避，如果规避不了，就要从内容和形式上进行雅化，这才符合中国人庄重端严、委婉含蓄的审美观。

"雅化"常用策略有两种。第一种是用借代的方式去对语义进行模糊化处理，以避免表达的直露和狎亵，如"房事""同房""上床""上厕所"等都是以活动的场所来借代活动本身，在对语义的扩大化处理中达到了语义的模糊化，从而避免了直接使用禁忌语的鄙俗、露骨，实现了"雅化"的效果。

第二种是用比喻的方式，从其他语域中选取相似的事物来作比，从而达到既委婉含蓄又形象生动的效果。如"云雨"这一指代两性关系的委婉语，就是借两种自然现象来作比。这一比喻经宋玉《高唐赋》加以渲染后，"云雨"几乎成了两性交合的代称，由此形成了系列委婉语，如，"巫山云雨""行云""行雨""雨爱云欢""云期雨信""朝云暮雨"，等等。这些比喻格下的委婉语，一方面，借用喻体拉开了与本体的距离，从而避免了语义的直露，达到了含蓄蕴藉的效果；另一方面，因为有意撷取了具有形象美的喻体，这类委婉语还有美化语词的效果。如，众多以花为喻体生成的委婉语，"花柳""花街""卖花""花心""采花""拈花惹草""寻花问柳""桃花运""桃色新闻"等都是以花为喻象来婉称各种不正当的场所及男女关系，在花"优美""绚烂"的形象遮掩下，这些本

---

① 陈子展撰述，范祥雍、杜月村校阅：《诗经直解》，复旦大学出版社1983年版，第2页。
② （汉）班固：《白虎通》，崇文书局1875年版，第25页。

属低俗不堪的现象被雅化了,从而具有了替代禁忌语的性能。

上述对禁忌语进行"雅化"的方式充分体现出了委婉语建构中的趋雅原则,这类经过"雅化"后具有暗示、替代功能的委婉语在英文中叫cosmetic words(美化词),众多 cosmetic words 的建构是求雅修辞原则下的语词结果。

四 委婉语的建构手段

如上所论,委婉语是因规避禁忌语而生的,它是与禁忌语构成"语词符号对"的两极。因此,委婉语的建构与禁忌语的规避策略有着内在统一性。但是,禁忌语与委婉语并不是简单的一一对应关系,有的规避策略下并不会产生具有委婉意义的语词。如名讳类禁忌下采取的缺笔法、空字法等,就只是对禁忌语进行了规避而没能产生新的语言形式。而有的规避策略下产生的委婉语是多样化的,如用比喻格产生的死亡类委婉语,仅以草木为喻体的就有"凋零""凋谢""凋逝""凋落""凋残""零落""萎谢""萎绝""蕙损兰摧""兰摧玉折"等十几个。禁忌语与委婉语对应的不均衡是禁忌语的规避策略和委婉语的建构手段之间的非对等性造成的。因此,下文论述的委婉语的建构手段虽与禁忌语的规避策略有着某种一致性,但不是完全的对等关系。从历时与共时两个角度细察各类委婉语,其建构手段主要有语音手段、语义手段和辞格手段三种。

(一)语音手段

1. 同音替代法

所谓同音词代替法是指修辞主体运用读音相同或相近的字来代替忌讳字,从而建构出委婉语的方法。以"原来"为例,表示"初始"意义的应是"元"而非"原",汉语"原来"一词的写法应是"元来"。但对明代人而言,"元"字是必须避讳的忌讳字。究其原因,一是明代执政以前元朝管理天下,元以外族而入主中原,对汉人而言,"元"朝令人反感。二是明太祖朱元璋的名字中有"元"字。因此,凡是由"元"字组成的词语的"元"字都以"原""缘"字来代替,即以"原来"代替"元来",以"缘由"替换"元由"等。到了清朝,"元"字不再具备避讳的必要,但因清太祖叫玄烨,"玄"成了禁忌字,于是在有些场合以"元"字替换清太祖玄烨的"玄"如:"元武""元参"等就是同音替代下产生的委婉语。

2. 改音法

"所谓改音法，是对忌讳字不直读其音，而改读另一种音的方法。"① 即修辞主体以另一种读音改读所需避讳的字，从而建构出委婉语的方法，也称作改读法。秦始皇嬴政在位时，为了避讳他名字的"政"字，规定以"端月"替换"正月"。此外，由于"政"字与"正"字读音相同，秦始皇命令将"正"字的读音改成平声，禁止直呼"政"字。由此，获得新的语音形式的"正"及其词组都成了禁忌语下的委婉语。

（二）语义手段

1. 同义词替代法

所谓同义词代替法是指修辞主体运用意义相同或相近的字来代替所需直接书写或直呼的忌讳字，从而造出委婉语的方法。如：在《尚书·尧典》中记载："百姓昭明，合和万邦"，然而在《史记·五帝本纪》中则为"百姓昭明，合和万国"。同样的语句何以会有字词的出入。究其原因，《史记》是汉代问世的书籍，在书面语中必须要避汉高祖刘邦的名讳。"万国""万邦"两个词组的"国"和"邦"都是同义词，《史记》中将刘邦皇帝的"邦"用其同义词"国"代替。

2. 语义减弱法

语义减弱法是指修辞主体对事物所处的程度进行降格表述，即"轻描淡写"地表达下生成的委婉语。这类委婉语，主要用于对"凶厄"禁忌语的规避。以"死亡"为例，"死"是人类最为禁忌的语词，所以"死亡"的委婉语也就越多，其中大部分都是采用语义减弱的策略来建构的。比如："百年之后""老了""睡着了"等都是减弱了"生命不复存在"的语义而代之以"生命尚在延续状态"的语词。此外，在病残类禁忌中，人们也会把"耳聋"用语义程度较弱的"失聪"去替代，把"脚跛"说成"腿脚不便"，把患病委婉为"不舒服"，这些委婉语以语义减弱的形式减轻了禁忌语的凶厄程度，从而有效地消除了人类对禁忌对象的恐惧心理。毒蛇猛兽义场内的委婉语也多用此种委婉手段生成，如，在有的地域，人们用凶猛度极低的"大虫"去指称"老虎"，用"长虫"去指代极富毒性的"蛇"，用的都是语义减弱的方法。语义减弱法有时也用在军

---

① 沈锡伦：《语言文字的避讳、禁忌与委婉表现》，台湾商务印书馆1996年版，第23页。

事外交辞令上,如,曹操在赤壁之战前写给孙权的战书"今治水军八十万,方与将军会猎于吴",所谓"会猎"实指"交战"。曹操用语义减弱法构建了一个军事委婉语,轻描淡写方式下张扬的是一种居高临下、胜券在握的气势,在此,语义减弱的策略实现的是举重若轻的表达效果。综上所述,语义减弱法是顺应求吉原则产生的一种方法,是建构委婉语的一种重要方法。

3. 语义扩展法

语义扩展是指修辞主体对事物所处范围进行扩展,使之笼统化。语义扩展法在对隐私类禁忌语进行委婉时用得较多。在这类委婉语的建构中,修辞主体往往会选择指称范围大、语义比较笼统的词语去婉指范围较小的词语,以避免精确叙述带来的不雅。比如我们常用"那个"去替代"性行为"和"月经"等禁忌语。用"第三者"来替代"奸夫""淫妇"。对不得不说到的性器官通常会用"下部"或"下半身"等语义范围较大的词语去进行替代。语义扩展法是一种语义模糊策略。恰当地使用语言的模糊性去建构委婉语,能够使表达含蓄悦耳,避免直言禁忌带来的不雅和尴尬。

4. 语义扬升法

语义扬升是指修辞主体在对事物进行指称时,在确保概念意义不变的情况下用更富积极色彩义的语词去进行表述的方法。比如,受中国传统观念的影响,人们对很多职业存在误解、歧视,由此,对该职业的指称也带上了某些负面色彩义,如"厨子""保姆""戏子"等。在言语交际时,如果使用这些指称会给对方带来不快,妨碍交际的正常进行。针对存在的问题,进行语义提升是合适的策略。如,用"厨师"替代"厨子"就提升了对该职业的尊重度,用"演员"替代"戏子"在语义色彩上达到了"去卑"的效果,把"农民工"语义扬升为"进城务工人员"也是去除了歧视,带上了尊重;又如,飞机或者客船的"三等舱"用"经济舱"来进行指代,不但去除了原有语义中"等级低"的贬义,而且还增添了"节约高效"的正极意义。语义扬升法因其在言谈交际中具有去贬求褒,去卑求尊的表达效能而成为了一种重要的委婉建构手法。

(三) 辞格手段

1. 借喻法

借喻法是为了规避禁忌语而借用与禁忌对象相似的其他事物来进行婉

指的方式。用借喻法建构的委婉语，一方面，借喻体拉开了与本体的距离，从而避免了对禁忌对象直接、客观、理性的再现；另一方面，喻体的形象遮掩甚至美化了本体，赋予了语言优雅、生动的表达效果。

在汉民族喜形象思维的观照下，借喻法成了建构委婉语最常用的方法。如：在古汉语中，将皇帝的死婉称为"山崩""山陵崩"及"暴崩"等，这一委婉语就是借山体的倒塌来喻指皇帝的"死"。借喻格的使用既避免了直言"死"这个不吉的语词，同时还形象地描绘出了皇帝"死"这一事件的重大和轰动，具有良好的表达效能。

比喻法建构的委婉语除了上述效能外，还能起到雅化的作用，如：在中国文化中，"风月"婉指男女之间的情爱之事，在此喻体下生成了"风花雪月""风情月意""风月门庭"等系列委婉语，这些委婉语不但借喻体对禁忌语进行了有效规避，避免了言谈交际中的尴尬和窘迫，且还以喻体所具有的形象美化了这种私密的男女关系。

2. 借代法

所谓借代法就是指在语言活动中，为了规避禁忌而借用与禁忌对象相关的其他事物来进行婉指的方式。人们常以事物的材质、特点、结果、标志性部分等来构建借代型的委婉语。在借代修辞中，本体不出现，但人们通过语境信息进行相关联想能够准确地捕捉到代体之下的本体，因此，用借代法构建的委婉语既能避免因为直接指称带来的尴尬、唐突，又能借用当前刺激物"代体"引发丰富的联想，获得审美享受和审美情趣。如，死丧是极不吉利的事，因此民间不愿意直言死丧用具"棺材"，有时会借用棺材的材质"六块板"来婉称"棺材"，这种借代方式在修辞学上叫"旁借"，在此，由"旁借"构成的委婉语"六块板"巧妙地回避了直言"棺材"给人带来的不吉感。此外，排泄也是人们禁忌的对象，在言语活动中要避免对它们直接指称。针对这一禁忌，在汉语中，常用"蹲坑""上厕所""去洗手间"等以活动的场所构建的委婉语。在汉语世界里，用借代法构筑的委婉语是十分丰富的，如"贪杯""好色""逛窑子""同房""上床"等都是借代法下生成的委婉语。

3. 倒反法

倒反，本是一种正话反说的修辞手段。它可以分为两类：其一是"因情深难言，或因嫌忌怕说，便将正意用了倒头的语言来表现，但又别无嘲弄讽刺等意思包含在内的"①;其二是"不止语意相反,而且含有嘲弄讽刺等意思的"②。在委婉语的建构中,主要用到第一种形式的倒反。

上文已论及,在人类心理上引起禁忌情感的,主要是"神秘可怕的"(uncanny)、"危险的"(dangerous)、"被禁止的"(forbidden)和"不洁净的"(unclean)事物。在人类语言崇拜心理驱动下,在语言世界里,指代这些事物的语词也成了语言禁忌。因此,在委婉语的建构中,可以用倒反辞格,用"倒头的语言来表现",从而消除上述消极情感,达到规避禁忌的效果。如:死丧用具"棺材",在民间常用委婉语"寿材""老屋""长生板"来指代,而其他的丧葬用品,如衣服、鞋袜等也被婉称为"寿衣""寿帽""寿鞋"等,都是用与"死"语义相反的"寿"构建委婉语。另如:作为隐私类禁忌的"月经",在某些地域被婉称为"好事"。把给生活带来不便的生理现象婉称为"好事"也是一种"因嫌弃怕说,用了倒头的语言来表现"的语言形式。应用倒反辞格构建的委婉语,由于所要表达的意思在其所说语义的反面,所以在表达上显得特别委婉含蓄。在汉语词汇中,有大量委婉语是应用倒反辞格生成的,如"冤家""发福""富态""资深美女"等都是应用倒反辞格构建的委婉语。

第三节 新化方言的禁忌选择

上文已论及,禁忌源于原始初民对自己无法掌控的自然现象、自然规律的恐惧心理,这种恐惧心理映射在语言世界里便形成了禁忌语和委婉语。禁忌语和委婉语以语言符号对的方式存在于世界各民族的语言中,是世界语言的一种普遍存在。

虽然禁忌语与委婉语是一种普遍存在,但在不同的民族语言中,其表现形态是多样化的。出现差异的根本原因在于,各民族在世界上是呈区域分布的,所处空间的差异性直接决定了他们生存环境、生存条件的不同。在人类漫长的发展史中,正是这些差异性塑造出了多样态的民族性格及复杂丰富的民族情感、意志、风俗习惯、道德风尚、审美情趣、思维导向、

---

① 陈望道:《修辞学发凡》,上海教育出版社2001年版,第135页。
② 陈望道:《修辞学发凡》,上海教育出版社2001年版,第135页。

价值取向等。在语言发展中,民族文化心理对禁忌的选择和委婉语的建构有着直接的作用。因此,不同的民族文化心理必然会产生不同的禁忌选择和委婉语,也就是说,世界各民族在地球上的区域分布必然让禁忌语、委婉语这个语言的普遍现象呈现出地域性特征。那么,地域特征对禁忌语与委婉语以何种方式产生了什么样的影响呢?地处湘中偏西的新化地域对禁忌有着何种选择?其方言又会以怎样的形式去进行规避和表达?这是下文需要深入论证的问题。

一 生态物种条件与动物禁忌选择

上文已论及,人类禁忌起源于"对某种物体产生了一种与宗教信仰相关的畏惧心理的本能"[①]。尽管"恐惧"是人类产生禁忌的共同心理,但在人类发展史上,不同的民族因所处空间的不同,其生存面临的自然威胁也会有所差异,这种差异性反映在心理世界里就会形成不同的禁忌选择,由此而在语言世界里形成不同的禁忌语。

在人类社会早期,除了生老病死等生理规律决定着人类的生息繁衍外,与人类共处于自然当中的猛兽、毒蛇等是也威胁人类生存的大敌。与生老病死的普遍性不同,动物是一种极受自然条件限制的生物,它在地球上是呈区域分布的;因此,在此地域对人类构成威胁的动物在彼地域也许根本不能生存或者为害极少,在彼区域为人们厌恶的动物在此区域又可能是大家喜欢的对象。物理世界中的动物区域分布特征会直接决定人们心理上对动物禁忌的选择,从而生成不同的动物禁忌语。为了鲜明地显示出地域特征对动物禁忌的影响,本文仍以内蒙地域为对照点,对新化方言中动物禁忌的地域特征进行研究。

据晶珍《蒙汉语禁忌语的文化语言学对比研究》:蒙古族动物类禁忌对象有:"狼""鹿""熊""老虎""龙""天鹅""海青鸟""蛇""臭鼬"。在这几种动物中"狼""鹿""熊""龙""天鹅""海青鸟"是图腾而形成的禁忌。在新化地域,动物类禁忌对象有:"虎""岩鹰""蛇",而"龙""牛""狗"是图腾禁忌。两地动物禁忌情况对照如表3-1所示。

---

① [奥地利]西格蒙德·弗洛伊德:《图腾与禁忌》,文良文化译,中央编译出版社2015年版,第37页。

表 3-1　　　　　　　　新化县内蒙古动物禁忌对照表

禁忌动物 地域	一般禁忌				图腾禁忌						
	蛇	岩鹰	臭鼬	老虎	狼	鹿	熊	龙	天鹅	海青鸟	牛	狗
新化	+	+	-	+	-	-	-	+	-	-	+	+
内蒙古	+	-	+	+	+	+	+	+	+	+	-	-

注：+为有，-为无。

资料来源：蒙古族动物禁忌均依据晶珍《蒙汉语禁忌语的文化语言学对比研究》，安徽大学，2012年。

对照两地的动物类禁忌，我们可以发现，在诸多动物中，"虎""蛇"是两地共同的禁忌对象，"臭鼬"是蒙古族特有的禁忌对象，"狼""鹿""熊""天鹅""海青鸟"作为蒙古族的图腾在民族语言中也存在一定的禁忌。"岩鹰"是新化地域特有的禁忌对象，"牛""狗""龙"是民族图腾禁忌。

物产的差异导致了两地动物禁忌的不同。"虎""蛇"作为两地同有的物产，在远古时代都是给当地民众的生产生活带来极大危害的动物，所以，在人们的心理世界里，对这两种动物都有着深深的畏惧。在语言崇拜的驱动下，在蒙古语与新化方言中，虎和蛇都是禁忌语，如，虎在新化方言中被婉称为"老虫"。蛇在蒙语中被婉称为"一串珍珠""长虫""花色的绳子"等，而在新化方言中被降格为"细线唧"。

"狼""鹿""熊""海青鸟"和"臭鼬"等常见于北方草原，是草原民族生活的伴侣；所以，在北方草原，"狼""鹿""熊""海青鸟""天鹅""臭鼬"或因其勇猛或因其灵动成为了草原民族崇拜的灵物。在"万物有灵"的思维导引下，当地民族认为这一自然物与本民族有着特别的关系，于是把它画在自己的居住地以及使用的器物上，或者是自己的服饰以及身体上，作为全族的保护神。充当保护神的图腾动物在氏族中具有至高无上的地位。它不但左右着氏族的命运，而且还起着保护氏族全体成员的作用。于是，在尊崇敬畏的情感驱动下，在语言表达中对这些动物进行直称都是忌讳的，如，蒙古人忌讳直言熊，则用表示"腿弯的棕色动物""棕色的主人""森林主人""祖父""大胆的棕色动物"等语义的词去进行替代。蒙古人也忌讳直言狼，在对狼进行指称时会用"野生之物""难以直呼的""大嘴巴的""棕色儿子""一团白物""肾脏""爬行的""老爷""灰色旗袍的""善狗""山神""长尾巴的"等诸多语义的词去进行替代。

在新化地域，山林繁茂，山岩高耸，岩鹰是常见的一种猛禽。处在山林的各村落人畜常受到岩鹰的攻击，岩鹰以其嘴爪锐利、攻击迅猛成为了当地民众畏惧的对象。这种畏惧心理反映在语言世界里就形成了对岩鹰直称的忌讳，为了消解这种畏惧情绪，在新化方言中把岩鹰降格为"岩蛾子"。

通过以上比照可见，动物类禁忌语是一种极富地域性的修辞现象。动物禁忌语的地域差异主要是由区域自然条件决定的。在自然界中，不同的自然条件孕育不同的生物品种。因此，常见于南方山区的猛禽恶兽才会成为南方民族的禁忌对象，而对处在北方草原的民族而言，只有出没在他们周围且对它们的生存构成威胁的动物才是他们的禁忌对象。物理世界里的危险物直接决定了语言世界里的禁忌语。禁忌语的地域差异性是修辞地域性的表征，是修辞地域性在语词上的鲜明体现。

二 民众价值观与禁忌选择

（一）民众价值观下的排泄禁忌选择

英语文化中的 taboo 包含两个意义：一是"崇高的""神圣的"；二是"神秘的、危险的、禁止的或不洁的"。汉语文化中的禁忌也代表了"止"和"戒"两种含义。细察人类对排泄的禁忌，原因有二：一是排泄行为的私密性带来的神秘感；二是污秽的排泄物带来的不洁感。排泄行为的逐渐私密化是人类文明进程的必然，所以世界的大部分地区都存在对排泄行为的禁忌。但排泄物的"洁"与"不洁"却与群体的价值观紧密相连；因此，在不同的文化圈中，对排泄物的态度也会有差异，因而会呈现不同的禁忌选择。上文已论及，在普通话中，凡是与排泄有关的行为、场所、器具都是禁忌语。在新化方言中，直指排泄行为的语词也是禁忌语，但排泄物却不是。对排泄物的不禁忌主要体现在对排泄物"屎""尿""粪"的直称上。

在新化方言中，许多专有名词中都镶嵌有"屎"字，如喜鹊被命名为"猪屎鸟"，"紫苏"被称作"鸡屎"，羌螂被称作"牛屎痂"，"刨花"被称作"刨皮屎"，挖耳勺被称作"挖耳屎"，鼻垢被称作"鼻头屎"，尾骨被称作"屎脊骨"，流星被叫作"星子屙屎"。上述语词的所指本来与排泄物"屎""尿"不存在直接关联，但或因其颜色与屎相近，如"猪屎鸟";或因其来源与屎相同,如"鼻头屎";或因其部位与屎接近,如"屎脊骨",都被直接以"屎"命名。

其他,把孬种喻作"屎角子",把愚蠢无知的人喻为"屎桶",把小孩谑称为"卵仔屎",用"掂屎尿"来喻指把话说在前头,用"撒尿都没得空"来夸饰时间的紧迫,把事情在最后关头的失败喻作"天光撒泡尿到身上",用"屙牛屎一样"来比喻说话不经大脑,用"屎胀挖茅屎"来喻指事到临头的忙乱,把争论激烈喻作"死蛤蟆挣出热尿来",把贪多不求质量喻作"狗呷牛屎只图多",把表里不如一喻作"讲起来是天花粉,结出来是屎瓜蒌",把极具偶然性的事件喻为"瞎子婆撞泡屎"都是对"屎""尿"的非禁忌化表现。如下面两个语例:

（1）甲:你这次给张家的儿子办准生证的事,没搞成气,你不怕人家怪你钱花了事冒做好。

乙:那件事,那就怪不得我哩,我是早就掂过他的屎尿了的,要碰运气咯,事情办不成钱是没办法要回去咯。

（2）甲:李老板,你家儿子昨天说要放一把火烧了我家房子,是你这爷老子在背后壮了他的胆,是冒?

乙:恩老莫听,他啊,说话屙牛屎一样,一下一筒一下一筒的。

而对于与屎存在直接关联的处所、器具则更是不加任何避讳,如厕所坑,在新化被称作"茅屎凼",装载粪的叫"粪桶"或"屎桶"。在江浙被讳称为"蚕沙"的蚕屎,在新化方言中也被直称为"蚕屎"。农事活动中,与粪有关的行动也没有任何婉指,都直称为"拾粪""担粪""淋粪""付粪",因与粪接触产生的钩蚴皮炎被称作"大粪疮"。

新化方言中众多直指排泄物语词的出现是新化地域的一种特殊修辞现象,是该地域民族众价值观制约下的语词择取。新化县是湖南的传统农业大县,但因其多丘壑河溪,地形比降大,历来人多田少、耕地不足。"全县除横阳、洋溪、圳上三处面积较大的溪谷平原田垅外,广大山地丘陵以挂排田、高岸田和冲垄田居多。……据史料载:清道光十二年,全县耕地50.5685 万亩,其中水田 45.5385 万亩,旱土 50299.7 亩,人平 1 亩。民国 35 年统计,全县耕地 112.2 万亩,人平 1.42 亩。新中国建立后,县域变动频繁再加柘溪水电站建库淹没耕地达 67122 亩,其他退耕还林和基建用地，到1989年，全县耕地面积为74.02万亩，人平耕地只有0.67亩，为湖南省人均耕地最少的县份之一。"①

以农业为主的生产方式，人多田少，耕地不足的自然条件，促使新化人民在农业生产上需精耕细作，力求高产。而要做到这一点，除了水土的保证外，肥料是关键，"有收无收在于水，多收少收在于肥"说的就是这个意思。在化肥稀缺的时代里，农作物的施肥主要靠农家肥料"粪"；所以，在新化民众看来，"金筐银筐不如粪筐"，"东跑西跑，不如拾粪刈草"。"呷的是屎用的是尿，冒得堆屎饿得该死。""作田呷粪，做官呷印。"这些农谚，是新化农民对"粪"的价值判断，是"粪"在农业生产中的价值体现。

社会心理学认为，价值是一种外显的或内隐的，有关什么是"值得的"的看法，它是事物的特征，它影响人们对行为方式、手段和目的的选择。而价值观是"一般性的信念，它具有动机功能，它不仅是评价性的，还是规范性的和禁止性的，是行动和态度的指导，是个人的也是社会的现象"②。既然价值观是行动和态度的指导，它不仅是评价性的，还是规范性和禁止性的，那么在"以粪为宝"的价值观关照下，以土地为根本，以稼穑图生存的新化先民在心理世界里消除了对"粪""屎""尿"等排泄物的不洁感和嫌恶感。以此为导引，在他们的认知世界里，这类事物不再是禁忌对象，而直指该类事物的语词也不再是禁忌语，于是，在新化方言中出现了大量直称排泄物的语词。

"屁股"是一个与排泄和性都有关的部位，在很多的语言中，都有对这一语词的禁忌，如英语bottom词有"屁股"之意，因而一般在公共场合避免使用Bottoms up而代之以Cheers表"干杯"。同样，在汉语普通话中，"屁股"被婉称为"臀部"，由此而生成了系列语词，如"臀围""臀角""包臀裙""丰臀""蜜桃臀""提臀裤""敛臀"等。

在新化方言中，"屁股"并不是禁忌语，其对"屁股"的非禁忌化主要体现在方言中没有出现与之构成语词对的委婉语。在方言中，除了对"屁股""屁眼""打屁""打屁股"等身体部位和生理现象进行直称外，还出现了众多以"屁股"进行代指和喻指的语词，如把烟头称作"烟屁

---

① 新化县志编纂委员会编：《新化县志》，湖南出版社1996年版，第211页。
② Rokeach, M. *The Nature of Human Values* [M]. New York：FreePress, 1973.

股",把针鼻称作"针屁股",把老人谑称为"老屁眼",小孩昵称为"小屁眼""臭屁股",把不通畅的事物称作"实屁眼"。有时也借屁股的形状来代指某人,如"大屁股""翘屁股"等。其他,把替人收拾残局叫作"揩屁股",形容不性急为"老虫咬到屁股都不着急"。

除此之外,在方言中,对与屁股有关的"屁"也不忌讳,如把"臭大姐"称作"打屁虫",把"多嘴多舌"叫作"口多屁多",把"不中用"叫作"屁难行",把说话不中听喻为"放臭屁",把小气叫作"龛虱婆屁眼",把言谈不合理喻做"打屁不压腿",说某人的反常行为为"刮屁眼风",把吐槽、发牢骚等说成"一溜驴子,一溜屁"。如下列对话:

(3) 甲:你看,李老婆子龛出咯样的虱婆屁眼来,大家伙给她老头子挂镲,她就用屁眼大的毛巾把我们给打发哩。

乙:恩莫说哒,咯次帮忙她给了块毛巾,虽是细哩滴唧,但还不晓得是刮了么子屁眼风呢,去年给她们家老头子送葬,那是屁都冒得一个咧。

"屁"的非禁忌化是由"屎"的非禁忌化产生的迁移效应。心理学认为,人类在认识的过程中,会把对特定对象的情感迁移到与该对象有关的人或事物上来,此类现象在心理学中被称作"迁移效应"。在对"粪""屎""尿"特殊价值体认的连带作用下,新化农人对与之有密切联系的人体部位"屁股"及相关生理现象产生了类似的情感,在这种移情作用下,新化先民们对"屁股""打屁"等也摒弃了厌恶的情感而代之以戏谑、调侃。这种情感趋向反映在语言世界里,在方言中,出现了大量直称该事物的语词。

方言中对排泄物及相关身体部位和生理现象的直指,是对该事物非禁忌化心理的产物,是民众价值观制约下的特有修辞现象,亦是新化方言修辞地域性的鲜明体现。

(二) 民众价值观下的性禁忌选择

上文已论及,性禁忌是人类文明化的产物,它源于生殖崇拜而启自性伦理。在童年人类的心理图式中,要生存就得生殖,人们因此而对氏族人丁的繁衍有着强烈的愿望,却又因认识力的低下而未能科学地理解到生命繁衍的奥秘,只是直观地知道生命的繁衍与生殖器官有着莫大的关联,因此，对生殖的崇拜最早通过对生殖器官的崇拜来体现。但是，"文明的进步把羞耻心培植出来了，虔诚一变而为淫欲，惊畏一变而为玩狎"①，人们对男女性器的看法逐渐转向隐私，男女性器也变得不纯洁，甚至成了肮脏、淫秽的代言词。尽管在文明的进程中，"性"成为了禁忌对象，但在语言中，由于民众伦理观和价值观的不同，对男女生殖器的避讳出现了不平衡的现象。

在新化地域，对性行为及女性生殖器都是极为避讳的。在言语交际中如果谈及性行为都会以"那件事""房事""同房""圆房""做一起了""做一堆了""搞名堂""搞了""困觉"等委婉语进行替代。而对女性生殖器则会以"底下""那个地方""胯下""小肚子下面""花"等词进行婉指，只有在詈词骂语中才会出现直指女性生殖器的语符。但对男性生殖器，其语言态度有着根本的不同，无论是在日常口语中还是在固定化的俗语中都出现了大量对其直称的语言形式。如，普通话中的"傻B"，在新化方言中为"傻鸟公""傻卵"。在新化方言中，用"算条卵"表示对事物的蔑视，用"搞条卵"表示对事物未成的失落，用"卵闹卵谈"表示做事态度不认真，用"卵打令光"表示事情的干净彻底。普通话中的拍马屁在新化方言中用"嗅卵包""捧包"来进行喻指，用"卵包上都起火"来对生气的程度进行夸张，用"糯米鸟［dʰiə¹³］仔"来戏谑某种特别受女性青睐的男人，用"狗卵天师"来指称说大话的人，用"卵仔屎"来指称小孩。如下面对话：

（4）甲：快去看，李天赐那个傻鸟公家里来了两个女人抢他。
乙：冒想到，咯条傻卵死了老婆居然还成了糯米鸟仔了。

而"鸟［dʰiə¹³］公"一词，在新化方言中更是一个具有多种语义和语法特征的词。

1. 直接指代人，用为轻蔑侮辱性或戏谑性称呼。例如：

①快看，恩个鸟公又来哒。
②这个东西这么重，到底是个么个鸟公？

---

① 李定凯编：《闻一多学术文钞·神话研究》，巴蜀书社2002年版，第28页。

"鸟公"的这种用法,在方言交际中,其前常常加上"这、那"指示代词,以起到限定意义指向的作用。

2. 用在动词后边,构成一种语义为否定的句式——V+个或什么(么个、么子个)+鸟公。例如:

③他还会做木匠?哼,他只会做个鸟公。
④他来指手画脚,他算个么个鸟公。

3. 在句中做插入语,带有惋惜、惊讶、怀疑等诸多语气。例如:

⑤今年养猪好不容易赚了几万块钱,到了年底,新喂的猪突然发了瘟,鸟公,一年的辛苦全打了水漂哩。
⑥他还说他们屋里的锄头有几多牢,鸟公,昨天我刚挖一锄土,锄头把就出来哒。

方言中对男性生殖器的不避讳是民众价值观的体现,是男性崇拜下的产物。在古新化地域,悬崖陡峭、森林幽密,自然条件险恶。狩猎、捕鱼、觅食、户外的采集,护卫群体的劳作与任务主要由男人担当。男人,以他强健的身躯、坚挺的脊梁,厚重的肩,厚实的手,开拓了远古的蛮荒,战胜了自然宇宙施与人类的种种横祸与灾害。男性崇拜由此而逐渐溶入了社会文化中,以它的征服欲望与实际功能,取代了母系社会女性的威权。在长期的蛮夷自治和与中央政府的对抗中,古新化地域男性的阳刚、雄强气质尤显,其男性崇拜情结更甚。

位于古南楚地域的新化,其男性崇拜由来已久,屈原《九歌》的主神是东皇太一,除了湘夫人是女神外,其余全是男神。因此,可以认为《九歌》是一曲男神之歌,是楚地男神崇拜的体现。

此外,新化地域傩文化的兴盛更是男性崇拜的遗存。在古新化所处的梅山地域,傩戏盛行,巫风炽烈。傩戏是一种巫教祭祀与戏剧表演相结合的表演艺术,表演者头戴面具、身着法衣,在神案背景外载歌载舞,形式活泼、唱词幽默风趣,这种古老艺术是历史文化的遗存,它同我国其他地区的傩戏一样,是在古代傩仪舞蹈的基础上演变而成的。傩戏至今仍在梅山地区的农村中广为流传,被媒体誉为"真正古老的中国民间傩戏"。

傩戏渊源为原始社会的神和图腾崇拜。"傩，古梅山早在战国时代就已盛行成俗。东汉王逸《楚辞章句》载：'昔楚南郢之邑，沅、湘之间，其俗信鬼而好祠。其祠必作歌乐鼓舞以乐诸神。屈原放逐，窜伏其域，怀忧苦毒，愁思沸郁，出见俗人祭祀之礼，歌舞之乐，其辞鄙陋，因而作《九歌》之曲，上陈事神之教，下见已之冤结，托之以风谏。'这里指的沅、湘之间，即为《宋史·梅山峒蛮传》所说的古梅山地域，由此，我们推断，梅山傩的产生可以上溯到战国以远的年代。"① 梅山地域傩文化在唐代应极为兴盛，据《旧唐书·刘禹锡传》载："禹锡在朗州十年，唯以文章吟咏，陶冶情性。蛮俗好巫，每淫祠鼓舞，必歌俚辞。禹锡或从事于其间，乃依骚人之作，为新辞以教巫祝。故武陵溪峒间夷歌，率多禹锡之辞也。"② 朗州，就是现在的湖南沅陵，与宋熙宁五年王化建置的新化县毗邻。

今天，傩文化在新化地域依然十分兴盛，据考证，仅原新化辖域的冷水江市就有成型于宋元时期、明初和清康雍时期的傩坛40余个，现有从业傩艺人员达200余人。2011年，梅山傩戏列入了国家级非物质文化遗产。

"傩"与男性崇拜之间的关系，可以从语源学角度诠释。如《辞源》："傩，诺袤切，音那歌韵，驱疫也。《论语·乡党》'乡人傩'尤今迎神赛会，与难通。"③ 而"难"的本字作"堇+鸟"。《说文》："難：鸟也，从鸟堇声。"④ 因此，"傩"的本义也应是鸟，加上人旁，其民俗学的意蕴是信奉鸟图腾的民族自称。"鸟与傩又有什么关系呢？原来，鸟是汉语称谓，而傩是南方百越民族对鸟的称谓。因此鸟与傩只是两种语言对一种事物的不同称谓而已。"⑤ 而关于鸟与男性生殖器的关系，郭沫若在论及"玄鸟生商"传说时认为玄鸟或谓是燕子，或谓是凤凰，"但无论是凤还是燕子，我相信这传说是生殖器的象征，鸟直到现在都是生殖器的别名，

---

① 曾迪：《梅山傩戏〈和梅山〉》，《湖南人文科技学院学报》2006年第5期。
② （后晋）刘昫等著：《旧唐书》。
③ 台湾商务印书馆编审委员会编纂：《修增辞源》，（台北）商务印书馆1984年版，第203页。
④ （汉）许慎撰，（清）段玉裁注：《说文解字注》，上海古籍出版社2000年版，第151页。
⑤ 林河：《〈九歌〉与南方民族傩文化的比较》，《文艺研究》1990年第6期。

卵是睾丸的别名"①。鸟怎么成了阳具的象征物呢？"从表象上看，鸟可状男根之形，男根卵（睾丸），鸟亦生卵……男性有两个'卵'相比之下，鸟不仅生卵，而且数目更多。因之，远古先民遂将鸟作为男根的象征，实行崇拜，以祈求生殖繁盛。"② 邢公畹《语言论集》亦指出："'鸟'字可能自古就有两个意思：第一义是'鸟雀'，第二义是'男性生殖器'……前上古'鸟'字本为泥母，以其有第二义，避讳而成端母。"③ 由此可见，上古语言中，鸟即已成为男性阳具的隐语，鸟和男根之名系一音之转。与鸟具有同源关系的"傩"之所以在新化所处的南楚兴盛，应与当地的男性生殖崇拜有关。

"傩"与男性崇拜之间的关系，可以从各种傩仪中看出。据谭卫宁调查，在黔东南，苗族木鼓傩戏中体现出浓郁男根崇拜意味："其一是椎牛祭祖傩仪中，出现了男子手握葫芦盛着的酒糟水（象征精液）向女子洒射，而她们纷纷撩起围裙表示'接礼'的表演；其二是一男背'央婆'女性生殖器模型（傩具）在前面跑，一男背'央公'阳具模型在后追赶，边追并边向央婆射箭，同时，一喊'交配'，一答'繁荣'；三是在傩堂枫木柱上粘有许多糯米粑捏成的男根模型，已婚未育的人要把它们偷去给自己的妻子吃，认为这样可以受孕生子。"④

在今天的新化地域，各种傩戏傩仪中虽已难见这种露骨的男根崇拜表演，但从《九歌》到现代的"扛菩萨""庆娘娘"等傩戏无不勾联着原始的古傩精神，渗透着崇拜男根的意味。以男根为传承力量，以男根为生命力的民众价值观直接影响到了民族文化的各方面，在各种民族事象和文化符号中，"男根"都成为可以言说的对象。因此，在方言词汇中，不但保留有大量直称男根的词，且随着民族历史的发展，这类词还融汇了丰富的语义内涵。尽管在文中对"鸟公"的语义作了上述分析，却无法用书面语言作准确的对译，更不能用别的词语把这些"鸟""卵"一一置换出来；有些由"卵"构成的固定形式，其表现力是别的同义结构无法比拟的。这些表意丰富的"男根"方言词，是男根崇拜下对男性生殖器非

---

① 郭沫若著作编辑出版委员会：《郭沫若全集·历史编》，人民文学出版社1982年版，第328页。
② 赵国华：《生殖崇拜文化略论》，《中国社会科学》1988年第1期。
③ 刑公畹著：《语言论集》，商务印书馆1983年版，第319页。
④ 谭卫宁：《原型：中国古傩与生殖崇拜的双向考释》，《吉首大学学报》1991年第4期。

禁忌化的结果，是新化民众价值观制约下的语词产物，它们的出现充分体现出了新化方言修辞的地域化特征。

（三）民众价值观下的年龄禁忌选择

新化地域，崇山峻岭，连绵起伏。其间主要山脉雪峰山横贯区域内，使新化人处在山峦峻峙，溪河湍险，几乎与外界隔绝的自然环境中。在地形比降大，雨水分布不均，旱、雪、雹灾频繁的新化地域，山民的生活十分艰辛。

自然条件的险峻，生产力水平的低下，让生产经验在生产活动中显得十分重要。在新化地域，不论是归于王化之前的渔猎生活模式，还是"王化一新"之后的农耕生活，都离不开日积月累的生产经验。"凡事要好，多问几老"的民谚就是表达对生产经验的重视。对经验的重视和依赖，使熟谙自然规律的长者成为权威。尊老敬上由此成为该地域自觉自然的伦理选择。新化地区流行的民谚，如"重阳无雨看十三，十三无雨一冬干""干锄棉花湿锄麻，雾霜毛雨锄芝麻"等均是当地农民生产活动的经验总结，它们对当地的农业生产有着重要的指导作用。

生产活动中"老"的重要价值映射到语言世界里，让"老"在新化方言中成为了不需要避讳的语词，如"老里手""老师傅""老九点"（主意很稳，很会计算的人）等中的"老"都与年龄、性别无关，是为敬称。此外，如"老子"，在新化方言中本义为"老头"，但如用于"爷、娘"后构成"爷老子""娘老子""岳老子""家娘老子""家爷老子"表示父亲、母亲、岳父、婆婆、公公，为亲昵称呼。"老子"引申到社会称谓中，可构成"大话老子"，意"爱说大话的人"，不分性别年龄，为戏谑称呼。俗语称谓还有"雷公老子、阎王老子、皇帝老子"等。如下面语例：

（5）甲：恩快点回去，恩哩爷老子来了。

乙：嗯，那恩看见我娘老子没？

甲：冒看哒，听说恩家爷老子是打毛镰刀的老里手，我要拜托其老家给我打两把刀，恩帮我讲下哦。

除了在上述方言称谓中不避"老"外，在新化方言中还有一个用到"老"的称谓敬语，即"老家"。一般而言，面称时为"恩［n21］老家"，背称时为"其［tɕi²¹］老家"。这个带"老"的敬语也与年龄和性别无关，常用于表请托、感谢等语义的语句中。如：

（6）今年要重新选拔科长，我劳烦恩［n²¹］老家帮忙讲句话唡。

（7）我崽读幼儿园这件事完全搭帮其［tɕi²¹］老家全心全意咯帮忙。

方言中出现的大量以"老"为词根的称谓语是对"老"的非禁忌化表现。对"老"的非禁忌化是汉语世界的一个共同特性，在新化方言中尤甚。

封闭式的农耕生产方式，"靠天吃饭"的生产力水准让"经验"成为了指导生产发展的重要依据。而生产经验的获得是需要阅历和年龄的，因此，尽管"老去"意味着生命时间的缩短，会让人产生畏惧的心理，但因它而增加的生命厚度，却会让个体和集体都能获得挑战自然的经验。在此，成就感和自豪感终于战胜畏惧感和厌憎感，于是，在中国历史上，很早就形成了"尚齿""尚爵"即尊老敬上的传统。《孟子·公孙丑下》明确指出："天下有达尊三：爵一，齿一，德一。朝廷莫如爵，乡党莫如齿，辅世长民莫如德，恶得有其一以慢其二哉？"[①]"尚齿"的一个内在根源，就是对历久以来的劳动经验的崇拜。

心理世界中对"老"的非禁忌化反应在语言世界里，"老"不再成为人们的避讳语词。这种非规避性往往与区域自然条件和生产力水平息息相关。一般而言，在地理环境越封闭、自然条件越险恶、生产力水平越低的区域，其语言中"老"的非规避性会越广。与之构成对照的是，在西方世界，特别是沿海的民族，顺应航海和捕鱼的生产生活方式，勇气、力量等品质成为了生产和生活的特别需要，而这些品质往往与年轻有关；因此，在西方文化中，老年意味着"孤独""凄凉""年老无用""风烛残年""来日不多"。在英语中"old"是一个禁忌语，因而出现了一些避讳衰老的词语，如"golden years""elderly""senior citizen""advanced ages"等。美国也十分忌讳使用"老年人"（old men）一词。老人一般相

[①] 金良年译注：《孟子译注》，上海书店出版社2003年版，第54—55页。

应地被婉称为"经验丰富的人"(seasoned men)、"保养得很好的人"(well-preserved men),或是"耆宿"(ederstatesmen)。他们称老年女妇为"尊贵的夫人"(grande dame),称上了年纪的男人为"尊贵的先生"(adistinguished gentleman)。

综上所述,在汉语世界,特别是新化方言中,对"老"的非禁忌化,是封闭的地理环境、险恶的自然条件、极低的生产力水平,及由此而形成的以"老"为尊的价值观决定的,是一种极具地域性的语言现象。

三 民众伦理观与禁忌选择

(一) 家庭伦理观下的"禁"与"敬"

德国古典哲学家黑格尔曾经提出,家庭是一个"伦理实体"。在传统农业社会,农民家庭是最重要的生产和消费运作单位,在长期生活中形成了具有农业特色的家庭成员伦理实体。农业特色的"伦理实体"最大的特点是分工模式的"男主外,女主内"及由此形成的重男轻女、男尊女卑的伦理规范。"伦理实体"为父子、夫妇、兄弟姊妹的关系,其各自的价值以伦理规范为基准从"伦理实体"中显示出来。

新化是一个传统农业大县,其社会的基本构成单位也是具有农业特色的"伦理实体"。但山崖陡峻、平地逼仄的地理条件让新化先民在刀耕火种、垦山开田、缘山导泉的创业过程中备尝艰辛。陆游《老学庵笔记》云:"辰、沅、靖州蛮有仡伶,有仡僚,有仡榄,有仡偻,有山徭,俗亦土著,外愚内黠,皆焚山而耕,所种粟豆而已。食不足则猎野兽,至烧龟蛇啖之。"① 狭窄的耕地面积、艰险的交通条件让"男主外,女主内"的分工模式进行得并不纯粹。在古新化地域,女性,特别是成年女性除了要具备对家庭事务进行管理的能力外,还要能配合男人做好外面的耕种工作。新化及周边广为流传的《乡里妹子进城来》的歌词:

> 城里伢子你莫笑我,我打赤脚好处多,上山挑得百斤担,下田拣得水田螺。……城里伢子你莫笑我,我打赤脚好处多,冒得田家勤耕种,冒吃冒穿冒法活。

---

① (宋)陆游著,王欣点评:《老学庵笔记》,青岛出版社2002年版,第73页。

这就是新化地域女性能干、泼辣、强悍的价值体现。

刀耕火种的生产方式,崎岖山路肩挑手提的交通运输不但练就了女性各种生活的技能和智慧,还培育了她们强韧、泼辣的个性。在家庭生活中,新化女性是繁重家务的承担者和管理者,她们除了要会洗衣、做饭、搞卫生、带孩子等常规家务外,还要会做各种手工,如织布、缝衣、绣花、做鞋、织蔑等。在生产活动中,女性是生产活动的辅助者和谋划者。在新化的田野林间,挖土、种田、伐木等生产活动中无不活动着妇女的身影。生活和生产中的重要价值确立了女性在家庭中管理者和引导者地位。女性在家庭中的重要地位,我们可从新化著名民歌《郎在高山打鸟玩》中窥见端倪。

郎在高山打鸟玩,姐在河边洗韭菜,哥哥叽,你要韭菜拿几把,你要攀花夜里来,莫穿白衣白裤莫拖鞋,扛只小小锄头做招牌,要是那个看牛伢子碰到你,你只讲千丘田里看水来。你到十字街上买双草鞋倒穿起,上排脚印对下走,下排脚印对上来,我俚两个行路莫把笑话讲,坐着总莫挨拢来,有心做个无心意,神仙下凡实难猜。

从这首情歌中可以看出,这位自称"姐"的女性为了进行一次成功的幽会,从时间、地点、着装、道具、言行举止等各个方面对"郎"进行了规约和叮嘱。显然,在这场情事中,其谋划者、主导者是女性。而在爱情中建立起的主导身份是很容易带入婚姻的。在新化地域,女性,特别是已婚女性,在家庭中是有着尊崇地位的。

新化地域女性的尊崇地位,可以从语源的角度和祖宗传说中找到佐证。首先,从语源学的角度考察。梅山文化研究者认为,新化所处的古"梅山"地域的"梅",本为"媒",是音误为"梅"。《说文》云:"楳,楳也,从木,某声。梅,楠也。可食,从木,每。"① 可见,"每"与"某"通用,字从"每"与从"某"同。《说文》又云:"某,酸果也。从木甘阙。段注云:此是梅子正字。说见梅下。"② 可见,"梅"就是

---

① (汉)许慎撰,(清)段玉裁注:《说文解字注》,上海古籍出版社2000年版,第239页。

② (汉)许慎撰,(清)段玉裁注:《说文解字注》,上海古籍出版社2000年版,第248页。

"某"字。这样,"梅"字本为"媒"字就更有根据了。除了梅与媒在语源上存在同一性外,梅山蛮王的姓氏"吴"也与女性相关,据易重廉《"梅山"源考》:"'吴'为'婆婆'。"① 可见,"梅山"的"梅"与"母"有着密切的关联,梅山文化与母系社会密切相关,"梅山文化"应是母系社会的留存,在其民族意识深处有着崇母的童年记忆。

其次,在新化的祖宗传说中,女性有着特别的价值和地位。新化所处的古梅山地域,梅山教是新化民众信仰的一种巫道合流的地方性宗教。梅山教教主张五郎,是湘西南梅山教中唯一以木雕神像供奉的神祇,人们往往对此神冠以"翻坛倒峒"四字,称"翻坛倒峒张五郎"。其得名源于张五郎是一位双手撑地,两脚朝天的倒立神。在梅山地域,关于其倒立的原因有两种传说。其一:

>梅山张五郎,去太上老君处学法。在太上老君处,他不但学到了老君的诸般法术,还赢得了老君女儿姬姬的爱情。学艺完毕,姬姬向父亲禀明他对张五郎的爱慕。太上老君极力反对这桩婚事,并下令追杀张五郎。姬姬无奈之下,与张五郎私奔。在逃跑的过程中,为了保证张五郎的安全,姬姬将他遮挡在手中的神伞之中。太上老君获知此事,勃然大怒,追至途中,放出飞剑,欲除掉张五郎。一剑、二剑,姬姬都用神伞挡了回去。最后,太上老君又放出了威力最大的第三剑,姬姬眼见神伞无法再挡,急中生智,将月经布抛上云头,玷污了父亲放出的飞剑,保全了张五郎的性命。后来,为了躲过太上老君的追杀,姬姬让他的身子倒转,头、手着地,两脚朝天,成了倒立的模样,难以辨识。回到梅山后,张五郎将法术在猎人中广为传播,这便是至今在梅山地域广为流传的梅山法。张五郎因此受到猎人的拥戴,成为了猎人敬奉的梅山之神。至今,梅山教供奉的是一尊倒立的神像。而那罩在神坛上,缠在梅山虎匠头上的红色"云头布",正是姬姬的月经布。

其二:

---

① 易重廉:《"梅山"源考》,方培元主编:《楚俗研究》,湖北美术出版社1995年版,第391页。

第二种传说其开头部分与第一种相同，讲的都是张五郎向太上老君学艺而被老君女儿姬姬所爱。但到了姬姬与张五郎私奔后，其故事情节发生了改变。

  兄妹双双出门去，来到古峒把身藏；两人相亲又相爱，深山古峒作洞房；好合夫妻得长久，学法教法在凡阳；时至三年六月满，姬姬神法全教光；五郎有了神通法，骄傲自满很妄狂；眼中没有妻子在，妻子内心有提防；五郎早晚练神法，砍掉脑壳放一旁；一个筋斗翻过去，身首吻合没有伤；姬姬心中打一想，我要使法难五郎；趁着五郎头砍下，忙将头面换一方；暗暗又将神法使，此时五郎没谨防；翻个筋斗合身首，身首吻合不寻常；头颅已经翻了面，再也无法复原样；从此五郎身变样，翻天倒立张五郎。

上述两则神话，是在新化民间流传甚广的张五郎故事。虽然其主要程式依然没有脱离"仙女下嫁穷汉"这一母题。但相较于在其他地域流传的同类故事，这两则故事特别是后一则，在结局上有着巨大的"置换变形"。细察其"置换变形"，不管是前一则的"姬姬助夫脱困"，还是后一则的"姬姬以法驯夫"，彰显的都是女性的力量。文学对人的精神有着重要的补偿功能，美国心理学家桑代克认为，存在一种心理的多式反应原则，即某种反应功能不适应外在环境，则可发生其他反应，因此，当人们某种需要在现实中得不到满足时，可以从另一方式即从艺术中得到补偿。由于中国的封建社会相当漫长，下层劳动人民或知识分子所承受的苦难特别深重。在现实中，这些困厄无法解除，欲望无法满足，他们便另辟蹊径，通过文学的形式，创造出仙女下嫁穷汉这样的艺术原型，给穷厄焦渴的心灵以慰藉，实现灵魂对现实的超越。然而，在以往的牛郎织女、七仙女和董永的故事中，慰藉和满足的都是男性的心理，女性只是男性构筑精神安慰剂的凭借和工具，在故事中，虽给女性披的是救世主的面纱，却让她们的命运始终操纵在某个"偶遇"的男人手中。在这两则神话中，不但承认了女性的价值，而且还让女性对男性的身体进行了颠倒性的置换。这种置换是有着深层寓意的，它意味着，在梅山地域，女人可以掌控男人的命运。这种掌控的力度，不但体现在社会生活中可以抗击强敌，而且还体现在家庭生活中可以对伦理准则进行重新规范。姬姬的自主择夫，姬姬在丈夫自满狂妄后罚其倒立等无不具有反父权、反夫权的女权意识。因此，在梅山地域流传的祖宗传说中，显露出了以女性为主导，女性为权威的女权意识，这种意识是母系氏族伦理观、价值观的体现，透过它，我们可以想象出远古时代梅山地域先民们强烈的崇母情节。

（二）方言中女性称谓的尊显

民族文化中强烈的崇母情节，女性在家庭中的尊崇地位映射到语言世界中，在新化方言中，出现了女性称谓的尊显和对"妹"的规避，其具体情况如下：

1. 合称形式中女性称谓的趋前与凸显

在语言交际中，出于经济省力的目的，人们对处于同一义场中的概念喜欢进行合称，如"父母""儿女""亲戚""牲畜"等。在汉语普通话中，受男尊女卑观念的影响，在对男女进行合称时，其语序往往是男性在前，女性在后，如"父母""夫妻""儿女"等。在新化方言中，其合称形式却与普通话有着很大的差异，呈现出了鲜明的地域色彩，如"父母"在新化方言中被称为"娘爷"，"公公婆婆"被称为"家娘家爷"，与"父母""公婆"的词序相反，具女性身份的"娘"在前。此外，在新化方言中，兄弟姐妹被合称为"姊妹"，因此，如果被问家中"有几姊妹"，其实是问所有的兄弟姊妹的数量而不是单指姐妹。在这个合称形式中，表示女性的"姊妹"成了凸显的形式，而兄弟则暗隐在这个形式中。而"夫妻"这个合称在新化方言中则为"两亲"，看似男女平等的合称中呈现出对男权的漠视。正如皮萨尔所说"语言背后是有东西的，而且语言不能离开文化存在"，在上述语言现象中，女性称谓的趋前与凸显都有着深厚的地域文化内涵即古梅山文化中对女性的特别尊崇。

2. 亲属称谓及拟亲属称谓中对"妹"的规避

新化方言中对"妹"的规避首先体现在亲属称谓中。新化方言中除了对含有下列义素：

【+女性】【+血缘】【+年小】【+同辈】

的亲属要以"妹"称呼外，而对含有下列义素：

【+女性】【-血缘】【+年小】【+同辈】

的亲属都回避用"妹"称谓，如普通话的"弟妹"，在新化方言中的称谓形式为"老弟嫂"。如果是外戚如小舅子的妻子，更要升辈称呼为"阿舅嬷娘"。回避"妹"的称谓而代之以"嫂""娘"，这是一种主体意识十分鲜明的修辞行为，其语言形式背后蕴含着对成年已婚女性的特别敬意。

其次，在社交礼仪中进行拟亲属称谓时也回避用"妹"而崇尚用"姐"或"嫂"。在新化地域，在社会交往中，人们对成年女性，喜以"姓氏+姐"或"姓氏+嫂"称呼，一般不会以"姓氏+妹"称呼。"姓氏+姐"或"姓氏+嫂"的称谓往往与年龄无关，其根本目的是表示尊敬和礼貌。

除了在日常称谓中要规避用"妹"外，新化民歌中对女性情人的普遍称谓也为"情姐"。民歌中的情歌一般是对唱体，即使不是对唱，也是有假想的"情人听客"的；因此，在情歌中出现了大量的自称和他称。《中国民间歌谣集成·湖南卷·新化资料本》236首情歌中，24首用了"妹"的称谓，98首用"姐"的称谓，"姐""妹"使用上出现了不平衡现象。这些情歌中"姐"称谓往往只是一个性别称号，与年龄无关，如：民歌《日头落土黑瞅瞅》：

> 日头落土黑瞅瞅，郎说姐屋冒灯油，
> 扯到衣袖脱衣跑，牵倒衣角把身抽。
> 哥哥，无情无义你怪姐，无灯无油姐去求，
> 扯根眉毛做灯草，滴点眼泪当桐油。

这首民歌的演唱者为女性身份，她一方面自称为"姐"，另一方面唤对方为"哥"。这样的例子在新化民歌中还有很多，如《绣荷包》：

> 情郎哥哥回来了，姐姐心中摆一计，荷包收在衣怀里。
> 情哥进来眼尖尖，看见荷包吊丝线。要想荷包带，买起金线银线来。

依然是自称为"姐"而唤对方为"哥"。除了在自称中大量用到"姐"，在男性演唱的情歌中也喜以"姐"来称呼情人，如《情姐住在巴竹山》：

情姐住在巴竹山，我郎住在波罗山，情哥要去看我姐，风吹桃花叶，绿叶两边起，起有月团圆，千里姻缘用线牵。

情姐住在巴竹山，我郎住在波罗山，情姐搭信要麻篮，你要麻篮我郎有，我郎破起翻蔑、复蔑、拖刀、手刀、刮刀，破起黄瓜子蔑，织起胡椒眼、斑竹锁、管藤缠，我伞把扛起看姣莲。

又如《抬头望见姐穿红》：

抬头望见姐穿红，眉毛弯弯像双龙，黄瓜子牙齿好似高山雪，樱桃嘴薄薄就像映山红，一朵好花娇生生。

由上述语例可见，在新化地域，无论是在言谈交际中，还是在文艺作品中都存在对"姐""妹"称谓使用不平衡的现象。新化方言中对"姐"称谓的高频使用和对"妹"称谓的规避是一种极富地域性的修辞现象，其中有着深厚的地域文化成因。利奇在《语言的人类学：动物范畴和骂人话》中指出："无论禁忌是什么，都是神圣的、危险的、重要的、有价值的、有力量的、不可触犯亵渎的、不可直接言说的。"[①] 新化方言亲属称谓和拟亲属称谓中对"妹"的回避和对"姐"的尊崇，是新化地域的一种特别禁忌选择，这种禁忌选择体现了女性在家庭和社会中的重要价值和地位。

3. 亲属称谓中对女性的尊崇

在新化方言中，进行跨辈称呼时，对父亲的弟弟妹妹都统称作满满。不分男女的称谓方式充分体现了该地域与中原文化的差异，体现出一种与"男尊女卑"价值观迥异的民族伦理准则。除此之外，新化地域对女性的尊崇还表现在对"大姨""大姑"的特别尊称上。在新化方言中，对母亲的妹妹称"姨"，但对父母亲的姐姐都要统一称作"大娘"。在亲属称谓中，"大娘"是一种比"姑"和"姨"规格更高的尊称，它不但打破了内亲、外戚的区别，而且还体现了一种"长姐如母"的家庭伦理。此外，在新化方言中，男性把自己的配偶称作"婆娘"

---

① ［英］E. H. 利奇：《语言的人类学：动物范畴和骂人话》，史宗主编：《20世纪西方宗教人类学文选》，金泽等译，上海三联书店1995年版，第343页。

"老娘",而其他人在对某人的妻子进行述称时也要呼作"××婆娘""××老娘"。新化地域对男性配偶的称谓不但与中原文化存在巨大差异,即便是与邻近具有湖湘文化色彩的市县都存在显著不同。如,冷水江市的渣渡镇、铎山镇及涟源市的方言中,男性把自己的配偶称作"堂客"。相比之下,"婆娘""老娘"是一种升格的称谓,在对配偶的称谓中冠以"娘",这种语言现象蕴含着对女性价值的高度认可和对女性地位的特别尊崇。

"虽然家族关系是人类最基本、最普及的联结,但是互惠的结合也极为普遍。人类的许多伦理规范可以从这种互惠的行为中产生。"[1]"关系特别是家庭关系决定着个人的社会地位和价值。"[2] 由此可见,女性在家庭中的价值会直接影响其在社会中的地位与价值。在古梅山地域,女性既能主内又能辅外的个人价值直接影响到其在家庭和社会中的地位。生产和生活的双重价值直接决定了女性在家庭伦理准则中的尊崇地位,这种尊崇地位映射在语言世界里,在新化方言的亲属称谓和拟亲属称谓中出现了"妹"的回避和"姐"的尊崇。

第四节 新化委婉语及其地域特征

一 "长生久视,死而不亡"生死观下的死亡类委婉语

前文已介绍,古新化地域是一片较蛮荒的特殊地域。奇山异水的自然环境,"不与中国通"的蛮夷自治,让人的生存处于一种社会约束较少的自由状态。道德的影响主要通过对宗教的自觉信奉来实现,集权地区所产生的对人性的强力专制,在这个地区并不明显,人们的行为更接近生命本真,人们的心灵也更接近自然。精神境界的自由反映在地方文化上,主要表现为带神秘色彩的巫傩文化盛行。巫傩文化是一种原始的自然宗教文化,思维的原始化与自然崇拜是其根本属性。

在万物有灵的原始思维下,新化先民对死亡持否定态度,他们没有死

---

[1] 林火旺:《伦理学入门》,上海古籍出版社2005年版,第69页。
[2] 唐凯麟、曹刚:《重释传统——儒家思想的现代价值评估》,华东师范大学出版社2000年版,第170页。

亡就是彻底毁灭的想法，而是把死亡看成是从一个世界转入另一个世界的过程，且此后两个世界还可以通过某种方式相互往来。这种死亡观包含明显的想象成分，它是所有永恒生命信仰中最自然的信仰。通过这种信仰，新化先民们减轻了对死亡恐惧，从死亡的折磨中解脱了出来。巫傩文化的原始思维与自然崇拜很容易与道家的齐物论产生和谐共振；因此，道教自秦代进入梅山地域后，便开始在梅山地域大肆传播，并迅速与本地的巫教形成合流，在新化地域广泛流传且影响深远的梅山教就是一种巫道合流的地方宗教。巫道互渗的主要表现之一就是道家的生死观在梅山地域产生了深远影响。新化地域的乐丧习俗可为道家生死观影响的佐证。新化县所在的古梅山地域素有乐丧之俗，自古至今，相延不断。"乐丧之俗，梅山人俗称'闹丧'。乾隆《辰州府志·风俗》卷十四载：俗初丧……里党无论亲疏，皆来坐夜。鸣锣击鼓，歌呼逮旦，谓之闹丧。"①

闹丧习俗与庄子的鼓盆而歌一样，都源于"生不足喜，死不足悲"生死观。道家把生命的兴衰看成"杂乎芒芴之间，变而有气，气变而有形，形变而有生，今又变而之死"②的循环过程，将死看作是从一种境界进入另一种境界的方式，是在人世间历经数十载风雨后回归到原初的状态而已；因此，对"死"抱着回归故里一样的喜乐平和。

与儒家"未知生，焉知死"生死观不同，道家认为，人的形体总归要死去，腐烂之后化为黄土，但人们可以通过"坐忘""心斋"忘掉身体的存在及欲望，在精神上与无所不通的"道"合为一体，借助于道的永恒，达到个体生命的永恒。人一旦忘掉肉体生命的存在，便能大彻大悟，心情就会像朝阳一样清新明澈（朝彻），就可以见到绝对的道（见独），从此便超越时间，超越肉体，获得永恒的生命。所以，在道家看来，死亡是可以超越的，"死"并不是生命的终点，人死之后，灵魂离开了肉体，脱离了身体的束缚，反而达到了生命的最高的境界即永恒和自由的境界。所以，老子说："吾所以有大患者，为吾有身，及吾无身，吾有何患。"③

既然"死生为徒"，"死生无变"；那么，"予恶乎知说生之非惑邪！予恶乎知恶死之非弱丧而不知归者邪！"④道家的生死观深深地渗透到了

---

① 新邵县志编纂委员会：《新邵县志》，人民出版社1994年版，第23页。
② （战国）庄子著，费逸评注：《译注庄子》，花城出版社1998年版，第270页。
③ （春秋）老子著，李正西评注：《道德经》，安徽文艺出版社2003年版，第29页。
④ （战国）庄子著，费逸评注：《译注庄子》，花城出版社1998年版，第40页。

新化民众的生死意识中，直接影响到他们对"死"的态度。

"死而不亡"是新化先民的生死观，所以人停止呼吸后，就是灵魂出发走向另一个世界了。新化民众的生死观鲜明地体现在他们的送丧习俗中，新化人对送灵像活人出远门一样要准备"盘缠"，即烧"落气纸"，数量一般为"一百两"；再是送"包袱"，即送冥钱封包，并写上"××魂下受用"；三是给亡人喂茶叶和大米，意为路上有吃有喝；四是出丧时丢"买路钱"等。这些丧俗中的习俗，充分说明新化人的"灵魂不灭"信仰根深蒂固。

在新化方言中，人们喜用具有"长生"语义的词去构筑"死丧"类委婉语，这种用"倒反"辞格构筑的委婉语正是原始巫教"灵魂不灭"信仰与道家"长生久视""死而不亡"生死观在语词世界里的交响。

在新化方言中，人们对死的常用讳称有"回去了""回老家去了""见婆婆（外婆）去了"。把"离开"世界的死说成"回"，这在语义上构成了对立，是一种"或因嫌忌怕说，便将正意用了倒头的语言来表现"[①]的倒反修辞行为。之所以构筑这样的委婉语，是因为在"长生久视""死而不亡"的生死观下，"生"只是生命的一个小节点，是"不知晦朔""不知春秋"的瞬间而已，"死"才是生命的永恒状态。既然"死"是恒久，是生命的恒常状态，那么它当然是"归所"，是"家"。因此，用"回去了""回老家去了""享清福去了"来婉称"死"是"长生久视""死而不亡"生死观在语言世界里的反映。在新化方言中，除了用倒反法构筑"死"的委婉语外，在对丧葬用品进行婉称时也喜用倒反修辞，如把棺材叫作"长生""老屋""寿材"，把死者的被褥及衣饰叫作"寿被""寿服""寿鞋帽"等。

在新化地域，"长生久视""死而不亡"生死观不但体现在对丧葬用品的婉称上，而且在其相关礼仪上也有同样呈现，如寿材制作完工叫"圆盖"，同起屋圆垛一样，要隆重办酒。请裁缝做寿衣，主家像办喜事一样，吃寿面喝寿酒，客人上门要留客上席。人死后，死者生前的亲朋好友的吊唁称之为"烧香"，向遗体告别在新化方言中叫"探活"。墓穴是死者最后的归宿，在新化方言中，把埋葬死者的墓穴叫作"金井"，开挖墓穴叫作"开金井"。在新化民俗中，"井"有两项指称意义，一是指称

---

① 陈望道：《修辞学发凡》，上海教育出版社2001年版，第135页。

人工挖成的能取出水的深洞，即常规意义上的"井"。二是虎匠开挖的埋弩箭的"井"，虎匠称之为"金井"。这样的"井"以"金"来修饰，是因为它是虎匠主要的经济生活来源；其功能是掩藏让老虎送命的弩箭，以及"封闭"能干扰其事的各种不利因素（如山煞、邪神和老虎的灵魂等）。不论是哪项意义，"井"，在新化山民所处的物理世界里都是生命的源泉。用极具生命意义的"井"来婉称墓穴，倒反辞格背后蕴藏着新化民众"死而不亡""视死如生"的生死观。

生与死是人生的两次重要的生理过程，对它的思考反映了人对生命的本体意义和终极追求的深思，体现了人对生命的价值和意义问题的总体把握。在万物有灵的原始思维下，在草木枯荣、一岁一春的自然规律启迪下，新化先民们显然更愿相信"生也死之徒，死也生之始"；于是，在"死生为徒""死生无变"的生死观烛照下，新化先民显然更愿以一种"回去""回老家"的从容心态面对死亡，而他们死后享用的器具当然也是具有恒常功效的"长生""老屋""寿器"了。由此可见，新化地域"死丧"类委婉语是在"长生久视""死而不亡"世界观下，应用以反彰正的思维建构的语词，它的产生与当地民众的世界观、宗教信仰有着直接的关联，是地域客观自然条件和主观意识形态双重制约下的修辞现象。

二 "尊巫信鬼"信仰制约下的职业委婉语

从文化类型学的角度来说，新化县所属的梅山区域文化是典型的山地文化。宋人晁补之《开梅山》："开梅山，梅山开自熙宁之五年。其初连峰上参天，峦崖盘嵌阁群蛮。南北之帝凿混元，此山不圮藏云烟，跻攀鸟道出荟蔚，下视蛇脊相夤缘。"[①] 此诗是对该地地理条件的真实写照。应用文化生态学的理论，生态环境对文化形态有强大的制约作用。相应的环境特征由文化决定，较简单的文化比发达的文化更直接地受环境制约。与敞亮旷远的平原文化和宏博广阔的海洋文化不同，受晦暗幽深的山林环境影响，山地文化极易滋生神秘的主观主义思想，所以，处在古南楚的新化地域历来就有"信巫好鬼"的传统。"信巫好鬼"的风俗至今在新化地域的各文化事象上都有呈现。究其原因，于南楚各民族而言，"巫鬼"不但是"体"，而且是"用"。"巫鬼"的"体"表现为南楚民族的"万物有

---

① （宋）晁补之：《济北晁先生鸡肋集》卷九，上海涵芬楼影印本。

灵""死而不亡"的泛灵论思想。"用"则集中体现为巫术的求神祈福、攘灾治病等功能。巫鬼"体""用"兼具的功能让崇巫重鬼在民众的思想意识中根深蒂固，让"巫术"渗入百工技艺当中。

在新化方言中，对操梅山教法术的人有一个特别的尊称："水师"。梅山"水师"所操的法术多种多样，大到驱逐邪师，起五雷火打精治邪、小到行止血、鱼刺水、治土、治煞、催生、收惊等，举凡百姓在日常生活中遇到的难题都能祈请巫师用灵符法水解决。因水是生命之源，而巫术的灵效大都要通过一碗施过巫法的水来解决；因此，在新化方言中用"水师"这个称谓语来对"巫"进行指称。

以"水师"来指称"巫"是一种语义的提升。"巫"在说文中训为："祝也。女能事无形，以舞降神者也。"① "巫"在古代中原地区，履行祭、祀、医、卜、算等职责，是部落首领的高级顾问，是正当高贵的职业，在社会族群中享有至高无上的"天赐之权"。秦汉之后，南方蛊术盛行，经过方言的字义改造和时间的演化，就把蛊与巫术联系起来。再后来就蛊巫不分了。因此，在方言中，"巫"的语义带有了贬义色彩。基于"巫"所带有的贬义色彩，在新化方言中，对巫师和巫术不再用"巫"进行指称。所有巫术都被称之为"法术"，而施展巫术则称之为"行香火"，男性巫师被称作"水师"或"老师"，女性巫师被尊称为"娘娘"。

"水师"是一个极为尊崇的称号。前面已论述到"水"为万物之源，是生命圣水，以"水"为"巫"冠名本已带有尊崇的意味；而"师"更是与天地君亲共列一起的，是中国传统社会崇奉和祭祀的对象。在我国传统伦理秩序中，把"师"放到了极高的地位："礼有三本：天地者，性之本也；先祖者，类之本也；君师者，治之本也。无天地焉生？无先祖焉出？无君师焉治？三者偏亡，无安之人。故礼，上事天，下事地，宗事先祖，而宠君师，是礼之三本也。"② 用与天地君亲并列的"师"来指称"巫"，这是对"巫"这个职业进行的语义提升，表达了新化民众对该行业的尊重。

新化县最显著的地理地貌是山高水深，林深草密。人们生息劳作，极

---

① （汉）许慎撰，（清）段玉裁注：《说文解字注》，上海古籍出版社2000年版，第201页。

② （清）王聘珍撰：《大戴礼记解诂》，中华书局1983年版，第17页。

易摔伤跌伤，常遭蛇咬虫毒，易患无名肿毒、疑难杂症。新化县所在的古梅山地域，在融合儒、释、道主流宗教的基础上，特别奉行有地方特色的师教巫教，尤其是奉张五郎为主神的"梅山教"与"茅山教"，其神秘而灵验的法水巫术，让梅山人顶礼膜拜。水师正是掌握了这种神秘法水巫术的一个代表性群体，因而他们在梅山人心目中十分神秘而且神圣，受到梅山人的广泛尊敬。梅山的草药资源，为水师巫术的成功提供了物质基础。梅山地区的草药资源极其丰富，梅山药好，古已有名，加之梅山水师上山采药，讲究节气，讲究药效，长期积累，总结出了许多单方验方，治毒疗伤十分灵验，梅山水师对此秘而不宣，在治病救人时用巫术辅以草药，其功效十分显著。

在"万物有灵"的原始思维下，在崇巫信道的宗教信仰驱动下，梅山地域的民众很容易把"巫"神圣化。心灵世界的顶礼膜拜反映在语词世界里，人们在指称"巫"的时候，避开了方言中带贬义的"巫"，用意义尊显的"水师""老师""娘娘"来进行替代。

在古梅山地域，除"水师"外，共有正界72教门，其中虎匠是天子启教，主管百兽之王，所以是老大；其次是雕匠，掌有万仙生庚形象；第三是郎中，能治百鬼；第四是师公、道士，能和神鬼说话、传话；和尚是老五，能做各种法事。其后，各种工匠按其技艺的效能和影响力依次排序。

虎匠在梅山地域是最受尊崇的，被称之为"全卦子""活梅山"。"全卦子"是指其法术与技艺种类齐全，而"活梅山"则是对具有"全卦子"技艺的法师的一个尊称。显然，"全卦子""活梅山"这两个指称在语义上对"虎匠"进行了提升。在这两个指称形式中，"活梅山"是极具尊崇意味的。用"活+地理实体"的形式去指代人，这个指称形式不但有指代的功能而且还有评说的作用，是对虎匠掌控自然能力的高度赞誉。虎匠之所以在梅山受到高度的尊崇，与其高超的技艺和奇门法术分不开，据考证，巫术与打猎具有同源关系，因此，在新化所处的古梅山地域，以打猎为职业的虎匠，其巫术水平也是极高的。据《梅山最后的虎匠》载："虎匠黄金城师承了九门梅山文化的技艺与法术，其中有挽车、赶山、射虎、治风湿、算掌等多种。"[1] 而这些技艺无不沾染上了巫术色彩，特别是

---

[1] 吴啸华、谢兰：《梅山最后的虎将》，《中国文化报》2012年11月28日。

"算掌"纯属巫术,据传,这种法术的厉害之处在于,谁家的牲畜走丢了或者失窃什么物品,只要知道大概丢失的时间,经过掐指一算,就能知道丢失的东西能不能找回来。手工技艺和巫术的结合让梅山民众对从事这些行业的工匠既有神秘感又具畏惧感。神秘感和畏惧感是一切信仰的基础,是产生尊崇感情的原动力。在尊崇情感的驱动下,人们在对虎匠进行指称时自然会用语义提升的方法来进行婉称,因此"全卦子""活梅山"是民族宗教信仰制约下的职业类委婉语,是极具地域色彩的语词修辞。

新化地域巫风的盛行让百工匠师都沾染上了"巫"的色彩。如捉蛇的炼蛇水,看鸭的炼猖水,泥水匠炼脘水,铁匠补锅匠炼雪霜水,等等。巫术的广泛流传,让梅山工匠们在学艺期间,除了师承某项具体技艺外,还会被传授与技艺有关联的某种"法术"。因此,当地民众在遇到灾殃的时候除了请专业的"水师"外,也会请熟悉的工匠去"划水"。所谓"划水",即取一碗水井中的清水,由有法力的工匠用咒语行法,待法事完成,病人或有困厄的人喝下即可祛病或攘除灾殃。新化县所在的古梅山地域,巫匠的合流,让"匠"蒙上了种种神秘色彩。

除了由巫带来的神秘色彩,工匠还是深符新化民众价值观的职业。在我国,特别是在礼治伦理和科举制度普及较早的中原地区,"学而优则仕"是被广泛认可的价值观。把做官看作人生的目标和价值追求,并以官职大小、官阶高低来衡量人们的社会地位和人生价值。以"官"为大的官本位思想直接决定了人们官贵民贱的观念,官由此成为百业之首。但新化地域,如前所述,其地理位置处古之南楚,地理位置的边缘化,环境上"不与中国通"的封闭状态,政治上的蛮夷自治,使得该区域始终处在集权之外,主流的伦理观和价值观在很长时间内都没有对它产生影响。北宋开梅山后,随着中央政权对该区域政治、经济、文化统治的加强,及后来的大规模移民,中原地区的伦理观和价值观才逐渐在新化地域渗透,并开始对民众的思想和行为产生影响。因此,对新化民众而言,"官本位"思想并没有像中原地域一样根深蒂固,于老百姓而言,"做官"毕竟很遥远,取得谋生的技艺和本领是生存之必须。而民间的手工技艺,作为民生的基本经济手段,是民众"衣食住行用"的顺理。其劳动的过程不受气温、季节、环境的影响;其手工艺生产有较高的技术性和独特性,其产品有稳定的市场出售,能够提供一定的生活收入和生活保证。所以,新化地域民众对具有各项技能和法术的巫匠百工特别尊崇。

崇巫信道的民族宗教信仰，实用为本的民族价值观，使得巫工匠师等在新化地域具有了权威性和尊崇感。在新化方言中，在对各类工匠进行指称时，不论面称还是背称，都要在相应的工匠名后再加上师傅的尊称，如，木匠，要尊称为"木匠师傅"；瓦匠，要尊称为"瓦匠师傅"；漆匠，要尊称为"漆匠师傅"等。而在对从事算命占卜、风水堪舆的人进行指称时，不论面称还是背称，都要尊称为"先先"，如，算命的要称之为"八字先先"，看风水的要称之为"地理先先"，与教书先先（教师）、草药先先（郎中）等文化职业等同。

对百工技师称谓上的变贬为褒，去卑就尊，这是新化方言对职业禁忌进行的独特委婉方式。用语义提升的手段构建的职业委婉语是一种极具地域色彩的语词修辞。在这种语言现象下蕴含着深厚的民族文化内涵，它折射出了新化民众独特的宗教信仰和价值观。

三　民众性格制约下的病厄类委婉语

（一）地理环境、民族性格、民族语言的关系

关于地理环境与民族性格的关系，西方史学之父希罗多德曾有"温和的土地产生温和的人物"之名言。而在自然法学派的孟德斯鸠看来，地理环境与民族性格之间具有必然和直接的关联。他认为："土地贫瘠，使人勤奋、俭朴、耐劳、勇敢和适宜战争；土地不给与的东西，他们不得不以人力去获得。土地膏腴使人因生活富裕而柔弱、怠惰，贪生怕死。"[1] 他甚至还认为人们居住的地理位置（山区、平原或海岛）也对人们的气质性格产生影响。应用唯物主义的观点来考察人与自然的关系，我们可以看到，在人类文明起源的古代世界，生活于不同地理环境中的人类共同体，由于受到地理环境的制约，其物质生产活动也会各有差异。如生活在高原草原地带的人们主要从事畜牧业，生活于大河流域的民族多过着农耕生活。马克思指出："不同的公社在各自的自然环境中找到不同的生产资料和生活资料。因此，它们的生产方式生活方式和产品也就各不相同。"[2] 因此，"不是土地的绝对丰饶性，而是它的差异性，它的天然产物的多样性，组成社会分工的天然基础，并使得人因为其周围条件的多种多

---

[1] ［法］孟德斯鸠：《论法的精神》，张雁深译，商务印书馆1961年版，第282页。
[2] 马克思、恩格斯：《马克思恩格斯全集》第23卷，人民出版社1972年版，第390页。

样而多样化自己的需要、能力、生产的手段和方式"①。而居住于不同自然环境中的人类也就在"作用于他身外的自然并改造自然时，也就同时改变他自身的自然。……炼出新的品质，……，造成新的力量和新的观念，造成新的交往方式，新的需要和新的语言"②。由此可见，地理环境对人的心理气质和性格特点具有重大影响。居住在不同地理环境中的居民，由于气候、环境、食物等物质世界及由此而生的生产生活方式的影响，形成了他们独特的气质和性格，由地理条件的差异性形成的民族性格又必然会对该民族的生活态度、思维方式、价值取向、道德观念等形成巨大影响，而文化决定语言形态，决定该民族对语言材料的建构、选取、组织和应用。因此，世界上各种语言的语音、文字、词汇、语法、修辞"都是以该民族文化精神的基本特征为建构基础的"③。以德意志民族与汉民族为例，德意志民族性格比较刻板、固执。这种民族性格决定了德语语法体系的严谨完备，德语名词的性、数、格不但需要变换词尾，而且还专门有限定其性、数、格的冠词。而相比之下，中华民族重整体思维，在思维形式上具有模糊性和混沌性，因此汉语语法重意而轻形，词形变化较少，同一词形可兼有名词、动词、形容词等多种词性。同样，中国人漠视精确，这一性格特点决定了汉语中大量表示模糊意义的近义词的出现，如"也许""可能""大概""没准儿""不一定""约莫""估计""左右""上下"等等。相反，德国人的刻板决定了他们更喜欢用精确的词汇传达信息；因此，在德语中，这种模糊的、一般性的、泛化的词汇很少。性格上的差异还直接影响到民族的认知方式和价值取向，同是"猴子"，汉语将其喻为"机敏、灵巧的人"，如："这个人比猴儿都精"。而在德语中，猴子则常用来比喻"愚蠢、自负的家伙"，如：wie ein dämlicher Affe（像一只蠢猴子）。民族性格与语言的关系正如语言学大师洪堡特所言："民族的语言即民族的精神，民族的精神即民族的语言，二者的同一程度超过了人们的任何想象……无论我们从哪个方面入手，都可以从中推导出另一个方面"④。

---

① 马克思、恩格斯：《马克思恩格斯全集》第 23 卷，人民出版社 1972 年版，第 631 页。

② 马克思、恩格斯：《马克思恩格斯全集》第 23 卷，人民出版社 1972 年版，第 202 页。

③ 申小龙：《汉语与中国文化》，复旦大学出版社 2008 年版，第 33 页。

④ ［德］威廉·冯·洪堡特：《论人类语言结构的差异及其对人类精神发展的影响》，姚小平译，商务印书馆 2008 年版，第 52 页。

(二)"强悍不屈"的民众性格与病厄类委婉语

在新化县,山深林密,谷广渊深,崖壁陡峭,溪洞环列。这样的地理形貌直接决定了"结绳木以为桥,傍山架木以为栈,鸟道十步有九折,全赖扣萝称揉上下"的交通条件和"不与中国通"的民族自治格局。险恶的自然条件,被中央政府长期征剿的民族发展史让新化先民们在长期的"与天斗""与地斗""与人斗"的发展历程中锻炼了胆略和意志,养成了强悍不屈、不惧困难的民众性格。在新化方言中有一个常用词汇"扮蛮",这个词表达的是一种知其不可为而为之的硬干作风和百折不挠的韧性毅力,如:

(8) 这两百斤的担子,硬是被这个猛子从二十里外扮蛮担回来哩咧。

(9) 咯隻妹子本来脑瓜子也不怎么灵醒(聪明的意思),硬是靠死扮蛮发狠考上大学哩。

新化人"能扮蛮"的性格直接影响到他们对病痛类委婉语的建构方式。在新化方言中,人们喜用语义减弱法来建构病痛类委婉语,如用"不新鲜""不舒服"来婉称生病。用"带了点气"或"腿脚不方便"来婉称"跛"和"瘸",用"破了点皮"来婉称"轻微伤",用"被含了一下"来婉称被狗、蛇等动物的咬伤,用"倒床"来婉称病入膏肓。

除了用语义较弱法来婉称病痛外,在新化方言中,与病痛有关的词人们也喜用语义减弱法来进行指称,如"药"被婉称为"茶",抓药被婉称为"抓茶",熬药被婉称为"煎茶"等。

在新化方言中,除了用语义减弱法来建构伤病类委婉语外,在对危险事物进行指称时也多用语义减弱法进行规避。如老虎,在新化方言中被婉称为"老虫","老虫"相比其他地域的"大虫",去掉形容词"大"而换用前缀"老",它的语义更加轻微。岩鹰,在新化地域被婉称为"岩蛾子"。把凶猛迅捷的动物"鹰"称作细弱的"蛾子",这种降格的做法目的也是减弱危险。此外,在新化方言中,把豹称作"巴山子",把蝮蛇称作"土钵大",把黄鼠狼称作"黄竹筒",把穿山甲称作"土鲤鱼"无不是用语义减弱的方法建构委婉语。

用语义减弱法对病痛、危险进行降格处理,应用现代科学来分析这种语言现象，这是一种心理暗示法。所谓心理暗示，就是用含蓄、间接的方式，对人的心理和行为产生影响。从本质上，它是一种条件反射的心理机制，会使人不自觉地按照一定的方式行动，或者下意识地接受一定的意见或信念。美国著名心理学专家约瑟夫·墨菲曾经说过这样一句话："不管你的意识做出任何的假设和默许，你的潜意识都会接受，并且会实现这样一个意向。"用语义减弱法建构的委婉语，降低了指称对象的危险性，消除了心灵的恐惧，最终达到战胜伤痛和恐惧的目的。

险恶的自然条件让新化先民们的生产和生活常面临各种意想不到的危险和困难，而中央政府的强力征剿更让他们有着被驱逐甚至灭种的危险，然而几千年的斗争实践却让他们明确地认识到困难并不可怕，强权也不是坚不可摧。这种认知结果带来的是强大的心理优势，这种优势以明示的形式决定着新化委婉语的建构，而它一旦形成，这些语义上比禁忌对象更轻微的委婉语又会以暗示的形式对民族心理产生影响，让操该语言的民众下意识地弱化和消减对危险和病痛的恐惧。

综上所述，新化方言中的危险和伤病类委婉语，不论是其建构方式还是在这种方式下形成的语词结果都与当地的自然条件和历史发展有着不可分割的关系，是地域特征制约下的修辞行为，是受制于空间条件产生的修辞结果。

本章小结

世界上各民族无不有"塔布"，人们在言语交际中为了避免厄运的降临就会自觉规避这些指称"塔布"的语词，采用其他的语言形式去进行替代。由此，在社会文化中形成了禁忌语与委婉语这一"语词符号对"。在世界范围内，不同的地域，不同的民族因地理环境、历史发展的差异，其禁忌对象各有不同，而对禁忌的规避形式及委婉语的建构手法更是千差万别。因此，在语言中，禁忌语和委婉语是蕴蓄民族文化最深，最能彰显修辞个性的语词。有鉴于此，本章对新化方言的禁忌择取、委婉语的产生和构成进行考查和研究。在论证过程中，本章应用对比法对新化地域的禁忌选择进行了分析，经过比照发现：因所处空间的不同，新化方言在动物禁忌、排泄禁忌、性禁忌、年龄禁忌、称谓禁忌上都显示出了有别于其他地域的择取。在动物禁忌、排泄禁忌、性禁忌、年龄禁忌上的特别取舍是由当地特殊的地理条件及在此基础上形成的民族价值观、伦理观决定的，是修辞地域性的鲜明体现。

为了进一步解析出新化方言修辞的地域性，本章对新化方言中的委婉语及其建构方式进行了深入分析。在论证过程中，综合应用了文献法、比较法对方言中的各类委婉语进行了考量和比较。经过分析发现，在新化方言中，其死亡类委婉语、职业类委婉语、伤病类委婉语、危险类委婉语无论是建构理念还是建构方式都显示出了鲜明的地域特征。这些地域特征是由当地地理条件及在此基础上生成的民族生死观、宗教信仰、民族性格制约而成的。

因此，在本章中，以湖南新化方言中的禁忌语、委婉语为研究对象，综合应用对比分析法、文献法，我们解构出了修辞在另一语词方式上所展现的地域特征，并深入挖掘出了修辞个性的地域成因和蕴蓄在其中的地域文化内涵。

第四章

新化俗语修辞研究

俗语，作为一种来自民间的口语，是汉语中出现得较早的语言形式。在先秦文献中，对俗语多有记载；但当时还没有俗语这一名词术语，而称之为"谚""野语""鄙语""民语"或"语"等。例如：

故谚有之曰："人莫知其子之恶，莫知其苗之硕。"（《礼记·大学》）

野语有之曰："众人重利，廉士重名，贤士重志，圣人贵精。"故素也者，谓其无所与杂也；纯也者，谓其不亏其神也。（《庄子·刻意》）

民语曰："欲富乎，忍耻矣，倾绝矣，绝故旧矣，与义分背矣。"上好富，人民之行如此，安得不乱！（《荀子·大略》）

襄王曰："寡人不能用先生之言，今事至于此，为之奈何？"庄辛对曰："臣闻鄙语曰：'见兔而顾犬，未为晚也；亡羊而补牢，未为迟也'。"（《战国策·楚策》）

"夫妻者，非有骨肉之恩也，爱则亲，不爱则疏。"语曰："其母好者其子抱。"（《韩非子·备内》）

"俗语"二字连用，始见于司马迁《史记·滑稽列传》附褚少孙补写的《西门豹治邺》：

民人俗语曰："即不为河伯娶妇，水来漂没"云。

故俗语曰："画地作狱，议不入；刻木为吏，期不对。"此皆疾吏之风，悲痛之辞也。（班固《汉书·路温书传》）

由上述文献资料可见，俗语，作为一种定型性和通俗性语句，在我国有着深厚的历史文化渊源，是经民间力量反复锤炼的语言艺术品。在传播的过程中，为了达到广泛传播的效能，俗语十分讲究修辞，注重音韵的和谐、语词的锤炼及各种修辞手法的应用。因此，对俗语文本进行深入解构，我们能够发现浸润于其中的浓郁的修辞意识，而对特定地域的俗语进行深入研究，我们能解构出该地域在语句层面的修辞特色及其地域成因。

第一节　新化俗语概况

一　俗语定义

受传统治学多整理和考证，缺乏理论探讨之风的影响，我国古代的俗语研究多重视俗语资料的辑录，而忽视了对俗语建构的理论探讨。以刘向《说苑·贵德》作为起点，俗语作为术语已有2000多年的历史。但我国学者主要精力用在辑录资料上，对于俗语的性质、定义、范围等问题，缺乏认真的研究和正面的叙述，特别是在"什么是俗语"这一最基本的问题上一直缺乏明确具体的论述。

近年来，语言学家们对俗语的定义和性质都作了一定的研究，并对俗语的界定提出了各自的看法。这里择要列举如下：

（一）曹聪孙："俗语是口头流传的一些通俗的话，是具有广泛的适应性和完整的述谓性的定型语句。"[1]

（二）温端政："俗语是群众创造的、并在群众口语中流传、结构相对定型的通俗而简练的语句。"[2]

（三）徐宗才、应俊玲："俗语也叫俗话，它是一种通俗并广泛流行在人民群众中的定型语句，是人民群众在生产劳动和社会生活实践中创造出来的，是人民群众成功经验、失败教训、科学知识、生活感受的总结。"[3]

（四）王捷、徐建华等："通俗而形象地描述人情世态的定型的语句；

---

[1] 曹聪孙：《现代汉语俗语初探》，《天津师院学报》1981年第6期。
[2] 温端政主编：《中国俗语大辞典》，上海辞书出版社1989年版，前言第3页。
[3] 徐宗才、应俊玲编：《常用俗语手册》，北京语言学院出版社1985年版，前言第2页。

这些主要流行于民间大众的通俗语句,通常用比喻、形容、夸张或直接说明来描写表述出怎样一回事、怎样一种人。"①

尽管上述学者对俗语的界定有所不同,但是他们都指出了俗语应该具备的基本特征。首先,就语法性质而言,俗语是语句而不是语词;其次,就结构特点而论,俗语是相对固定、基本定型的语言单位;最后,就语体类型而言,俗语具有口语性,简洁凝练,通俗形象,广泛流行于人民大众之中。综上所述,"俗语"应是由人民大众创造的、结构相对固定的、广泛流传于口头的一种通俗而形象的短语或句子。

二 俗语的范围

关于俗语范围如何划定的问题,历来众说纷纭。大致有以下几家颇具代表性的学说:

(一) 张瓌一:"俗语有两个意义,一个与谚语的意思相近,例如,俗语说'恨铁不成钢',这样用的'俗语'往往指'谚语';另一个跟俚语的意思相近。俚语就是土语,特别是指土语中比较粗糙的一些说法,也因为'俚语'这个名称生僻些,所以平常也叫'俗语'。"② 由此可见,张瓌一认为俗语包括谚语和俚语两种。

(二) 邱崇丙:"俗语,包括谚语、熟语、歇后语三个部分。"③

(三) 王德春把熟语分成五类:"按照各个熟语本身的性质和特点,我们可以把大量熟语分成五类。这就是 1. 成语;2. 谚语;3. 格言和警句;4. 歇后语;5. 俗语和惯用语。"④ 在这里,作者是把俗语归为熟语的一个下属单位,与谚语、成语、歇后语等并列。

(四) 孙治平、王仿:"广义的俗语包括在民间口头流传的谚语、歇后语、常用语、惯用语以及方言土语等。"⑤

(五) 温端政:"我们把俗语定义为:汉语语汇里为群众所创造、并在群众中流传,具有口语性和通俗性的语言单位。认为俗语包括谚语、歇

---

① 王捷、徐建华、刁玉明编注:《中国俗语》,上海文艺出版社 1992 年版,前言第 1 页。
② 张瓌一:《成语、谚语、格言、俗语、俚语的区别》,《语文学习》1958 年第 1 期。
③ 邱崇丙编著:《俗语五千条》,陕西人民出版社 1983 年版,第 1 页。
④ 王德春:《词汇学研究》,山东教育出版社 1983 年版,前言第 50 页。
⑤ 孙治平、王仿编:《俗语两千条》,上海文艺出版社 1985 年版,前言第 1 页。

后语和惯用语。"①

（六）曲彦斌："就汉语民俗语言的俗语性质、特征而言，它是包括口语性成语、谚语、歇后语、惯用语、俚语等品类在内的，定型化或趋于定型化的简练习用语汇和短语。"②

以上文对俗语的定义为基准，结合上述名家对俗语范围的划分，本文认为俗语囊括的语言形式应有——谚语、歇后语、惯用语、俚语。这是因为"成语"，因其结构的高度凝固性，就语法功能而言，只能做句子的成分，不属于语句的范畴，就其语体性质而言，多为书面语体；因此应排除在俗语范围之外。此外，来自个体著述中的名言警句不属群众性的创作，不具口语性、通俗化特征，也应排除在俗语之外。

三　新化俗语的类型

以上文对俗语的界定为基准，经过对新化俗语的全面收集整理，用形式和内容相结合的原则对新化俗语进行分类。新化俗语有谚语、歇后语、惯用语、俚语四种。按此四种类型，我们可以对新化俗语进行如下分类。

（一）新化谚语

何谓谚语？典籍中的说法大致有：

1. 俚语曰谚。（《尚书·无逸》某氏传）
2. 谚，音彦俗言也。（《左传·隐公十一年》陆德明释文）
3. 谚，俗所传言也。（《汉书·五行志》颜师古注）
4. 谚，传也。（《广雅·释诂》）
5. 谚者，直语也。（《文心雕龙·书记》）

显然，古人所说的谚语是指在群众口语中广泛流行，并世代相传的，通俗而简练的语言形式。

近年来，随着谚语研究的不断深入，学者们对谚语有了新的认识。郭绍虞认为："谚语是人的实际经验之结果，而用美的言词以表现者，于日

---

① 温端政：《谚语》，商务印书馆1985年版，第4页。
② 曲彦斌主编：《中国民俗语言学》，上海文艺出版社1996年版，第7页。

常谈话可以公然使用，而规定人的行为之言语。"① 武占坤则将它定义为："谚语是通俗简练，生动活泼的韵语或短句，它经常以口语的形式，在人民中间广泛地沿用和流传，是人民群众表现实际生活经验或感受的一种'现成话'。"② 王勤在《谚语歇后语概论》中又是这样下的定义："谚语是人民群众生活斗争的经验总结，是具有传授经验和教训劝诫功能，流传于人民群众口头中的现成话。"③ 国外谚语学家 Neal Norrick 认为："谚语一贯被描述为是自足的、精炼的、带有训导意义的传统表达方式和有固定的韵文的形式。"④

综合上述学者对谚语的认识，我们可以给谚语下这样一个定义：谚语是人民群众根据自身的生产生活实践总结出来的，具有传授经验和教训劝诫功能的短句或韵语。这些深具民族文化内涵的短句或韵语一经形成，就会以口语的形式在民间广泛流传。

新化谚语原始质朴，少雕琢。表现形式活泼简练，内容形象生动，几乎涵盖了社会生活的方方面面。它带有浓厚的乡土气息，反映了新化地域的民族风貌。虽用语俚俗，但描摹深刻，趣味浓郁，字句通俗，或寓劝惩，亦庄亦谐，独具魅力。

《中国民间谚语集成·湖南卷·新化资料本》把新化谚语分为时政类、事理类、修养类、社交类、生活类、自然类、生产类和其他等八类共1493条。这种分类法芜杂而混乱，存在标准的非统一性，如事理类就和修养、社交、生活等都存在交叉。本书在对新化谚语全面掌握和考察的基础上，认为把谚语分为气象类、生产经验类、生活经验类、道德教化类四类更为科学合理。

1. 新化谚语的结构类型

经过对《中国民间谚语集成·湖南卷·新化资料本》的1493条民谚和其他散佚民谚的整理研究，大致可以归纳出新化谚语的下述结构特征：主要表现为句子。有单句也有复句，以复句居多，主要是单重复句，也有极少数的双重复句。复句形式的谚语，其构成手法都是意合，在两个分句

---

① 郭绍虞：《语文通论续编》，开明书店1948年版，第158页。
② 武占坤、马国凡：《谚语》，内蒙古人民出版社1997年版，第3页。
③ 王勤：《谚语歇后语概论》，湖南人民出版社1980年版，第8页。
④ 转引自巩超《汉语谚语中修辞手段运用研究》，硕士论文，长春理工大学，2009年。

之间不存在任何关联词。结构上的特点充分反映出了谚语的口语化特征。新化谚语按其构成可分为：

(1) 单句型

一条泥鳅翻不起大浪。
小小秤砣压千斤。
硬树只怕软树缠。

(2) 复句型

复句型的谚语有两种表现形式：一般复句和紧缩复句。一般复句中主要是单重复句，也有少数的双重复句。

①紧缩复句

笑烂不笑补。
河里无鱼虾也贵。
口干不怕牛尿水。

②一般复句
单重复句：

吃过黄连苦，才知甘草甜。
不种春竹，哪来冬笋。
春雨不烂路，冬雨不湿衣。

双重复句：

三勤夹一懒，不勤也得勤；三懒夹一勤，不懒也会懒。
人生地不熟，见了老鼠吓得哭；人熟地不生，见了老虫也不惊。
拳打百遍，身法自然；拳打千遍，道理自现。

2. 新化谚语的语义类型

新化谚语按其语义内容可分为以下类型：

(1) 气象类

这类谚语主要记录时令节气的气温变化及天气预测。气象类谚语共218 条，占谚语总数的 14.60%。

  光清明，暗谷雨。
  处暑难保十日阴，白露难保十日晴。
  惊蛰到，脱棉衣。
  夏雨隔堵墙，淋女不淋娘。
  十月无霜，下年无糠。
  八月初八晴，三个月无水过田塍。
  太阳晒爆脑，大雨靠得到。
  早起霞等水烧茶，晚起霞干死蛤蟆。

(2) 生产经验类

这类谚语主要传授农业生产知识，共 271 条，占总数的 18.15%。

  挖土不挖圳，不如在家困。
  耕牛不怕使十天，就怕背后猛三鞭。
  松要光，杉要荒。
  养猪不垫栏，肥料下河滩。
  大豆锄花，绿豆锄芽。
  人不知春草知春，桐子树开花种花生。
  宁可插个浮，不可插个牢。
  旱不死的芝麻，涝不死的黄豆。

(3) 生活经验类

这类谚语，其主要内容是给人们传授日常生活知识，包括衣食住行、医疗保健、家务劳动、家庭教育、持家理财等方面的知识及经验。这类谚语共 673 条，占总数的 45.08%。

  块柴莫烧，个崽莫娇。
  田要冬耕，崽要亲生。

法师门前鬼唱歌，木匠屋里冒凳脚。
兴家好似针推土，败家好似水推砂。
养老女，配残夫。
婆娘管汉子，金银满罐子。
睡前洗脚，胜服补药。
狮子舞三次冒人看。
见人讲话，见菩萨打卦。

（4）道德教化类

这类谚语指的是依据社会的价值取向、道德观念和是非尺度等思想准则，劝诫或教育人们应如何为人处事之类的谚语。它的最大特点是在对人们传授知识的过程中进行思想道德教育，具有传授知识和进行教化的双重功能。在新化民谚中，此类谚语共331条，占总数的22.17%。

猪吵卖，人吵败。
男子讲话将军箭，女子讲话莲花现。
人捧人无价之宝，人踩人寸步难行。
要得朋友义，先必己有情。
菜没盐无味，话没理无力。
要讲呷，锅边站；要讲理，桌面谈。
亲愿亲好，邻愿邻安。

(二) 新化歇后语

"歇后"一词，最早见于《旧唐书》，它指的是一种用语不够"庄重"，却又带有讽刺或幽默、不能"登大雅之堂"的诗体，亦叫"歇后体"。陈望道《修辞学发凡》也论及过歇后语。他在介绍过"歇后藏词语"和"抛前藏词语"，这两种旧型歇后语后，又介绍了"新兴的歇后语"，并进一步解释这种歇后语与原来的有两点不同："（一）是这种歇后语用来歇后的成语，原来是两截的，歇却一截，形式上也还可以成句；（二）是这种歇后语藏掉的部分往往不止是一个词而是几个词。这就见得这种歇后语内容比较的繁复，形式也比较的自然。实际是前头一种歇后的发展现象。我们为便于跟前头一种分别起见，可另称为新型歇后语。"①

本书所论的歇后语是陈望道所说的"新型歇后语"，即由引子和注释两部分组成的引述语。它前一部分像谜面，后一部分是对这比喻的一种揭示和说明，像谜底。在形式上，比喻部分和说明部分之间有一个或可有一个较长的停顿，书面上可用破折号表示。表说明的部分，有时就是字面的意义，有时还会利用同音现象生成新的意义。根据这种情况，我们可以把新化歇后语分为两种，即谐音歇后语和喻意歇后语。

1. 谐音歇后语

  驼子作揖——稽首（起手）不难。
  双手撤到染缸里——左也蓝（难），右也蓝（难）。
  茅坑板上开铺——隔屎（死）不远。
  叫花子困岩板——穷（寻）快活。
  茅坑里扔石头——会激起民愤（粪）的！
  苍蝇采蜜——装疯（蜂）。

2. 喻意歇后语

  老虫撅蚱蜢子呷——细打细算。
  穄子粑粑敬土地——粗货。
  狗啃尿泡——空欢喜。
  蛇钻竹筒——有进无出。
  三百斤的野猪——只有一张寡嘴。
  老虫借猪——有去无回。
  抓一把油麻子过得十二条田塍——手紧。

（三）新化惯用语

关于惯用语的内涵和外延问题，学术界争论不休，至今还没有一个统一的意见。最早使用"惯用语"这个名称的，是吕叔湘和朱德熙两位先生。他们在《语法修辞讲话》里讲到"语法不是逻辑"时，称："'好不热闹'、'他的北京话比我好'等不合逻辑但符合人们的习惯，这种'不容许分析'

---

① 陈望道：《修辞学发凡》，上海教育出版社 2001 年版，第 165 页。

的说法就是'惯用语'。"① 显然,两位学者所说的惯用语是指人们的某些习惯性说法,而不是今天语言学所指的某种相对稳固的语言样式。

关于惯用语,当代语言学学者大多从语义上来确定它的内涵。有两种意见:一是强调它是否具有"转义"的特点,一是强调它在语义上是否具有双层性的特点。持第一种意见的学者有陈光磊、杨知文等,认为:"汉语的惯用语是一种具有语义变异特性和呈现明显修辞色调的定型短语,如'一刀切'、'半瓶醋'、'劈硬柴'、'翻烧饼'等等。它们的修辞性能,可以从两方面来看:一是从构成上看,惯用语本身就是由一定的修辞手段造就的,其语义内涵具有确定的修辞性质;二是从运用上看,惯用语具有特定的格调意趣和表情色彩,呈现出一定的风格特点,其在表达上具有自己的修辞效能。"② 持第二种意见的学者有李行建、马国凡等,认为:"一、它的语义具有双层性,除字面的语义外,必需具有深层次的比喻引申意义。二、它的结构是固定的。三、在句法功能上它同成语近似,在修辞功能上它有强烈的通俗性和口语色彩。"③

除语义的双层性外,大多学者认为惯用语在形式上具有结构相对固定,音节上以三音节、四音节为主,语体上口语色彩浓厚等特点。

综合各家之言,本书以下列标准来收录新化方言中的惯用语并对此展开研究:一是具有语义的双层性,即整体意义不是每个词的字面意义的简单相加;二是所含的深层意义是通过比喻或引申等手段表现出来的;三是结构相对固定;四是三音节或三音节以上;五是具有鲜明的口语色彩。

1. 新化惯用语的类型

按上述标准,我们共收录新化惯用语 142 条。按字数来分,有三字格的,共 90 条;四字格的,共 50 条;五字格的,共两条。以三字格、四字格为主的形式特征充分说明了俗语简洁凝练的口语化特征。

(1) 三字格

扯麻纱、鬼打锣、卖牛肉、赶山狗、整驼子、莫探脉、搭野白、提篮仔、戴笼子、煮灰饭、掂屎尿、黄眼狗、直肠子、大脑壳、坐

---

① 吕叔湘、朱德熙:《语法修辞讲话》,中国青年出版社 1979 年版,第 179—180 页。
② 陈光磊:《惯用语的修辞性能》,《当代修辞学》1992 年第 1 期。
③ 李行健:《惯用语的研究和规范问题》,《语言文字应用》2002 年第 1 期。

水桶

(2) 四字格

起五雷火、翻陈故事、揭烂疤子、油盐罐子、眼大肚细、口多屁多、卵闹卵谈、充王充霸、大话掀天、严丝抹缝、流汤滴水、红漆马桶

(3) 五字格

踩九州八卦、舍虱婆屁眼

2. 新化惯用语的结构类型

新化惯用语从语法结构上分，有联合型、动宾型、主谓型、偏正型、述补型五种。

(1) 联合型

眼大肚细、口多屁多、卵闹卵谈、流汤滴水、打锣放铳、翻眼剥皮

(2) 动宾型

扯麻纱、唱落壳、发大水、打油火、打口水仗、放烂药、提花篮子

(3) 主谓型

鬼扯脚、大话掀天、蛤蟆嘈社

(4) 偏正型

勺把鱼、茅屎桶、叫鸡公、懒骨头、黑房心、花肠子、药罐子、红漆马桶

(5) 述补型

卵打令光、打屁不压腿

(四) 新化俚语

"俚语"这一名称在历史文献中多有出现。如：

1. 俚语曰：明镜所以照形，古事所以知今。(《三国志·吴书·孙奋传》)
2. 里谚曰：千人所指，无病而死。(《汉书·王嘉传》)
3. 故俚语云：弹琴种花，陪酒陪歌。(清杜文澜《古谣谚》卷四十五《续释常谈》)

由上述文献的引述可见，在古人的认识中，俚语即谚语。

到了现代，随着对语言现象认识的精微化，语言学家对俚语有了新的认识。百度百科释义为："俚语指民间非正式、较口语的词句。《新五代史·死节传·王彦章传》中记载，'彦章武人不知书，常为俚语谓人曰：豹死留皮，人死留名！'俚语亦作里语、俚言。外语中俚语 slang；slang expression 指的是粗俗的口语，常带有方言性。"

《辞海》释义为："俚：①鄙俗；不文雅。《汉书·司马迁传赞》：'辨而不华，质而不俚。'……俚语：通俗的口头词语。俗语的一种，常带有方言性。《新五代·王彦章传》：'彦章武人，不知书，常为俚语谓人曰："豹死留皮，人死留名。"'"①

俚语在英语中表达词为 slang，朗文在线词典的解释是：

"language that is not use acceptable in serious speech or writing, including words, expressions, etc. regarded as very informal or not polite, and those used among particular groups of people。"

从上述解释可以看出，俚语是相对于严肃言语或者正式文章中难以出现的口语性、通俗性极强的粗话。"从文化审美的观点看，它不是文学语言。不过，它仍然有生动、形象的特点。其中，有相当一部分颇有地方色彩。"②

---

① 夏征农等主编：《辞海》，上海辞书出版社 1999 年版，第 663 页。
② 曹聪孙：《俚语探颐》，《今晚报》2004 年 7 月 29 日。

以中外语言学对俚语的认识为依据，显然，俚语与谚语是不同的概念。虽然它们都具有口语性和通俗化特征，但相比谚语，俚语的语词更鄙俗，表意更形象生动，且不具备谚语"寓教于文"的教育功能。同样，俚语也不是歇后语和惯用语。相比歇后语与惯用语在形式上所具的规范性，俚语的表述形式是十分灵活的，不具严格的形式要求。

以上述对俚语的界定为基础，我们对新化方言中常用俚语进行了搜集整理，共96条。这些俚语按其字面语义内容，大致可以分为以下类型：

1. 物态类

　　虎死不倒威。
　　谷唧米唧，隔层皮唧。
　　火烧冬茅心不死。
　　揿哒鸡婆娘来不得孵。
　　叫花子听鼓响，蚂蟥听水响。
　　歪竹子长直笋。
　　干死蛤蟆，饿死老鼠。

2. 人情类

　　好讲就牛肉烧得纸，不好讲就猪脑壳还不得愿。
　　撒尿踩包盐，呷哒碗里看哒锅里。
　　绊（摔）到油里不巴油。
　　当哒六奶奶，背哒老贼婆。
　　装三根香，打九个屁。

3. 事理类

　　乡里狮子乡里舞。
　　犁有犁路，耙有耙路。
　　土地老倌不开口，老虫不啮狗。
　　灶要空心，人要虚心。

俚语按其结构形式可分为：

1. 单句型

  天光撒泡尿到身上。
  豆腐渣不是本钱。
  三担谷种一根秧。

2. 复句型
（1）一般复句
①单重复句

  前头乌龟爬上路，后面乌龟揿路爬。
  土地老倌不开口，老虫不啮狗。
  讲起来是天花粉，结出来是屎瓜屡。

②双重复句

  生意莫做赶牛客，半夜三更冒困场；生意要做红茶客，十里红茶九里香。
  莫饮卯时酒，昏昏醉到午；莫骂酉时妻，一夜受孤凄。

（2）紧缩复句

  只讨得媳妇嫁不得女。
  装香弄倒菩萨。
  火烧冬茅心不死。
  有好长的被伸好长的脚。

第二节　新化俗语语音修辞及其地域特色

一　语音修辞概述

语音，作为语言的物质外壳，它不仅可以把语义内容表现为物质形态；而且，由于它本身就具有音强、音长、音高、音色等多种物理属性，因而能在音响上独具表现力。由此，在语言表达时，通过对语音的选择、组合和调整可以增强语言的表现力和感染力，提高语言表达效果。这种"利用语音单位（声母、韵母、声调、音节、语流等）所具有的语音特点或者不同语音单位之间的同异关系构成的修辞方法"[①]，修辞学称之为语音修辞。段曹林认为，语音修辞，作为一类修辞方法，可以与语义修辞法、语构修辞法、语形修辞法等共同构成汉语的四类基本修辞方法。

汉语具有区别于印欧语系语言的许多特点，体现在语音方面就是特别富有音乐性，具体表现为：第一，元音占优势，乐音多，响亮悦耳；第二，四声分明，平仄相配，抑扬有致；第三，有儿化和轻重音的变化，柔美动听；第四，音节组合灵活，容易产生音律效果。

汉语语音上的上述特点，为汉语的语音修辞提供了多样化的形式手段，使汉语表达在音感上呈现出节奏鲜明、韵律和谐的音韵效果。大致而言，汉语在语言表达中可以进行如下语音修辞：

（一）押韵

汉语一般由声韵调三个部分组成，其中韵母和声调是不可缺少的部分。因此，在语句中有规则地交替使用韵母相同或相近的音节，让相同或相近的声音有规律地出现，可增强语言的节奏感和音乐美。具有节奏感和韵律美的语句说起来顺口，听起来悦耳，在言语交际中具有易记易背，便于传颂的效能。如新化民谚："只穿得朋友的衣，夺不得朋友的妻。"句尾的"衣"和"妻"的韵母都是"i"，句尾音节韵的相同，让这两个句子在音韵上形成了平衡对称之美。这样，"接受者在文本接受解读中由文本的对称平衡形式而自然引发出生理上左右平衡的身心律动，产生一种快感，从而自然而然地提升文本接受欣赏中的兴趣，加深对修辞文本内容意义的理解把握"[②]。

（二）平仄

声调作为汉语音节结构不可缺少的部分，可分为平仄两类。平声字的特点是上扬的，音感洪亮，读时声音可以拉长；仄声是下抑的，读时声音短促，音感脆快。清朝江永曾说："平声音长，仄声音短，平声音空，仄

[①] 段曹林：《一种构想：关于重建修辞方法体系》，《阜阳师范学院学报》2004 年第 4 期。
[②] 吴礼权：《修辞心理学》，云南人民出版社 2002 年版，第 213 页。

声音实，平声如击钟鼓，仄声如击土木石。"① 平仄相间，才能使钟鼓木石和谐，构成音乐的旋律，因此，在语言表达中让这两类声调互相交错，就能使声调多样化，而不至于单调。如新化民谚"知事少时烦恼少，识人多处是非多"，其音调的分布为"平仄仄平平仄仄，平平平平仄仄平平"，句子内部声调有高低起伏，两个句子之间又有交错与对应，对平仄声进行的适当调配，使民谚产生了抑扬顿挫、音韵铿锵的语音效果。因此，在语言表达中充分发挥汉语语音的特点，注意声调的搭配，形成声音高低、轻重、缓急的变化，能使语音抑扬顿挫、铿锵悦耳。

（三）洪细音的择取

汉语的韵母有洪音、细音之分。洪音的开口度大，音色高亢洪亮，适合表达昂扬豪迈的感情。细音开口度小，音色低沉细微，适合表达婉转、柔和的感情。因此，在语言表达中，如果能根据情感的特征对洪细音进行有意的择取，会让情感表露得更加充分，文本接受者也会在这种语音形式的引领下对作者的表达意图有更深的理解和把握。在我国文学作品中多有巧用这种语音特性进行修辞的，如李清照《声声慢》中"寻寻觅觅，冷冷清清，凄凄惨惨戚戚"，14个细音叠音词连用，渲染出了凄凉的气氛，表达出了悲凉、抑郁的感情。因此，随情选韵，因情变声，这是语音修辞的一种方法。

（四）音节数量的调整与对称

汉语是单音节语素文字。因此，在成词的过程中，汉语的词会出现单音节、双音节，多音节等多种形式。在语言表达中恰当地调整音节，使音节对称均匀，就能产生声音的和谐美。一般而言，根据汉语习惯，要求在不影响意义表达的情况下，选择音节对称、呼应的词语，使上下文的语句互相对应，也就是说单音节对单音节，双音节对双音节。例如，新化民谚"留种要晒干，藏种要常翻"中的"留种"和"藏种"都是双音节词，"要"是单音节词，"晒干"和"常翻"都是双音节词。上下句之间用相同的音节进行配合，形成音节形式的对称，所以声音和谐，念起来朗朗上口。如果把上句换成"要晒干留种"，语义内容不变，但音节的数量与下句"藏种要常翻"不对称，读起来很拗口。

除此之外，汉语词音节的多样化还能在语流中形成不同的停顿，不同

---

① 江永撰：《音学辨微·附三十六字母辨》，中华书局1985年版，第1页。

的顿歇形式会形成不同的节拍，相同的节拍在语流中反复出现会构成语言节奏的统一，从而在音韵上形成整齐和谐的美。如，新化民谚"枇杷黄，医生忙；橘子黄，医生藏"的节拍是二/一。全句使用统一的节拍，在听觉效果上给人齐整和谐、节奏鲜明之感，读来顿挫有致，朗朗上口。因此，在语言表达时为了求得节奏的鲜明统一，修辞主体会有意地改变音节数目。如"马迁修史记，孔子作春秋"，为了与"孔子作春秋"的二/一/二式节拍一致，修辞主体把"司马迁"的双音节姓氏"司马"节略为"马"，配成对句。在这个缩改的过程中，作者的语音修辞意识是十分鲜明的。除了用缩减法调整音节数目外，有时为了调整音节，使之搭配和谐、匀称，在口语、诗歌韵文中，往往用衬字或加儿化韵的方法来调谐音节，增强节奏感。如："花篮的花儿香，听我来唱一唱；来到了南泥湾，南泥湾好地方。"歌词中的"儿、来"都是为了使音节均匀加上去的衬词，去掉它们，歌词就会失去了原有的节奏感和旋律美。

（五）节拍

语流中节拍的长短也能对语言的表达产生影响。根据语言的相似性原理，较长的拍子给人以悠长、沉郁之感，而短拍则给人以激越、急骤之意。因此，语言表达中如能按情感表达的需求适当地调整音步和节拍，必会使情感表达更加明确充分。如要表达缠绵悱恻的情感，一般诗行就要求比较长，顿歇中的音节数目要稍多，要用长拍型顿歇，这样，在视听上才能给人舒缓、柔曼的感觉。相反，如果要表达激越、动荡的情感，诗行音节的数目就要少，且要用短拍型顿歇，这样，才能在视听上给人以急促、跳荡之感。如抗日战争时期，田间创作的鼓点诗，其鼓点式的节拍，在抗日战争期间起到了激荡人心，催人奋进的作用。

（六）双声、叠韵、重叠的选用

汉语的音节是由声韵调三个部分组合而成的，因此，在音节的组合过程中，如果能对相邻两个音节的声韵进行偕同和配合，也能在听感上产生音乐美。联绵词就是利用汉语这一音节结构特点创造的双音节词。它们之所以好听，是因为在双音节中声母和韵母的组合产生了声韵对立统一的节奏周期，因而形成了和谐的声韵律。双声、叠韵、重叠是汉语特有的利用声韵的偕同来构词的方式。这几种类型的词借助声韵上的某种关联，展现所抒写的情景，能在给人以视觉享受的同时，获得听觉上的美感。如"苍茫""孑孓""琳琅""嘤咛"等词，吟咏玩味之间，能创造一种悦耳的音响效果，获得最佳的审美体验，在读者的意念中展现出丰富的审美情态。因此，在语言表达中如果能适当地选用这三种词，能在视听上形成回环式音乐美。

（七）谐音

作为语素文字，汉语的音节与语素之间存在一对多的关系。这种对应关系使谐音修辞成为可能。所谓谐音修辞就是利用汉字同音或近音的条件，用同音或近音字来代替本字。这种因语音相同或类似而引起语义转化的修辞现象就是谐音。谐音与上述的利用语音自身的结构特点来对语音本体进行修饰美化有一定的区别。它是以语音的类似为基础，在音义的联系上进行巧妙置换，从而收到言在此而意在彼的表达效果。汉语的歇后语中多用谐音修辞，如新化歇后语"双手揿到染缸里——左也蓝（难），右也蓝（难）"就很好地利用了"蓝""难"在方言中同音的现象，用一个能指 [la^{13}] 带两个所指"蓝"和"难"，表达出双层的语义。应用谐音现象进行修辞，往往能达到"含不尽之意见于言外"的效果，因此，也是汉语表达中常用的一种修辞手法。

汉语，因其音节结构的特殊性，是世界语言中最富音乐美的语言。其平上入去的抑扬起伏，宏音细音的开闭有致，十三韵辙的偕同与交错，双声、叠韵的映照与回环都是重要的语音修辞手段，适当地对它们进行择取和调配能彰显出汉语无尽的音乐美和形象美。

二 新化方言音韵特点

对新化方言语音的记录及研究，自 20 世纪 30 年代赵元任先生开始，虽不断有学者及研究团队进行过调查和总结，但描述得最为全面和深入的当属罗昕如《新化方言研究》。因罗昕如本身即是新化人，就语感和音准而言，该书的记音和分类最近新化方言的实际。故本书以该书的语音记录与分析为准，对新化俗语语音修辞展开研究

（一）新化方言语音特点

新化方言在语音上大致有以下特点：

1. 保留了古浊音声母。古浊塞音，古浊塞擦音在新化方言中大部分读为同部位的送气浊音。部分古浊擦音声母今读浊擦音。

2. [f] 与 [x] 混读。

3. [n] 与 [l] 不区别意义。

4. 不分尖团。

5. 古知组、古照组声母有与开口韵母相拼，声母为［ts］、［tsʰ］、［dzʰ］、［s］、［tʂ］、［tʂʰ］、［dʐʰ］、［z̩］、［ʂ］。古知组、古照组声母与合口韵母相拼，声母为［ts］、［tsʰ］、［dzʰ］、［s］、［z］、［tɕ］、［tɕʰ］、［ɕ］、［ʑ］。

6. 鼻音韵尾只有 n 没有 ŋ。

7. 元音鼻化现象普遍，普通话韵母 an、ian、uan、yan、aŋ、iaŋ、uaŋ 在新化方言中都念成鼻化韵。

8. 元音尾韵母少，只有 əu、iəu 两个，没有 i 尾韵母。

9. 有一个自成音节的韵母 n。

10. 共五个声调，有入声，但入声字没有塞音韵尾。上声、去声不分阴阳。

11. 声调的文白异读现象普遍，古平、上、入、去的文白异读都有。

（二）新化方言声母分析

新化方言的声母共 30 个，包括零声母在内。

p 波班	pʰ 批拔	bʰ 培步	m 梅苗	f 非花	v 符华
t 堆多	tʰ 拖太	dʰ 台道	l 雷脑		
ts 资追	tsʰ 粗炊	dzʰ 瓷坐		s 苏莎	z 词诵
tʂ 珍翅	tʂʰ 撒直	dʐʰ 陈治		ʂ 身舌	ʐ 仁时
tɕ 坚招	tɕʰ 千穿	dʑʰ 钱技		ɕ 仙书	ʑ 贤殊
k 贵街	kʰ 开掐			x 海方	ɣ 红鞋
ø 远女					

（三）新化方言韵母分析

新化方言的韵母共 35 个，包括自成音节的 n 在内（表 4-1）。

表 4-1　　　　　　　新化方言韵母分析表

开口呼	齐齿呼	合口呼	撮口呼
ɿ 资次思	i 比低备	u 故布富	y 居书锤
ʅ 知时诗			
a 马沙发	ia 加姐踢	ua 瓜夸括	ya 蛇靴扯
o 波多合			yo 却说药
ɤ 德杯对		uɤ 归桂威	
æ 埋怀街		uæ 怪国歪	

续表

开口呼	齐齿呼	合口呼	撮口呼
ɔ 包刀高			
	ie 别贼乙		ye 决血阅
	iə 标漏超		
əu 租做驴	iəu 流手祝		
ã 单简赚	iã 热	uã 关惯弯	
ɛ̃ 展闪衡	iɛ̃ 边层选		yɛ̃ 专穿宣
õ 关官讲			yõ 张向羊
	iõ 颈青醒		
ən 分明同	in 民兵吞	uən 滚文晕	yn 军众春
n̩ 翁你人			

（四）新化方言声调分析

新化方言共五个声调，现用表 4-2 所示。

表 4-2　　　　　　　　新化方言声调分析表

调类	调值	例字
阴平	33	高猪抽饭帽
阳平	13	穷陈寒神鹅
上声	21	古展五断件
去声	45	盖抗汉共岸
入声	24	说急笔质灭

三　新化俗语语音修辞的地域特色

新化俗语，作为一种由新化民众创制，在当地口语中广泛流传的语句，在进行语音修辞时必然以方言为基础，依托于方言音韵进行语音的选择、组合和调整。以方言音韵为基础进行的语音修辞也是修辞地域性的鲜明体现，因此，通过对新化俗语的语音修辞进行分析研究，我们能解构出其中的地域性特征。新化俗语语音修辞的地域特色主要体现在下述几个方面：

（一）方言音韵下的语音选择修辞

1. 叠音修辞

新化方言中存在大量的重叠形式，有两字格的，三字格的，四字格的。其中四字格的重叠式特别多，除了常见的 AABB，ABAB 外，还有诸多富有方言特色的四字格重叠式，如动词性的 V 哩 V 哩、连 V 地 V、乱 V 乱 V、V 山 V 里、V 倒 V 倒、V 起 V 起、忙 V 忙 V 等；形容词性的 A 更 A 脑、A 闹 A 屎、A 山 A 里、A 里 AB、A 里 A 气、BA 巴 A、A 哒 AB 等；量词性的 A 把 A 唧、A 是 A 唧、A 把两 A 等。众多重叠式的存在，让方言表达在音韵上形成了回环变化之美，在和谐音韵的同时能起到增强语义，渲染气氛的表达效能。新化俗语，作为一种活跃在人民群众口头的语言，在长期的传播过程中，传播者们为了达到上口好记的效果，往往喜用各种重叠式来进行表述。

AA 式的，如：

　　雨前蒙蒙终不雨，雨后蒙蒙终不晴。
　　屋檐水，点点滴，代代儿孙跟你来。

ABB 或 AAB 式的，如：

　　星子稀，干断溪；星子密，水泌泌。
　　天上钩钩云，地上雨淋淋。
　　豆锄三遍眼鼓鼓，薯锄三遍疤疖股。
　　毛毛雨打湿衣裳，杯杯酒呷垮家当。

A 一 A 式的，如：

　　笑一笑少一少，恼一恼老一老。

四字格的，如：

　　犁倒耙倒、口多屁多、卵闹卵谈、夹屎夹尿
　　船发水发、蛇服水服、一手一脉、充王充霸

凉饭凉菜呷得，闲言闲语听不得。
每月落了初四雨，拍拍满满九天晴。

俗语中大量叠音词的使用，是方言语音审美特质的体现。叠音词音节的重复带来了语感的重复，语感的重复伸张了节奏，强化了韵律，由此而给听众带来了韵律美的享受，听觉的美感又直接深化了内心感受，从而有效地实现了俗语上口好记的传播效能。

2. 响音修辞

响音字指声音响亮的字。字音的响度同音质、音强、音高、音长等都有关系。古汉语有洪音、细音之分，把韵母中主要元音开口度较大、音色比较响亮的叫洪音；相反，韵母中主要元音开口度较小、音色比较轻细的叫细音。现代汉语中，韵母为开口呼和合口呼的字音比较响亮，平声字比仄声字响亮，音节长的字比音节短的字响亮，如此等等。选用响音字，宜于表现强劲高亢的声音和气势。

为了对新化俗语用字的音响情况有大致的了解，本书以方言音韵为基准，在新化谚语、惯用语、歇后语、俚语中各随机选取了语例 50 则，共 1880 字进行音韵分析，分析结果显示如表 4-3、表 4-4 所示。

表 4-3　　　　　　　　新化俗语用字音调统计表

数率\声调	平声	仄声
字数	1259	621
比率	66.97%	33.03%

表 4-4　　　　　　　　新化俗语用字音韵统计表

数率\四呼	开口呼	合口呼	齐齿呼	撮口呼
字数	1165	169	488	58
比率	61.97%	8.99%	25.96%	3.09%

上表显示，在新化俗语中，平声字所占的比例大过仄声字，洪音字的比例远大于细音字。由此可见，新化俗语在语音选择上有着明显的响音选择倾向。

新化俗语的响音选择与新化地域的地理环境和生活习惯息息相关。如上文所述，新化县境内群山耸立，沟壑纵横。由此，居民生活点分散在山林的各处，很难形成密集聚居的格局。生活空间的相对开阔和隔离，让村民的日常生活形成了"出门基本靠走，说话基本靠喊"的状态。在喊话式的言语交际中，响音成了当地民众口语的自然选择，而俗语作为一种活跃在民众口头上的语言形式，在长期的传播过程中，当地民众必然会根据交际的实际情况对其语音进行选择、调整以适切其传播环境；由此，俗语中的响音字出现频率更高。俗语中响音字的高频出现，让新化俗语在整体格调上呈现出高昂、乐观、韵味悠长的效果，山地民族坚韧、豪迈的性格就此得以显现。

3. "唧"尾修辞

新化方言中没有儿化现象，儿化所起的表意作用，如表细小，表喜爱等在新化方言中一般由词尾唧 [tɕi] 充当。"唧"尾的韵母是细音，在音感上是轻捷柔和的，可以与俗语中的洪音构成对比，从而在音韵上形成抑扬变化。如：

鸡蛋坨、鸭蛋坨，伢唧不跟妹唧做一坨。
谷唧米唧，隔层皮唧。
大唧不逗细唧，细唧不逗狗唧。

在上述语例中，句中多处用到了"唧"尾。方言"唧"尾的使用，一方面表达了细微的意思和喜爱的情感，另一方面，"唧"尾的韵母 i 与句中的其他方言洪音如 a、o、ɤ、u 构成了一组音群，宏音处高亢响亮，细音处亲切柔和。高低处自然出现停顿过度，俗语因此而在音感上具备了开合有致、抑扬起伏的音韵美。

（二）方言音韵下的语音组配修辞

所谓语音的组配修辞，是指在语言表述时，对不同语言单位的各组成要素加以调配组合以达到最佳音韵效果的修辞方法。在汉语中，具体表现为将音节相同、平仄相同或韵母相同（或相近的）的不同音节安排在上下文的特定位置形成呼应关系，包括同音相应、同韵相合、平仄调配三种形式。俗语，作为一种口语性文字，为了求得顺口好记的效果，在语音的组配上往往有特别的讲求。新化俗语的语音组配修辞是建立在方言音韵基础之上的，深入解析它，我们能发现蕴含在其中的地域特色。

1. 音节的调配组合

在新化俗语中，对音节的调配组合主要表现为两种，一是对音节数量的相同配置以求得语音的齐整和谐；二是用相同音节的复现和粘连以求得语音的呼应和连贯。

新化的大部分谚语和少数俚语均为复句形式。为了求得语音的齐整和谐，复句的各分句音节数一般是相等的。如：

学无底，路无头。
嘴巴甜，当得钱。
是草有根，说话有因。
乌云遮冬，有雨不凶。
单丝不成线，独木不成林。
灯不拨不亮，理不辨不明。
大河涨水小河满，大河无水小河干。
骂出来的是臭气，长出来的是志气。
一丝之恶劝人莫做，一丝之善给人方便。
望云山发雨淋得哭，白旗峰发雨晒地谷。
莫饮卯时酒，昏昏醉到午；莫骂酉时妻，一夜受孤凄。
生意莫做赶牛客，半夜三更冒困场；生意要做红茶客，十里红茶九里香。
豆荚云，天气晴；瓦块云，晒死人；炮台云，雨淋淋。
春寒雨绵绵，夏寒火烧天，秋寒涨大水，冬寒雪满天。

在上述语例中，有三言式，四言式，五言式，七言式，八言式，还有十字句和十四字句。不论字数的多少，每句的字数是相等的，各句的语词虽然在平仄格律和语法属性上尚未做到严整的对仗，但上下句音节数量的相等和均衡让俗语在音律上呈现出了整齐对称之美，能使修辞接受者产生稳定、平和、宁静、完美的心理反应。

上文已论及，汉语语素以单音节为基本形式，而且汉语中的单音节基本上都是语义的承担者，即语音上一字一音，语义上一字一义，这种属性让汉语既有很强的独立性，又有很强的组合能力。汉语的单音节语素文字属性为汉语表达形式上的对称美创造了条件，在俗语的创制过程中，创制者充分利用了汉语的独立性和组合性，对语句中的音节数量进行了增删和规整，最后形成了字数均衡，格式整齐的俗语。

在新化谚语中，这种格式整齐、字数均衡的谚语多达1154句，占总数的77.29%。对称句的高频出现与新化地域的地理环境和民族生活习惯有着直接的关联。新化地处北纬27°31′—28°14′，四季依序轮回的自然秩序，春种夏耘秋收冬藏的生产节奏，日出而作日落而息的工作节律，男女交合，生老病死的生活程式，这些和谐有序的生存体系让新化民众对均衡对称美的感悟尤其深刻，进而深深地影响着他们的思维方式和审美心理，最终反映在他们的语言世界里。

相同音节的复现有两种表现形式：一是相同音节在同一句中的不同位置上的复现；二是相同音节在上下句中同一位置上的复现。相同音节的复现在语音效果上能形成呼应和回环。句中相同音节的复现如：

　　过哩米筛过箩筛。
　　乡里狮子乡里舞。
　　鸡肚里不晓得鸭肚里。
　　金筐银筐不如粪筐。

上下句相同音节的复现如：

　　人情像把锯，你拉来，我拉去。
　　黑心进衙门，洗心进庙门。
　　看树不看皮，看人不看衣。
　　施恩莫记，受恩莫忘。
　　头伏有雨，伏伏有雨。
　　云向上走拿起伞走，云向下走拿起扇走。
　　不是肥田不载秧，不是肥土不栽姜。
　　行时鬼推磨，背时鬼扯脚。

上述所举俗语，不管是单句形式还是复句形式，总会有相同的音节在句中重复出现。有一个相同音节重现的，如"人情像把锯，你拉来，我拉去"中"拉"的复现。有两个相同音节的复现，如"乡里狮子乡里舞"中"乡里"的复现。也有三个音节的复现，如"头伏有雨，伏伏有雨"中"伏""有雨"的复现。还有多个音节的复现，如"云向上走拿起伞走，云向下拿起扇走"中"云""向""走""拿起"的复现。相同音节在同一语言单位中的反复出现，能在音韵上形成回环复沓之美。对俗语语音进行这样的修辞，往往能让读者朗朗上口，铿锵可诵，听者悦耳动听，身心顺畅。

俗语中对音节的调配除了上面所述的音节复现外，还有音节的蝉联，如：

> 人人莫做官，做官一样贪。
> 白的容易黑，黑的不易白。
> 靠女靠水靠郎靠墙，靠墙墙倒靠水水流。
> 秧好半年禾，禾好谷满仓。
> 不要急，不要慌，太阳去了有月光，月光去了有星光，星光去了大天光。

在上述语例中，上句的结尾音节与下句的起首音节具有一致性，头尾音节蝉联，让俗语语意连贯的同时，声音流畅，读来环环紧扣，格调明快流畅，引人入胜。

2. 韵的调配组合

韵文中对韵的调配组合主要体现为押韵、叶韵。押韵的作用，根据段曹林的说法："一是通过声音的联系使不同语句（尤其是诗行）统一起来，形成一个整体；二是把关键语词置于韵脚位置从而突出中心意象或重要内容；三是使言语作品易诵易记，好传播，留余音。"[1]

俗语，作为一种简短凝练的语言形式，押韵的作用主要体现在第三点上。新化俗语的押韵是以方言音韵为基础的，许多在普通话中看似不押韵的俗语，在新化方言中是押韵合辙的。如下列语例：

> 四月八 [pa^{33}]，冻走客 [k^ha^{33}]。

---

[1] 段曹林：《汉语语音修辞：选择、组配、谐拟》，《修辞学习》2007 年第 1 期。

粒米不成萝 [lo¹³]，滴水不成河 [xo¹³]。

树大分枝 [kʰa²¹]，人大分家 [ka³³]。

想有果子必有花 [fa³³]，不要轻视女儿家 [ka³³]。

荞粑好吃磨难推 [tʰɤ³³]，杨梅好吃树难栽 [tsɤ³³]。

早晨落雨晚砍柴 [dʐʰæ¹³]，晚时落雨打草鞋 [xæ¹³]。

冬不睡板 [bã¹³]，夏不睡石 [ça⁴⁵]。

夏季先起大南风 [fən³³]，一转北风落得凶 [çyn³³]。

春雪似鹅毛 [mɔ¹³]，春水满江浮 [bʰɔ¹³]。

有钱难买四月天 [tʰiɛ̃³³]，桃花落地也生根 [tɕiɛ̃³³]。

月光担枷 [tɕia³³]，大雨开坼 [tsʰa³³]。

立秋落 [lo⁴⁵]，雨水必定够 [ko⁴⁵]，立秋晴 [dʐʰiɔ̃¹³]，干到九月过重阳 [yõ¹³]。

桐树叶子往下垂 [ʂɤ¹³]，三两天内雨纷飞 [fɤ³³]。

一日春耕十日粮 [liɔ̃¹³]，十日春耕吃不赢 [yõ¹³]。

早种三天不结 [kɤ³³]，迟种三天不黑 [xɤ³³]。

青满山来树满沟 [tɕiə³³]，生财有道不发愁 [dʐʰiə¹³]。

合牛牛瘦 [çiə⁴⁵]，合屋屋漏 [liə³³]，合茅房争屎尿 [iə³³]。

  在上述语例中，上下句尾韵在普通话中本不合韵，在方言中却是押韵的，上下句尾的押韵，使俗语中散乱的音节联络贯通起来，构成了一个音韵和谐的整体。同韵的存在，让俗语在音感上呈现出去而复返、前后呼应、回环复沓的韵律美。具有韵律美的俗语读起来朗朗上口，铿锵可诵，让人们在接受教育的同时享受到一种和谐的音乐美，俗语语音修辞的地域性也就此鲜明地呈现在和谐的方言音韵中。

  3. 平仄调配组合

  声调是汉语音节结构不可缺少的组成部分。声调在词汇方面有区别语义的作用，在语法方面有区别词类的作用，而在修辞方面则有构成韵律美的作用。古代音韵学把汉语的四声分为平仄两种，平仄调配就是让平声、仄声的音节既连续又交错地出现，使高扬和低抑的调子既相配合又相对应，从而说起来顺口，听起来悦耳，传情达意效果更佳。古诗词、对联等对平仄有格式要求，俗语虽然对此没有严格要求，但为了达到顺口好记的音韵效果，创作者和传播者在创制和传播的过程中都会对俗语各音节进行平仄的调配。就新化俗语而言，对各音节平仄的调配，是以方言音韵为基础的，而俗语语音修辞的地域性特征也就体现在此。

新化俗语，不论是以三、四字格为主的惯用语，还是以上下句组合为主的谚语，都十分讲究平仄的配合，甚少出现全仄式或全平式组合，有的语句在普通话中是全平或全仄，但在方言中还是具有平仄变化和调配的。如"眼大肚细"这一惯用语，如果用普通话来读是全仄声，音节的声调没有变化，读来气息不展，语调压抑。但在方言中，它们的声调分别是21、33、21、45，是一个仄平仄仄组合，这句话以仄声起首，中间用平声稍微和缓一下，最后力挫于仄声，整句话在方言音调中有起有伏，读起来宛转有致。在俗语中，有很多利用方言音韵成功构筑和谐平仄韵律的语句。如："井底蛙天窄，山顶鹰眼宽。"在方言中，它的平仄分布是：仄仄平平仄，平仄平仄平。上下句的平仄虽没形成严格的对应，但句中的平仄变化却极富规律，前句是两平两仄交替出现，后句是平仄交错出现，最后以平声收尾，既调韵婉曲，又余韵悠远，尽显音高起伏之美。其他如俚语"当哒六奶奶，背哒老贼婆"，其方言平仄律是平平仄平平，仄平仄仄平，上下句的首字语调构成平仄的相对，尾字的平仄则为一致，中间各字互有对应。平仄的成功组合，俞显仄声有弹性而平声有余韵。在新化俗语中，还有很多利用语调的平仄律成功地进行语音修辞的语句，它们都是以方言音韵为语音基础构建的，用方言念来，其音调高低起伏，抑扬顿挫，声韵铿锵悦耳，是语音修辞地域性的鲜明体现。

（三）方言音韵下的语音谐拟修辞

语音的谐拟修辞是指利用不同语音之间的类同关系或语音与非语音之间的近似关系，去进行替换、模拟以增强语言的表现力，构成含蓄、风趣、生动等表达效果的修辞方法。

在俗语中，语音谐拟修辞主要用于谐音歇后语中。在新化歇后语中，语音之间的谐拟是以方言音韵为基础的，没有方言音韵的支撑，就无法构建出这些音韵和谐、意蕴悠远的歇后语。如下列歇后语：

黄牛角，水牛角——角（各）顾角（各）
双手揿到染缸里——左也蓝（难），右也蓝（难）
茅坑板上开铺——隔屎（死）不远

叫花子困岩板——穷（寻）快活

春哥敲门——蠢（春）到家了

苍蝇采蜜——装疯（蜂）

在普通话中，"角"与"各"，"蓝"与"难"，"屎"与"死"，"穷"与"寻"本不同音，特别是"角"与"各"，"穷"与"寻"其声韵相差甚远，很难在这两音之间进行联系；但在方言中，上述几组音节，其声韵调都是一致的，第一组的"角"和"各"在方言中都念作［ko¹³］，因此，当地民众巧妙地借用这两个词音同而义异的关系建构了这一含义丰富，表意生动形象的歇后语。显然，这一谐音歇后语的建构是建立在方言音韵基础之上的，如果换用另一种方言，其修辞样貌就会发生变化，如山东方言有一个歇后语：牤牛耳——离角（家）近。在山东方言中，"家"谐"角"音，这里字面说牤牛耳离角近，实指人离家近。在新化地域，"家"和"角"读音相差甚远，人们就不可能构筑出这样的修辞文本，同时，因为缺乏对当地方言的了解也很难理解这个歇后语的意思。其他几组，第二组都念作［lã¹³］，第三组都念作［si²¹］，第四组都念作［ʐyn¹³］。方言读音的一致，让这几组音互相之间具备了谐拟的条件，因此，在口语中，当地民众对他们进行了巧妙置换，从而在语义上有了言在此而意在彼的效果，达到了一语双关的表达目的。

第三节　新化俗语的辞格使用及其地域特色

一　新化俗语修辞格使用概貌及其地域成因

俗语，来自人民群众的口语，是集体智慧的结晶。在传播的过程中，为了让俗语的内容为更多的人接受和传播，俗语的创制者和传播者会动用各种语言手段对俗语进行修饰润色。这些修饰润色，有从音韵角度进行的调整、配合。如上文已论的语音修辞。但语音修辞毕竟还只能从音感这一听觉形式上对俗语进行修饰美化，要想让语义内容给修辞接受者留下鲜明深刻的印象，还需应用其他语言手段对表达对象进行描摹渲染。汉语在长期发展中形成了许多有特定形式和表达功能的修辞格式，这些修辞格各有其表达效能，在语言中适当应用能给言辞表达增加表现力、感染力。新化俗语中用到了多种修辞格，在辞格的应用中，修辞主体的拟容取象都来自周边熟悉的景物和生活场景；因此，在辞格的具体应用中，体现出了鲜明的地域特征，对此进行深入解析，我们能挖掘出其中深蕴的地域文化内涵。

经统计，新化俗语中用到的修辞格主要有比喻、对比、夸张、比拟、对偶、顶针、排比等。各辞格在俗语中出现条次统计如表4-5所示。

表4-5　　　　　　　　新化俗语辞格使用情况统计表

辞格	比喻	映衬	对偶	夸张	比拟	顶针	排比
使用条次	407	114	78	32	19	13	10

表4-5显示，在俗语中出现频率最高的是比喻，共407例次。比喻的高频使用充分体现了汉民族喜形象思维的特点。汉民族"天人合一、主客体不分"的朴素整体观导致了他们对具象思维的偏重，形成了喜具象思维的思维特征。汉民族不像欧美民族那样注重缜密的分析、论证、推理，而是从整体上对思维客体进行直接把握。在思维过程中从直接感受体验出发，运用形象、联想、类比等思维方式进行具象化，所以直观性、形象性和具体性是汉民族的思维核心。新化民众作为汉民族的成员，其思维特点有着典型的民族特征。

其次是映衬，共114例次。映衬在新化俗语中也使用得比较多，这种修辞手法的应用与人类的辩证思维有着直接的关联。新化地域，其地形是高山深壑，其地貌是密林深山。因此，在新化民众的认知世界中，对上下、里外、高低、左右等相对概念是十分深刻的，这种认识，极易促成对立统一的辩证思维生成，反映在语言世界中，在地名命名中，上下、里外等多组对立方位词高频出现，在俗语中，映衬成为了一种主要的修辞手法。

第三是对偶的修辞手法，在俗语中共使用达78次。对偶修辞文本的建构主要基于人类对平衡对称美的普遍认同。而汉字独立性和组合性强的特点也给汉民族讲求对仗提供了条件。此外，新化民众强烈的"求偶"心理诉求也是促使对偶句在俗语中高频出现的动因。在本书第二章已论及，新化民众对"双"有着独特的偏好，这一审美心理映射在语言世界里，除了出现大量的"双"字地名外，在俗语中，对偶修辞手法成了主要的言语修饰手段。对仗整齐的偶句出现，使文本在客观上呈现出一种平衡对称的和谐美。

夸张在俗语中也使用得比较多，为32条次。这是因为"神道难摹，精言不能追其极；形器易写，壮辞可得喻其真"①。夸张独特的表达方式与新化民众在崇巫信道影响下的浪漫主义思维有着内在的统一性，因此，它也成为了新化民众喜用的一种表达手段。

比拟，借用现代修辞学者的观点，"一般说来都是建立在物我同一的移情作用的心理机制之上的……这种修辞文本的建构，一般说来，在表达上因表达者以移情作用将物我贯通交融为一体，使无生命之物具备有生命之人的情状或使有生命之人具备无生命之物的特质，从而使修辞文本别添了几多的生动性和形象性，语言顿然灵动飞扬起来"②。由此可见，拟人修辞格是汉民族天人合一的宇宙观和生命观的体现。生活于林野之中，与大自然紧密相依的生活模式，尊巫信道的宗教信仰让新化山民对天人合一的生命观体认得更为深刻；因此，在其俗语中，这种修辞格使用的频率也很高。

其他在新化俗语中出现得比较多的修辞格，如顶真、排比，其在俗语中的表达功能更多地体现在语音形式上，在上文的语音修辞中已论及，故不赘述。

各种修辞格使用的频率也是修辞地域性的表现。一个民族的思维特性会直接决定他们在语言表达过程中对各种修辞手段的择取。据上表数据，新化俗语中比喻、映衬、对偶、夸张、比拟等辞格的高频使用正是新化山民独特的思维方式和认知方式下的产物，它是民族特质的鲜明体现。在新化俗语中，修辞的地域性不仅仅体现在对辞格的选取上，还体现在对辞格的具体应用中。新化俗语在应用各种辞格时，常以各种具象性事物去进行比拟形容。其对"象"的选取，或取于当地物产，或选自当地的生产生活，或源于当地的各种民俗风情，无不体现出"近取诸身，远取诸物"的取材原则，而修辞的地域性正是在这原则规约下通过诸种修辞象得以彰显。

二 新化俗语中的比喻格

（一）新化俗语的比喻类型

据陈望道《修辞学发凡》，比喻按本体、喻体、比喻词三个部分的隐

---

① （南朝梁）刘勰：《文心雕龙》，中州古籍出版社2008年版，第349页。
② 吴礼权：《修辞心理学》，云南人民出版社2002年版，第209页。

现，可分为三种基本类型：明喻、隐喻（暗喻）、借喻。新化俗语中，比喻格不但使用频次最高，而且应用最广，在谚语、惯用语、歇后语、俚语中都有出现。在高频次、大范围的使用中，比喻格的三种基本类型——具备。

1. 明喻

按陈望道《修辞学发凡》，明喻有详式和略式两种。详式即除了本体和喻体出现外，还要出现"好像""似""如"等比喻词，而略式则隐去比喻词，用平行句法代替。在新化俗语中，这两种形式的明喻都有出现，而以略式为主。因略式是以平行句法代替的，而在俗语中，很多平行句法在形式特征上又属宽对，因此，俗语中大量存在比喻与对偶兼用的情况。

详式：

兴家好似针挑土，败家好似水推沙。
成家子粪如金，败家子粪如草。
果移三次甜如蜜，棉锄三次白如银。
种田如绣花，半点不能差。

略式：

铁犁越用越光亮，脑子越用越灵活。
桐油点灯灯不亮，穷人讲话话不灵。
登高要讲步步高，服务要讲好上好。
灶里的锅，后娘的脸。
草鞋烂了疙瘩不解。

2. 暗喻

邻舍是撑不开的土船。
人情是把锯，你拉来，我拉去。
勤是摇钱树，俭是聚宝盆。
肚子是匹棕，越胀越松。
娘爷是兜露水草，老婆才是掌心宝。

3. 借喻

借喻中因不出现本体，对其语义的理解会出现困难，解读它，需要一定的地域生活背景；而这，也正是其修辞地域性的鲜明体现。

> 犁倒耙倒。
> 糠箩里掉进了米箩里。
> 不想吃油渣，不往锅边站。
> 硬树只怕软藤缠。
> 牛到草树下不吃草，除非牛发瘟。
> 歪竹子长直笋。
> 船载千斤，掌舵一人。

当代修辞学认为，比喻辞格除上述三种基本类型之外，在实际的建构中，它的变化形态是纷繁复杂的，根据本体与喻体的结合情况，比喻还具有多种变化形式，如，博喻、倒喻、较喻、回喻、曲喻等。新化俗语中的比喻句除了上述三种基本类型外，还有博喻和较喻这两种变化形式。

博喻是连用两个或多个喻体来描绘或说明同一本体的修辞手法。它可以从不同角度或方面来形容、说明本体，使描写更深入，使接受者对事物的认识更全面。因俗语有用语简练的特征，所以，在新化俗语中出现的博喻一般由两个喻体组成，且往往以连类的方式来描绘本体的一个方面。如：

> 琴师多了难成调，舵公多了打烂船。
> 兵由将领，草随风摆。
> 蚂蟥听水响，叫花子听鼓响。
> 法师门前鬼唱歌，木匠屋里冒凳脚。

较喻，不仅本体和喻体之间有譬喻关系，且有比较关系。根据两者之间在强弱、轻重等方面的差别，它可分"强喻""等喻""弱喻"三小类。"强喻"是本体胜过喻体的，等喻是本体与喻体相当、相等的。"弱喻"是本体不若喻体的。根据上述分类方式，新化俗语中的较喻有"强喻"和"弱喻"，如：

锣声鼓声响得急，不如政策有威力。
养崽不送书，不如养头猪。
拜佛一日，不如路上拔根刺。
三句好话当不得一马棒棒。

其他几种变化形式，在新化俗语中没有出现。这是因为倒喻、回喻、曲喻等比喻形式，其本体和喻体的关系较常规的比喻要复杂和新奇，因此，编码者编制此类修辞文本花费的心智要远大于常规的修辞文本，而解码者要解读这样的文本也需耗费更多的心智。显然，这与俗语的口语性、通俗性相违背。因此，在新化俗语中，其比喻格以常规形式为主，而在这些常规形式的比喻句中，比喻的三种基本类型全部具备。

（二）新化俗语中的"喻象"

1. "喻象"的概念

早在先秦，比喻学说就已产生。《墨子·小取》："辟也者，举也物而以明之也。"① 这是我国最早的关于比喻的定义，在这个定义中明确地提到了比喻格中的一个重要元素"也物"，而且还说及了这个"也物"的功能是"明之"，即能使要表达的目标物明朗、显豁。而在后来的文论中，如刘勰的《文心雕龙·比兴》："故'比'者，附也；'兴'者，起也。附理者，切类以起事；起情者，依微以拟议。……且何谓为比？盖写物以附意，飏言以切事者也。"② 钟荣的《诗品·序》："因物喻志，比也。"③ 都重点提及了比喻格中的必备元素"物"，而对它的功能则认为是"附意"和"喻志"。

到了近代，以前辈学者的认识为基础，修辞学者对比喻格的形式、内容及功能认识得更精细、全面。上文已论及，陈望道《修辞学发凡》认为比喻是思想的对象同另外的事物有了类似点，说话和写文章时就用那另外的事物来比拟这思想的对象。他把"思想的对象"称之为本体，用来比拟"思想的对象"的"另外的事物"称之为喻体。在比喻修辞文本的建构中，本体（思想的对象）可隐可现，喻体（另外的事物）却必须显现，由此可见，在比喻格中，用来比拟思想对象的"另外的事物"是比

---

① 墨翟：《墨子》，上海古籍出版社1989年版，第91页。
② （南朝梁）刘勰：《文心雕龙》，中州古籍出版社2009年版，第342页。
③ （南朝梁）钟嵘著，张朵、李进栓注译：《诗品》，中州古籍出版社2010年版，第39页。

喻句的重要信息点，它是修辞接受者感知、理解和把握修辞主体思想的媒介。因此，在比喻句中，喻体才是凸显的对象，而创设比喻修辞文本"能否为本体配上最合适的喻体是决定修辞效果好坏的关键"①。既然喻体的选取是建构比喻的关键，那么，什么样的喻体才算是合适的喻体呢？关于喻体的选取，除了上述的相似性原则外，张志公先生在谈比喻的基本原则时说："运用比喻，为的是让人容易理解。那么就要用具体的做比，去说明或描写抽象的；用大家所熟知的作比，去说明或描写大家所不熟知的；用浅显的作比，去说明或描写比较深奥的。"② 由此可见，合适的喻体应具有"具体""熟知""浅显"三项特征，在这三项特征中，具体，也就是具象性，是最主要的特征。因此，修辞主体在设喻时为了达到让人容易理解的目的，其对喻体的撷取，虽"取类不常"，但不论是喻于声，还是方于貌，或拟于心，或譬于事，都是各种具体可感的物象、事象。在此意义上，我们可把出现在比喻修辞文本中的喻体称之为"喻象"。

2. "喻象"的生成机制

比喻的创造是一个过程。物象的占有是比喻的初始阶段。浩瀚的对象世界，繁复的事物、现象，为人们创造优美适切的比喻开辟了广阔的天地，提供了取之不尽、用之不竭的素材。这些事物、现象是比喻赖以产生的基础和前提，是构成比喻的物质原型，任何比喻都是在这些生活原型的直接启发下，连类不穷，想象组合的结果。

物理世界中的物象尽管十分丰富，但不是所有的物象都能进入主体的视域和心理世界的，只有和主体发生对象性关系的那一部分物象才能进入主体的认知视野，成为他未来进行言语活动的材料。对此，《易经》谈"象"时也说："圣人有以见天下之赜，而拟诸其形容，象其物宜，是故谓之象。"③ 其中的"象"就是物象，是进入主体认知视野中的物象，是"近取诸身，远取诸物"所得之象。

意象是比喻的中继阶段。是修辞主体的心灵与客观外象感应遇合受孕而成的胚胎。它是客观物象和修辞主体思想情感的交汇与叠加，是架设在物象和喻象之间的桥梁。在修辞主体的心灵世界里，如果没有出现需要描摹和表达的"思想的对象"，其前期生活中摄取到的各种物象都只能是记

---

① 书乔：《寻找喻体的艺术》，《修辞学习》1990 年第 1 期。
② 张志公主编：《现代汉语》（下册），人民教育出版社 1982 年版，第 132 页。
③ 黄寿祺、张善文撰：《周易译注》，上海古籍出版社 2010 年版，第 508 页。

忆中的材料。可一当他的思想中出现了需要描摹和表达的"思想对象"，其记忆中某些与思想对象有关联的材料就会被激活。当然，也不是所有的关联物都能被激活的，在建构比喻修辞文本中，被激活的关联物首先要具备与"思想对象"有相似性，其次，除了相似性外，还应是主体的思想感情、主观意趣所捕捉、所照耀的对象。在众多的物象中，与思想对象存在相似性的绝不止一种，面对多样化的物象，设喻主体不得不一一比较、鉴别、汰选、替换，在特定表达意图指导下加以扬弃和重新组合。在这一有意选择中，不合修辞主体修辞意图和审美取向的物象就会被淘汰，即使是被选中的物象，也还需经修辞主体再选择、改组、重塑。

意象运思过程中的"选择"是就物象的"多边"而言的，在具体的修辞活动中，修辞主体往往会根据自己的修辞意图只选物象多边中之"一边"来设喻。如"竹"这一物象，在新化俗语中，有撷其生长规律作比的，如，"不种春竹，哪来冬笋"；有取其生长特性作比的，如，"歪竹子长直笋"；也有采其物理性质作比的，如，"一根竹竿容易弯，三根麻绳扯难断"。

意象运思中的"改组""重塑"是根据修辞的需要对被选中物象的某一特性进行强化和明朗。意象的成型过程始终是一个潜行过程，它是修辞主体调动自己的认识经验不断在心灵世界中进行的比较、选择、加工。在这个流动变化的动态进程中，意象在修辞主体的思维意识里逐渐由混沌走向明朗，由无规律、无秩序走向有规律、有秩序。

喻象是比喻的完成阶段。是比喻的显形外现和审美定型。由不确定的潜性意象到确定的显性喻象，修辞主体在"显—隐—显"三个阶段双重转化的艰难选择中完成了比喻质的飞跃。它通过语言这种物质形式得到了固定，物化成可以直接感知并传递给他人的鲜明形象。

由上述论述可见，喻象就是比喻意象，就是喻体。在比喻中，本体是先行的、既定的、稳定的事物，喻体则是后继的、未定形的、活跃的事物。喻象的确定是以本体为依据，并受制于本体的。但喻象对本体的适应不是僵化机械的。从物象的储存开始直至喻象定型，每一个阶段都有修辞主体的积极参与，凝聚着修辞主体独特的认知、情思和审美创造力。每一个喻象的定型都是修辞主体独特生活经验的显现，独具慧眼的发现，独具匠心的构想，独蕴情感的酿造和独具个性的表达。而任何修辞主体，他的物象积累、情感倾向、价值取向、思维方式、表达方式无不受囿于他生活的空间和时间。因此，每一个喻象的确定都会蕴含着地域性因素，都会打上地域的烙印，而对某一地域喻象群进行系统的整理研究，能让我们挖掘出其中蕴含的地域特征，从而解构出修辞在语句层面的地域性。

3. 新化俗语"喻象"概貌

新化俗语中的比喻句共407条，其喻象按其来源大致可分为自然类、生产劳动类、生活类、生理类、宗教信仰类五种类型。按这五种类型对新化俗语中的喻象进行分类统计，自然类喻象共157例，涉及70种自然物象。这些物象又可分为天文、地理、物产三小类。经统计发现，喻象中涉及的天象共7种，为太阳、风、星、霜、云、雨、雷。地理象共5种，为河、路、山、地、海。物产象共58种，其中自然物质类，如火、水、土、金、银、石、夜明珠等。有自然生物类，其中植物类的有草、树、苗、姜、萝卜、花、茶、芋头、茄子等。动物类的有蛇、老虎、鸡、蛙、虾、鸟、苍蝇、乌鸦、马、狗、雁、猪、豹、猴、蚂蟥、鸭子、乌龟、蛤蟆、田螺等多种。生产劳动类喻象共67例，其中可分为生产工具、生产活动、生产对象三类。生产工具有扁担、箩、犁、刀、网、晒毯、风车7种。生产活动有耕种、渔猎、纺织、养殖、手工共5种，其中有关耕种的喻象出现频次最高，涉及的工序最精微复杂，有下种、种瓜、挖洞、浇树、挖土、挑土、栽种、耕田、磨刀、割禾、碓米、推磨、修渠等多种。生产对象有禾、谷、米、瓜等多种。生活事象共133例，涉及吃穿住行，婚嫁娱乐等生活的方方面面。其中出现频次最高的是驾船和敲锣两项，各达6次。生理类喻象共18例，其中关涉到的人体器官有眼睛、牙齿、手、心、胆、筋、脑、肠子、毛等，生理现象有病、烂疤子、疮等。宗教民俗类喻象共32例，其中关涉到的佛教事象有菩萨、佛、和尚3种，共12例，鬼象共10例，梅山教相关喻象共8例，土地神喻象2例。经分类统计，新化俗语喻象数据如表4-6所示。

表4-6　　　　　　　　　新化俗语喻象统计表

类喻象 类型	自然类			生产劳动类			生活类		生理类		宗教信仰类		
	天文	地理	物产	生产器具	生产活动	生产对象	吃穿住行	礼仪娱乐	人体器官	生理现象	佛教	梅山教	土地神
典型代表	太阳、风霜、高山、树、狗	风霜、流水、草、蛇、老虎	雷、草、蛇、老虎	牛、犁、风车、谷	扁担、箩、刀、晒毯、耕种	笋、晒毯、风、渔猎、瓜	草鞋、蓑衣、驾船	糍粑、敲锣	眼睛、手、心、胆、筋	牙齿、病、烂疤子、疮	菩萨、佛、和尚、梅山娘娘、孟公菩萨、阴迹菩萨、土地神		
数量	157			67			133		18		32		

三　新化俗语"喻象"的地域特征

新化俗语中的比喻句均来自民间，是当地人民群众的口头创作，甚少受到外来文化的影响和干扰，因此它所包含的地域元素纯正、天然。另外，俗语的接受者和传播者也是当地群众，因为其比喻格中的喻体只有取象于当地的物产、生产生活才能为广大群众所感知、接受并广为传播。因此，在民间流传久远的新化俗语，其喻象的选取必然是深具地域特征的，是为当地群众所熟知的各种自然物象、生产生活事象、民俗事象等。对新化俗语喻象进行分析研究能让我们科学地解析出新化方言修辞的地域特征。

（一）自然条件制约下的"喻象"及其地域特征

上文已论及，在新化俗语中，其喻象关涉到的自然物达70余种，大致可分为天象、地理象、物产象三种类型。在"近取诸身，远取诸物"的取象原则制约下，其自然喻象无不取自当地的自然现象、自然资源，是该地域物候现象在语词世界的反映，其俗语建构的比喻文本也因此呈现出鲜明的地域特征。

1. 地域气候条件制约下的"喻象"

以天象喻象而言，亚热带季风气候下的各种天象为新化民众建构比喻修辞文本提供了诸多形象生动的物象，深入分析这些物象，我们能进一步解构出新化方言修辞的地域特征。

（1）新化俗语中的"天"象

　　　　轻霜打死单根草，狂风难毁大树林。
　　　　雨里深山雪里烟，看花容易绣花难。
　　　　天上无云不下雨，地上无媒不成婚。
　　　　笑是春风货是花。
　　　　天上雷公大，地上媒人大。

（2）新化俗语"天"象的地域性

新化县地处湖南中部、雪峰山东南麓，属中亚热带季风湿润气候，四季明显。因此，在四季轮回中，风云雷电、雨雪霜露等气象状态都一一具备。亚热带季风气候下的四时天象、物候，进入新化民众的认知视野里，丰富的物象因此而储备，映射到语言世界里，就成了极具地域特色的比喻文本。

以"笑是春风货是花"为例，其中以"春风"喻"笑"，就是独特的地域气候条件下构筑出的修辞文本。新化县内历以"立春""立夏""立秋""立冬"为春、夏、秋、冬四季的开始，而以"春分""夏至""秋分""冬至"为四季的中点。其春季从三月开始至五月结束，其间气温回升，日平均气温在4℃以上，春季的月平均气温在16℃—19℃之间。整个春季，各种植物依次吐芽、含蕾、开花、展叶。因此，在新化地域，春季气温是煦暖的，大地开始焕发生机，给人的感觉是温暖、明媚的。与此同时，其春季的风向开始由偏北风向偏南风转向，北方的寒冷气流经过高山的重重阻隔，到此威力已经不大，因此其春风有和煦、轻柔的特点。该俗语用"春风"来喻"笑"，显然，是特殊的地域气候条件使喻体"春风"在温暖和富有生命力上与"笑"具有了相似点，当地民众据此产生了相似联想，从而成功地构筑了"笑是春风货是花"这一修辞文本。

新化地域的夏季大致从五月上旬开始，至九月中旬结束。其间日平均气温在20℃以上，最高气温可达39℃以上。春末夏初，西南暖湿气流加强，再加上山地地形的影响，极易在局部地区产生强对流天气，常伴有雷雨大风、冰雹、龙卷风、局部强降雨。在这些天象中，因雷常与雨相伴，迅雷之后必有暴雨相随，所以，在新化地域，"雷"是极具威力的，雷神更是新化民众景仰的神灵。在新化民间，今天依然有天旱即祭雷神的习俗。

而另一方面，在新化地域，因为山川阻隔，居住相对分散，媒人在婚姻的缔结中起着关键的作用，其威力堪比自然界的风云雷电。因此，在新化民众的认识中，"雷电"这个始源域所具有的威力大、影响力强的特点极易被映射到目标域"媒人"上，并由此而在心理空间进行合成，最后构筑出"天上雷公大，地上媒人大"的比喻修辞文本。

新化的秋季从九月中旬开始，到11月下旬结束。整个秋季，新化日平均气温会从25℃降至10℃。初秋，早晚凉爽，中午炎热，梧桐果落，桂花飘香。仲秋，野菊始花，苦楝叶尽，开始割晚稻，收小麦。季秋，蟋蟀终鸣，夜霜生凉，紫薇叶尽，各类粮食入库。新化的冬季从十一月下旬开始，翌年三月结束，日平均气温从9℃降至2℃，有时甚至会降至0℃以下。季秋和入冬季节，新化霜雪，冰冻出现，各种冬眠动物蛰伏冬眠，百草枯折，树木凋零。秋冬相对恶劣的自然条件，对生长在该地域的生物都会有一定的破坏性，在严寒的冬季，生物的某些个体会毁于冰霜风雪。特殊的气候条件，特别的物候现象，在新化民众的认知世界中，储备了"轻霜打死单根草，狂风难毁大树林"这样的物象。当思想中有了"个体易毁灭，集体力量大"这样的思想认识时，新化民众就会借助相似联想从记忆中提取到"轻霜打死单根草，狂风难毁大树林"这一物象来进行譬喻形容，使说理形象生动。

2. 地域地理制约下的"喻象"

上文已论及，新化境内高山耸峙，资水贯穿中部，各溪流从周边群山奔流而下，最后汇集于资江。因此，高耸的山脉、奔涌的河流，是新化山民认知视野里最常见的景象。生活在这样的自然环境中，新化山民对山间四时之变化，河流各流程之形态都十分熟悉。因此，在语言世界里，新化民众极易用这些熟悉的景物去对"思想对象"进行描摹、比况。

（1）新化俗语中的"地理"象

  咯山望倒那山高。
  坐如山，行如虎，跳如猴，弹如弓。
  高山树木有长短，大河流水有高低。
  大河涨水小河满，大河无水小河干。
  山高流水长，志大精神旺。
  一涨一退山溪水，一反一复小人心。
  水急无鱼，性急无智。
  河狭水急，人狭气生。

（2）新化俗语"地理"象的地域性

在上述语例中，新化山民有用"山"来比喻坐姿的，如"坐如山"。显然，是该地域山岳稳峙的形象给修辞主体提供了物象储备，所以，当主体需要对梅山武术操练者的各种身姿进行描述时，自然就会从身边熟悉的物象中撷取相似者进行比拟形容，"坐如山"就是地域特征制约下构筑的修辞文本。该修辞文本所选喻象跟北方俗语"坐如钟"的喻象存在巨大的差异。这是因为"钟"作为一种宫廷乐器，常见于中华文明发源地的中原地域，而新化县，地处南蛮之地，长时间都处在教化之外，因此，甚少见到体型巨大、安稳坚定的"钟",没有这样的物象储备,自然也就无法构筑出"坐如钟"这样的修辞文本。

山为水之母。高寒山地上大面积分布的冰川,使山地成为了水系发育的根基,因此,有高山自有流水,且高山易形成湍急的溪水。高山急流,这样的地理条件让新化山民构筑出了诸多以高山流水为喻象的修辞文本。如,用"高山树木有长短,大河流水有高低"这一喻象来比况群体的良莠不齐和人生的起伏波折;用"山高流水长"的自然景观来比况"志大精神旺"的精神面貌;用"一涨一退山溪水"来比况"反复的人心";用"水急无鱼"的自然状况来比况"性急无智"的性格缺陷;用"河狭水急"的自然特性来比况"人狭气生"的情绪状态。这几个比喻修辞文本都是新化民众从自己身边最熟悉的景物中撷取物象以阐发哲思、说明事理而构筑出来的,其中的比喻象无不与新化地域山高水急,溪水奔腾的地理状况有着直接的关联,是地域地理特征在语言世界的映射。

(二)物产条件制约下的"喻象"及其地域特征

在新化俗语中,物产象共58种,其中有自然物质类,如水、火、土、金、银、石、夜明珠等。有自然生物类,其中植物类的有草、树、姜、萝卜、花、茶、芋头、茄子等。动物类的有蛇、老虎、鸡、蛙、虾、鸟、苍蝇、乌鸦、马、狗、雁、猪、豹、猴、蚂蟥、鸭子、乌龟、蛤蟆、田螺等多种。其具体情况统计如表4-7所示。

表4-7　　　　　　　新化俗语物产类喻象统计表

喻象类型	自然物质类	自然生物类	
		植物	动物
典型代表	水、火、土、金、银、石、夜明珠	树、草、姜、萝卜、花、茶、芋头、茄子	狗、虎、蛇、鸡、蛙、虾、鸟、苍蝇、乌鸦、马、狗、雁、猪、豹、猴、蚂蟥、鸭子、乌龟、蛤蟆、田螺
出现条数	15	27	29

在这诸多的物象中,除了自然类物质难以体现出明显的地域特征外,其他植物类和动物类物产无不显现出南方亚热带物候特征。在新化俗语中,如此集中地出现亚热带风物喻象,这是修辞地域性的鲜明体现。

经统计发现，在这系列喻象中，水、树、草、虎、蛇、狗等物象出现的比率均比较高，这些物象都带有南方物产特点，它们的高频出现正是南方物候在语言世界的折射，通过对这些喻象进行深入解析，我们可以进一步解构出新化方言修辞的地域特征。

1. 新化俗语中的"水"喻象及其地域特征
（1）新化俗语中的"水"喻象

发大水
息断股水。
水有源，树有根，事有因。
十个手指有长短，水落滩头有高低。
泉水挑不干，知识学不完。
满缸水不响，半桶水响叮当。
水透千层坝。
水过了三丘田哩。
自己的妻子长流水，人家的妻子瓦上霜。

（2）新化俗语"水"喻象的地域性

新化属亚热带季风气候区，降水丰沛，植被良好，溪流众多。在这样的地理条件下，河流、泉水、水塘随处可见。"水"是新化山民常见的物象，因此，对水之多姿、多态、多性认识得极为精微。在上述俗语中，修辞主体就充分利用了"水象"之多边来形容事况、说明事理。如"发大水"这一惯用语，在新化民间口语中常用来喻指事况波及范围大。

如：这次单位解决就业问题，算是发了大水哩，居然连我们这些小职工的孩子都给解决了一个。

而"息断股水"这一惯用语则是以水之川流不息来设象作比。在新化方言中，这一惯用语常用来比况发展迅猛的事物戛然终止。

如：以前村里人一聚到一起就议论我家的事，李家屋里的和何家屋里的又在一起嚼舌根，被我起了一顿五雷火，今天村里就息断股水一样哩。

而"满缸水不响,半桶水响叮当"与北方俗语"半瓶醋"具有同样的含义,是同一本体下的不同喻体择取。同是比况"对知识一知半解的人",北地因经济发展较早,酿造业发达,"醋"是常见的生活用品,故用"半瓶醋"来喻指;南方多水,则用"半桶水"来设喻。喻体的不同充分体现了地域物产对修辞的影响,是修辞地域性的表现。

至于其他,"水透千层坝"是选水之"无孔不入"的韧性来比况影响力的深入。"水过了三丘田哩"是择水流迅速、一去不返来比况事情已经过去,无法挽回。"泉水挑不干,知识学不完","自己的妻子长流水,人家的妻子瓦上霜"则以水流不断、取用不竭的特性来对具有相似点的思想对象进行比喻说明。

2. 新化俗语中的"树"喻象及其地域特征

(1) 新化俗语中的"树"喻象

利棘窠
树怕剥皮,人怕伤心。
树无根不长,人无志不立。
树倒猢狲散,墙倒众人推。
树不看皮,人不看衣。
岁寒知松柏,危难见人心。
一夜老兜茶,一夜老个爷。
人是摊一摊咯,树是山一山咯。
好树只怕风来摇,好汉只怕病来磨。
一树之果有甜有酸,一母之子有歹有贤。
看树看果实,看人看作为。
大树也有枯枝。
硬树只怕软藤缠。
但愿父母千年在,大树底下好遮阴。

(2) 新化俗语"树"喻象的地域性

新化县山地广阔,森林资源丰富。据《新化县志》载:"1989年统计，全县活立木总储积量为 251.35 万立方米。"① 丰富的林储量不但使新化民众常年以树为伴，而且以树为生。"山区民众历来以'树兜、茶兜、竹兜'为主要生活来源。通过资水船运，向益阳、武汉等地销售木材、楠木和夹板纸、玉兰片、药材、桐油等农副产品，换回粮食、棉布、食盐等生活物资，'故有吃穿靠三兜'之说。"②

长期栖息在树林之中，靠木材和林副产品为生，新化民众对树的各种品性十分熟悉。因此，在进行言语活动时，极易把目标域投射到"树"上，以树为喻象构筑比喻修辞文本。上述俗语均是借助事理和"树"的某一相似点展开想象构筑出的修辞文本，有以树皮设喻的，如"树怕剥皮，人怕伤心"；有以树根设喻的，如"树无根不长，人无志不立"；有以树枝设喻的，如"大树也有枯枝"；有以树果设喻的，如"一树之果有甜有酸，一母之子有歹有贤"；有以树的生命禁忌设喻的，如"好树只怕风来摇，好汉只怕病来磨""硬树只怕软藤缠""一夜老兜茶，一夜老个爷"；有以树的功能设喻的，如"但愿父母千年在，大树底下好遮阴"。

语例：

如：你咯个利棘窠，我刚说你一句，就被你骂出了这么多话，真是会刺死人哒。

如：硬树只怕软藤缠咯咧，你在那个妹子身上要多花功夫，才能把个婆娘讨得回咧。

在俗语中，众多"树"喻象的出现，充分展示了新化民众对"树"这一自然物象感知的精深和情感的亲切。假如没有形象记忆，假如没有知识记忆，假如没有情绪记忆，假如没有思考记忆，脑瓜再灵，也弄不转比喻。正是有生活中的万千树象的滋养，新化民众才能在他们的日常口语中创制诸多具有本土气息，具有生命光泽的比喻；而透过这些生动精妙的修辞文本我们能清楚地看到新化山民以树为伴，以树为生的自然生活图景。

---

① 新化县志编撰委员会：《新化县志》，湖南出版社 1996 年版，第 277 页。
② 新化县志编撰委员会：《新化县志》，湖南出版社 1996 年版，第 273 页。

3. 新化俗语中的"草"喻象及其地域特征

（1）新化俗语中的"草"喻象

是草有根，说话有因。
斩草不除根，春风吹又生。
苗多欺草，草多欺苗。
一根竹竿容易弯，三根麻绳扯难断。
歪竹子长直笋。
黄丝茅怕扯，野男人怕打。
火烧冬茅心不死。

（2）新化俗语"草"喻象的地域性

新化县属亚热带季风气候区，降水丰沛、气候温和，植被良好。新化县的植物除了树木外，还有丰茂的野草。在草系植物中，新化地域最常见的要数竹和茅。在论及语词修辞时已介绍到，新化县内的竹就品种而言，有楠竹、光竹、水竹、斑竹、黑竹、方竹、实竹、青皮竹、箭竹、桂竹、管竹、丛竹，可谓品种繁多。新化的竹不但品种多，而且数量巨大，光以楠竹而论，据1985年统计数据显示，全县有楠竹2542.6万棵。在没有树木、竹林、庄稼的地方，生存力最强的就是茅草，如白茅草、冬茅草、丝茅草等。在新化境内，茅草，是除竹之外最常见的植物。植被丰茂，竹类和茅草密布生长，这样的物理象除了在语词修辞中有映射外，也彰显在语句修辞中。

在上述俗语中，有以草的生理属性和强韧生命力设喻的，如"是草有根，说话有因""斩草不除根，春风吹又生""火烧冬茅心不死"；有以竹的物理属性、繁殖特质设喻的，如"一根竹竿容易弯，三根麻绳扯难断""歪竹子长直笋"；也有以草与外界的关系设喻的，如"黄丝茅怕扯，野男人怕打""苗多欺草，草多欺苗"。

语例：

如：冒想到犁驼子还生得出咯样乖态的妹子出，真个是歪竹子长出了直笋哩。

如：屋里的那几只鸡你还是杀了算哩，我看"桂仔疤"那个贼是火烧冬茅心不死，迟早还会来偷咯。

在上述比喻文本中，修辞主体以草为喻体对生活中的事理进行生动形象的阐述，在设喻的过程中，修辞主体充分利用物象的多边性，在事理和物象之间寻找相似点，在心理空间把两者映射、合成，构筑出精妙传神的修辞文本。修辞主体对物象多边性的把握和熟悉，是以环境为依托的。特别的生活环境赋予了修辞主体对草，特别是茅和竹深刻的感知、记忆和情感，有了这些感知、记忆、情感为基础，修辞主体才能通过语言这种物质形式使物象固定，物化成可以直接感知并传递给他人的鲜明喻象。这种感知、记忆和情感是生活在戈壁、沙漠、海洋等地的人很难获得的，自然，在这些地域的民众也很难构筑出上述修辞文本，而新化方言修辞的地域特征也正是体现在此。

4. 新化俗语中的"动物"喻象及其地域特征
（1）新化俗语"动物"喻象概貌

在新化俗语中出现的动物象有蛇、老虎、岩鹰、鸡、蛙、虾、鸟、苍蝇、乌鸦、牛、马、狗、猪、豹、猴、蚂蟥、鸭子、乌龟、蛤蟆、田螺、鱼等多种。这诸多的动物都属于亚热带季风气候物产，特别是蛇、蚂蟥、蛤蟆、田螺等具有明显的南方山地特征，它们一起构成了新化俗语中的动物群像。

①新化俗语中的"动物"喻象

闭眼蛇

花脚猫

乌鸦嘴

叫鸡公

田螺璇璇

蛇服水服

条条蛇唧咬人。

挖眼寻蛇打。

蛤蟆嘈社。

蚂蟥粘人。

一代岩鹰一代鸡。

揪哒鸡婆娘来不得抱（孵）。

鸡肚里不知鸭肚里。

三百斤的野猪——只有一张寡嘴。

阳雀子叫三天——还是句现话。

猴子坐天下——毛手毛脚。

猫唧扳倒饭甑——只帮狗搞得一轮。

苍蝇采蜜——装疯。

前头乌龟爬上路，后面乌龟揪路爬。

②新化俗语中"动物"喻象的地域性

在上述比喻文本中，新化民众以想象为桥梁把思想对象和当地物象的某一特点勾连起来进行组合、加工和替代，最后形成巧妙贴切，意味隽永，地域气息浓郁的喻象。如，"蛇"是南方山地常见的动物，因此，在新化惯用语中有"闭眼蛇"，用以喻指不爱说话，但心里多鬼的人。俚语中有"条条蛇唧咬人"，用以比况每件事情都有它的难度，有"挖眼寻蛇打"，用来喻况主动寻衅滋事。其他，"田螺旋旋"以山田中常见的多旋"田螺"来喻指性格特别拧的人。"像蚂蟥一样黏人"用水田中的蚂蟥来喻指特别黏人的人。同样的本体，在韩语中，用"像年糕一样黏人"来比况；这是因为年糕是韩国一种常见的极具黏性的食品，因此，年糕物象更易被激活进入语言世界里。而"一代岩鹰一代鸡"也是用新化地域常见的物象"岩鹰"和"鸡"的关系来做喻以比况事物之间的相应变化关系，这一俗语与普通话中的"一朝天子一朝臣"所喻的事理是一样的，喻体的不同择取充分体现了地域因素对修辞的影响。在中原地域，君臣关系是一个民众熟悉的事象，因此极易与当地民众的"思想对象"发生对应关系，而对身处南蛮的新化山民而言，岩鹰与鸡的关系更为他们所熟知，因此，这一物象比"君臣"更易进入语词世界里。"三百斤的野猪——只有一张寡嘴"，修辞主体利用了野猪嘴尖的特点来喻指牙尖嘴利的人。

语例：

如：那个家伙是惹不得的，你上门去找他论理，那是挖眼寻蛇打咧。

如：你家妹子要不愿嫁那个后生那就算哒，要晓得哦，揪哒鸡婆娘来不得抱（孵）喃。

总之，在上述俗语的建构中，动物物象的选取无不具有浓郁的南方山地物产特征，而喻象的确立和完成又体现出了修辞主体对物象体察的精微、认识的独到，这是特别的地域环境给予的认知结果。在动物群像中，出现频次较高的是"牛""狗""虎"。因为"牛"在新化山民的生活中不再是单纯的自然物产，在农业文明中，它的生产工具属性更鲜明，因此，把它析出，在下文的生产喻象中详细论述。下面着重论述"狗""虎"两种高频喻象及其地域性。

（2）新化俗语中的"狗"喻象及其地域特征

①新化俗语中的"狗"喻象

赶山狗
黄眼狗
黄桶罩到只狗，不晓得望哪头嗷。
疯狗落水着力打。
狗婆不摆尾，狗公不上背。
一根骨头哄两只狗。
篱笆扎得紧，野狗进不来。
狗爱的是屎，粽粑也兑不脱。
黄狗呷肉，黑狗当灾。
恶狗离不开茅厕门。
狗咬烂衣人，石头打差人。
咬人的狗不叫。
好狗不咬鸡，好汉不打妻。

②新化俗语中"狗"喻象的地域性

狗，作为一种分布面较广的物种，在新化俗语中高频出现，是地域风俗下的语言现象。在新化县，老百姓有养狗的习俗，在某些村落，几乎家家户户都蓄养狗，有的人家甚至养至数十条。

新化民众对狗的喜爱，与新化地域的民族发展史有着密切的联系。陆次云《峒溪纤志》称："苗人，盘瓠之种也。帝喾高辛氏以盘瓠有歼溪蛮之功，封其地，妻以女，生六男六女而为诸苗祖。"① 宋范成大在《桂海虞衡志·志蛮》中也有"瑶本五溪盘瓠之后，其壤接广右者，静江之兴安、义宁、古县，融川之融水、怀远县界皆有之"② 之语。由此可见，在新化地域居住过的苗瑶民族应属盘瓠的后裔。而在我国的神话传说中，盘瓠的原始身份是一条狗。后世的学者们便根据这些传说及有关资料，考证盘古传说的起源。比较流行的说法是，盘古（盘瓠）实际上是出身于以狗为图腾的某个部落，而其族属，则不外乎位于中国南方或西南方的"蛮夷"诸族，如苗、瑶、畲等族。本书在介绍新化地域的民族源流时已谈及，在古新化地域居住的民族以苗瑶为主，迄今为止，在新化地名中还残留了很多署名为"瑶"的村落名。尽管在宋朝廷对梅山蛮进行征讨后，新化境内的苗瑶族已大量迁徙，但残留在当地的苗瑶族民，其生活习俗和宗教信仰对后来居民的生活习惯还是产生了深远影响，这其中就包括对盘瓠的崇拜。直至今日，新化民间依然把他奉为梅山的神主，每年都要定期举行隆重的祭祀仪式。据湖南学者马少侨先生的文章介绍，"梅山教主祀的神'东皇太一'，即傩神'春皇伏羲'"③。而《中华全国风俗志》载："辰州俗供神象，有有头无躯者，名㑩神。一于思红面，号东山圣公。一珠络窕窕，号南山圣母。两人兄妹为婚，不知其所始，楚黔之人，皆崇祀之。"④ 显然，这傩神就是古夷记载中的伏羲女娲，即是民间洪水传说中的葫芦兄妹。而闻一多先生《伏羲考》与《东皇太一考》考证，伏羲就是盘瓠。

既然，在新化地域，当地民众以盘瓠为先祖神，而狗又与盘瓠有着千丝万缕的关系，那么，在新化先民的深层意识里自然会有以狗为图腾的灵物崇拜意识。在互渗律这一原始思维规律的影响下，爱狗、养狗也就成了新化山民独特的生活样态。

对狗的喜爱和依赖，除了受上述的以狗为灵物的原始意识的影响外，还与新化先民们早期的渔猎生活方式有关。古新化地域山高林密，虎豹出没，野猪横行。山民们为了生存和发展，长期与野兽斗争，狩猎

---

① （清）陆次云撰，徐霆疏：《峒溪纤志上卷》，问影楼舆地丛书影印本，光绪戊申仿聚珍版。
② （宋）范成大：《桂海虞衡志》，中华书局1991年版，第27页。
③ 马少侨：《梅山文化的历史特色与自然特征》，《楚风》1991年第1期。
④ 胡朴安：《中华全国风俗志·下编》，河北人民出版社1988年版，第336页。

成为新化民众生活的一部分，新化地域的地方宗教梅山教的教主张五郎的身份就是猎神。关于张五郎的猎神身份，在新化民歌《梅山猎歌》中吟唱得非常鲜明，其中有歌词："日出东方赫赫扬扬，奉请猎神张五郎，昆仑山上得了道，猎户门前降祥瑞，千家有请千家应，万处有求万处降。"

古新化地域的狩猎方式有两种，一是常年捕猎，一是季节性的大规模围猎。从事常年捕猎的主要是居住在深山中的猎户，他们的捕猎方式以放碟、设陷阱、发弩为主。季节性的围猎是一种全民参与的大规模狩猎活动，一般在秋冬两季进行。为了参与这次围猎，家家都备有猎铳，户户都蓄有"赶山狗"。上山的时候，每人带一条猎犬，经过训练的猎狗能分辨出各种野生动物遗留在林中的气味，能根据动物留下的粪便搜寻其踪迹。在新化围猎，任由猎狗在山中搜寻即可，猎人只需在动物出没的路线上拦截。关于带猎狗围山的盛况，在新化民间歌谣中也有记录，如《赶山开铳调》所记："背起铳杆唤起狗，纸敬梅山三把香，下河莫打落水麂，上山莫敲喂奶獐，十回赶山九有货，开铳就闻野味香。"后来，随着生产方式的改变，猎犬不再是重要的生产工具，但新化民众依然爱蓄狗来守家卫村，因此仍保有家家户户养狗的风气。

对狗的特殊情感，与狗长期相处的生活经验，让新化山民们对狗的习性有了细微的了解。在他们的认知世界里，"狗"是极易撷取的物象；因此，当思想意识中出现与"狗"有相似关系的对象时，他们自然就会截取狗性之"某边"来对之加以比诸形容。在上述俗语中，"赶山狗"是新化地域常用的惯用语，用来喻指对别人动向非常灵敏且喜追随的人，与普通话中的惯用语"跟屁虫"在语义上有相同的地方。与之配套的还有一个比拟格的俚语"嗅得臊哒"意即如狗一般能嗅到特别的气味。至于"狗婆不摆尾，狗公不上背""狗爱的是屎，粽粑也兑不脱""恶狗离不开茅屎门""狗咬烂衣人，石头打差人""咬人的狗不叫""好狗不咬鸡，好汉不打妻"等都是以狗的生理、生活习性为喻象，对与之有相似关系的人和事进行描写形容。以"狗爱的是屎，粽粑也兑不脱"为例，这一谚语以狗的特别饮食爱好为喻象来形容良莠不分的人。如下列语段：

甲：你家息跟那个妹子断了没有，断了的话，我这里可有个条件蛮好的妹子哦。

　　乙：别说了，怎么也搞不断，亲戚们不晓得给他介绍了好多好妹子，他连看都不去看，说急了，还说既然这么好的条件，那介绍人自己去讨了去好了，唉！真是狗爱的是屎，粽粑也兑不脱。

而"疯狗落水着力打"这一俗语则是用疯狗喻指某类恶人。新化民众对狗有着特别的亲切之情，但"疯狗"是例外。这一俗语与"痛打落水狗"可谓同中有异，"疯狗"与"落水狗"的差异体现出了不同的修辞主体对狗情感的差异，这一差异性是由不同的民俗情感蕴蓄出来的，映射在语言世界里就会构筑出不同的修辞文本，而新化方言修辞的地域特征也就此鲜明地体现出来。

（3）新化俗语中的"虎"象及其地域特征

①新化俗语中的"虎"象

　　出山虎
　　财主的斗，老虎的口。
　　干部不怕苦，群众如猛虎。
　　一物降一物，麻雀降老虫。
　　虎死不倒威。
　　老虫揿蚱蜢子呷。
　　老虫借猪。
　　人不辞路，虎不辞山。
　　入山不怕伤人虎，只怕人心两面刀。
　　上门来咯，老虫都要喂它三口。
　　冒看到老虫毛，也听到老虫叫。

②新化俗语"虎"象的地域性

　　老虎，是新化县的野生动物之一。据《新化县志》载："1951年第十二区政府报告称：'老虎经常出没在本区鹅坪、龙台、团坪、金凤等乡的边界地方。1949年以来，已被老虎咬死95人，咬伤18人。区政府于1950年5月两次组织猎手100多人，猎枪80余支，并配合区干队两班战士上山清山打虎。后被猎手圈捕数只，虎患始除。'1958年后，森林砍伐加剧，滥捕滥猎盛行，鸟兽数量迅速减少。1981—1982 年县西北部山区村民偶然发现小云豹和野猪。华南虎绝迹。"① 由上述记载可见，在新化境内山区，20 世纪 50 年代之前一直有老虎活动的踪迹，还曾一度虎患为灾。老虎，是新化民众认知视野中比较熟悉的物象，新化山民对它的生理属性和生活习性是比较了解的。老虎，作为自然界的猛兽，其最大的特点是形体大、能量高、攻击性强。在新化俗语中，新化民众以虎性之"多边"构筑了形形色色的比喻修辞文本。如"财主的斗，老虎的口"就是以老虎口型巨大、吞噬迅猛为喻象来比况具有相似特点的"财主的斗"。"干部不怕苦，群众如猛虎""虎死不倒威""上门来咯，老虫都要喂它三口"是以老虎的高能量、威慑性为喻象来形容具有同样特点的人。"入山不怕伤人虎，只怕人心两面刀"则是以老虎的危害性设喻，用较喻的方式来说明人生的遭遇中有甚于遇到老虎者。"老虫借猪""老虫撅蚱蜢子呷"则在老虎的取食习惯与事理之间构筑联系的桥梁。前者用来比况生活中有借无还的现象，这与普通话中的"肉包子打狗"所比况的对象具有同一性，喻体的不同是修辞地域性的鲜明体现。后者则是比中有夸，用来比况过分的精打细算。

语例：

  甲：李家的，今天"宏把头"找我借了二十块钱去哒，也不知有没有还。

  乙：那有得还的，你把钱借给他呀，怕是老虫借了猪去哩咧。

上述以"虎"为喻象的比喻修辞文本都是以经验世界中熟悉的各种虎象为基础构筑出来的。新化地域特别的生态环境给修辞主体提供了丰富多态的虎象储备，新化先民们才能在本体的召唤下进行有效的联想、组合、替换，最后生成上述生动形象的虎喻象，并以方言的形式物化为可以直接感知、可以传递给他人的鲜明形象。

（三）地域人文条件与"喻象"择取

1. 地域生产方式制约下的"喻象"

据统计，在新化俗语中，生产劳动类喻象共 62 例，其中可分为生产

---

① 新化县志编撰委员会：《新化县志》，湖南出版社 1996 年版，第 140 页。

器具、生产活动、生产对象三类。生产工具有扁担、箩、犁、刀、网、晒毯、风车7种。生产活动有耕种、渔猎、纺织、养殖、手工共5种，其中有关耕种的喻象出现频次最高，涉及的工序最精微复杂，有下种、种瓜、挖洞、浇树、挖土、挑土、栽种、耕田、磨刀、割禾、碓米、推磨、修渠等多种。生产对象有禾、谷、米、瓜等多种。

上文已论及，新化所属的古梅山地域，在未归王化之前，渔猎是其基本的生产方式。宋熙宁五年，经过多年的对抗后，经沩山密印禅寺长老颖诠的斡旋，梅山蛮与中央政府达成和解协议。"于是遂檄谕开梅山，蛮徭争辟道路，以待得其地。东起宁乡县司徒岭，西抵邵阳白沙砦，北界益阳四里河，南止湘乡佛子岭。籍其民，得主、客万四千八百九户，万九千八十九丁。田二十六万四百三十六亩，均定其税，使岁一输。乃筑武阳、关硖二城，诏以山地置新化县，并二城隶邵州。自是，鼎、澧可以南至邵"。① 双方达成的协议，大致有以下一些条款：其一，梅山同意纳土，归顺朝廷；其二，朝廷弛禁释罪，不再用武力征剿、追捕瑶酋，使瑶民安居乐业；其三，朝廷支援梅山发展生产，给牛贷种，帮助瑶民开田垦土，植桑种稻；其四，朝廷支持资金，发放民钱，帮助梅山开辟道路，发展交通。在这些条款中，第三条对瑶民的影响是深远的，因为它将从根本上改变当地瑶民的生产方式，随之，生活方式也发生了相应变化。在朝廷的支持下，新化先民们开始了开荒种田的农耕生活。

在后续的历史中，虽然渔猎生活在新化地域还有少量留存，但农耕生产是其主流的生产方式。新化的农耕以稻作为主，新化栽培稻谷，在历史上有水稻、旱稻两种。水稻又分为籼稻、粳稻、粘稻与糯稻。据《新化县志》载："民国时期，新化常年稻产量220万石，计1.34亿公斤。……新中国建立后的40年间（1949—1989）稻谷的播种面积和总产，均在粮食作物中居主要地位。"②

新化多丘壑河溪，地形比降大。全县除横阳、洋溪、圳上三处面积较大的溪谷平原外，其他都是山地丘陵，垦荒、蓄水和耕种的难度很大。但在新化先民的勤耕力作中，新化的农耕面积有了很大的扩展，在山地丘陵地区开掘出了挂排田、高岸田、冲垄田，特别是被当地称作挂排田的梯田

---

① （元）脱脱：《宋史·蛮夷二》，中华书局1985年版，第14197页。
② 新化县志编撰委员会：《新化县志》，湖南出版社1996年版，第216页。

更是农业史上的奇迹。位于县城西北部的紫鹊界梯田依山就势而造，小如碟、大如盆、长如带、弯如月、形态各异、变化万千。紫鹊界梯田不但创造了稻作文化的奇迹，而且是一项神奇的水利灌溉工程。在紫鹊界，山有多高，田有多高，水就有多高，整个梯田系统没有一口山塘、一座水库，也无须人工引水灌溉，巧妙的自流灌溉系统令人叹为观止。紫鹊界梯田的杰出成就体现出了新化先民们高超的山地耕作水平。新化先民们对农耕的精熟映射在语词世界中，在俗语里出现了众多的农耕生产喻象。

（1）"农具"喻象及其地域特征

①新化俗语中的"农具"喻象

龙眼识珠，牛眼识草。
牛到草树下不吃草，除非牛发瘟。
死牛子不放草。
牛不喝水强按头。
麻畲里岔到豆畲里，牛胯里岔到马胯里。
耕田还是大水牯，养崽还是大婆娘。
打蛇要打七寸，牵牛要牵鼻子。
陪哒黄牯晒日头。
绚到牛寻牛。
牛轭上颈。
牛栏屋里关猫。
牛身上扯根毛，蓑衣上抽根棕。
屙牛屎粪样。
从糠箩里掉进米箩里。
好有好人爱，丑有丑人爱，烂皮箩也要配个盖。
过哩米筛过麻筛，过哩麻筛过糠筛。
扁担亲
扁担无札，两头失塌。
铁犁越用越光，脑子越用越灵。
换刀把样咯。
磨刀不误砍柴工。
刀子不磨会生锈，人不学习要落后。

刀无钢口不耐用。
草锄挖土不太深，细伢子做事皮上风。
晒毯鬼
碓头出白米，棍头出好人。
碓窠做帽子戴。
烂风车，老能车。
买个擂巴磨脑壳。
捉只老鼠来咬仓。
挖耳挖进去，耙头搭出来。

②新化俗语"农具"喻象的地域性

在上述俗语中，出现了牛、刀、犁、锄、扁担、箩、晒毯、风车等多种与农作有关的器具和场所，涉及了耕作、收获、加工、储藏的各个方面。众多农耕生产象的出现，体现了修辞主体对农业生产的熟悉，对每一生产过程的精通。

以"箩"为例，在新化地域，因竹林丰茂，竹篾工艺也十分先进，光农用竹器就有箩、筐、筛、箕等多种，这些竹器分工细密，是为了适应农业生产的各个程序而发明的，是当地居民常用的生产工具。在长期的生产过程中，新化民众对这些竹器的性能了解得十分清楚，这些竹器也因此成为他们认知世界里最熟悉的物象；因此，当他们有"思想的对象"需要解说和描摹的时候，这些熟悉的竹器极易被激活进而成为他们语词世界的喻象。在上述俗语中，有用"从糠箩里掉到米箩里"来喻指从不好的环境进入好的环境。在新化地域，网眼的大小是竹筛分类的标准，网眼最大的是探筛，其次是箩筛，最小的是糠筛。在初级农业阶段，要把谷加工成米，往往要动用上述竹器进行反复的过滤和筛选。在手工加工的过程中，新化民众对这一农业事象非常熟悉，因此，当他们头脑中出现"反复筛选、精益求精"这一思想对象时，就很容易与稻米的筛选过程形成映射，于是，在语词世界中就有了"过哩米筛过麻筛"这一俗语来喻指对事物和人才的反复筛选。

语例：

甲：听说李家老二考上县上的干部了咧。

乙：那硬是有些本事，这个考试可是过哩米筛过麻筛咯。

其他，如刀，在刀耕火种的时代里，它是主要的生产工具。木质的刀把是极易损坏的，因此在新化俗语中用"换刀把一样"来形容对某物更换的频繁，同样的语义在北方用"走马灯似的"来比况，喻体的不同显现出了鲜明的地域性。锄头，也是农业社会中最常用的生产工具，而在山地耕作，为了适应各种宽度和硬度的耕地，其选用的锄头也是各有差异的。如，小巧的草锄，一般用来锄草，大型的板锄，一般用来开荒和挖田，而尖锄，则用来开挖沟渠。对各种锄头性能的熟悉，让新化山民在语词世界中构筑出了"草锄挖土不太深，细伢子做事皮上风"这样的比喻修辞文本。而其他如"买个擂巴磨脑壳""捉只老鼠来咬仓"都是以借喻的方式来比况主动给自己招惹麻烦。没有对"擂巴"性能的了解，缺乏对"仓"功用的熟悉，就很难构筑出这样具有浓郁农业气息的修辞文本。"烂风车，老能车"这一借喻修辞文本是用来比况破旧的人或物往往更具生命的韧性。没有对"风车"这一原始农具的深入了解，修辞主体就无法在事理和物象之间构筑想象的桥梁，创造出意蕴丰富，形象生动的喻象，修辞接受者也没法从喻象回到物象，达到对这一修辞文本的心领神会。在上述俗语中，一切丰盈喻象的创制都是以对稻作农业的精熟为认知基础的，是修辞主体的生活背景给他的语言表达提供了鲜活、灵动的资源，因此，透过这些语词现象的表层，我们能发现深蕴于其中的地域动因。

③新化俗语"牛"象的地域性

漫长的农业文明时期，牛一直是农业生产中不可或缺的工具，而在新化地域，因为地形的起伏不平，大型的农业机器无法使用，牛的耕作尤显重要。因此，在新化山民的认知世界里，牛的工具性、人文性要比它的生物性更为凸显。在新化地域，阳春和牛紧紧连在一起，牛是阳春的象征。同治《新化县志》载，新化古有打春的习俗，"立春时候，鞭打土牛"，谓之"打春"，意谓耕牛扬蹄奋进，阳春才有望。因此，在新化地域，立春这一天，农民要扎纸"春牛"，在门外焚香化楮，敬祀"春神"。而正月，闹春牛的活动是阵容最大、最热闹的迎春民俗活动，有11—13个花灯笼，有狮子、稻草龙、全副吹打（八音锣鼓），有舞春牛和表演武术的演员十多个。纸扎的春牛，头角、身子、尾巴齐全。进场后，春牛就打拱作揖,边叫边跑,表演犁田、耙田、播种、插秧、采摘、收获等动作,最后表演梅山武术。此民俗活动,人代替牛来展示农耕劳作,表达着对牛的崇敬。

基于牛在新化地域生产生活中的重要作用,当地民众对它不但有深刻的认知,还有着特殊的情感。特别的认知和情感映射在语词世界中,"牛"象在新化俗语中呈高频出现。在比喻修辞文本中,"牛"象的高频出现再次彰显了地域耕作方式对语言世界的影响力,是修辞地域性的鲜明体现。

在新化方言中,"牛"喻象不仅高频出现在语词修辞中,在语句修辞中也有同样的呈现。但相比语词修辞中的静态,在语句修辞中,对牛的取象更显具多边性和动态性,对俗语中的牛象进行深入解析,我们能进一步挖掘出其中深蕴的地域特征。

在新化俗语中,有以牛的生理属性为喻象的,如用"打蛇要打七寸,牵牛要牵鼻子"来比况解决问题要抓住主要矛盾这一事理;用"三泡水牯屎高"这一夸中有比的修辞文本来形容人的矮矬;用"稀牛屎扶不上壁"来比况扶不起、教不会的人;"眼珠鼓起牛卵子大"这一俚语中也是夸比兼用,用"牛卵子"来比况人生气时睁大的眼睛。有以牛的生活习性为喻象的,如用"屙牛屎粪一样"来比况人说话的粗俗无理。而"龙眼识珠,牛眼识草""牛到草树下不吃草,除非牛发瘟""死牛子不放草"则是以牛爱吃草的习性为喻象来比况天性的作用。也有用牛的功用为喻象来作比的,如用"老黄牯"或"背犁的"来喻指特别能干活的人,这一俗语与阿拉比谚语"他是一头只知干活的驴"具有同样的语义内涵,不同喻体的选择是由地域生产方式决定的。以农耕为主要生产方式的新化地域选择了他们常用的生产工具"牛"为喻体来进行比况,而以游牧为主要生产方式的阿拉伯民族用了他们熟悉的"驴"为喻体。其他,用"水牯"来比况身体好、能量大的人。用"变不得牛就莫耽误阳春"来比况耽误了事的人。用"牛轭上颈"来比况受到了约束的人和事。用"耕田还是大水牯,养崽还是大婆娘"来比况大形体事物的大能量。在俗语中还有用牛与其他事物的关系为喻象的,如,用"牛屎上插花"来喻指事物搭配的不当。用"牛身上拔根毛"来喻指事情的微不足道。用"高坑上的茅冬,吊断你的牛颈"来喻指想而不可得的事物。用"牛栏背底读祭文"来喻指弄错说话对象或做无用功。用"牛栏屋里关猫"来喻指很轻松的状态。用"抱哒牛角吹不叫"来喻指技术的生疏。用"揪得个牛脑壳火炖"来喻指死抓住某个问题不放的态度。用"牛胯里岔到马胯里"来喻指对事物的混淆。

语例：

　　甲：听说没有，山老板家买了电脑回来哒，还装了个叫么子有线网的东西。

　　乙：哼，没读书的人，抱哒牛角也吹不叫，在家摆弄了一个下午，愣是冒搞出点声响来。

在上述俗语中，对牛象的使用是极具多边形和动态性的。丰富多彩的牛喻象是在与牛长期相处的过程中获得的。对牛态的熟悉，对牛生理习性的熟稔，对牛各种功用的熟知是构筑上述修辞文本的认知基础，而这些认知都是由新化地域的农耕生产方式提供的，在别的地域，生产方式的变化，同一本体，其喻象就会出现差异，就以"牛不喝水强按头"而论，在山西霍州方言中，同样的意思其表述方式却是"毛驴喝水，捺不下脖子"。同一语义下喻象的不同择取正是修辞地域性的鲜明体现。在山西，毛驴是主要的生产和交通工具，毛驴在霍州民众的认知世界里是更为熟悉的物象，因此，在设喻的过程中，它比牛更容易成为联想的对象，与目标域构成映射关系。而"绚牛找牛"这一俗语跟"骑马找马"比况的事理也具有一致性，都是喻指东西就在自己这里，还到处去找。同样的本体下的不同喻体择取是由地域因素决定的。在我国北方，马是主要的交通工具，是当地人们日常生活中常接触的物象；因此，相比之下，它比牛更容易成为联想的对象进入语言世界中。

（2）新化俗语中的"生产劳动"喻象及其地域特征

①新化俗语中的"生产劳动"喻象

　　开毛荒土
　　扮了禾再刈田坑。
　　肥水不落外人田。
　　兴家好似针挑土，败家好似水推砂。
　　轻轻话者说出理，轻轻碓者舂出米。
　　种瓜得瓜，种豆得豆。

打铁要自己把钳,种庄稼要亲自下田。
三年冒驾船,河都弯了。
牛脚眼里捉鲫鱼。
人情像拉锯,你拉来,我拉去。
田要冬耕,崽要亲生。
看病下药,看地施肥。
亲身下河知深浅,亲口尝梨知滋味。
养崽不送书,不如养头猪。
养子不教如养猪,养女不教如养驴。

②新化俗语"生产劳动"喻象的地域性

在上述有关生产的俗语中,除了"三年冒驾船,河都弯了""亲身下河知深浅,亲口尝梨知滋味"这两条语例中的喻象跟农耕生活无关外,其他的都是以农耕生活为喻象的。以农耕为主的生产方式让新化民众对生产的各个环节都十分熟悉,因此,在语言表述的过程中,遇到有相似点的事理需要表述时,他们就会写农事以附意,扬农言以契事。如,"开毛荒土"这一惯用语就是以开毛荒土来喻指在新的领域进行的最新开拓。"扮了禾再刈田坑"这一俗语则是喻指做事程序的颠倒,因为,在农事活动中,本应是清理好田坑后再开始扮禾。在这一俗语中,修辞主体以此设喻来比况生活中处理事情的次序不合理。而"兴家好似针挑土,败家好似水推砂"则是以针挑土来比况兴家的艰难。依然是以农事活动为喻象,但在设喻的过程中,修辞主体进行了大胆的嫁接和加工,让喻体更具超常性和夸张色彩,从而道出了兴家的艰辛。以农事活动为喻体,并对之进行变形改造,这一比喻文本是修辞主体客观生活和主观想象相互熔铸而成的。"牛脚眼里捉鲫鱼"这一修辞文本看似与农作无关,但如果有过在南方农村生活的经验就会明白,在南方山地,很多农民都喜欢在稻田养鱼。往往收割的季节就是稻田捉鱼的时候,经过牛耕作的稻田中间会有很多的牛脚眼,牛脚眼面积窄小,在其中捉鱼就非常容易,因此,这句俗语就以此来喻指非常简单的事。

语例:

甲:听说,竹山湾的王大山要竞选这一届的村长哦。

乙：他想当村长，那还不是牛脚眼里捉鲫鱼，他家办了那么大的一个竹器加工厂，我们村怕是有一半人在那里上班，敢不投他的票。

在新化地域，山林茂密，溪流纵横，因此，其生产活动虽以农耕为主，也还会有渔猎和砍伐等。"三年冒驾船，河都弯了""人情像拉锯，你拉来，我拉去""亲身下河知深浅，亲口尝梨知滋味"这三个比喻句就是以砍伐活动和渔猎活动为喻体来附会意义。"三年冒驾船，河都弯了"以驾船活动为喻，阐明缺乏练习会导致技术的生疏。"人情像拉锯，你拉来，我拉去"则以伐木中的拉锯为喻来比况礼尚往来。

通过上述分析可见，在以生产活动为喻象的俗语中，其生产事象以农耕生活为主，即使有所变形和改造，其变形的原型依然是农耕生活中的环节。在俗语中也出现了其他生产活动事象，但这些事象也均是当地地域环境制导下的生产活动。地域生产方式以物理象的方式进入修辞主体的认知视野，伴随着情感体验成为他们的物象储备，在适当的语境刺激下得以激活，最后成为语词世界中精妙灵动的喻象。由此可见，这些喻象是受地域环境制约生成的，是新化方言修辞地域性的鲜明体现。

（3）新化俗语中的"生产成果"喻象及其地域特征

①新化俗语的"生产成果"喻象

谷唧米唧，隔层皮唧。
十担谷种一根秧。
粒米不成箩，滴水不成河。
要米好先要谷好。
扯起瓜棚叶也动。
一篮茄子当不得一个瓜。
种瓜得瓜，种豆得豆。
荞粑好吃磨难推，杨梅好吃树难栽。

②新化俗语"生产成果"喻象的地域性

上述修辞文本都是以劳动成果为喻象构筑的。在新化俗语中出现的这8条生产成果象，关涉到粮食作物的有5条，关涉到蔬果作物的有4条，其中最后一条既关涉粮食，又关涉蔬果。上文已论及，新化地形地貌以山地丘陵为主，因此，在供水环境较好的地方以水稻种植为主，但在缺水的高地则种植各种麦类、豆类、玉米、高粱、粟、穄子、马铃薯等。此外，新化县的经济作物众多。《新化县志》载："据1983年全县农业资源野外调查统计，有110科，279种，其中栽培108种。茶叶、柑橘、烤烟为三大骨干产品，杨梅、李、葡萄、魔芋、苡米、百合为传统产品，梨、桃、枣、柿、甘蔗、晒烟、芝麻、果用瓜、黄花和其他蔬菜均有种植。"[①] 地形的复杂多样，大幅度的地势比降让新化县的粮食作物和经济作物出现了多样化。这一现象显现在语词世界里，就出现了以稻谷为主要喻象，其他作物也偶有出现的比喻修辞文本。如，"谷唧米唧，隔层皮唧"这一语例，以谷米的差别来比况再亲的亲人之间也是有隔阂的。而"十担谷种一根秧"则用来比况庞大家族中继承人的单一。"扯起瓜棚叶也动"是比况整体的变动对部分的影响。"一篮茄子当不得一个瓜"是喻指某一事物的重要和强大是其他微弱事物的累加也无法比的。如下面语段是一对夫妻的吵架，其中有对这一俗语的运用：

语例：

夫：你莫把我吵烦了，看我不揍你。

妻：你敢！你敢！你倒是打打试试。

夫：我有什么不敢的，你也不想想，你们娘家有什么人，哼，才那么一个带把的玩意。

妻：你家又有什么了不起，你娘生的那一串没用的，一篮茄子都当不得我家一个瓜。

由上述语例可见，新化当地丰富的物产给新化民众提供了众多性状不一的物象，在言语交际中，为了实现形象生动的表达效能，修辞主体从中提取与表达对象具有相似性的物象来进行比拟描摹，由此形成了俗语中丰盈多姿的喻象。透过这些喻象，我们可以清楚地看到地域物产对语词世界的深刻影响。

2. 地域生活方式制约下的"喻象"及其地域特征

统计数据显示，在新化俗语的比喻句中，以地域生活事象为喻象的比

---

① 新化县志编撰委员会：《新化县志》，湖南出版社1996年版，第226页。

喻句共 133 例。涉及吃穿住行，生老病死、婚嫁娱乐等生活的方方面面。其中出现频次最高的是驾船和敲锣两项，各达 6 次。这些生活类喻象是新化民众日常生活的再现，在它们身上承载着深厚的民族文化内涵，对此进行深入分析，我们能够解构出其中深蕴的地域特征。

（1）新化俗语中的"吃"喻象及其地域特征

①新化俗语中的"吃"喻象

糍粑心

豆腐渣

和米汤

吃独食

年三十夜里的砧板

豆腐渣不是本钱？

吃过黄连苦，方知甘草甜。

不到高山不知平地，没吃过穇子粑不知粗细。

穇子粑粑敬土地——粗货。

井淘三遍好呷水，人从三师技艺高。

蒸酒打豆腐，称不得老师傅。

呷菜呷蒜头，听话听落头。

看菜吃饭，量体裁衣。

不想油渣吃，不到锅边站。

有米不怕饭晏（迟），有盐不怕鱼烂。

生米煮成了熟饭。

火烧黄鳝，节节咯煨。

灶里的锅，后娘的脸。

好心没好报，黄土打个黑灶。

②新化俗语"吃"喻象的地域性

"糍粑心"这一惯用语在新化地域是用来比况心底慈善的人。同样的本体，在普通话中选用的喻体是豆腐心，喻体的差异是由地域生活风俗导致的。

糍粑，是我国南方地区流行的美食。相传春秋战国时期，楚国的臣子伍子胥为报父仇投奔了吴国,想从吴国借兵讨伐楚国。他来到吴国帮助吴王阖闾坐稳了江山,成了吴国的有功之臣。不久,他率领吴兵攻破了楚国京都郢都,掘楚王墓鞭尸以报仇雪恨。此后,伍子胥受封申地。有一次吴王令他率人修建了著名的"阖闾大城",以防侵略。城建成后,吴王大喜。唯有伍子胥闷闷不乐。他自知自己结怨甚多,恐日后有人难以容他。回营后,便对自己的亲信说:大王喜而忘忧,不会有好下场。我死后,如国家有难,百姓受饥,在相门(苏州八个城门之一)城下掘地三尺,便可找到充饥的食物。阖闾的儿子夫差继位后,多次拒绝伍子胥的忠告,竟听信谗言,令伍子胥自刎身亡。不出伍子胥所料,他去世后不久,越国勾践乘机举兵伐吴,将吴国都城团团围住。当时正值年关,天寒地冻,城内民众断食,饿殍遍野,国家和人民果然遭到危难。在此危难之际,人们想起了伍子胥生前的嘱咐,便暗中拆城墙挖地,人们惊奇地发现,城基都是用熟糯米压制成的砖石。原来,这是伍子胥在建城时将大批糯米蒸熟压成砖块放凉后,作为城墙的基石储备下来的备荒粮。人们不禁感叹道,伍子胥真有先见之明!大家将糯米砖石掘起,敲碎,重新蒸煮,分而食之。后来,在楚地一带,人们每到丰年年底,便要用糯米制成像当年"城砖"一样的糍粑,以此来祭奠伍子胥。至今,糍粑仍是南方各地人民春节前必做的美食。

  新化地域处古之南楚,历来有年关打糍粑的风俗。每年冬至前一个月,家家户户便开始碾好糯米,准备干柴,开始做糍粑。制作时将上好的糯米洗净,用清水浸泡24小时,滤干上笼屉大火蒸熟,后放入木桶内用木棍反复杵打、搅拌成泥状,然后做成直径20厘米,厚约3厘米的圆饼,放凉变硬后放清水中浸泡储存。经过上述工序做出来的糍粑柔软细腻,香甜可口。因此,"糍粑心"这一惯用语,修辞主体取了糍粑柔软这一性状来形容人心的慈善。楚地悠远流传的吃糍粑风俗,让新化民众储存了糍粑质糯实软的物象记忆,当言语交际有状人心底慈软的表达需求时,糍粑这一物象就会被情境唤醒,并与目标域"心底慈善"形成映射,最后在语言表达中构筑出"糍粑心"这一极具地域风俗特色的修辞文本。

  在新化地域,新化俗语中有"不到高山不知平地,没吃过穇子粑不知粗细"这一比喻文本。在这一比喻句中,修辞主体以博喻的方式来阐明一个事理即"在比较中出真知"。文本中的"吃穇子粑"是一个极富地域色彩的生活象。穄子，古称稷，有粘、糯两种，以籽粒磨粉做粑食。穄子，作为我国古老的粮食作物，主产于南方山地，在新化的山区，多有种植。据《新化县志》载："清代以来，新化县一直在山区垦荒轮种，1957年较多，共面积 7449 亩，总产 395.9 吨。"① 穄子，作为新化地域的一种常吃辅粮，其性状为新化民众所熟悉，即使经过多次研磨，相比其他粮食，穄子粑依然略显粗糙。"穄子粑粑敬土地——粗货"这一俗语，正是在穄子食之粗糙的体验上构筑出的比喻文本。上述几例俗语都是新化地域生活事象在语词世界的映射。缺乏相关的地域生活背景是很难构建和理解这样的修辞文本的。

"年三十夜里的砧板"这一俗语也是一个关涉到"吃"的比喻文本。在新化地域，过年并不吃年夜饭。其过年的风俗为：大年三十吃砧板肉，即把祭祀过的腊肉切成小块，由全家分食。吃完砧板肉后就要开始准备大年初一的早饭，这顿早饭要求特别早，一是年饭要边吃边等东方发亮，意为日趋光明。二是以防外人在用餐时上门，被"踏破年关"。在新化，大年初一的早饭才是真正意义上的年饭，祭祀礼仪齐全，吃食丰盛，阖家团圆。为了准备这一顿年饭，切菜砧板成了年夜一直要使用的器具。特别的过年风俗，让"年夜的砧板"成了最紧俏的用具，因此，新化民众就以此来比况生活中不可或缺的事或人。特别的风俗礼仪为地域的人们提供了特别的生活积累，这些生活图景裹持着深刻的情感记忆储存在修辞主体的人生经验中，一旦他的头脑中出现与"过年的砧板"有类似点的"思想的对象"时，这一极具地域文化内涵的比喻就顺手捏就了。

"豆腐渣不是本钱？"这一俗语与北方俗语"别拿豆包不当干粮"表述的意思是一样的，其本体都是"低等事物也自有其用途"。相同本体下的不同喻体择取是由地域饮食风俗决定的。豆包，是东北的一种常见食品，由相对粗糙的玉米面制成。地处南方的新化，主食以米饭为主，甚少做面食，因此，饮食中没有豆包这一食品。但磨豆腐却极为盛行，新化白溪镇还以产豆腐而著称，所产的霉豆腐、水豆腐、豆腐干、豆腐皮、千张丝等闻名远近。打豆腐过滤出来的豆腐渣虽没有其他豆制品值钱，但也是有用途的，且是上好的猪饲料。在这样的生活背景下，新化民众就以此构

---

① 新化县志编撰委员会：《新化县志》，湖南出版社 1996 年版，第 223 页。

筑出了"豆腐渣不是本钱?"这一反问与比喻兼用的修辞文本。同样本体之下的不同喻体选择,是由不同地域生活方式导致的,通过对这两个修辞文本进行比照,我们能解构出其中的地域成因。

语例:

甲:李叔,明天借你家的尖锄用一下。
乙:细毛,我家的这几天一直在修秧田下的那条坑,尖锄正是年三十的砧板咧,可借不得,你去别家看看吧。

俗语中其他关涉到"吃"喻象的修辞文本,如"豆腐渣""和米汤""蒸酒打豆腐,称不得老师傅""不想油渣吃,不到锅边站""看菜吃饭,量体裁衣""生米煮成了熟饭"等,其喻象的择取无不与当地日常生活息息相关,也许这些生活事象在我国具有广阔的分布范围,并不为新化地域所独有;但是,如果换一个更大的空间,如以食肉饮酪为主的北方游牧民族,缺乏相应的生活背景就很难构筑出上述修辞文本。

(2)新化俗语中的"穿"喻象及其地域特征

①新化俗语的"穿"喻象

看菜吃饭,量体裁衣。
烂袜子配臭草鞋。
草鞋没样,越打越像。
花是绣出来的,药是试出来的。
穿蓑衣点火。
落雨天背蓑衣,越背越重。
草鞋烂了,疙瘩不解。
好人一家,烂鞋一双。

②新化俗语"穿"喻象的地域性

在上述关涉到"穿"的喻象中,出现频次最高的是草鞋。草鞋在中国起源很早,历史久远,可算是中国人的一项重要发明。从文献和先后出土的西周遗址中的草鞋实物,以及汉墓陶俑脚上着草鞋的画像可证实,早在3000多年前的商周时代就已出现了草鞋。它最早的名字叫"扉",相传为黄帝的臣子不则所创造。由于以草作材料，非常经济，平民百姓都能自备。汉代称为"不借"，据《五总志》一书的解释是："不借，草履也，谓其易办，人人自有，不待假借，故名不借。"①

在草源丰茂的山区，草鞋是中国山区居民自古以来的传统劳动用鞋，穿着普遍，相沿成习。无论男女老幼，凡下地干活，上山砍柴、伐木、采药、狩猎等，不分晴雨都穿草鞋。草鞋是我国山区人一个极具特点的装束，是山地文化的象征物。新化作为典型的南方山地，其居民的日常穿着更是离不开草鞋。既然草鞋是新化先民的日常穿着，那么，打草鞋也是人人必备的一项生活技能。草鞋在生活中的普及，让与草鞋有关的事象均成了新化山民们认知视野中熟悉的对象。凭着对草鞋各种性能的熟稔，新化山民们在想象中把它的"各边"与各种事理之间联系起来，构筑互通的桥梁，最后创制了上述以草鞋为喻象的俗语。如"烂袜子配臭草鞋"是以草鞋与袜子的关系设喻来比况"物以类聚，人以群分"这一事理。这与"鱼找鱼，虾找虾，乌龟找王八"这一湖海地域流传的俗语具有本体的同一性，对喻体的不同择取是由不同地域生活图景决定的。而"草鞋没样，越打越象"是以打草鞋的过程设喻以比况由粗到精，由微观到宏观，由抽象到具体的知行模式。这是新化山民从生活细节中领悟到的人生智慧，没有特定的地域生活背景，没有经历过打草鞋的渐进过程，没有相关的事象储备，"草鞋没样，越打越象"这样生动形象、寓意深远的喻象不可能凭空进入修辞主体的语言世界。

新化俗语中其他的"穿"喻象，如"穿蓑衣点火"中的蓑衣也是一个极具地域性的喻象，在俗语中用它来比况主动去引火上身，是新化方言修辞地域性的鲜明体现。蓑衣，是用草或棕制成的，披在身上的防雨用具。其起源古老，我国《诗经·小雅·无羊》中就有："尔牧来思，何蓑何笠。"蓑衣，在多雨的南方农村是一种重要的雨具，是家家户户必备的衣物。"四川、贵州、湖南等地又都以蓑衣编织著称，因蓑衣作为民间日常生活必备的用具，具有很大的使用价值。蓑衣没有不同材料的华丽堆砌，只选用棕榈树上的棕皮，利用棕皮搓成的棕绳，用以编织作为纬线、挂绳、绳扣等加工件叠拼而成，可以说是用最简练的形式完成了雨具的功能。"② 制作蓑

---

① （宋）吴坰：《五总志》，中华书局1985年版，第9页。
② 梁盛平：《自庇一身青箬笠，相随到处绿蓑衣——传统蓑衣设计思维的启示》，《南京艺术学院学报》2010年第3期。

衣的原料来源于棕树，主要是棕皮。"棕"，学名为"棕榈"，常绿乔木，茎圆柱，无旁枝，高三丈余。主要分布在热带和亚热带区，叶作掌状分裂，叶基部有毛，包于茎上，称棕毛，强韧耐水性，适宜制绳、帚、蓑衣。制作蓑衣的棕毛虽然耐水性能好，但极易着火；因此，穿着蓑衣的时候，防火是很重要的。基于对蓑衣性状的熟悉，新化先民们以此设喻，构筑出了"穿蓑衣点火"这一富于地域色彩的修辞文本。没有了亚热带物产"棕榈"为原料，缺乏了"蓑衣"这一常用雨具，就不可能在语词世界中出现这样的修辞建构。

语例：

甲：师傅，这个柜子该怎么做，我是不敢做下去哩。
乙：草鞋没样越打越像，你按我说的一步一步做，慢慢就会做得好咯。

根据上述论述可见，在新化俗语中出现的"穿"喻象是在地域生活事象的基础上形成的，在它们身上承载着深厚的地域文化内涵，透过这些喻象，我们可以看到新化先民们的日常生活图景。

（3）新化俗语中的"住"喻象及其地域特征

①新化俗语中的"住"喻象

领导班子强，屋脊一根梁。
一口呷不成个胖子，一锄挖不成一个井。
一块砖头砌不成墙，一根木头盖不成房。
篱笆不是墙，婶娘不是娘。
家丑不可外传，烂絮被莫晒屋门前。
屋檐水点点滴，儿孙代代跟你来。
牛栏里嵌死只猫。
二十五里埋茅厕——臭名在外。
屎胀挖茅厕。

②新化俗语"住"喻象的地域性

新化民居一般为砖土、砖木结构。砖土、砖木结构体系离不开传统材料土和木，这两种材料是新化地域最多、最易获取的自然材料。在新化，其东部江水冲击的河谷平原边缘，有大量肥沃的土壤，这为土坯砖的制造提供了充足的原料。而西部处于湖南西部山区的边缘，山地中种植的大量树木自然成为了建筑取材的来源。受地域物产所限，新化所用的建筑材料都是土生土长、最易得、最经济的砖木。

新化民居的平面形状基本上以矩形为框架，以厅屋为中心，两翼为厢房展开。正中的厅屋是公共区间，主办婚丧事宜，面积较大，约占整座房屋的五分之二。屋中设有神龛，供节庆社时祭拜之用。厅屋后半部分面积较窄，称为拖屋，通常只能摆一床一柜，这间房一般供老人住。两侧厢房的数量一般是依据所生儿子数而定，有几子则有几弄，每一弄的结构相同，均分为前后两间。前一间被称之为"茶唠屋"，是起居室，后一间被称为"困屋"，是卧室。新化传统民居的建筑外墙或用青砖，或用土坯砖，或用木质板材。屋顶一般以青瓦为主，也有茅草编制而成的，其造型以屋脊为中心呈相同的坡度向前后倾斜，屋檐瓦当为草角尖形，方便于南方多雨季的排水和滴水。

新化民居的建筑格局和建筑风格是形成新化俗语喻象的基础。如，以屋脊梁为承重体的民居构造让新化先民们建构出了"领导班子强，屋脊一根梁"这样的修辞文本，这一修辞文本是以地域建筑方式为物象建构出来的。而"一块砖头砌不成墙，一根木头盖不成房""篱笆不是墙，婶娘不是娘"这两个比喻文本都是以墙体的材料设喻而成。如果是以帐篷为住所的游牧民族，缺乏独特的地域建筑认知，没有相关的物象储备是无法建构出这样的修辞文本的。

民居建筑除了主体工程外，还要有其他的构件和配套的生活设施。在新化地域，由于降水丰沛，出于排水的考虑，其屋顶、屋檐、屋廊和排水沟的设计都很独到，且配合紧密。每到下雨的时候，雨水顺斜坡屋顶而下，集聚到瓦当中，点点从屋檐处滴落到屋廊外的水沟中，然后集中排泄而出。特别自然条件下的建筑特点给当地居民提供了"屋檐水连续滴落，点滴相承"的物象。这样的物象与人类的繁衍生息、代代相传具有相似性，新化先民据此把这两者联系起来，构建出"屋檐水点点滴，代代儿孙跟你来"这一极具生活哲理的比喻文本。在新化地域，对不孝顺父母者，就会用这句"屋檐水点点滴，代代儿孙跟你来"进行训诫。

新化民居的相关配套设施还有前坪、井、茅厕、猪牛圈等。前坪是全家人日常的活动场所，也是村中人会聚的地方。位于屋门前的前坪是极具公众性的，私密的活动不宜在此开展，以这样的认知为基础，新化先民们构建出了"家丑不可外扬，烂絮被莫晒在屋门前"这样的修辞文本。在新化，凡有村落必有水井，水井给全村人提供源源不断的生活用水。除了饮用水外，村民的洗刷等工作也是在井边进行的；因此，一般村落中的水井往往是三井相连，以便于各种洗涤需求。由于降水丰沛、植被良好，打好井后，井水清澈，四季不竭。基于这样的认识，新化民众在日常交际中极喜以"井"来喻指永不枯竭的供体。如下列语段：

甲：婶娘，你家烤的红薯还有吗？再给我几个。
乙：没得了，前天给了你五个，昨天你又讨了三个去，你以为我是个井，老是有。

除了以井水之源源不断设喻外，还可以挖井之艰难设喻，如"一口呷不成个胖子，一锄挖不成一个井"。对"井"象多边性的认识是由特别的地域生活提供的。

除了井以外，茅厕、牛栏和猪圈是新化民居最重要的配套设施。作为当地居民熟悉的生活物象，很自然地能把它们的某些属性与生活事理相联系。因此，在方言世界里，也有以它们为喻象来构筑比喻修辞的，如，以"牛栏里嵌死只猫"来形容事情的微不足道，用"屎胀挖茅厕"来比况事到临头才做准备。"屎胀挖茅厕"这一比喻文本与"临时抱佛脚"隐含着相同的本体，喻象选择的不同是由地域文化决定的。在中原地区，文明程度高，佛教传播比较久远，因此以敬佛为喻象构筑出了"临时抱佛脚"这一俗语。而在新化地域，对屎尿的非禁忌选择，对茅厕性状的熟悉，让新化山民以茅厕为喻象构筑出了"屎胀挖茅厕"这一俚语。同样的还有，"二十五里埋茅厕——臭名在外"这一歇后语，也是在这种特殊的地理环境和地域文化下产生的语句修辞。

(4) 新化俗语中的"行"喻象及其地域特征
①新化俗语的"行"喻象

久在河边站，哪能不湿鞋。
人听脑使，船听舵使。

把舵的不慌张，乘船的才稳当。

琴师多了难成调，舵公多了打烂船。

船载千斤，掌舵一人。

船到江心补漏迟。

过河打渡子。

一棍打翻一船人。

大船烂了还有三百斤的钉。

②新化俗语"行"喻象的地域性

在新化俗语中，"行"类喻象中出现频次最高的是"船"，共 8 次。而另一以"行"为喻象的"久在河边站，哪能不湿鞋"也与水路有关。水路出行喻象在新化俗语中的高频出现是修辞地域性的鲜明体现。上文已论及，源自广西资源县的资水"从冷水江市流入，在县东南部化溪乡浪丝滩进入县境，贯穿中部，将全县分为东北和西南两部分。流经化溪、桑梓、枫林、燎原、城关、娘家、游家、白沙、小洋、栗山、邓家、油溪、青实、白溪、何思、琅塘、杨木洲、荣华等 18 个乡镇，县内河段 91 公里"①。资江横贯境内，再加上县内其他纵横交错的溪流，相比崎岖的山路，水路出行更为便利；因此，在陆路交通尚不发达的时代，在新化县，水路是县内交通的主干线。"旧时境内运输，以资水水运为主。……60 年代起，专业汽车参运，船运仍为运输主渠道。"②"明、清时期，县内船运已相当发达。明代正统时，宝庆土产多取道资水顺流下洞庭外运。清末，县内已出现多种船型，有秋船、槽船、洋溪古、洞驳船，还有一次性承运大宗煤、铁外运的毛板船。县内沙塘湾、球溪、炉埠、化溪、游家等地均以毛板船运煤外销。……民国 25 年湖南省水警局统计，新化有驳船、槽船、洋溪古等各类船只 960 余艘。民国 29 年，湖南省建设厅统计，新化有各类运输船只 1100 艘，年运货量 8 万吨左右。民国 37 年，货运船达 1500 艘，常年或季节性从事航运者达 2 万人。"③ 相比货运的发展，资江客运稍晚一点，据《新化县志》载，县内船舶运客，新中国成立后才正式营运，从 1952 年开辟客运航线起，到 1989 年，水上航运一直处在持

---

① 新化县志编撰委员会：《新化县志》，湖南出版社 1996 年版，第 114 页。
② 新化县志编撰委员会：《新化县志》，湖南出版社 1996 年版，第 517 页。
③ 新化县志编撰委员会：《新化县志》，湖南出版社 1996 年版，第 518 页。

续发展中。到 1989 年，客轮年运量达 105 万人次。时至今日，随着陆地交通的发展，资江航运渐趋衰落，但新化境内航运之盛，我们依然可以通过当地民歌窥出其一二，如民歌《资水滩歌》就以长篇叙事诗的形式叙写了资江上航运的艰辛和危险。

县内航运的发达为新化先民提供了丰富的水上航运图景，当头脑中出现与船运有相似点的"思想对象"时，他们就会自然地将两者联系起来构成映射，船运事象就此成为他们认知世界中的始源域。

在行船过程中，舵作为控制方向的装置，是船的核心，舵手是船运的核心人物。由此，舵及舵手极易与生活中具有核心意义的同类项构成映射。在新化俗语中出现了多个以舵为喻象的比喻文本，如，"人听脑使，船听舵使""把舵的不慌张，乘船的才稳当""琴师多了难成调，舵公多了打烂船""船载千斤，掌舵一人"。在新化县，溪流纵横，河流既是通道，但也是阻隔，很多相邻的村落就因河流的阻隔而相望不相通；因此，渡船在溪流上的交通尤显重要。"过河打渡子"这一俗语就以此为喻象来比况翻脸无情的人，相比"过河拆桥"这一比喻文本，"过河打渡子"构建得更为纯正天然。"大船烂了还有三百斤的钉"这一比喻文本与"瘦死的骆驼比马大"比况的事理具有同一性，喻象的不同选择是地域制约的结果，在没有骆驼的南方是不可能以骆驼为喻象去比况事理的，同样，"大船"这一喻象也不可能出现在北方游牧民族的语言世界里。

语例：

甲：你家的房子建好哩吗？
乙：冒，舵公多了打烂船，老大老三都争着要做主，为选个地基都吵了半年哒，那建得好咯？

(5) 新化俗语中的"乐"喻象及其地域特征
①新化俗语中的"乐"喻象

打锣放铳。
高山打鼓响声大，海里栽花根底深。
高山打锣不对面。
要打当面鼓，不敲背后锣。

响鼓也需重锤敲。

鼓声锣声响得急，不如政策有威力。

到什么山，唱什么歌。

看人看帽子，吹唢呐听号子。

狮子舞三次冒人看。

一只手板拍不响，一人难唱一台戏。

②新化俗语"乐"喻象的地域性

在新化俗语的众多喻象中，关于娱乐的共找到上述10条，这10条中与锣鼓有关的共6例。"锣鼓"高频出现在娱乐喻象中是有着其地域成因的。新化地域鼓乐之盛，从上文所介《开梅山歌》"穿堂之鼓当壁穿，两头击鼓歌声传"就可见一斑。在远古时代，"梅山峒蛮"多以歌声来交流感情。小孩从懂事起，父母或兄姐就开始教唱，代代相传。峒民们在生产与生活中，事事必歌，处处有歌，人人会歌。"旧时，梅山瑶人爱好鼓乐，能歌善舞。农事稍闲，男女聚而踏歌。"① 到了近代，鼓乐依然是新化乡民们常用的乐器。"县境风俗器乐有用于龙舞活动的龙钵锣鼓。洋溪艺人刘尧甫等将祁剧中一些唢呐牌子改造，用于八种响乐中，产生了一直流传于民间的丰富多彩的八音锣鼓。新中国成立后，县内著名的八音乐班有梅溪唐家的三省堂，北渡的中和堂、大码头的紫阳堂、西门的长乐堂、永兴街的同乐堂。劳动中演奏的器乐有开山锣鼓，多流行于上团、奉家、横溪、金凤、铁炉、天门、大熊山等山区。"② 由此可见，在新化地域，锣鼓是婚丧礼仪和民间文艺活动中常用的器乐，即使是开荒挖地也有开荒锣鼓歌。开荒锣鼓歌是一种劳动歌，由一人身挂锣鼓敲击，边打边唱，众人帮腔。劳动中的击鼓鸣锣能起到消除疲劳、鼓舞士气的作用。

新化地域山歌的盛行，鼓乐的兴盛让当地民众对锣鼓、山歌等生活娱乐事象十分熟悉。锣鼓裹持着欢乐的记忆深深地储存在他们的脑海里，一旦生活中出现与鼓乐有相似点的事理，他们头脑中储存的记忆就会被激活，并在语言世界中表现出来。以"打锣放铳"这一惯用语为例，在新化县，比较盛大的社仪、宗教礼仪和丧事礼仪中都有打锣放铳的习惯。这

---

① 新化县志编撰委员会：《新化县志》，湖南出版社1996年版，第517页。

② 新化县志编撰委员会：《新化县志》，湖南出版社1996年版，第900页。

么做的起始目的是通告神灵，后来的目的则是制造一种热闹的氛围。基于打锣放铳的音响效果和通告神灵的通信目的，新化民众把它与做事时的高调宣传联系在一起，构建出一个极富地域风俗内涵的比喻。如下列语段中，就有对这一惯用语的灵活使用：

语例：

甲：晓得吗？李村长的媳妇养了呢，这个月底怕是要办满月酒。
乙：晓得了。早就晓得了呢。有你们这批打锣放铳的，毛毛还没上身就晓得了。
甲：呵呵，就你老兄会开玩笑，我也是刚晓得的。

上面的俗语，从修辞建构者的角度看，这是以地域生活为喻象构筑出的修辞文本；而对修辞接受者而言，因有着相同的地域生活背景，他不但能根据自己的经验认知理解出这个比喻的内涵，最重要的是他还能以此为据通过再造想象，还原出相关的生活图景，从而获得更深广的审美享受和解读快感。

其他以"锣鼓"为喻象的比喻文本，无不建立在地域风俗之上。如"高山打锣不对面"这一俚语，在新化地域，高山耸峙，村民们分聚在各山头，各山头之间直线距离不远，但真正走近却要一天，因此各山头之间往往是鸡犬之声相闻，却难照面。基于这样的地理条件，新化山民构建出了"高山打锣不对面"这样的比喻来比况只闻其声不见其人的状况。同样，"高山打鼓响声大，海里栽花根底深"也以高山击鼓为喻象来比况有利条件对事件的推进作用。而"要打当面鼓，不敲背后锣"则以击鼓敲锣来喻指对他人的批评与意见。"响鼓也需重锤敲"则以"鼓"来喻教育对象，以"击鼓"来比况教育的方式。

其他两例以娱乐为喻象构建的比喻句也都与地域风俗有着紧密的联系。在新化地域，民间文化活动常见的形式有：采莲船、踩高跷、蚌壳舞、地花鼓、龙舞、狮舞、送春牛、送财神、唱土地、渔鼓、三棒鼓等。龙舞、狮舞最为普遍，各地均有龙会狮会组织，为之筹措活动经费。洋溪的龙会为红龙甲、黄龙甲、蓝龙甲、白龙甲、黑龙甲。狮会多与宗族相联系，名门大族成立狮会。龙舞多在白天进行，狮舞则多见于晚上，且常伴有武术表演。除了舞龙舞狮外，新化民间的娱乐方式还有唱戏，木偶戏和腊花戏

（花鼓戏的一种）是民间常演的两种戏曲。特别是木偶戏，民国时期县内就有十个木偶戏班，民间在祈福和还愿时都喜延请木偶戏班演戏，木偶戏中夹杂着地方宗教信仰，有时演唱"愿戏"，一演长达十多天。

有了这样的地域风俗为基础，在民谚中才出现了以"狮子舞三次冒人看"这样的喻象来戏谑同样的东西用多了就会失去新奇感和刺激性。而"一只手板拍不响，一人难唱一台戏"这样的比喻修辞文本也显然是建立在新化民众对"唱戏"的集体协作性认识基础之上的。

特别的地方曲艺，具有地域色彩的民族娱乐方式是构筑上述比喻文本的基础。缺乏相关的事象储备，没有深厚的情感记忆，修辞主体是无法凭空进行联想与创造的。

3. 地域宗教信仰制约下的比喻象

上文已论及，新化地域是一个信仰多元化的地域，崇巫信道中夹杂着佛教信仰。多元化的宗教信仰也同样映射在语言世界中。在言语表达中，修辞主体以他们熟悉的宗教事象去比况需要描摹的对象和需要说明的事理，由此而在谚语中出现了众多以宗教事象为喻体的比喻文本。其具体情况如表4-8所示。

表4-8　　　　　　　　　新化俗语宗教喻象统计表

喻象类型	梅山教事象	鬼象	佛教事象			土地神象
			菩萨	佛	和尚	
喻象名称	梅山娘娘、孟公菩萨、阴迹菩萨、六娘、报娘娘、师公	鬼打锣、扯脚鬼、背时鬼、倒路鬼、赶阴脚	泥菩萨、金菩萨、佛、和尚、装香、打卦			土地老倌、土地
条数	8	10	12			2

表4-8数据显示：在新化俗语中有宗教类喻象共32例，其中关涉到的佛教事象有菩萨、佛、和尚三种，共12例，鬼象共10例、梅山教相关喻象共出现8例、土地神喻象2例。深入解析这些比喻文本，我们能发现语言与文化之间的相互生成关系，从而进一步论证出修辞的地域性。

（1）新化俗语中的"巫鬼"喻象及其地域特征

①新化俗语的"巫鬼"喻象

鬼打锣

扯脚鬼

背时鬼

倒路鬼

梅山娘娘

鬼画符

踩九州八卦

和六娘

报娘娘

孟公菩萨

阴迹菩萨

赶阴脚

小山娘娘

扇阴风,点鬼火。

城隍庙里鬼打鬼。

走多夜路会遇到鬼。

又做师公又做鬼。

②新化俗语"巫鬼"喻象的地域性

新化古为"梅山蛮"地。宋初,仍习于原始社会生活,对风雨雷电等自然现象和人的生老病死,均视为神鬼作祟,信仰古老的巫术,巫师遍及城乡,在猎民中普遍信奉"梅山教"。梅山教认为万物有灵。天地山川有神,日日风雷有神,鸟兽树石等皆有神。因此,在新化地域,"从《还小愿》的经典中可以看到巫师所如请的神不仅有太上老君、历代祖师,也有'赶山打猎郎君,修路搭桥郎君,烧山砍畲郎君,驾船放排郎君,……;煮菜弄饭娘子,洗衣作浆娘子,喂猪打狗娘子,绩麻纺纱娘子……'等等普通男女。他们和太上老君一样,平等地享受人间香火。一走进梅山地区,不仅随处可以看到神祀社树、社石,看到在牛栏上钉着带头顶骨的牛角,在墙壁上贴着截下的鱼尾翅,在屋檐下挂着成串的鸡蛋壳,……还可以听到妇孺皆知的本地梅山、坛神和阴师等等的奇闻异事。无处不迷漫着巫风"[①]。

万物有灵的原始思维,崇巫信鬼的地域信仰映射在语言中,在新化俗

[①] 马少侨:《试论梅山文化的几个特色》,《邵阳师专学报》1997年第1期。

语中出现了众多的巫鬼喻象。以鬼象为例，在俗语中出现了众多以鬼为喻象的惯用语，如"扯脚鬼"，在新化民间，本指趁人游泳的时候出来扯人脚的水鬼。这一鬼象在新化民间流传甚广，影响深远，映射到语言世界中，在新化地域出现"扯脚鬼"这一惯用语，用以喻指拉人后腿阻人进步的人或事。而其他的，如用"鬼画符"以喻指不易辨识的符号。用"鬼打锣"喻指比较离奇的事物。用"扇阴风，点鬼火"来喻指暗地里进行的促使事态恶化的行为。用"走多夜路会遇到鬼"为喻象来比况坏事干多了，早晚会得到报应。用"赶阴脚"来喻指背后的突然袭击。用"又做师公又做鬼"来喻指两面三刀的人。用"城隍庙里鬼打鬼"来讥讽敌人的内讧。

　　由灵魂不死，又产生了万物有灵的观念。因此，于原始先民而言，"鬼""神"是混而不分的。《说文·鬼部》中"鬼"字之下就是"魌"字。《说文》曰："'魌'，神也，从鬼，申声。"①《山海经·中山经》曰："又东十里，曰青要之山，实惟帝之密都，是多驾鸟，南望墠渚，禹父之所化，是多仆累蒲卢，魌武罗司之。"郭璞注："武罗，神名；魌，即神字。"②那么，由"魌"字来看，"至少在汉代以前的人们的观念中，鬼神浑而不别，并未见出十分清晰的分野。鬼即等于神，神亦即是灵，灵又就是魂，魂也就是鬼。……鬼神共存一体"③。

　　鬼神的天然联系在新化俗语中也有呈现。传说在古梅山有一位姑娘，因为打猎被老虎吃掉了，死后变成了梅山神，人称"梅山小妹"，也有称之"梅山六娘"的。她本是山鬼，称之为神，是因为她做了为人民除害的好事而加以敬称。传说梅山小妹被虎咬时，衣服被虎撕掉了，成了神以后依然是赤身露体，因此特别怪气。进山的人如果东张西望，六娘便以为在望她，如果不小心说了痞话，六娘又以为是调戏她，她就会故意捉弄你，或让你进山迷路，或让你打猎空手而归，或吵得你家里人畜不安。在这种情况下，便要请巫师来和神，以求得梅山娘娘的谅解。在今天的新化民间，依然有"和六娘"的宗教仪式，巫师所念祝词为："放心大胆去和神，和得六娘巧梳妆，梳出云日挂两旁，胸前无花花自发，头上无油自发

---

① （汉）许慎撰，（清）段玉裁注：《说文解字注》，上海古籍出版社2000年版，第435页。

② 郭璞注，毕沅校：《山海经》，上海古籍出版社1983年版，第125—126页。

③ 臧克和：《说文解字的文化说解》，湖北人民出版社1995年版，第345页。

光，面如金盆白米牙，好似荷叶出水香，足穿鸾凤鞋一双。便将蔑篮去担水，蔑篮担水洗坛场。"在此种宗教信仰和宗教事象铺垫下，新化俗语中出现了"小山娘娘""梅山娘娘"，喻指气量狭小，喜欢计较的人。

与之类似的是，新化俗语中的"孟公菩萨""阴迹菩萨"也是神灵思维意识的产物。孟公是梅山神，烧沉香木炭惊动了玉帝，封为神，专管烧炭。民间雕的孟公像都为黝黑，手举斧头，两眼向前。后来民间称脑子不想事、不管事、呆板的人为孟公，如，"他这个孟公"。阴迹菩萨是能把东西隐掉的神，如东西没看见了，有人就喊："怕是阴迹菩萨来哩？一下就冒看见了！"

鬼魂信仰是人类对自然现象和生理现象无法做出正确解释的一种产物，在中国古代具有十分悠久的历史。东汉许慎《说文解字》曰："人所归为鬼。"[①] 人们认为人死后魂会从肉体中分离出来，成为"鬼魂"。而由灵魂不死，又产生了万物有灵的观念。因此"鬼"这一意象在其产生之初就具有了某种修辞建构，它源自人们对未知世界的一种描述。上述俗语中众多"鬼"象的使用充分体现了新化民众观念形态中对未知世界独特的想象力和创设性。在古新化地域，幽深莫测的层林，渔猎为主的生产方式，"旧不与中国通"的政治格局等都极易滋生认识上的神秘主义，在神秘主义的导引下，新化先民们把他们在现实生活中遇到的不可理解和无法掌控的现象都归结于鬼神的作祟。至今，在新化乡民的认识中，一切的灾祸都无不与鬼作祟有关，如，迷路的人是被"倒路鬼"所惑，淹死的人是被"扯脚鬼"或"落水鬼"缠身，难产而死的人是被"产难婆"所遏，喝药自杀的是被"农药鬼"寻找替身，总之，人生的一切意外与无常都是由鬼神操控。上述修辞文本正是这种鬼神思想下的产物，俗语中鬼象的出现是修辞主体观念形态中神鬼思想作用的结果。鬼神充斥的思想观念使新化俗语中的鬼象显得十分空灵和丰富，在提高语言表现力的同时，充分体现出了该地域神鬼思想对语言世界的深刻影响。

既然一切人生的无常和意外都是由鬼神操控的，那么，如果有人能通鬼神，在鬼神面前做好疏通和祈求工作，自然就能免灾除祸，遇难呈祥，巫师这一职业就在这样的观念形态下应需而生。新化地处古之南楚，楚地

---

① （汉）许慎撰，（清）段玉裁注：《说文解字注》，上海古籍出版社2000年版，第435页。

自古以来，巫风极盛。楚地出身的学者王逸注《楚辞》："昔楚国南郢之邑，沅、湘之间，其俗信鬼而好祠。祠，一作祀。《汉书》曰：楚地信巫鬼、重淫祀。《隋志》曰：荆洲尤重祠祀。屈原制《九歌》，盖由此也。其祠，必作歌乐鼓舞以乐诸神。"①

南楚崇巫信鬼的传统在新化地域影响深远。为降服鬼神，新化民众有自创的巫道合流的梅山教。梅山教施教巫师通神的法术多种多样，有招魂的巫歌巫词，有劝鬼、和鬼的法术，有驱除疫鬼的"充傩"，有求医问药的"打符""封禁""蒸胎""渡花"，与亡魂相会的"报娘娘""观魂"，占卜吉凶的"扶乩"等。梅山人相信鬼魂，认为灵魂可以离体出走，也可以招魂归来。在新化地域，常把人体的病恙归结于灵魂的走失，因此，在患病时，亲人都要请巫师来招魂。如，小孩失魂时，就有专门的招魂帖子："天皇皇，地皇皇，我家有个夜哭郎，过路君子念一遍，一觉睡到大天光。"其他的收魂法事中也有招魂的咒语："收起山边、田边、路边、井边、塘边、脚边、屋边，人惊马撞游魂，东收五里，南收五里，西收五里，北收五里，信人某某某。"三元收起："上元唐将军收起枕中一魂，中元郭将军收起腰中一魂，下元周将军收起足中一魂，三魂附体，七魄归身，四时清洁，八节康宁。"巫师的法术除了巫歌巫词外，还有劝鬼和鬼的法术。"和六娘"这惯用语就是劝鬼、和鬼法术在语言世界的折射。"和六娘"是为了求得梅山小妹谅解而进行的法事，在新化地域，如有人进山后出现异常，大家均认为是冲撞了山神，特别是梅山小妹，因此，常举行"和六娘"的法事来消灾免祸，"和六娘"这一宗教事象也就此深储于新化民众的记忆中。当他们在生活中遇到需调解纠纷的事情时，"和六娘"这一宗教事象就被激活成为语言世界中的喻象，用来喻指对纠纷的排解。如下列语段中就有对"和六娘"的灵活应用：

甲：三婆婆，你今天去哪哒，一天都冒看到你。
乙：唉，莫说了，今天在外面跑了一天哩，还去了桑梓一趟。
甲：哦，走亲戚啊。
乙：哪里啊，龙家桥的李婆子跟媳妇吵架，又喝农药又上吊咯

---

① （汉）王逸注、（宋）洪兴祖补注：《楚辞章句补注》，吉林人民出版社 2005 年版，第 55 页。

吵，她娘屋里都来人哩，我是去"和六娘"去哩。

在新化地域，不仅有男性巫师，还多巫婆。女性巫师的出现，据传是因新化所处的古梅山地区"不与中国通"，而成为一片个性自由的乐土。由此，历代宫中怨妇的魂魄，都爱跑到这一片桃源仙境来吹弹歌舞，潇洒任性。巫婆就是她们看准踩上的"脚马"。脚马是代替她们言行的载体。在新化地域，一旦有妇女被这些"娘娘"相中就称之为"带了娘娘"，而"带了娘娘"的主要表征就是能"报娘娘"。脚马们"报娘娘"的方式是且舞且唱，随问随答，报凶报吉。女巫在新化地域的盛行是母系氏族女权文化的留存。古巫字是一个象形字。段注《说文》曰："巫，祝也，女能事无形；以舞降神者也，象人两褎舞形。"① 而在训"觋"的时候又说："觋，能齐肃事申明者，在男曰觋。在女曰巫。"② 由词源来看，女性应该是最早掌握巫术的人。荆楚文化学者认为，早期巫术的女性色彩还可从《晋书·夏统传》对巫术的描绘中看出："'统从父敬宁先人，迎女巫童丹、陈珠，二人并有国色，庄服甚丽。善歌舞，又能隐形匿影，甲午之夜，撞钟击鼓。间以丝竹……丹、珠在庭中，轻步回舞，灵谈鬼笑，飞触挑拌，酬酢翩翩。'……由此可知，中华民族原始巫术，是以歌舞去取悦鬼神。这是一种具有审美功能的原始艺术形态。既歌舞，必有歌词、音乐、舞蹈；既褎舞，必盛装，有美术，且是一种原始意识的综合艺术形态。由女性，或曰最美丽的女性来做通神见鬼这一神圣的工作正说明巫术产生于母系社会，是对女性崇拜的产物"③。新化地域女巫的"报娘娘"正是这种古巫仪式的留存。

女巫的大量存在，且歌且舞的巫事活动在新化山民的认知世界中留下了深刻的印象，成为他们最鲜活的事象储存；因此，一旦他们头脑中出现与之相似的"思想对象"时，"报娘娘"这一宗教事象就会被激活进而成为语辞表达中的意象。新化俗语"报娘娘"就是以此为喻来比况人在情绪亢进时手舞足蹈、言语失控的状态。

---

① （汉）许慎撰，（清）段玉裁注：《说文解字注》，上海古籍出版社2000年版，第201页。

② （汉）许慎撰，（清）段玉裁注：《说文解字注》，上海古籍出版社2000年版，第201—202页。

③ 方长江：《楚巫文化美学特征浅探》，《黄冈师专学报》1986年第2期。

在新化民间，"庆菩萨"是一种极为常见的傩事活动。"庆菩萨"，其神为本姓者谓"庆太公"，为异姓者谓"庆法官"，在六月六日土地神生日庆"土地菩萨"，其目的是求家兴财旺。在这一宗教仪式中有"踩九州八卦"一段，巫师在堂屋正中做法，反复走罡步，看得人头晕。"踩九州八卦"作为一个为新化山民熟悉的宗教事象，储存在他们的记忆中，后来，在语言交际中他们用此熟悉的事象来比喻反复打转转。

（2）新化俗语中的"佛教"喻象及其地域特征

①新化俗语中的"佛教"喻象

人是生成的，菩萨是雕成的。
真菩萨面前烧不得假香。
一个萝卜一个坑，一个菩萨一方神。
泥菩萨过河——自身难保。
泥菩萨越洗越浊，金菩萨越洗越光。
佛争一炷香，人争一口气。
一个庵堂，养不老一个和尚。
取出经来唐僧坐，撞出祸来悟空当。
装香弄倒菩萨。
见人讲话，见菩萨打卦。

②新化俗语"佛教"喻象的地域性

宋熙宁间，章惇开梅山，兵经宁乡由径路进攻，失败退军沩山密印寺。《宝庆府志·大政纪》引《长沙府志》："蛮人笃信佛法，（章惇）乃遣沩山密印寺长老颖诠三人入峒说之。"① 从此佛教传入县境。开辟之初，先建承熙寺。明洪武以后，日渐发达，各地陆续兴建佛寺庵堂。据《新化县志》载："寺有：锦石峰、轿云山、兴福、观音、熊峰、黄龙山、广福、南岳、青牛、云龙、大凌峰等 40 余所；庵有：慧龙、天竺、清华、饮月、白云峰等 56 座。"②

北宋以来，佛教在新化地域的兴盛是促使佛教事象进入新化俗语的重

---

① （清）黄宅中等修，邓显鹤等纂：《宝庆府志》，成文出版社 1972 年版，第 137 页。
② 新化县志编撰委员会：《新化县志》，湖南出版社 1996 年版，第 1013 页。

要原因。在上述俗语中，其修辞喻象摄取自佛教事务的诸多方面。有取象于佛像的雕塑与材质的，如"人是生成的，佛是雕成的"，以佛像的雕塑来喻指人性的天生。而"泥菩萨过河——自身难保""泥菩萨越洗越浊，金菩萨越洗越光"则以佛像的材质为喻来比况质地硬实的东西更能经得住考验。有从佛教成员与场所的关系取象的，如用"一个庵堂，养不老一个和尚"来喻指人生的多变。有从佛教的日常事务取象的，如以"装香弄倒菩萨"来喻指弄巧成拙。以"真菩萨面前烧不得假香"来喻指在真人面前不能作假。以"见人讲话，见菩萨打卦"来喻指办事要看对象。有取象于佛教故事的，如以"取出经来唐僧坐，撞出祸来悟空当"来喻指卖力的人往往不能讨好。有取象于佛的权域的，如以"一个萝卜一个坑，一个菩萨一方神"来喻况权位的界域性。

语例：

　　甲：听说鸡叫岩的马支书要我们马颈坳查那天去闹事的人。
　　乙：哼，一个菩萨一方神，他这个鸡叫岩的菩萨可管不哒我们马颈坳的事。

新化俗语佛教喻象的多样化是与当地佛教信仰的广泛性分不开的。自北宋开梅山以来，佛教在新化地域的传播和影响日渐深远，佛教从业成员、佛教信徒、佛教场所数量不断增多，佛教活动频次增高。随着佛教影响的加深，其相关事象逐渐进入新化乡民的认知视野中，并为他们所熟悉，成为他们的物象储备，一旦生活中出现与之类似的思想对象时，这些事象很快就能被激活，并在心理空间中与目标域构成映射，最后在语词世界中构筑了诸多以佛教事象为喻体的俗语。鉴于佛教在我国传播的广远，因此，在其他地域的方言俗语中，佛教喻象也会有一定的呈现，但是并不能就此而否定新化方言修辞的地域特征，因为，佛教喻象的出现必定是以当地佛教信仰为基础的，极具多边性和多态化的佛教喻象在一个缺乏佛教信仰的地域是不可能出现的。

（3）新化俗语中的"土地神"喻象及其地域特征
①新化俗语中的"土地神"喻象

　　土地老倌不开口，老虫不咶狗。

百里的城隍要问当方的土地。

②新化俗语"土地神"喻象的地域性

中国自古就有土地神的崇拜，所谓土地神其实就是社神。顾名思义，社就是土地的主人，而社稷就是对大地的祭祀。"共工氏之霸九州也，其子曰后土，能平九州，故祀以为社。"① 由此可见，土地神崇拜源于对大地的敬畏与感恩。

"土地神观念产生之后，土地神的类型、祭仪、形象、职能、神话等文化元素相继产生，并不断地发展、变化，形成了内涵丰富的土地崇拜文化丛。"② "土地为万物的负载者，地大无边，力量无穷，生产生活都依赖土地；往往是对土地的一般膜拜，随着农业的出现，出现了地母崇拜。如苗族的祭母田，就是一种形式，一般在土地上插上五倍子树杈，其上架一白石，作为地母的偶像。壮族、布依族的土地庙则是土地神的固定化，出现了以石板或人物化了的偶像。"③

由上述论述可见，在历史发展过程中，土地神经历了一个由自然神转化为人格神的过程，在这个过程中，土地神逐渐被世俗化，成为了"为民所用"的神祇，随之，其地域色彩在不断增加。新化地域，从北宋开梅山后，不但带来了中原的宗教信仰，更重要的还开始了真正的农耕生活。土地神信仰就在这一过程中得以广泛传播和逐渐加深。

在新化地域，土地神分布十分密集，几乎每一个自然村就有一个土地神，在乡野田间，随意搭几块石板就是一个小小的土地庙，方便村民进行朝拜，他有多种称谓，如土地爷，土地公公，庙王。土地神作为最基层的神祇，既是卫护一方的保护神，又是管理地方各种事务的基层长官，还是地方的财神，在土地神的"辖区"内，事务巨细，总而管之。在新化民间，他才是乡民们户籍的真正管理者，举凡烧香、祈福和抽签等迷信活动前都要先向神灵通报自己所属的"庙王"。

对土地神的广泛信仰，对土地神各种神性的熟悉，新化乡民在心理世界里储备了丰富的土地神像，在语言表达中，这些物象和事象也是极易被激活并与新的思想认识产生关联的。新化俗语中的"土地老倌不开口，老

---

① （清）孙希旦撰，沈啸寰、王星贤点校：《礼记集解》，中华书局1989年版，第1204页。
② 何星亮：《中国自然神与自然崇拜》，上海三联书店1992年版，第102—110页。
③ 宋兆麟：《巫与巫术》，四川民族出版社1989年版，第82页。

虫不啮狗"就是以土地神的权威为喻体来比况事件有幕后主管。而"百里的城隍，要问当方的土地"则用来喻指地方长官的权威性和精细性。

语例：

  甲：我上季度的奖金被扣了不少，我要去问财务的小李到底是怎么回事哒。

  乙：这个去问小李做么子啰，土地老倌不开口，老虫不啮狗，你要问就直接去问张老板好哒。

由上述论述可见，新化俗语中的"巫鬼"喻象、"佛教"喻象、"土地神"喻象都是当地宗教风俗在语言世界的反映。特别宗教信仰下的宗教事象在新化先民的认知世界里打下了深深的烙印，成为了他们提取语言材料的仓库。在语言表达中，这些为他们所熟悉的地域事象是最能触发联想机制，进入到心理空间的，由此，在合成空间中，这些事象最终能跟修辞主体的思想对象进行成功整合，最后定型为方言俗语中灵动鲜活的喻象。深入解读这些喻象，我们能探究出其中深蕴的地域文化成因，从而成功地解析出新化方言修辞的地域性。

本章小结

  俗语，作为一种由群众创造的、并在群众口语中流传、通俗而简练的定型语句，其所负载的修辞信息量和地域信息量都是极大的，应是最具地域色彩的修辞性语句。本章以此为依据，对新化方言中的俗语加以搜集整理，在分门别类的基础上展开新化方言修辞研究。

  在研究过程中，首先，应用田野调查法对新化俗语进行了搜集整理，对其语义进行了追索和明确。在此基础上，应用语言学研究方法从结构和语义上对所集俗语进行了分类整理和统计。以统计数据为依据，本章对新化俗语修辞的地域性研究着重从语音修辞和辞格应用两个方面展开。

  经研究发现，新化俗语以汉语语音特点为基础，巧妙地利用了方言在声韵调、宏细音、重叠、衬字等方面的一些特点，对俗语语音的构成进行了有意识的择取、调节、组配、谐拟。经过系列语音修辞，新化俗语在音感上呈现出韵律和谐、节奏鲜明的特点，在语义上制造了"言在此而意在彼"的表达效能；因此，以方言来念读俗语，读者朗朗上口，铿锵可诵，听者悦耳动听，意味隽永，而其语音修辞的地域特征也就在这抑扬有致、音韵铿锵的方言音韵中体现出来。

在研究中，经数据统计发现，在新化俗语中，比喻是应用频次最高的辞格。因此，本章对新化俗语辞格的地域性研究主要就新化俗语中比喻辞格展开。应用修辞学研究方法，本章对新化俗语中比喻辞格的研究从两方面进行：一是从构成要素的角度，对新化比喻句的结构类型进行了探讨。研究结果显示：新化俗语的比喻文本三种基本类型——具备，但以对举式的明喻为主。鉴于俗语所具有的口语性和通俗性，新化俗语的变式只有博喻、较喻两种，且表现形式都较简单。二是从喻义建构的角度，对新化俗语比喻句的喻象择取进行了统计分析。经统计发现，新化俗语中的喻象主要来自自然物象、生产生活事象、宗教信仰事象这三个方面。在自然物象中，其物产物象呈优势呈现，且显露出了明显的亚热带山地物产特征，特别是树、草、狗、虎、蛇等物产的高频出现，呈现出了浓郁的地域色彩，是新化方言修辞地域特征的鲜明体现。在生产类比喻象中，其所择取的生产工具、生产活动、生产成果也呈现出了典型的南方山地耕作风貌，其生产用具"牛"象、"箩"象的高频出现与其"稻作活动"象、"稻作成果"象形成了一个关联系列，再现出了南方山地稻作文化的原貌，是新化方言修辞地域特征在语句层面的鲜活体现。在生活类比喻象中，俗语所择取的"吃""穿""住""行""乐"诸事象都呈现出了新化山民独特的生活场景，再现出了其生活风貌。结合历史文献和乡野逸闻，我们能挖掘出其产生的地域历史风俗背景，而修辞的地域特征也就蕴蓄在其中。新化俗语的宗教信仰类喻象来源于佛教事象、巫鬼事象、土地神事象。结合田野调查资料，应用文献法，我们发现，新化俗语中的各类宗教信仰喻象无不与当地的历史发展、民族心理、地域风情有着密切联系，其高频出现也是新化方言修辞地域特征在语句层面的鲜明体现。

据此，本章以新化俗语为典型文本，从方言音韵和喻象选取两个方面对新化方言修辞地域特征展开了研究。以新化方言俗语为例，经过田野调查，综合应用文献法、数据统计法，新化方言修辞在语句层面的地域性得以论证。

第五章

新化山歌篇章修辞研究

新化县是传统的山歌之乡。在新化地域，山歌起源于公元前3世纪以前的先秦，盛兴于唐宋，流行于明清。在漫长的民族发展历程中，举凡耕作之暇，婚娶祭丧之时，节假喜庆之日，梅山先民常以山歌抒发感情，逐渐形成了独具特色的汉族民歌——新化山歌。

山歌，《辞海》把它列为民歌之一种："民歌，民间文学的一种，劳动人民的诗歌创作。一般是口头创作、口头流传，并在流传过程中不断经过集团的加工。中国民歌曲调丰富多彩，有优美的山歌，节奏鲜明的劳动号子，流利畅达的小调等。"[①] 而根据《中国民间歌谣集成·湖南卷·新化资料本》的收集情况及在新化县进行的田野调查，新化山歌中包括了劳动号子、小调、童谣等。因此，新化山歌实际上是新化民众对当地民歌的一个称谓，在本书的论述中将兼用到民歌和山歌这两个指称。

民歌，借用钟敬文的解说："民间歌谣是劳动人民集体的口头诗歌创作，属于民间文学中可以歌唱和吟诵的韵文部分。它具有特殊的节奏、音韵、章句和曲调等形式特征，并以短小或比较短小的篇幅和抒情的性质与史诗、民间叙事诗、民间说唱等其他民间韵文样式相区别。"[②] 由此论述可见，民歌，从语言学的角度看，应是一种发源于社会底层，广泛流传于民间，具有浓郁的生活气息，鲜明的风格特征和生动的语言艺术的韵文篇章。

民歌，作为一种发源于民间的诗歌篇章，是最能反映一个民族的审美观、价值观和文艺观的。新化山歌，作为一种为新化民众创作，在民间广泛传唱的艺术篇章，应是最具地域特色，最能反映新化民众的思维特点、

---

① 夏征农等主编：《辞海》，上海辞书出版社1999年版，第2032页。
② 钟敬文主编：《民间文学概论》，上海文艺出版社1980年版，第238页。

审美品味和语言表达技能的艺术作品。因此，深入研究山歌篇章构成，我们能够挖掘出该地域民众独特的修辞意识，解构出该地域语篇的修辞特色及其地域成因，据此进一步论证出新化方言修辞的地域性。

第一节 新化山歌的"兴"及其篇章修辞效能

一 "兴"与"兴象"的修辞学阐释

（一）浸润在"兴"中的修辞意识

"兴"是我国诗歌特别是民歌中最常用的表现手法。在以往的研究中，学者们主要从两个角度对其进行阐释和研究，一是从文字学的角度对它进行探源和训诂，如《尔雅》《说文》训"兴"为"起"，许慎《说文解字》说"舆"字："兴，起也，从舁同，同，同力也。"[①] 二是从文艺学的角度对它进行解析和研讨，如刘勰《文心雕龙·比兴》道："兴者，起也。……兴则环譬以托讽。……观乎兴之托谕，婉而成章，称名也小，取类也大。"[②] 孔颖达《毛诗正义》说："兴者，起也。取譬引类，起发己心，诗文诸举草木鸟兽以见意者，皆兴辞也。"[③] 朱熹《诗集传》称："兴者，先言他物以引起所咏之辞也。"[④] 显然，从文艺学的视角来看，"兴"与"同力"的这一本义没有紧密的关联，这种表达方式的命名与兴的另一义项"起"具有理据性联系。除了确定"兴"的文艺学内涵外，更为重要的是，这些学者对"兴"这种表达技法还有更精微的认识。大抵而言，他们认为"兴"在表达方式上有"环譬以托讽""取譬引类"的形式特点，表达效果上有"婉而成章，称名也小，取类也大"的效能，在篇章构建上有"以物起情"的起首作用。

"环譬以托讽""取譬引类"的形式特征充分说明了"兴"是表达主体为了特定的表达目的"托讽"而进行的语言艺术活动。这种语言活动是通过"环譬"亦即"取譬引类"的方式实现的，其具体操作方式是遵

---

① （汉）许慎著，（清）段玉裁注：《说文解字注》，上海古籍出版社 2000 年版，第 105 页。
② （梁）刘勰：《文心雕龙》，中州古籍出版社 2008 年版，第 342—343 页。
③ 韩宏韬：《〈毛诗正义〉研究》，中国社会科学出版社 2009 年版，第 231 页。
④ （宋）朱熹集注：《诗集传》，上海古籍出版社 1980 年版，第 1 页。

循"类"的原则,"取""引""他物"去"起发己心"。

由此可见,兴辞的创作,并不是表达主体随意为之的结果,而是通过积极的思维,对已有的语言材料进行的一种有原则、有指向性的选择。有选择的地方就有修辞。被称为语言中"精神贵族"的诗歌是把语言美学运用到最高的典范,是最讲究语言锤炼的文学体裁。作为中国诗歌传统表现技法的"兴",在表达方式上的婉曲,对物象的有意选择都显露出了浓郁的修辞意识,从这个意义上来说,"兴"理所当然应纳入修辞学的范畴。

（二）"兴辞"创作的修辞心理

1. "兴辞"创作的修辞动机

任何修辞活动都是人的一种有意识的语言创造,它的目的性是很强的,说写的某种特定目的,是人进行说写的内部动力,也就是修辞的动机。作为修辞活动之一种的兴辞创作当然也是在某种内部动力激发下的行为及结果。

为了科学地解读出兴辞创作的修辞动机,我们不妨借用心理学的研究成果对动机进行科学解读。"动机是直接推动个体活动以满足某种需要的内部状态,是其行为的直接原因和内部动力。动机是人们从事某种活动的原因,是推动人们进行某种活动的内部动力。"[1] "心理学上就把人们经常以愿望、兴趣、理想等形式表现出来,激励个体发动和维持其行动,并导向某一目标的心理过程或主观因素,叫做动机。"[2] 从上述论述我们可以看出,动机的产生源于人的某种内部的需要,它的主观性极强且能引发行为、推动行为、维持行为。内部需要触动动机,动机引发行为,行为指向需要的满足。很显然,这是一个环环相扣的循环圈,在这个循环圈中,行为是显性而客观的,而动机却主观而隐晦,要想准确地捕捉到它,我们还需从分析显性的现象出发。于兴辞而言,兴辞本体正是我们对修辞动机追踪摄影的重要依据。前辈学者早就意识到这一点,《朱子语类》卷八十一曰:"雎鸠,毛氏认为'挚而有别'。……盖'挚'与'至'同,言其情意相与深至,而未尝狎,便见其乐而不淫之意。此是兴诗。兴,起也,引物以起吾意。如雎鸠是挚而有别之物、荇菜是洁净和柔之物,引此起兴,

---

[1] 冯鸿涛:《普通心理学》,中国人民公安大学出版社2006年版,第305页。
[2] 林秉贤:《社会心理学》,群众出版社1985年版,第186页。

犹不甚远。"① 《升庵经说》卷四 "燕燕于飞,差池其羽"条说:"师旷《禽经》曰:'鸟向飞背宿,燕向宿背飞,此物理也。'故庄姜以为送归妾之比,取其背飞之义,送别之情也。"② 上面所引论述都从兴辞的言语层面入手,隐约感觉到了兴辞的创作动机,即"引物以起吾意""取其背飞之义,送别之情也"。如果说上述认识还比较模糊的话,那刘勰的"起情故兴体以立"③,贾岛的"兴者,情也。谓外感于物,内动于情,情不可遏,故曰兴"④ 则旗帜鲜明地说出了它是外感于物、内动于情而情不可遏的产物。由此可见,情感表达的需要正是兴辞创作的心理动机。

2. "兴辞"创作的修辞心理机制

外感于物,内动于情,情不可遏,举身边草木鸟兽以见意,这是兴辞创作的整个心理过程。深入解析这个心理过程,我们不难发现在这个过程中有三个重要的节点:物、情、言。外在的物理事象是怎样与内在的心理感知联系到一起并形成一个相互生发的统一体的呢?

根据格式塔心理学,在外部自然事物与人的内部世界之间,存在着形式上的同形同构或异质同构关系,这种同构关系导致了情感结构与外部事物结构的感应和契合。例如,自然界的昼夜交替,季节循环与人体的生理节奏,心灵的喜怒哀乐极易形成交感对应。又如,丰泽明润的兰叶与宽厚平和的品德,直硬折角的树节与激愤强劲的情绪,葱茏的春山与勃发的青春,木叶的飘零与萧瑟的心境,这里面都有对应的形式感。这种对应性极易引起修辞主体的相似联想,相似联想正是兴辞创作的主要心理机制,在相似联想下创作出来的兴辞,我们往往能从"兴象"的外在形态、实际功用等方面找到它与主体意旨相同、相似的地方。如莲因外形与女性生殖器相似以及多籽的特性而成为了爱情诗常用的起兴物象。又如,绿竹中虚外直,挺秀洒逸,丰采出众与品行高尚的人有神似的地方而成为吟咏君子的常用兴象。这种基于兴象与主体情感之间的相似关系而引发的联想为兴辞创作构筑了由此及彼的桥梁。

除了相似联想外,相关联想是兴辞创作另一重要的心理机制。相关联想,是指由一种事物联想到另一种在空间或时间上与它相接近的事物的联

---

① (宋)黎靖德编:《朱子语类》卷三,山东友谊出版社1993年版,第3413页。
② (明)杨慎:《升庵经说》,中华书局1985年版,第64页。
③ (梁)刘勰:《文心雕龙》,中州古籍出版社2008年版,第342页。
④ 胡经之主编:《中国古典文艺学丛编》,北京大学出版社2001年版,第70页。

想。在民歌中，由相关联想创作的兴辞也有很多，如《诗经·小雅·小弁》："维桑与梓，必恭敬止。靡瞻匪父，靡依匪母。不属于毛，不离于里。天之生我，我辰安在？"在农耕时代，出于对土地的崇拜，先民祭社之风极盛，而根据古代习俗，祭社之处必植树，是为社树。桑与梓这两种树木因为与先民生活联系紧密成为了社的标志——社树。《史记索隐》："古者二十五家为里，里各有社。"① 可见，社树与故土与家园与父母在空间上是具有接近性的，这极易引发心理上的相关联想；因此，以桑梓兴象起兴，通过敬畏社树去表达对故土家园的思恋和对祖先父母的恭敬就成为了《诗经》常用的表情方式。

除了相关联想外，对比联想也是兴辞创作中常启用的心理机制。所谓对比联想是指："事物之间在性质、形态上的相异、相反所唤起的联想。"② 如新化民歌《甜梨树开花》的起兴："甜梨树开花像牡丹，黄花女巴肚（怀孕）像雪山。"甜梨树开花本应象征人生的幸福和美满，而此刻花自明媚鲜妍，人却身处忧患和困境，强烈的反差烘托出了生命的意外和茫然。相反相成、相得益彰的对比让修辞主体的抒情更为淋漓尽致。

综上所述，在兴辞创作中，修辞主体启动联想心理机制，成功地把各种物理事象和个体的主观情感联系了起来，从而为读者创作了一个五彩斑斓、意味隽永的言语世界。在各类联想中，相似联想是最常用的心理机制，相关联想次之，对比联想也时有参与。修辞主体通过相似联想、相关联想、对比联想等各种想象方式，由物及人，以物引情，创造出了兴象玲珑，意蕴深婉的修辞文本。

（三）"兴象"撷取的合境原则

在兴辞中，被先言的"他物"，我们称之为兴象，它往往起到引起或承载某种特定情意的作用。民歌中的兴象主要有以下四种类型：第一，天象类，如日月星辰、风雨雷电；第二，地理类，如河流山川；第三，物候类，如花草树木、飞禽走兽；第四，农事类，如禾麻黍麦的种植。在《诗经》中，这些物象都曾被当时的诗人撷取为兴象，去引发和承载他要表达的思想感情。面对众多的物象，作者并非随意地"取"或"引"，他必须遵循"合类"的原则，即孔颖达说的"取譬引类"。所谓合类原则，

---

① 周德金：《名家评注史记》，天津古籍出版社 2010 年版，第 70 页。
② 邱正明：《审美心理学》，复旦大学出版社 1993 年版，第 180 页。

借用当代修辞学术语，就是要符合"题旨情境"。

"兴象"撷取的合境性首先体现在与自然环境的契合。各地的民歌所撷取的兴象往往来源于本地自然条件下出现的物象，如湖南新化山歌《山歌传》所吟唱的那样"田里生来水里长，山里摘来屋里存"。

"取譬引类"的原因有二，一是认知的局限。在农业文明时代，由于人与土地的高度结合，形成了一种以自给自足为主导的自然经济模式。此种经济模式下，人们的流动性大大减少，再加之落后的交通条件和定居生活所带来的恋土情结等原因，人们的交往、流动更少，乡民们终生老死于一地的现象十分普遍。在漫长的封建社会时期，相对封闭、自成一体的"桃花源式"生活图式在我国被认作为理想的生活图式。在此种空间图式下，个体的活动范围极其有限，诗人认识和熟悉的物象往往只能来自于他生活的小区域；因此，在民歌的兴辞中，作者撷取的物象一般是本地的物候或物产，南方的民歌不太可能出现北方的物象，同样，北地的物产一般也只在北方的民歌中出现。以爱情题材的民歌为例，在当代民歌中，四川的《康定情歌》喜以"云""月"等常见的自然天体起兴来吟咏爱情；陕北《蓝花花》以"青线线那个蓝线线，蓝格英英的采"起兴；而湖南新化民歌则喜以"橘子""桐子""栀子"等花事起兴。之所以出现这样的差异性，与各地的地理形貌和物产情况有直接的联系。康定的高原山地地形决定了当地居民对"云""月"这些自然天体的亲近和感知。地处汉中平原的陕西盛产棉花，纺纱织布是当地妇女的主要工作，因此，"青线线那个蓝线线"成为了陕西情歌常用的兴象。而湖南新化的亚热带气候和山地丘陵地形则决定了"橘子花""桐子花""栀子花"成为当地居民常见的物象。民歌兴象的合境性鲜明地体现出它的地域特征。

除了主体的认知局限外，接受者的认知范围也是创作中要考虑到的因素。"当作家坐在一张白纸面前写作的时候，他（读者）的影子俯身在作家的背后。甚至当作家不愿意识到影子存在的时候，影子还是站在他的背后。"[①]民歌的吟唱除了自我抒情的目的外，更多的是希望所要表达的情感被人理解和接受，获得认同与共鸣。显然，一个陌生的兴象是不可能具备这样的效能的。因此，顺应自然环境，就地取材，撷取物象是诗人在创

---

① [苏联]赫拉普钦科：《作家的创作个性和文学的发展》，上海人民出版社编译室译，上海人民出版社1977年版，第125页。

作的时候首先为隐含读者的审美接受能力考虑到的。

二是民歌吟唱的即兴性。民歌的作者不是专业诗人，他创作的环境也不可能是书斋，而是他劳动和生活的山野田间。"张口就来，随兴而起"是民歌创作的主要特点。创作的即兴性直接决定了民歌兴象的即景性，因此，兴象之"象"一般都是感发作者情意的当下所见之景象。"一俯一仰之际，几与为通，而淳然兴矣。'有敦瓜苦，烝在栗薪，自我不见，于今三年'。俯仰之间，几必通也，天化人心之所为绍也。"① 在俯仰之际，自然界和人世间新故之迹，荣落之观，流止之几不经意之间呈现在眼前，这些极具地域性的物象或以它独特的外形，或以它专属的功用，或以它在当地文化中别样的内涵拨动着民歌吟唱者的情怀，于是歌唱者以此起兴，抒情写志。

除此之外，依照古人物我交融的生命一体化观念，自然景物、客观物象本身就内含有道。艺术意义的最高境界就是道的显现，因此，诗人只要虚怀揽物，再现自然景物客观存在之象，就可以目击道存，使山水以形媚道。古代诗中，极富兴象的诗句，大都是这种即景写实的佳构。而古代文论家如钟嵘主张写即目所见的直观之景，司空图追求俯拾即是，不取诸邻的直致所得，王夫之强调身之所历，目之所见的现量就既是对这种即景会心创作形式的推崇，也是对这种创作方式的细致描述。广泛应用于兴辞创作中的这种"即景会心"创作方式使兴辞在物象的描摹上充分体现出修辞的合境性原则。

兴象的合题旨性体现在所取所引之象与抒情主题的"合类"。这种"合类"是通过对社会文化语境的顺应实现的。在特定的诗篇中，作者所吟咏的兴象，应与他在此篇章中表达的情感主题具有内在的关联，这样，才能借由外在的物象去表达内在的情感。同时，由于这种内在关联的社会化认可，使得抒情主体的感情能为接受者所理解、认同，从而达到表达者倾诉、宣泄、劝谕的目的。如《诗经》中"婚恋"与"求友"类诗往往以"鸟鸣"起兴：

《周南·关雎》1章：关关雎鸠，在河之洲。窈窕淑女，君子好逑。

《周南·葛覃》1章：葛之覃兮，施于中谷，维叶萋萋。黄鸟于飞，

---

① （明）王夫之：《船山全书》（第三册），船山全书编辑委员会编校，岳麓书社1988年版，第384页。

集于灌木，其鸣喈喈。

《邶风·匏有苦叶》2章：有弥济盈，有鷕雉鸣。济盈不濡轨，雉鸣求其牡。3章：雝雝鸣雁，旭日始旦。士如归妻，迨冰未泮。

《郑风·风雨》1章：风雨凄凄，鸡鸣喈喈。既见君子，云胡不夷。

《小雅·伐木》1章：伐木丁丁，鸟鸣嘤嘤。出自幽谷，迁于乔木。嘤其鸣矣，求其友声。相彼鸟矣，犹求友声。矧伊人矣，不求友生。神之听之，终和且平。

之所以出现这样的关联，是因为在早期的人类社会中，先民们的生产生活与大自然极为贴近，因此而形成了天文与人文同构，自然宇宙与人间社会同一律动的朴素认知。这一认知在《尚书·尧典》中常有体现："日中，星鸟，以殷仲春，厥民析，鸟兽孳尾。"[1] 观日月星辰的天象，可以掌握物候时序——由天象而及人间物宜。前者关乎民众，后者关乎鸟兽。天象—物候—民众—鸟兽，天文、地文、人文构成一个内在的关系链，一个宇宙社会的共同体。在这样的认知指导之下，先民们极易观察和体验到"雉鸣求其牡""嘤其鸣矣，求其友声"的自然现象；而在他们朴素的思维形态下，很容易在自然现象与自身情感诉求中找到相似点。当这种相似性联想在观念层面成长为一种"集体记忆"，并以某种特定的语言形式固定下来，便成为歌诗创作，乃至整个生活观念中特定的情感符号，被人们广泛使用和普遍接受。因此，在民歌创作中，当主旨和感情基调确定以后，诗人们往往会根据自己表达的需要撷取与自己创作主旨相一致的兴象去引发他们要倾诉的情感。在我国的文化语境中，常见的情感主题往往有与之相似或相关的物象对应，如桃的夭丽华美恰似少女的容光因而引发出女子适龄而嫁的主题，鱼因其强盛的繁殖能力而在民俗文化中成为了性爱与繁殖力的象征，凡此种种不一而足。因此，在民歌中，如果要抒情言志，诗人往往会顺应当时的社会文化语境去撷取与其题旨相关的物象进行寓意、引发。正因为很好地顺应了社会文化语境，所以，兴辞中所引的物象能"感发己心"，起到宣泄情感和感染他人的作用，并能统摄后续篇章。

二 新化山歌"兴象"的地域色彩与文化内涵

为了鲜明地显现出新化山歌篇章修辞的地域特征，深入发掘出地域特

---

[1] 严斯信：《尚书·尧典今绎》，云南人民出版社2010年版，第59页。

征对修辞的制约性，本书以内蒙古鄂温克族歌谣为对照点，对新化山歌篇章修辞的地域性展开研究。

(一) 新化山歌和内蒙古鄂温克族歌谣"兴辞"概貌

《中国民间歌谣集成·湖南卷·新化资料本》中共收录了新化民歌 372 首。其中标属劳动歌的 26 首，时政歌 20 首，仪式歌 23 首，情歌 236 首，生活歌 14 首，历史传说歌 8 首，儿歌 37 首，无法归类的 8 首。这 372 首民歌中共有 144 首用了"兴"，占民歌总数的 38.7%，这一数据显示，"兴"始终是民歌创作的主要艺术手法。其中劳动歌除了《麦子鸟叫》《郎打夜工莳丘田》两首用到了"兴"的手法外，其他的均以"赋"为创作手法。这两首有"兴"的民歌，从严格意义上来说应该是以农事起兴的情歌，但为了遵循《集成》的原貌，在列表中依然把它们列入劳动歌。时政歌中有 6 首用到了"兴"的手法，占该类民歌总数的 30%，充分体现了兴，"见今之美，嫌于媚谀，取善事以喻劝之"[①] 的社会讽喻功能。在情歌和生活歌中，"兴"的应用是极其普遍的，均占到该类总数的 50%左右，这充分体现出"兴辞"托物起情、感发志意的独特抒情效能。而在历史传说歌和儿歌中，随着题材的变化，抒情性的减弱，"兴"的应用频率也有所降低。具体而言，历史传说歌中用到"兴"的为 2 篇，占该类总数的 25%，儿歌中有 4 篇，占该类总数的 10.81%，而其他无法归类的 8 篇歌中则没有兴辞。其具体情况详见附录表 10、表 11、表 12、表 13，现将有关数据统计如表 5-1 所示。

表 5-1　　　　　　　　新化山歌兴辞数据统计表

类型	劳动歌	时政歌	仪式歌	情歌	生活歌	历史传说歌	儿歌	其他
总篇数	26	20	23	236	14	8	37	8
兴辞篇数	2	6	1	122	7	2	4	0
百分比	7.69%	30%	4.35%	51.69%	50%	25%	10.81%	0%

《中国民间歌谣集成·内蒙古卷·鄂温克族歌谣》共收录民歌 81 首。其中标属时政歌的 3 首，仪式歌 19 首，情歌 19 首，生活歌 32 首，历史

---

① （清）阮元校刻:《十三经注疏》，中华书局 1980 年版，第 796 页。

传说歌 5 首，儿歌 3 首。这 81 首民歌共有 42 首用了"兴"，占民歌总数的 50%多。其数据统计如表 5-2 所示。

表 5-2　　　　　　　鄂温克族各类歌谣兴辞数据统计表

类型	时政歌	仪式歌	情歌	生活歌	历史传说歌	儿歌
总篇数	3	20	19	32	5	3
兴辞篇数	3	10	13	15	1	0
百分比	100%	50%	68.42%	46.88%	20%	0%

上面统计数据显示，在我国民歌中，"环譬以托讽""取譬引类"的"兴"是常用的篇章起首手段，是重要的篇章建构手法。因此，对民歌的兴辞进行研究，是在篇章层面展开方言修辞地域性研究的最好媒介。

（二）新化山歌和内蒙古鄂温克族歌谣"兴象"对照

尽管"兴"是我国民歌常用的一种起情手法，但在不同的地域，因自然条件的差异，其地域景观、物产风尚、民族观念内涵都会有所差异，这些差异性在兴辞中表现为对"兴象"的不同择取，而方言修辞的地域特征也正体现在此。为了鲜明地显现出新化县民歌篇章修辞的地域性，深入发掘出地域特征对修辞的制约功能，本书以内蒙鄂温克族歌谣为对照点，对新化县山歌"兴象"的地域特征展开研究。

经过对两地民歌的深入研读，我们发现，两地民歌的兴象按其来源大致可分为自然类、生产劳动类、生活类三种类型。其中自然类可再分为天象类、地理类、物产类三小类。以此为分类标准，我们对两地民歌的兴象类型进行了归纳统计，其具体情况见附录表 10、表 11、表 12、表 13，有关数据统计见表 5-3 至表 5-8。

表 5-3　　　　　　　新化、鄂温克族民歌兴象类型统计表

地域 \ 数量 \ 数型	自然类 天象类	自然类 地理类	自然类 物产类	生产类	生活类
新化县	33	5	64	27	19
	22.29%	3.38%	43.24%	18.24%	12.84%
鄂温克族	3	9	35	4	3
	5.56%	16.67%	64.81%	7.41%	5.56%

第五章 新化山歌篇章修辞研究

表 5-4　　　　新化、鄂温克族民歌天象类兴象统计表

地域＼数量＼数型	太阳	月亮	星星	云	雨	雾	雷	天地
新化县	12	2	5	5	6	1	1	1
鄂温克族	1	无	无	1	无	1	无	无

表 5-5　　　　新化、鄂温克族民歌地理类兴象统计表

地域＼数量＼数型	河流	山	草原	岩石
新化	3（回水湾）	1（高山）	无	无
鄂温克族	5（辉河、雅鲁河、贝尔茨河、阿拉巴吉河等）	1（白头山）	2（丰美的草原、辽阔的原野）	1（额尔根哈达的岩石）

表 5-6　　　　新化、鄂温克民歌物产类兴象对照表

数量＼地域＼代表＼类型	植物类			动物类			
	花	草	树	禽类	兽类	鱼类	其他
新化	油菜花、萝卜花、黄连花、蔷薇花	毛苦菜、竹、茶、茼蒿、茅草	槐树、枫树、板栗树、柑子树	鸡公、燕子、毛鸟、画眉、斑鸠、布谷、乌鸦	猴子、黄麂、水牛	鲤鱼	蚂蚁、蜘蛛
	36			28			
鄂温克族	原野的花	嫩草、茅草	樟、松、榆树、白桦	飞鸟、雄鹰、百灵、白脖鸦、黄鹂、乌鸦、野鸡、水鸟	马（铁青马、枣红马、沙毛马、骏马、枣骝马）、旱獭、狐狸、野兽	鲤鱼	无
	7			27			

表 5-7　　　　新化、鄂温克民歌生产类兴象对照表

新化	内容	耕种	收藏	砍树	打篱桩	其他
	次数	14	3	2	1	7

鄂温克族	内容	放牧	结鬃绳	吹号角		
	次数	1	1	1		

表 5-8　　　　新化、鄂温克民歌生活类兴象对照表

兴象类型		吃			穿戴			住	行	用	乐
新化	内容	酒姜	烧火	打水洗菜	打鞋	斗笠	扇	房	造船	打铁箍盆	敲鼓
	次数	2	2	2	2	1	2	2	2	1	2
鄂温克族	内容	酒						毡房	造车		
	次数	1						1	1		

通过比照显示：新化民歌和鄂温克族歌谣在兴象的择取上显现了巨大的差异。具体而言，主要体现在以下方面：

1. 两地民歌的天象类兴象与地理类兴象占比有差异

比率的不均衡和内容的差异是由两地的自然条件和生产方式决定的。在新化县，一方面，其所属的亚热带季风性气候类型使得当地气候在四季分明中呈现出复杂多变的特点；另一方面，在农耕生产方式下，天气成为影响收成的重要因素，因此，天象成了当地民众关注的对象。在这两个方面的影响下，在新化山歌中，天象类兴象不但呈现了较高的出现频率，而且还出现了更多的样态。相比之下，鄂温克族所在的内蒙古草原属中温带大陆性气候，其干燥少雨、冬季漫长、夏季短暂的气候特点，让天象在鄂温克族民众的认知视野中未能凸显，由此，在鄂温克族歌谣中，天象类兴象仅 3 种，占总数的 5.56%。与天象类兴象的低比率相反的是，地理类兴象在鄂温克族歌谣中呈高频出现，特别是"河流"，在歌谣中，作为兴象共出现 5 次。河流类兴象的高频出现既是当地地理条件下的产物又是当地生活方式制约下的结果。鄂温克族自治旗内有 263 条河流，其中河流长度在 20 公里以上的 31 条，河流总长度为 5397.97 公里，河道水面面积约 108.8 平方公里。河流的纵横密布已为鄂温克族民众提供了丰富的"河象"储备，而作为游牧民族，逐水而居的生活习性，让河流进一步在认知视野中凸显，由此，在歌谣中，河流成为了他们常用的起兴物象。

2. 两地民歌的动植物兴象比率具有差异

在新化山歌中，物产兴象共 64 种，占兴象总数的 43.24%。在鄂温克族民歌中，物产兴象共 35 种，占兴象总数的 64.81%，鄂温克所占比率稍高。但在物产兴象中，两地动植物兴象的比率出现了不平衡状态，新化县物产类兴象中植物类兴象呈优势出现，它的数量多达 36 个，占物产类总数的 56.25%，而鄂温克族民歌中动物类兴象的比率明显高过植物类兴象，它的数量为 27 个，占物产类总数的 77.14%。

动物类兴象和植物类兴象分布的不均衡是由两地的自然条件及其生产方式差异导致的。"兴"作为一种借由"他物"，通过类比、联想以表情的艺术手法。其想象的开展不可能没有生活的基础，离开了人类的生活经验，根本无从想象。联想，恰如黑格尔所说："首先是掌握现实及其形象的资禀和敏感，这种资禀和敏感通过常在注意的听觉和视觉，把现实世界的丰富多彩的图形印入心灵里。"①

在新化县，其亚热带季风气候类型，以山地丘陵为主的地貌条件，以农耕为主的生产方式，都使植物成为当地居民认知视野中熟悉的物象。相比动物物象，植物更易对他们的情感产生感召，在吟唱遣怀时，植物类物象成为了他们进行类比和联想的依托，由此，山歌兴象呈现出浓郁的地域色彩。而对以游牧为主要生产生活方式的鄂温克族而言，动物，特别是"马"是他们认知视野里最熟悉的物象，因此，在他们的民歌中，"马""飞鸟""旱獭""狐狸"等草原上常见的动物成为了主要兴象。

3. 两地民歌的生产类兴象也具明显差异

尽管在兴象总数中，两地的生产类兴象所占的比例大致相同，但在兴象内容上出现了重大差异。新化山歌的生产类兴象主要是"挖地""播种""栽培"等农耕事象；而鄂温克族歌谣的生产类兴象主要是"结鬃绳""放牧""吹号角"等游牧事象。两地生产类兴象的不同是由生产方式的不同导致的，生活在北方草原的鄂温克族的主要生产方式是放牧，由此，放牧中的各事象成为了他们进行类比和联想的依托，在抒怀遣兴时，放牧的各种事象极易进入语言世界中，成为他们感发志意、开篇起首之用。同样，对于生活在南方山地的新化居民而言，农耕是其主要生产方式，农耕生产中的挖地、播种、莳田、收割、晒谷、收藏是他们最熟悉的

---

① ［德］黑格尔：《美学》卷一，朱光潜译，商务印书馆1997年版，第357页。

事象。由此，这些常见于物理世界中的事象极易透过他们的心理世界进入语言世界中，在山歌的篇章建构中，这些事象就成为了他们引物起情的兴象。

4. 两地民歌的生活类兴象在比例和内容上显示了差异

在新化山歌中，生活类兴象为 12.84%，其主要内容是"建房""打铁""蒸酒"等。鄂温克族歌谣的生活类兴象仅 3 项占 5.56%，为"饮酒""毡房"和"造车"。民歌中生活类兴象的不同是由两地生活方式的差异导致的。在新化，在农耕生产方式制约下，当地居民过着定居的生活，其生活物资主要来源于各种农作物，受这样的生活经验影响，在新化山歌中出现的生活类兴象多为"砌房""烧火""蒸酒"等与定居生活相关的事象。而对鄂温克族的民众而言，长期的游牧生活，"毡房"和"造车"才是他们生活之必需，因此，在他们的歌谣中出现了这两项迥异于新化山歌的生活兴象。

通过上述比照可见，由于地理环境，生产生活方式的差异，新化县山歌与鄂温克族歌谣在兴象的选取上呈现很大的不同。而两地歌谣修辞的地域特征也因此得到鲜明呈现。为了进一步解析出新化山歌篇章修辞的地域性，下文将对新化山歌兴象的地域成因及其篇章建构功能进行深入阐述。

（三）新化山歌"兴象"的地域色彩

1. 山歌兴象指称的方言化

（1）天象类兴象指称方言化

天象类兴象在新化山歌中共出现 33 次，其中太阳兴象有 12 次，在这 12 次中把太阳称作太阳的只有 1 次，而以方言"日头"称呼的有 11 次。星星兴象出现 5 次，这 5 次均以方言"星子"进行称呼。雨类兴象出现 6 次，这 6 次中有 4 次以方言"落雨"来称呼"下雨"。云兴象出现 5 次，5 次呈现的都是云的动态，有 2 次以方言词"起云"进行描述。雾兴象出现仅 1 次，在山歌中用"雾露"这个方言词进行指称（雾露在新化方言中专指雾，并非是雾和露的合成词，露有"露水"一词进行专指）。

（2）物产类兴象指称方言化

物产类兴象在新化山歌中出现的次数是最多的。除了与普通话本就存在重合的命名外，其他物产均以方言进行指称，其具体情况如表 5-9 所示。

表 5-9　　　　　　　　　民歌中物产兴象的方言指称

普通话	布谷鸟	筋骨草	公鸡	板栗	鸡冠树	猫头鹰	橙子	刀豆	麻雀	杜鹃花	麻雀	花蕾	桐树	小竹笋	篾黄
方言名	麦仔鸟	毛苦菜	鸡公	板栗子	冠子树	磨虎头	柑子	刀把豆	麻雀子	映山红	毛鸟子	花苞	桐仔树	笋仔	子蔑

物产类兴象指称的方言化主要体现在两个方面：

①带"子"尾的物象名称

新化方言"'子'的分布较普通话宽，一些在普通话中不要加'子'的词，在新化方言中要加上后缀'子'"①。上表显示，在普通话中没有子缀的某些物产类名词在新化山歌中都加了"子"缀，如麦子鸟、板栗子、毛鸟子等。实际上，在上表出现的"子"尾，从严格意义上讲，应该是更具方言色彩的"仔"尾。在方言调查中显示，上表中麦子鸟，毛鸟子、桐子树、笋子中的"子"尾在新化方言中都说作"仔"尾，而非"子"尾，因山歌的记录者不是专业的语音研究者，故都以子尾代"仔"尾，而实际上"仔"尾是一个更具方言特色的名词后缀。"子"尾化和"仔"尾化的方言指称使新化山歌兴象在指称上具有了鲜明的地域色彩。

②独特理据下的物象命名

"造词理据即给事物命名的缘由。同一个概念在普通话和方言中，命名的缘由可能不同、这样就会形成不同的词形。……造词理据的差异取决于客观事物本身。客观事物的特征有许许多多，命名时选用不同的特征作为依据，相应地也就选用了不同的语素，于是就形成了不同的词形。"②据罗昕如《新化方言研究》的方言词表，新化先民们更喜用事物的显性外观命名。这一特点在新化山歌的物产兴象名称中有鲜明的体现。如上表中的冠子树、刀把豆、磨虎头均以事物的形状命名，映山红以事物的颜色命名，毛苦菜以事物的味道命名，独特命名理据下的物象名称也是新化山歌形成地域特色的重要原因。

（3）生产生活事象动词方言化

与物候类兴象存在差异的是，生产和生活兴象的本体是一项充满了动感的活动。因此，对它们的指称必然关涉到动词的使用。新化山歌在对生

---

① 罗昕如：《新化方言研究》，湖南教育出版社 1998 年版，第 224 页。
② 罗昕如：《新化方言研究》，湖南教育出版社 1998 年版，第 112 页。

产生活事象进行指称时，动词的方言化使生产和生活兴象带上了浓郁的地域色彩。新化民歌生产和生活事象的动词方言化主要体现在下列两个方面：

① "打"字的高频使用

尽管在普通话中"打"也属高频动词，但在新化方言中"打"的使用频率显然高过普通话。调查显示：在新化方言中"打"除了有"攻击""击打"等常用义项外，还有【1】编织，如"打毛衣"；【2】制作，如："打桶"；【3】言唱，如"打破""打歌"；【4】盛取，如"打水"；【5】挖掘，如"打井"；【6】寻找，如"打野食"；【7】抢占，如"打油火"；【8】协助，如"打望""打伴"；【9】呈现，如"打笼统"（即裸体）；【10】选择生活方式或生活状态，如"打单身""打饿肚"；【11】思考，如"打缜神"等诸多义项。基于"打"在新化方言中义项的多样化，新化民歌中"打"被高频使用。如上表显示，在生产和生活事象中有 8 次用到"打"，除了"打铁"和"打毛镰"是普通话中"打"的常用义项外，其他事象的"打"动词均具有浓郁的方言色彩，如打单身的"打"为"过着"义，打鞋底的"打"为"纳"义，打歌的"打"为"唱"义。"打"在新化民歌中的高频使用，当然是因为"打"在新化方言中义项的多样化引起的，"打"的独特义项给新化山歌的生产生活兴象增添了别样的地域色彩。

② 其他动词的方言性择取

除了"打"字高频使用外，新化方言对某些生产生活事象也有它独特的表述方式。首先，在生产领域里，新化方言对某些生产方式有它自己的表述方式，显示出对处在同义义场中系列动词的方言性择取。如上表所示生产事象"栽树"就是从"栽、种、植"这个同义义场中独取了"栽"。"莳田"是从"莳、插"这一同义义场中取了"莳"。"点荞"是从"种、点、播"这一同义义场中选取了更精准的"点"。对生活事象的表述同样如此，鉴于酿酒过程中"蒸"这一程序的凸显和重要性，在新化方言中用动词"蒸"来代指酿酒的全过程。除此之外，在新化方言中，对于各类建筑物的建造都用动词"起"，而不用"建""修""造"等，相比之下，"起"更能显出建筑工事由低到高的动态过程，"起槽门"就是这一独特表述法下的生活事象指称。对各类生产生活动词的方言性择取使新化山歌的生产生活兴象带上了浓郁的地域色彩。

2. 山歌"兴象"的地域自然特征

(1) 天象类兴象的亚热带季风气候特征

"新化属中亚热带季风气候区，特征明显。"① 地理学认为，亚热带季风气候总的特征是四季分明，光照充足，雨水丰沛。《新化县志》载录，新化全年日照平均为每年 1488 小时，日照率为 34%。"新化降水较充沛，但时空分布不均……历年（1957—1989）降水量 1027—1667.7 毫米，平均 1402.1 毫米。"② 新化县的这些气候特征在新化民歌兴象中有鲜明的体现。

上表显示：天象类兴象中以太阳起兴的共 12 次，以雨起兴的共 5 次，以云起兴的共 4 次，而生活事象中的 2 次"斗笠"起兴因与下雨有着内在的关联也可纳入此范畴中。新化山歌"太阳"和"云雨"兴象的频繁出现是新化亚热带季风气候下的产物，民歌的吟唱者对此类兴象进行的描述更彰显出它的地域特征。如：《花香摇动少年郎》的起兴句"日头出来三丈长，情姐打扮上庵堂"；《手帕化成一朵云》的起兴句"日头当顶火一盆，望见情哥汗淋淋"；《日头落土遍山黄》的起兴句"日头落土遍山黄，早煮茶饭留情郎"等对"日头"的光芒、热度、色度的描写无不显示出亚热带季风气候特征。相比之下，鄂温克族歌谣的太阳兴象是"初升的太阳啊，被云雾遮蒙"，呈现出温带大陆性气候特征。又如以雨起兴的民歌，《门前大雨满了溪》起兴句"大雨落，毛雨飞，郎到家屋借蓑衣"；《这边落雨那边淋》起兴句"这边落雨那边淋，姐挽清风送郎行"中对雨量、雨势、雨具的描写也具有明显的亚热带山地特色。雨量集中，盛夏酷热这是新化所处的亚热带季风气候的典型特征。这样的气候也很容易导致雨水时空分布不均从而出现夏秋干旱，所以在《天上起云地下遮》篇中有起兴句"天上起云地下遮，干田无水靠筒车"。新化山歌兴辞中对天象的细致描绘，一方面让我们看到了亚热带季风气候下新化山民的生活图景，另一方面也因此而给民歌烙上了鲜明的地域印记。

(2) 地理类兴象的丘陵山地特征

"新化属山丘盆地，西部、北部雪峰山主脉耸峙；东部低山或深丘连绵；南部为天龙山、桐凤山环绕；中部为资水及其支流河谷。"③ 在新化民歌中，虽然单纯以地貌起兴的民歌只有五首，但在其他兴象中关涉到

---

① 新化县志编撰委员会：《新化县志》，湖南出版社 1996 年版，第 118 页。
② 新化县志编撰委员会：《新化县志》，湖南出版社 1996 年版，第 120 页。
③ 新化县志编撰委员会：《新化县志》，湖南出版社 1996 年版，第 106 页。

地貌的却多达 14 次，在这 19 次地貌描写中，写水流的只有 3 次，写高山的多达 16 次。在这些地理兴象中，有专写高山的如："高山高岭高高天"。也有在写动物活动时关涉到高山的如："高山画眉叫唉唉"。还有生产劳动的场地关涉到高山的如："高山种谷谷叶尖""高山砍树陡排排"。新化民歌中高山兴象的频繁出现体现了新化县地貌上的丘陵山地特征，呈现出鲜明的地域色彩。

对流水的描绘，民歌兴象中有状其蜿蜒状的，如《回湾流水》篇的起兴句"回湾流水浪旋旋，船儿恋水水恋船"。也有状水流的丰盛的，如《大路凉水顺枧流》篇的起兴句"大路凉水顺枧流，有人喝来无人修"。流水的蜿蜒丰盛与新化县地表崎岖、山林茂盛的地理特征是有着内在联系的，水流兴象的蜿蜒呈现出河流的曲折和山川的起伏。对照陕北信天游中常见的地理兴象"前沟里下雨后沟里风""前沟里糜子后沟里谷"，显然，新化民歌中的"高山""回水"地理兴象迥异于黄土高原沟壑纵横的地貌特点，从而呈现出典型的南方山地特征。

（3）物产类兴象的亚热带山地特征

新化县在气候类型上属亚热带季风气候区，且特征明显。在地理形貌上属山地丘陵地貌，中东部较低洼，西、南、北为山脉环绕。在这样的自然条件下，"新化县粮食作物，历以水稻、红薯、小麦、玉米为四大主产，其中稻谷占绝大比重"[1]。新化县这一物产特点在新化民歌中有着鲜明的体现。在民歌兴象中除了农事类兴象有 7 次关涉到水稻生产外，还在其他兴象中有 5 次关涉到水稻的生产。这 12 次的叙写，给我们展现了水稻生产的整个流程，让我们看到了南方山地水稻种植的全貌。如有以犁田起兴的"犁田要有牛绹绳，唱歌要有姐接音"；有以紧张的插田起兴的"麦子鸟叫起要插田""郎打夜工莳丘田"；有写禾穗生长的"雾露层层不见天，禾穗摇摇不见天"；有写农田灌溉的"天上起云地下遮，干田无水靠筒车"；有写收割的"日头当顶午时中，情姐挑茶担饭送田垅"；有写晒谷的"石板上晒谷要勤翻"；也有写农歇的"高挂犁耙干了齿，烧山下雨返了青"。在农事类兴象中，除了对水稻的生产进行叙写外，还 5 次关涉到麦、荞、粟的生产。据新化县志记载，这两种作物正是适应新化山地特点的重要旱粮。新化民歌农事类兴

---

[1] 新化县志编撰委员会：《新化县志》，湖南出版社 1996 年版，第 216 页。

象中对水稻生产的全方位叙写，对荞、粟两种作物种植的重点关涉无不凸显出民歌的地域色彩。

除了农事活动中的粮食栽培呈现出亚热带山地特征外，新化山歌中的物产兴象也无不呈现出该地区的物候风貌，给新化山歌烙上了鲜明的地域标记。在新化山歌中，物产类兴象所占比例是最高的，占总数的43.24%。物产类兴象均是亚热带常见物产，以植物类兴象为例，"竹"是山歌中出现频率最高的兴象，单纯以"竹"的形象出现的有2次，再加1次"竹笋"兴象和1次"竹篾"兴象，在新化山歌中，竹类兴象就出现了4次。"竹"是新化县极为常见的植物，除了在山陵中常现大片的竹林外，"竹"还常见于道路的两旁，河流的两侧，屋舍的周围。新化山歌中竹类兴象的频繁出现使民歌呈现出了鲜明的地域特征。除了竹类兴象外，新化山歌中的其他植物兴象如栀子花、橘子花、茶、槐树等均是亚热带季风气候下的典型物产。

相比植物兴象的多量与多样，动物兴象的数量和种类都较少，呈现出动植物分布不平衡的态势。植物兴象的优势呈现是新化县农耕生产方式下的产物，农耕为主的生产方式使新化山民对周边各种植物的样貌形态、生长周期、品性功用都有了高度的辨识力、感受力。这种深厚的熟悉度和亲近感促使新化先民们在抒情咏志的时候信手拈来，托物起兴，在此，植物兴象的大量出现使新化山歌呈现出浓郁的地域色彩。

在28次动物兴象中，鸟类兴象共出现了20次，其他类别的兴象只出现了8例，新化民歌在动物类兴象的分布上再次出现了不平衡的状态。鸟类兴象的优势呈现也是农耕生产方式下的结果。新化县有史可考应从北宋熙宁五年章惇开梅山之后，"乃筑武阳、关硖二城，诏以山地置新化县，并二城隶邵州"[①]。从此，新化县所在的古梅山终于结束了"旧不与中国通"的格局。据史记载，章惇开梅山取得圆满成功，得益于他与当地瑶民达成的民族和解协议。在这些和解协议中有这样一个条款即朝廷支援梅山发展生产，给牛贷种，帮助瑶民开田垦土，植桑种稻，正是这一条款的达成促使新化先民们逐渐从山林中退出，开始稳定的农耕生活。对此，有吴居厚诗可以说明："寻溪小径多盘诘，车马初来路欲迷。千古英雄汉天子，桑麻今已遍标题。""连云绝壁山无路，溅石潺溪水有花。试问昔时

[①] （元）脱脱：《宋史·蛮夷二》，中华书局1985年版，第14197页。

畲粟麦，何如今日种桑麻。"① 从此，新化先民虽仍居于山地却开始告别"食则燎肉，饮则引藤。衣制斑斓，语言侏离。出操戈戟，居枕铠弩。刀耕火种，摘山射猎，不能自通于中华"的生产和生活方式，走向真正的农业文明。"刀耕火种，摘山射猎"生产方式的消退带来的是对动物特别是对猛兽认知的减弱，再加上野兽本身极具攻击性和危险性，难以给人带来安全感和愉悦感，因此，即使它们还出现在新化山民的视线里，但已鲜能成为陶情抒怀的起兴对象。而飞禽类的动物，如斑鸠、麻雀、鸡公等却因其轻灵可爱、攻击性少而成为了民歌常用兴象。兽类兴象在民歌中的稀少和鸟类兴象在民歌中的优势出现是由新化县生产生活方式决定的，而仔细考量新化民歌中出现的动物兴象种类和数量，我们不难看出其中深蕴的地域历史内涵。

3. 山歌兴象的民族文化内涵
（1）日神崇拜与太阳兴象

在泛灵论意识状态下生存的原始先民对以太阳为核心的天地、日月、山川、河流等的崇拜构成了原始自然崇拜的主要内容。在中国乃至世界神话体系中，日神始终处于绝对尊崇的地位，郑玄注《礼记·郊特牲》云："天之神，日为尊"②。可见，太阳崇拜是原始人类崇拜的核心。而对于处在中国南方的楚民族而言，日神崇拜尤甚。关于楚地太阳崇拜情节的缘由及其体现已在本书的第二章中做过详细论述，本章不再赘述。既然，楚人以太阳为祖先，楚文化是典型的"南方太阳文化"，那么，作为楚地文化产物的新化山歌，太阳兴象的高频出现，与楚地的日神崇拜有着天然的关联，必然折射出浓郁的地域文化色彩。

"太阳崇拜是远古人类与自然之间建立的一种神秘联系。太阳每天都要出现在人们的生活中。在人们的日常经验中，太阳总是循着固定的路线运行，日出、升起、普照万物、日落。"③ 鉴于太阳的自然属性及楚地的日神崇拜传统，深入解读新化山歌的太阳兴象，我们能够解析出其中蕴

---

① （宋）吴居厚：《梅山二首》，傅璇琮编：《全宋诗》（第14册），北京大学出版社1993年版，第9372页。
② （东汉）郑玄注，（唐）孔颖达疏：《礼记正义》卷三，山东画报出版社2004年版，第150页。
③ 李咏吟：《原初智慧形态：希腊神学的两大话语系统及其历史转换》，上海人民出版社1999年版，第202页。

含的三种文化内涵。

①恒广的生命之源

在农耕时代，以太阳能为代表的自然力对农业生产影响极大。在农业生产中，各种农作物以太阳能作为直接而不可取代的能源，所谓"万物生长靠太阳，雨露滋润禾苗壮"；所以太阳的存在就意味着生命的萌发，生机的弥漫。当然，在早期人类的认识中，太阳的神奇远不止于此；先祖们还发现，太阳创造的一切生物的生命状态是有界和有限的，所谓"昙花一现""朝生暮死"等说的就是生命时间的有限性，而"红豆生南国""蕙草生山北"等却道出了生命占有空间的有界性。而与此同时，人们却发现，太阳这位神奇的创造者却具有无界与无限性。首先，就空间属性而言，它光芒万丈，笼罩四方，无处不在。其次，就时间属性而言，它东升西落，周而复始，永不衰竭。显然，对太阳的这一特性，生活在日照充分的楚地先民们会认识得更为清楚；因此，在楚地先民的认知世界里，太阳的无边无界更容易与世间有生生命的局限构成对立而凸显，最终成为他们膜拜的对象。

新化民歌中的太阳兴象正是日神崇拜下的产物。如，《太阳出来晒四方》的每一节都以"日头出来晒四方"起兴，它的第一节："日头出来晒四方，手提书篮进学堂，一本四书无心读，淡心淡意做文章，痴心恋想黄花粉嫩的满姑娘"写的是太阳光照下男主人公的所作所为和所思所想；第二节"日头出来晒四方，手提花篮进绣房，四叶鞋面倒拿起，针头钻手恨针长，痴心恋想灵醒秀面的读书郎"写的是同一红日下的女主人公的活动和思想。这首民歌，创作者以太阳起兴，巧妙地利用太阳的无界性把不同场景中的恋爱双方笼入了同样的空间，让他们隔空相望，互诉衷肠。同样的表述方法在我国北方诗歌中也有，如："月出皎兮，佼人僚兮"；"但愿人长久，千里共婵娟"；"海上生明月，天涯共此时。情人怨遥夜，竟夕起相思"等。相比之下，在北方人的观念形态中，更喜欢借用月亮的恒广性来打破物理空间的界隔，缩短心理空间的距离。

新化先民们除了喜用太阳的无界来突破空间的阻隔外，也善用太阳的恒久来诉说古老的传说。历史传说歌《杨益与潘九娘》是一首长篇叙事诗，讲述的是一个极其俗套的财主千金爱上担柴郎的故事。该诗的起兴句"日头圆圆照四方，照见梅州潘九娘"，在此，太阳兴象的出现既把梅州潘九娘的故事放置到了广阔的空间中进行讲述，同时也把它置于恒长的时间流中去演绎。太阳兴象在空间上的无界性和时间上的无限性让这首民歌突破了时空的局限，从而获得了更为普遍的意义与价值。那就是，杨益与潘九娘的爱情故事不仅仅是他们两人的爱情价值观和理想爱情观的阐述，它还代表了千百年来梅州地域所有青年男女的爱情心愿。同样的表述方法在北方诗歌中也有，如"江畔何人初见月？江月何年初照人？人生代代无穷已，江月年年望相似"；"今人不见古时月，今月曾经照古人。古人今人若流水，共看明月皆如此"。比照之下，我们可以看出，在北方文化中，能唤起人们苍茫宇宙意识和浩瀚历史意识的是皎洁清幽、点亮夜空的月亮；而在新化民歌中，这一角色则由明媚绚烂、朗照乾坤的太阳担当。这是新化民歌中太阳兴象的地域文化内涵之一。

②时间和规则

早期人类对时间的认知是通过太阳光在地球表面的变化轨迹获知的。而后，定居的农耕民族以太阳为参照物，倚借它的规律去预测四季变化、气温冷暖，从而确定农时。太阳神因此成为了时间的标尺，因而也是规律、法则，乃至超验理性的化身。尺度、规律乃至法则等是人类世界系统化和有序化所需要的，在此意义上，太阳也很容易成为人类崇拜的对象。而对以农耕为主要生产方式的新化先民而言，对太阳的依赖感更强，因而崇拜尤甚。

新化民歌的天象类兴象中太阳兴象共出现了12次，在这12次中，影射到时间节令的有9次之多。太阳不仅仅是新化山民生产节令的标尺，也是生活起居的时钟，如《太阳出土又出弯》的起兴句"太阳出土又出弯，满姑提篮卖牡丹"；《十二个时辰》的起兴句"辰时日头红，姐在绣房中"；《日头出来姐晒谷》的起兴句"日头出来姐晒谷，只见你身子好看脚板粗"；《日头当顶午时中》的起兴句"日头当顶午时中，情姐挑担茶饭送田垅"；《日头落土遍山黄》的起兴句"日头落土遍山黄，早煮茶饭留情郎"；《日头落土黑瞅瞅》的起兴句"日头落土黑瞅瞅，郎识姐屋冒灯油"等都是以太阳的时间性起兴。这些篇章在歌谣集中处于零散的状况，但如果串联起来完全可以成为一个序列，这个序列能构成一幅新化山民生活的全景图。显然，在这一天里，所有工作的安排都是以太阳光的变化为时间表的。太阳有规律的变化使山民们的生产生活能顺时而动，从而实现生活有效化和有序性。"个别自然事物……不是以它们的零散的直接存在的面貌而为人所认识,而是上升为观念。观念的功能就获得一种绝对普遍存在的形式。"① 显然,"日头"在新化民歌中也已是一种观念形态的东西,它蕴含的时间、规则、节律等文化内涵是促使它高频出现的内在动因。

③男性美和青春

在性别上,如果说狄俄尼索斯崇拜与女性文化有着或明或暗的瓜葛,那么阿波罗崇拜则与男性文化有着千丝万缕的联系。"阿波罗是宙斯和女神勒托的儿子,他作为射神、音乐之神和预言之神倍受人们崇敬。以后,阿波罗又被联系到太阳,他是光明、崇高的象征,又是男性美与青春的原型。"② 同西方太阳神一样,楚地的太阳神也是以男神身份出现的。在新化民俗中,有妇女内裤当阳晒的禁忌。根据弗雷泽的《金枝》,这是一种消极巫术,其目的是避免太阳神因为接触了妇女内裤而消退神力。显然,太阳神对女性私密物品的禁忌是由他的男神身份衍生的。太阳神作为男性美和青春的象征在新化民歌的太阳兴象中有着鲜明的体现,如《日头出来象米筛》的起兴句"日头出来象米筛,筛到郎的床上来";《手帕化成一朵云》的起兴句"日头当顶火一盆,望见情哥汗淋淋"。这两首情歌要吟咏的对象是创作者思念中的情郎,之所以借太阳起兴,是因为在新化地域文化中,太阳与男性美在观念形态上有着天然的联系。如果说上面两首民歌中太阳兴象的男性象征意义还比较隐晦的话,那《郎做太阳从东来的》的起兴句"郎做太阳从东来,姐做笼里关鸡不出来"则鲜明地点名了太阳兴象生命意义上的男性身份。

(2) 花草类兴象的生命附着意义

新化民歌兴象统计表显示,植物类兴象在整个兴象系统中呈优势出现,占到了兴象总数的24.32%,而在植物类兴象中,花草类兴象又呈优势出现,占到了植物兴象的63.89%。花草类兴象的优势出现,一方面是由新化的农耕生产方式决定的,上文已述,不再赘补。另一方面,则在于在人类的生命一体化思维中,很容易将花草生长枯荣的生命节律同人类荣通盛衰的生命变迁沟通起来。鉴于人类生命与花草类生命节律的同步性。花草由此成为了新化民歌传达生命意识最常用的兴象之一。新化民歌中与

---

① [德] 黑格尔:《美学》卷二,朱光潜译,商务印书馆1982年版,第23页。
② 中外名人研究中心编:《世界宗教全书》,上海人民出版社1994年版,第48页。

生命意识相关的花草兴象品类繁多，草类有毛苦菜、姜、竹、茶、茼蒿、芥菜等；花类有桐子花、栀子花、桃花、李花、荆棘花、橘子花、石榴花、板栗花、冠子树花、甜梨树、海棠花、柑子树花、映山红等。其具体情况如表5-10所示。

表5-10　　　　　　　　新化山歌植物兴象品类

兴象类型	草本植物		木本植物	
	非花	花	花	非花
兴象名称	毛苦菜、姜、竹、茶、茼蒿、芥菜、高山苦果、细笋子、青菜、黄丝茅、茅草、苋菜	莲蓬花、萝卜花、黄莲花、蔷薇花、油菜花、牵牛花、莲子花、刀把豆花	桐子花、栀子花、桃花、李花、荆棘花、橘花、石榴花、板栗花、冠子树花、甜梨树花、海棠花、柑子树花、映山红	槐树、枫树、杨梅、柴木、枇杷树
次数	23		13	
比率	63.89%		36.11%	

上述花草代表着不同的人生思索、生命况味。在新化地域，其生命含义可归纳为两个意义鲜明的序列。

①苦草齐集——凝酸聚涩

人生世间会遭遇各种状况，其中的情感体验纷繁复杂，五味俱全。因为身居山地，从事农耕，新化山民熟知各种草的味道，在心理上很容易把内在的人生感受和不同味道的草类进行对接，从而赋予草类以观念形态的内涵。

依照佛教的认识，在各种滋味中"苦"是最本质的，"生本不乐，一切皆苦"这是佛教的三法印之一。人生本质已是苦恼、烦恼、不圆满的，再加上新化县山地多，耕地少，这无疑给生产和生活带来更多的艰难。"民国三十七年《新化生计志》记载'农民生计不易，一般生活均在水准之下，尤以边远山村，终年不知米食盐味者，比比皆是。一般荒年，则必流亡载道'。"[①] 佛家把人生之苦概括为八种，而对新化民众而言主要有两种，一是困苦的生活，二是求而不得的感情。对人世间种种苦难的述说，新化山民们都喜借山中味苦的花草来起兴。

如《莲花闹诉苦》的起兴句"毛苦菜来开苦花，农民苦楚齐屋架"，

---

① 新化县志编撰委员会：《新化县志》，湖南出版社1996年版，第184页。

毛苦菜，学名筋骨草，生于路旁、溪边、草坡和丘陵山地的阴湿处，其味极苦。在这首民歌中，毛苦菜不再只具自然属性，新化山民们还赋予了它社会属性：生存的艰辛和困苦。在毛苦菜的起兴之下，"农民苦楚齐屋架，没有禾秆来撑伞，佃田抬轿挑脚担，天光累到墨墨黑，月光出山还冒回"等生活中的各种苦情随之倾泻而出。

除了毛苦菜是苦的外，黄连也是苦草的代表。《路边黄连开黄花》的起兴句"路边黄连开黄花，苦花苦树是一家"就是借味苦的黄连引发后文对所受苦难的诉说"猪牛过身用脚踩，风雨过身抽枝扯叶泪刷刷，一节花枝十个疤"。在贫富不均，强权至上的社会里，百姓的生命犹如蝼蚁，其悲苦状堪比黄连。新化方言有"人人都说黄连苦，其的命比黄连还苦"的俗语，可见，对黄连性苦的深入认识，已使新化民众赋予它别样的生命内涵：悲苦的人生。

资源的缺乏，社会的不公给新化民众带来了各种苦难。而在家庭中，复杂的家庭关系，自私的人性会让身处弱势的个体承受更多的痛苦。"后娘"是传统文化中的反面典型，在世界范围内都具"邪恶""狠毒"等贬义属性。在新化山歌中，诸多控诉后娘之恶的作品均喜以苦花苦草起兴。"三匹青菜两匹黄，只有我撞个后头娘，鸡叫头遍喊烧水，鸡叫两遍喊天光。三餐茶饭要我煮，两餐茶饭冒我尝。盖了好多黄丝被，睡了好多冒脚床。"这首《三匹青菜两匹黄》以略带苦涩的青菜起兴，诉说着在后娘虐待下的苦难生活。黄丝被在此亦别有所指，新化地域多黄茅草，黄丝被即指黄毛草为被，极状生活之艰苦。同样的还有《柑子树开花》："柑子树开花苦又酸，后娘边做女苦难当。身子当烂鞋踢，背当骡马驮弟进学堂，竹箴打来心狠狠，簪子戳来泪汪汪，端起饭碗想起娘，狠心剃头进庵堂。"全篇以柑子花的酸苦起兴，诉说在后娘辖制下的悲苦人生。

在传统社会中，除后娘外，婆婆也是家庭恶势力的代表。新化山歌《十一嫂》："细细笋子细细心，细细媳妇难做人，过门板凳冒坐热，侍奉爹娘进灶门，早晨要吃荷包蛋，中午要吃猪胗心。夜里呷饭没好菜，颠三倒四骂不停。"以细细笋子起兴，意指在婆婆淫威之下媳妇战战兢兢的生活状态，在此，山歌创作者以叠词"细细"构筑了一个粘连和顶真兼用的修辞文本，别有兴寄地指出了媳妇谨小慎微的心态。

爱情是世界上最美妙的情感，但其和谐美好是建立在两情相悦的基础之上的，一旦失衡，给人带来的只能是苦涩和伤痛。在新化山歌中多有苦花苦草苦果起兴来寓意爱情中的种种缺憾的,如《姐在河边洗茼蒿》:"姐在河边洗茼蒿,洗得茼蒿满江浮,哪个吃了茼蒿水,不得相思也得痨。"显然,茼蒿的苦有别于上面两种苦,它是爱情中求而不得之苦。此外,还有如《黄丝茅》:"黄丝茅,像把刀,冒情意咯姣莲切莫讨,酒唧淡,价又高,麻雀子过身扯皮毛。"用南方山中锐利的黄茅草起兴,诉说物质型婚恋给人带来的无趣和苦恼。

即使是两情相悦的感情,如果缺乏相知相通,也会因塞涩而入苦境。《三片茶叶两片青》:"三片茶叶两片青,男儿不知女儿心,不见鱼儿莫怪水,不见鸟儿莫怪林,不见花儿莫怪春。"山歌以山间地头常见的茶叶起兴,以生茶之青涩引发出了爱情中的隔膜、猜忌。在猜忌和隔膜之下,"三片茶叶两片青,不是花儿不逢春,不是鱼儿不亮翅,不是鸟儿不归林,十个男人九粗心"再次以茶叶起兴吟咏爱情的涩滞之苦。

苦草苦花当然结苦果,在新化山区,常有山果悬挂枝头无人采摘,究其原因是其味苦涩不堪,这些山果也因此进入民歌中成为起兴之物。《墙上骑马难转身》:"高山苦果也是果,穷家女子也是人,莫把痴妹当缰绳,墙上缠马难转身。"其起兴句"高山苦果也是果"便是借苦果起兴诉说不对等的感情引发的人生苦涩。从苦草而至苦花再至苦果,可见,新化山民们对人生中的苦味感受多而深。不管它们具体指向什么,总之,都是人生的困境,都在佛家所说的八苦之中。

苦花苦草兴象在新化山歌兴象中,其负载意义是昭然可见的,新化山民把自己贫贱劳累、忧愁痛苦的人生感受都注入其中,使苦草类兴象满蕴人生悲苦。以原始居民的巫术思维为先验,新化山民们运用他们独有的艺术思维,自觉地将独特的情感体验和生命认知直接融合到苦花苦草苦果意象中来,创造了独特的花草"寄象"艺术。正如李泽厚所说:"这样,也就使文学形象既不是外界事物的直接模拟,也不是主观情感的任意发泄,更不是只诉诸概念的理性认识。相反,它成为非概念所能穷尽、非认识所能囊括(言有尽而意无穷)、具有情感感染力量的艺术形象和文学语言。"[①]

②百花争艳——品美言盛

花期是植物生命中的极盛期,是最强烈最灿烂的绽放,在生命一体化

[①] 李泽厚:《美的历程》,中国社会科学出版社1989年版,第50页。

观念的息息渗透中，这很容易令人联想到人生的极盛与至美。花兴象正是在这个意义上与青春爱情联系起来。以花起兴来吟咏妙龄女子的盛年绮貌和对美好爱情的渴望与追求，这是从《诗经》以来就有的艺术想象。感兴，作为直接触及人生存意义的特殊感触，是能到达极点的"至感"。如果说痛苦是人生的一种巅峰体验的话，那么青春的曼妙和爱情的甜蜜应该是这种巅峰体验的另一极。对痛苦，人类体验深刻，对美好和甜蜜，我们也难以忘怀。新化山歌中花类兴象的频繁出现正是这种思想意识的外在体现。

新化山歌中的花兴象涉及桐子花、栀子花、桃花、李花、荆棘花、橘子花、石榴花、板栗花、冠子树花、甜梨树、海棠花、柑子树花、映山红、蓬蓬花、萝卜花、黄莲花、蔷薇花、油菜花、牵牛花、莲子花、刀把豆花等亚热带山地常见花类。在这些花中，除了在上文已论及的黄连花和柑子树花属于异类外，其他花类都寓意处在情爱当中的各种妙龄女子。"其实，'香草美人'与'女性中心'是统一的。其统一的根源即在于原始花草意象具有求生殖、致情爱、赞美丽的主题。"[1]

在新化民歌中，花类兴象所占比例极高，占到兴象总数的15.97%。遍照金刚曾说："感兴势者，人心至感，必有应说，物色万象，爽然有如感会。"[2] 青春曼妙的女子，炽烈深沉的爱情都能带给人强烈的情感体验，在物我一体化思维下，新化山民们很容易把身边姹紫嫣红的花事作为对应物，在观念形态中把女性盛年绮貌与鲜花盛开进行同构。在新化山歌中，其花类兴象主要为赞美丽、致情爱，这两类主题时时交织，难分彼此。

在新化山歌花类兴象中，单纯赞美丽的只有少数篇章，如《海棠花》："一枝花，海棠花，妹子头上插，梳起金鸡尾，盘龙插野花，走到堂前行几步，好比仙女一无差，妹子回娘家。"此外，在新化山歌中，常以"姣莲"直接指称青年女子，如《看着插田又转青》篇中"看着插田又转青，看着姣莲长成人，年龄只有一十六岁满，斜眉细眼实逗人"；《小小画眉小小莺》中"小小画眉小小莺，小小姣莲爱陶情"；《姣莲上路》中"姣莲上路爱打扮，腰系罗裙身穿兰，头上梳起金鸡尾，手带银圈耳带环，好似春山红牡丹"等等，直接以"莲"对年轻美貌的女子进

---

[1] 江林昌：《从原始"意象"到人文"兴象""寄象"——中国文学史中的花草书写》，《文艺研究》2017年第12期。

[2] [日]遍照金刚：《文镜秘府论》，人民文学出版社1975年版，第41页。

行指称，是新化民间对《诗经》以来赋予"莲"女性生殖崇拜的承继。

新化山歌中大多花类兴象均包含了赞美丽、致情爱两大主题。对新化山歌诸多"致情爱"篇章进行梳理，其吟咏的事件可以构成人类爱情进展的一个序列，基本囊括了爱情的各个阶段。

第一阶段：感情的萌芽。《栀子打花伴墙栽》："栀子打花伴墙栽，墙矮花高现出来，水不浸墙墙不倒，花不逢春不得开，姐不约郎郎不来。"以栀子开花起兴，似写花越墙而出的景象，实指有女初长成，恰如一朵清新俏丽的栀子花，春色满园亦满怀。《石榴花开叶青青》："石榴花开叶青青，花开还要叶遮荫，遮荫又想花现身，自从那次春雨过，想花开花到如今，开了却怕羞见人。"以石榴花开起兴，用其花叶的关系把情爱初级阶段的朦胧、羞涩、迟疑等微妙心理一一展露。爱情的萌芽，于身心健康的个体而言，既是青春的萌动亦是生命意识的觉醒，从此，生命个体才真正脱离母体，走向广阔的社会人生。

第二阶段：爱情的相逐。如果说，前两首是以花事寄寓青春的萌动，而《棘蓬里摘苞》的起兴句"荆棘蓬里摘苞手要尖，后生家攀花要口甜，讲得话多姐也肯，烧得柴多火也燃，深山硬树就怕软藤缠"则以荆棘蓬中的花苞来喻指矜持自守的女子，以"摘苞"寓意青年男子在追求女孩时的艰难。显然，山歌中吟咏的情事已到了追逐阶段。其他，《高山点荞叶红红》："高山点荞叶红红，有心攀花不怕横，刀枪影里不怕死，卖掉田土不怕穷，姐的情意当得饭，心甘情愿做长工。"以火红的高山荞叶起兴，从男性视角表达对爱情的渴盼和坚定决心。《桃花情》两节的起兴句"桃花李花两树开，树下打歌谁来猜"；"桃花李花两树开，妹妹打歌我来猜"则用桃花李花来指恋爱中的男女双方，两次同样的起兴构成重章，表达了男欢女爱的情感状态。对唱形式的采用，可见感情已达到了互动的层级，比上篇的单边活动有进一步的发展。《去年想你到今年》的起兴句"板栗子开花一根线，去年想你到今年"则以板栗花的独特形状来寓意爱情中相思的持续与绵长。同样是寓意相思之情的，还有《莲子开花夜里香》的起兴句"莲子开花夜里香，帐子里面画情郎，风吹帐动郎也动，蜡烛滴泪郎心伤，是喜是忧冒定盘"，以亭亭净植的莲花来媲美情深意重的清纯少女，用莲之清香悠远来状爱情中思念的悱恻缠绵。《橘子开花叉对叉》："橘子开花叉对叉，花花朵朵团云霞，逗来哥的蜜蜂采，引来郎的蝴蝶爬，不怕炸雷当顶打，不怕大风照脸刮，生恋橘园死恋花。"以橘子花起兴，花花朵朵团云霞的橘子花正如率真炽热的妙龄女郎，同样是表示男女之间的情爱，其情感的炙热度显然超过了《桃花情》，誓言虽没《上邪》的夸张怪诞，但其坚贞与坚定却是一脉相承。炽烈的爱情，是生命的最高状态，在自然界，唯有轰轰烈烈的绽放与燃烧才能与之媲美，新化山民在原始的一体化思维下，娴熟天然地撷取身边的各类花事来对最高能量的生命进行礼赞，其强烈的生命意识也就深蕴其中。

第三阶段：婚嫁。爱情的发展最终都要指向婚姻。到了《对门山上一树槐》"对门山上一树槐，手攀槐树望郎来，娘问女儿望个咯，我望槐花几时开，槐花开了把衣裁"开始有了婚嫁意图了。而《牵牛花》"枇杷树上牵牛花，带花带朵往上爬，藤缠枇杷不松手，妹缠哥哥要成家"以牵牛花起兴，用牵牛花的藤蔓牵绊来状在爱情中大胆主动的女子，依然写青年男女的情感，但感情已经成熟和稳固到谈婚论嫁的程度了。而《刀把豆》的起兴句"刀把豆，开红花，养满女，嫁人家"则以花色红艳的刀把豆花来状新嫁娘娇艳欲滴、喜气盈面的容颜。我国从周代开始就以红色为喜色、吉色。孙作云曰："周人尚赤，重视红颜色，以'红色'为'国色'，殷人尚白，以白色为'国色'，凡喜庆事都要穿红、挂红，至今犹然。"[①] 一方是鲜红怒放的刀把豆花，一方是盛装待嫁的满姑娘，花与人交相辉映，渲染出一片浓烈明艳的喜庆色彩。而《井上开花井里红》"井上开花井里红，新夫新妻情意浓，愁心烦恼家家有，小摩小擦莫记心，莫像辣子青红脸，要像苦瓜甜在心，要像棕树刮到老，要像山中松柏叶长青"则开始以花事起兴叙写新婚夫妇婚后的各种磨合。波动—奔腾—喧嚣，生命最终要归于宁静与平和，新化山民深谙自然界的生命规律，至此，在人生巅峰中他们完成了对生命的讴歌。

综上所述，在新化山歌中，创作者托当地绚烂的花事来吟咏盛年绮貌处在情爱当中的女子。其所引花类虽形态有别，品性各异；但不管怎样，其怒放的生命状态，鲜妍的外在表征都跟正处华年，沉醉于情爱的妙龄少女有着相同之处。在新化先民物我一体观念关照下，鲜花兴象和容颜之盛、人生之盛具有了丝丝入扣的类同关系，于是，在他们盛赞青春，倾吐情意的时候，自然就会引花以入歌，借此来表述对心仪女性的迷恋和对美好爱情的向往。

---

① 孙作云：《〈诗经〉研究》，河南大学出版社2003年版，第49页。

纵观新化民歌中的 23 首以花起兴的歌谣，虽以散乱的状态出现在歌谣集成中，但稍加整饬，我们依然可以理出一个有序的系列，那就是吟唱了爱情由单恋到追逐到相爱到热恋再到论嫁和嫁娶的全过程。在这个序列中，新化先民们巧妙地利用身边花草不同的生命属性来寓意处在不同爱情阶段的女子，以此起兴，来抒发他们生命意识中最深切的情感体验。

苦乐相随，福祸相伴是生命之本然。艰难的山地生活，强烈的生命意愿，让新化山民们在感悟生命，抒写性灵的过程中，用形象的艺术思维与朴素的哲学思维在新化山地各种植物与生命体验中架设了互通的桥梁，并借此抒情写志。"'兴象'诗中的个体情感由于是借原始时代的集体花草意象而抒发的，因而它也就兼具了历史深远性、种族普遍性和宗教神圣性。"①

（3）鸟类兴象的民族文化内涵

《荀子·王制》认为"草木有生而无知，禽兽有知而无义"②。作为比草木更高一级，有体温有呼吸，有鲜活情感的生命形态，动物与人类的共通之处更多。"动物被古人认为是最有灵性的物种，正如谭子《化书》所云：夫禽兽之于人也，何异？有巢穴之居，有夫妇之配，有父子之性，有死生之情。'在与人类的社会生活、宗教活动发生密切关系时，这些大小生灵因为与人类同处在一根生命链条而靠得更近。它们不仅为人类提供衣食和助力、成为人类的朋友和伙伴，同时也是人类丰富而复杂的文化观念的重要载体。"③ 新化民歌中的动物兴象共出现 28 次，其中禽类兴象呈优势出现，共 20 次，其余还有鲤鱼，猴子、水牛、黄麂、蜜蜂、蜘蛛等。其具体情况如表 5-11 所示。

表 5-11　　　　　　　　新化山歌动物兴象表

禽类		鱼类	兽类	其他
家禽	野禽			
鸡	斑鸠、麦子鸟、喜鹊、乌鸦、莺、画眉、野鸡、燕子、磨虎头、麻雀子、岩鹰、燕子	鲤鱼	猴子、水牛、黄麂	蚂蚁、蜜蜂

---

① 江林昌：《原始的"意象"到人文"兴象""意象"——中国文学史中的花草书写》，《文艺研究》2017 年第 12 期。
② （战国）荀子著，（唐）杨倞注：《荀子》，上海古籍出版社 2010 年版，第 94 页。
③ 井超：《〈诗经〉中的动物兴象及其象征意义探源》，硕士论文，河北大学，2009 年。

"物之能感人者，在天莫如月，在乐莫如琴，在动物莫如鹃，在植物莫如柳。"① 在新化的山间地头，鸟类是最常见的动物，它们以自由翱翔、灵动活泼且不具攻击性特点成了新化山民们喜爱和关注的对象。新化山民们或通过动物的生理规律去了解节气和时间，或从动物的缱绻去认同男女之情，抑或以动物的德行考量人之道德，他们遵循自然生活的秩序去观察和思考，在自然事实和人类行为之间建立了对应关系。在民歌中，创作者以动物起兴，歌咏抒怀，动物兴象就此成为具有特定意义的文化表征符号。对新化民歌动物兴象进行梳理，我们可以把动物负载的文化寓意归纳为三个序列。

①节律之象——引吭以报时

在农耕时代，由于生产力低下，对自然力的依赖是很强的，所谓"靠天吃饭"即指此。因此，应时而作，力求与自然的律动和谐一致就显得尤为重要。如何知晓天呢？自然界其他生物的活动是很好的参照。在自然界中，有些动物的活动极具时序性和规律化，在农民的观念形态中，它们极易成为生产生活节律的象征。在新化县，麦子鸟是活跃于田间地头的鸟类，每到农耕时节就会出来鸣叫，在农民听来无异于催耕。宋代蔡襄诗"布谷声中雨满篱，催耕不独野人知。荷锄莫道春耘早，正是披蓑叱犊时"写的就是布谷鸟叫与农耕的关系。

新化县的农耕历史虽不能跟中原地域相比，但其源流也较久远。据《宝庆府志》载，宋熙宁五年，经过多年的对抗后，经宁乡沩山密印禅寺长老颖诠的斡旋，梅山蛮与中央政府达成和解协议。北宋开梅山取得圆满成功，得益于中央政府与当地瑶民达成的民族和解协议。在这些和解协议中有这样一个条款即朝廷支援梅山发展生产，给牛贷种，帮助瑶民开田垦土，植桑种稻。"天子曰：'俞汝悙暨煜将命出使，怀柔友变。'使臣戾止，宣天子言，驰禁释罪，均赐田土，贷牛种粮，教之耕犁，以衣以食，无寒无饥。"② 这一条款的达成，促使新化先民们逐渐从山林中退出，开始稳定的农耕生活。

在新化山歌中，多有以鸟鸣来寓意农耕的，如《麦子鸟叫》"麦子鸟叫起要插田，郎在田中想姣莲。哥哥叽，莳田功夫莫懒散，有钱难买四月

---

① （清）张潮：《幽梦影》，浙江古籍出版社1995年版，第175页。
② （清）黄宅中等修，邓显鹤等纂：《宝庆府志》，成文出版社1976年版，第137页。

天，棍棒落地也生根"；《长工歌》"枝头阳雀叫哄哄，催动阳春来下种"。创作者均从眼前的直观之景"即景会心"，为自然之鸟注入人类的思想认识，使它成为了时令之鸟，自然界的催耕使者。

同为节律之鸟的还有鸡公。麦子鸟、阳雀是野禽，它们的鸣叫是季节性的，似在催促农人应自然气温变化之律耕种。公鸡是家禽，它的打鸣是时辰性的，似在督导人按时光盛衰之律生活。如《大公鸡》"大公鸡，喔喔啼，头戴红花帽，身穿五花衣，只等天发亮，催我早早起，赶着牛儿吃青草，喂得饱饱耕田地"，声声鸡啼皆是在催促早起，以不误农耕。而《五只金鸡叫唉唉》五节的起兴句分别为"一只金鸡叫唉唉，姐在房中才起来""二只金鸡叫叽叽，姐在房中穿新衣""三只金鸡叫啾啾，姐在房中梳凤头""四只金鸡叫喳喳，姐在房中插脑花""五只金鸡叫沉沉，姐从绣房走出门"，以五次鸡叫起兴来写主人公精致有序的晨妆。公鸡的每次鸣叫通报的是房外阳光的变化，而房内"姐"的行动则是对这种自然律动的和谐呼应。

除了和谐的呼应外，也有幽怨的乖离，如《五更鸡叫天了光》"五更鸡叫天了光，天光难舍少年郎，张飞难舍柳二姐，张立难舍孙二娘，花被难舍佛花床"抒的就是怨怼之情。对于一个农人而言，日出而作，日落而息是常态的生活，五更鸡叫本是起床的信号，但昨夜两情缱绻，男女仍沉湎于欢爱之中，要去呼应自然的律动显然心力有所不及，故用一"难"字以示乖离。但不管是呼应还是乖离，公鸡的鸣叫在新化山民的耳中始终是自然界的有声语言，是大自然的脉动，新化山民们顺这一"现成思路"把自然界中外在于人的自然客体，加上了人类的精神制约，使某些鸟类成为了自然和生活节律的象征。

②情爱之象——鸣跃以求偶

东汉哲学家王充《论衡·道虚篇》有言："鸟兽含情欲，有与人相类者矣，未足以言。"[①] 诚然，人类与动物在情感爱欲方面并无本质区别，甚或，动物的求偶方式还是我们获得美好和谐两性生活的导引。新化山民因生活在山林中，对动物的各种习性尤为熟悉，在追逐异性的求偶过程中，他们会信手拈来，以之起兴表达自己对爱情的决心和勇气，这些动物也由此被赋予了特定的地域文化内涵。

---

① （东汉）王充：《论衡》，黑龙江人民出版社2004年版，第67页。

第五章　新化山歌篇章修辞研究

宋代以前的新化地域，其地理位置处古之南楚，山林茂密，山岩高耸。章惇有诗云："梅山万仞摩星躔。扪萝鸟道十步九曲折，时有僵木横崖巅，肩摩直下视南岳，回首蜀道犹平川"①。所以，峒民长期以来都是据塞自守，"不与外界通"。地理位置的边缘化，政治上的蛮夷自治，使得新化地域长期被隔离在汉民族文化之外，主流的伦理观和价值观一直都没能对它产生影响。于新化先民而言，文化只是一种自发的精神现象，而非自觉的教化手段。因而至今，新化地域仍遗存古风，保留着粗犷、古朴的原始风貌，这一民族文化特征在新化山歌，特别是情歌中体现得十分鲜明。而对新化山歌的鸟类兴象进行深入探讨，我们不难挖掘出其中蕴含的原始、率真、悍勇的民族精神。

在新化山歌中，鸟类兴象共 11 种，均为善鸣之鸟。"画眉叫唉唉""斑鸠叫喳喳"，"金鸡哀哀叫"，在熟知动物习性的山民耳中无不是求偶之声。因此，在万物一体化的原始思维形式下，求爱者自然由野禽的鸣叫兴起"雎鸣求其牡"的情爱欲求。山歌中既有以鸟鸣起兴寄寓男性求偶诉求的，如《斑鸠上树》"斑鸠上树叫喳喳，妹是单丝哥是纱，何不掏拢做一把，打得补丁绣得花"；《高山画眉叫唉唉》"高山画眉叫唉唉，肉少毛多实乖态，乖态的画眉逗铳打，乖态贤妹逗郎玩，哪只白鸡不逗鹰"；《小小公鸡跳上台》"小小公鸡跳上台，半夜想妹半夜来，碰到猛虎当猫耍，踩到饿蛇当干柴"。上述三首山歌，《斑鸠上树》以斑鸠的叫声起兴，对思慕对象的情感进行了探询。《高山画眉叫唉唉》中以画眉的叫声起兴，寓意盛年美貌的女子对青年男性的诱惑力。而《小小公鸡跳上台》中的公鸡形象要勇敢和粗豪得多，表现出了对爱情路上一切艰险的藐视，展露出了新化地域民众剽悍英勇的作风。

除了以鸟类的善鸣寓意男性对女性的渴慕外，在新化山歌中，还多有以此寓意女性对男性的主动挑逗和追求的。如《小小画眉小小莺》："小小画眉小小莺，小小姣莲爱陶情，哪个十七十八咯少年哥哥看得起，今夜冒闩绣房门，炉锅煮起个百米饭，罐子焚起个猪脔心，瓦罐煎起个蜂糖酒，厨房里办起十样荤。铜锅装起个洗脚水，坐起个屋里等郎亲。"《一对鸽子飞过堤》："一对鸽子飞过堤，一对姣莲一崭齐，头前乖乖态态咯许配我，后头摇摇弄弄的来做媒，肯不肯，把话回，莫做六月无雨打空

---

① （清）黄宅中等修，邓显鹤等纂：《宝庆府志》，成文出版社 1975 年版，第 137 页。

雷。"这两首山歌分别以画眉、黄莺、鸽子起兴,道出了女性对男性的种种追求,有明示幽会的,有主动婚约的,无不显露新化女性对爱情大胆炽热的追求。新化山歌中大量彰显女性主体精神兴象的出现,体现出鲜明的地域色彩,在其表征下蕴含着丰富的民族文化内涵。与古湘楚文化圈中的其他文化类型相比,新化所属的梅山文化是十分特殊的一支。长期以来,因地形的封闭,生活方式的原始,其文化发展的进程也远远落后于周围地区,因而其民风民俗具有浓郁的史前文化色彩,新化山歌动物兴象中展露的女性主动择偶意识正是这种文化的留存,在其民族意识深处有着浓烈的女权色彩。

在动物界,求偶的行为不仅仅为鸟类所独有,其他动物也同样具有,只是其行为方式依各自习性而变。如《小小鲤鱼》中鲤鱼的求偶表现:"小小鲤鱼紫红鳃,下水游到上水来,躲过千张拦鱼网,绕过万座钓鱼台,不为娇莲我不来。"以鲤鱼逆流而上的习性起兴,选用了"千","万"两个极数词,表达了求偶路上不惧艰险的决心。而《天上起云云赶云》"天上起云云赶云,地上狮子赶麒麟,金丝猫儿赶花狗,塘里鲤鱼戏虾公,路上满女赶书生。"连用"狮子赶麒麟""金丝猫儿赶花狗""鲤鱼戏虾公"六种动物的互动起兴来表达爱情路上女性对男性的主动追逐与试探。《人要专心石也穿》的第二节:"鲤鱼敢冲拦鱼网,水牛敢进烂泥田,燕子敢抱雁鹅蛋,人要专心石也穿",创作者更是连用三种动物活动构成铺陈来寓意爱情中勇气和决心的重要。

在这三首山歌中,都有鲤鱼兴象的出现,根据闻一多先生《说鱼》解释,鱼是"代替配偶或情侣的隐语",至于"为什么用鱼来象征配偶呢,除了它的繁殖功能,似乎没有更好的解释"[①]。因鱼的"繁殖功能"而产生的原始图腾崇拜观念,随着社会的发展与人类的进步,水到渠成地衍生成了情爱的隐喻,新化山歌中鱼类兴象的求偶内涵正是这一观念形态的自然延展。

因新化地处南方,多山林。在山歌中,除了以鸟、鱼为起兴之物外,还常用猴子、黄麂等山林中极富灵性的动物来寓意爱情中勇于追求,不怕艰险的精神。如《猴子爬树不怕高》:"猴子爬树不怕高,后生家攀花不怕绚,不怕你姐家房门底下挽双弩,不怕九重房内架起剪马刀,单单要在

---

① 闻一多:《神话与诗》,中华书局1956年版,第134页。

你姐肚皮上面显功劳。"《清早起》:"清早起,雾沉沉,看看一对黄麂过堤身,黄麂寻着黄麂伴,情妹邀着情哥行,借着雾露好陶情。"这两首山歌,前一首以猴子爬树起兴,引发后文,表达对爱情的炽热追求,后一首以黄麂相伴而行的习性起兴,表达对恋人的依恋。两首山歌所用兴象均是旧时新化山林中常见的动物,极具地域特征。

在求偶的过程中除了角逐外,还有争斗。如《鸡公相啄为口尖》"鸡公相啄为口尖,云儿相挤为块天,关羽相斗为曹府,吕布相战为貂蝉,情哥相斗为娇莲"就是对求偶之争的生动描绘,该歌谣以鸡公的好斗起兴,寓意雄性为争夺异性而进行的争斗。

在上述山歌中,其所选兴象,遑论角逐,抑或争斗,均体现出英勇豪强的作风,这恰是新化民众性格的真实写照。宋代以前,古新化所处梅山地域封闭的地理环境使它成为了各类"犯人"的避风港。苗人、濮人、俚人、巴人、卢戎、越人、白虎夷人、汉人等民族不断因躲避战乱、逃避苛政,或违法犯罪逃入此间,从而融合成一个新的民族即苗瑶族。"不与中国通"的封闭环境造成了政治上的长期"蛮夷自治",从唐末开始,梅山蛮势力逐渐强大,开始有能力参与外部各力量的角逐。唐昭宗时,"向环召梅山十峒獠断邵州道"①。唐乾宁二年(895)十一月,唐将蒋勋"连飞山、梅山蛮,寇湘潭,据邵州"②。此种政治局面直到北宋熙宁五年章惇开梅山才得以打破。艰难的山地生活,长期与中央政府的对抗,造就了新化民众坚韧强悍的民族性格,新化山歌中动物兴象对爱情大胆执着的追求正是其民族性格的鲜明体现。

③吉凶之象——聒啼以呈兆

在恶劣的生存条件下,出于趋利避害的本能,先民会把自然界中的某些现象作为吉凶的征兆,恰如英国学者劳伦斯·比尼恩所言,在中国人的内心深处"大自然的生命并不是被设想为与人生无关的,而被看作是创造出宇宙的整体,人的精神就流贯其中"。③ 在天人感应、万物有灵的思维形式下,自然现象及其变异就都同人世间的吉凶祸福有了必然的联系,

---

① 伍新福主编:《湖南通史》,湖南出版社1994年版,第5420页。
② 伍新福主编:《湖南通史》,湖南出版社1994年版,第5420页。
③ [英]劳伦斯·比尼恩:《亚洲艺术中人的精神》,孙乃修译,辽宁人民出版社1988年版,第53页。

"桑谷共生，大戊以兴；鸲雉登鼎，武丁为宗"①。

新化古为"梅山蛮"地。宋初，仍习于原始社会生活，对风雨雷电等自然现象和人的生老病死，均视为神鬼作祟，信仰古老的巫术，巫师遍及城乡，在猎民中普遍信奉"梅山教"。梅山教认为万物有灵，天地山川有神，日月风雷有神，鸟兽树石等皆有神。因此，一走进新化地域，"不仅随处可以看到神祀社树、社石，看到在牛栏上钉着带头顶骨的牛角，在墙壁上贴着截下的鱼尾翅，在屋檐下挂着成串的鸡蛋壳……还可以听到妇孺皆知的本地梅山、坛神和阴师等等的奇闻异事。无处不迷漫着巫风"②。

在此种风俗信仰的影响下，新化先民们信巫重鬼，对征兆之说尤为崇信，很容易把身边常见的物候同生活的吉凶建立关联，从而在客观物象上加上观念形态的内涵。

在新化地域，猫头鹰除了有"磨虎头"这一方言指称外，还被称之为"哭鸟"。从这一形象化的命名中，我们就可以看出新化山民们对猫头鹰的情感认知。正因为如此，在新化民俗中，猫头鹰是不吉之鸟，而它的出现或叫声都是不祥之兆。《磨虎头叫》的起兴句"磨虎头叫来姐心慌，情哥重病在远方"，磨虎头的叫声成了情哥重病的预兆，其不祥的身份赫然可见了。猫头鹰因其叫声凄厉，在新化山民的类比联想之下成了不祥之象。

在新化地域文化中，乌鸦也是不祥之鸟。乌鸦与凶兆扯上关系，主要有三个方面的原因，其一，乌鸦喜吃动物尸腐物，且其嗅觉特别灵敏，相隔很远的距离都能嗅到尸体散发出来的微弱气味，久病垂危的病人临终前会释放腐败气味，人尚未死，乌鸦早已闻臭而来。鉴于乌鸦这样的生活习性，在认识水平尚低的年代，人们很容易在乌鸦和死亡之间建立因果逻辑关系。其二，乌鸦毛发为阴森的黑色，黑色在信巫重鬼的楚地是人们想象中的幽冥之色，据此，人们自然由乌鸦联想到死亡。其三，楚地有视乌鸦为恶俗之鸟的文化传统。屈原《天问》以"羿焉弹日？乌焉解羽？"对"阳乌载日"的神话提出了质疑，在《涉江》中更是用"燕雀乌鹊，巢堂坛兮"将之视为流俗之恶鸟。

在新化山歌《寡嘴乌鸦讨人嫌》中有兴辞"寡嘴乌鸦讨人嫌，发誓

---

① （汉）班固：《汉书》，中华书局1964年版，第1775页。
② 马少侨：《试论梅山文化的几个特色》，《邵阳师专学报》1997年第1期。

另抽合心签"。看来，歌唱者把签辞的不合心意都归咎于乌鸦不合时宜的啼叫了，而"乌鸦"这一普通的词语就此带上了人们的感情色彩，具有了文化象征意义，经约定俗成之后，发展成为民族共同的心理意识，即"乌啼兆凶"。

通过以上简短分析，我们看到了隐藏在动植物名称后面的地域文化观念，正是这些文化观念系联着新化民歌兴象和后续篇章的"所咏之词"，这些残存于新化山民心理世界中复杂而神秘的观念，为民歌兴象的建构搭筑了广阔的平台，使"禽鱼草木人物名数，万象之中义类同者，尽入比兴"。抽掉这根纽带，民歌深层意蕴就无法开掘，民歌篇章也必将因丧失缀体而无法解读。

鉴于我国是一个地域辽阔的国度，各地的山川形状、气候特点、物产情况及在此基础上衍生的风俗习惯、宗教信仰等文化思想都会有所差异。这种差异性往往会导致情感主题与物象对应的差异，从而在语言世界里出现一对多，或多对多，或多对一的复杂情况，各地民歌兴辞的地域性就显示在其中。

三　诗歌的篇章结构及其特点

（一）篇章的概念

篇章一词源自拉丁语 textus，可译为结构，交叉，结合。是一系列按照特定顺序、通过意义关系结合在一起的符号单位。篇章的主要特征是连贯性和完整性。对于篇章的认识，我国文论中也有一些零散的论述。如《论衡·正说》："文有意以立句，句有数以连章，章有体以成篇，篇则章句之大者也。"[1]《文心雕龙·章句》也说："夫人之立言，因字而生句，积句而成章，积章而成篇。"[2] 由上述论述可见，篇章是比句子大的意义完整的语言结构单位。

在我国，对于篇章结构的研究，主要在两个领域展开，其一，传统的文章学。文章学虽然是研究作文的方法，但它以整体论为指导，其研究的基本单位就是具有独立性的"篇章"，而不是在分化论指导下的，只有相对完整性的"句子"。但文章学侧重从写作方面研究如何进行艺术构思去

---

[1] （东汉）王充：《论衡》，岳麓书社2006年版，第356页。
[2] （梁）刘勰：《文心雕龙》，中州古籍出版社2008年版，第327页。

组织篇章，以及构筑意义完整篇章的各种结构技法。如刘勰《文心雕龙》"附会"章中所言："总文理，统首尾，定与夺，合涯际，弥纶一篇，使杂而不越者也。若筑室之须基构，裁衣之待缝缉矣。……是以附辞会义，务总纲领，驱万涂于同归，贞百虑于一致，使众理虽繁，而无倒置之乖，群言虽多，而无棼丝之乱。……此命篇之经略也。"① 文章学认为，在写作中，谋篇布局上既要讲求结构的完整性，还要注意各部分之间意义上的关联和顺序上的合理，显露了篇章修辞的意识。其二，修辞学。陈望道先生在《修辞学发凡》中，明确指出篇章修辞也是一种修辞现象，不过认为"格局无定"。宗廷虎先生认为："重视谋篇修辞的整体性，是我国修辞研究中的优良传统。"② 与文章学不同，修辞学研究篇章结构，侧重从语言表达效果方面展开，主要研究篇章的部分与整体之间是否有效关联，各层次之间意义是否连贯，对主题的推进是否有序有效，开头是否新颖诱人，结尾是否简洁有力等问题。如清人沈德潜在《说诗晬语》卷下说及"有起，有结，有伦序，有照应"③ 的诗篇的章法才井然可观。清人方东树在《昭昧詹言》中也说："率尔操觚，纵有佳意佳语，而安置布放不得其所，退之所以讥六朝人为乱杂无章也。"④ 由此可见，虽然文章学和修辞学研究的角度不同，但两种学科在对篇章的认识上却高度一致，即都认为篇章是一个意义完整，组织连贯而有序的结构体。

（二）诗歌的篇章结构

既然篇章是一个有机的结构体，那么其内部结构如何？对此，当代学者姜望琪的观点最具概括性："篇章也有结构组织，虽然其结构不如句子结构那样清晰可见、简单明了，但大致都可概括为'开头、中段、结尾'"。⑤ 而对于篇章这三个构成部分的作用及其相互关系，徐鲁亚的论述比较清晰全面："文章开头的主要任务是要呈现一个核心论点（core statement），并设法抓住读者的兴趣。不同的写作内容、不同的作者会有不同的核心论点。所谓核心论点就是一本书或一篇文章的写作意图（in-

---

① （梁）刘勰：《文心雕龙》，中州古籍出版社2008年版，第394页。
② 宗廷虎、李金苓：《中国修辞学通史·隋唐五代宋金元卷》，吉林教育出版社1998年版，第323页。
③ （清）叶燮、沈德潜：《原诗·说诗晬语》，凤凰出版社2010年版，第125页。
④ （清）方东树：《昭昧詹言》，朝华出版社2019年版，第23页。
⑤ 姜望琪：《篇章结构刍议》，《当代修辞学》2012年第4期。

tention) 和主题思想 (theme), 汉语中也叫题旨, 包括文章的目的 (purpose)、中心 (focus) 以及方向 (direction) 等。开篇中交代题旨不仅可以帮助读者了解全书或全文的写作意图, 还可以引起下文并控制和影响全书或全文的写作过程。……主体部分是中心部分, 是最重要的部分, 是完成核心陈述的关键……结尾可以结束读者的期待, 呈现结果"①。开头—主体—结尾这是前辈学者总结出来的一般篇章结构, 这个篇章的基本构式也同样适合诗歌, 据此, 我们可以把诗歌篇章的表层结构分为三个组成部分, 即开篇 (opening) 或引 (introduction)、主体 (body) 或中间部分 (middle)、结尾 (ending) 或结论 (conclusion)。但这仅仅是诗歌的表层结构, 作为一种独特的文艺篇章, 它还有蕴藏在表层结构之下的深层结构, 即思想审美的层面。它是由文体结构的表层层面和思想审美的深层层面组成的一个繁杂的艺术结构体系。而且, 这两个层面并不是孤立存在的, 而是彼此影响制约, 它们的关系直接决定着诗歌的篇章修辞特点。

(三) 诗歌的篇章修辞特点

对诗歌篇章结构特点的准确把握, 我们需要借助文艺学的研究成果。文艺学认为, "诗歌是最重要的抒情文体, 抒情也是诗歌最本质的美学特征"②。在抒情性本质属性作用下, 诗歌外在表现形式具有了以下一些特点:

1. 形象创造的独特性

"诗歌的情感抒发需要借助于形象, 但诗歌创造形象有其特殊性。一般情况下, 它不会对事物作详细、具体的描写, 也不会对事物过程作一一铺叙, 它只是抓住最便于抒情的事物, 以抒发自己的感情。它对事物的描写, 往往是写意性的, 通过'意象'的创造来构筑自己的形象体系。……'意象'是诗歌形象构成的重要元素, 一首诗可以有一个单一的意象, 也可以有多个意象组成的复合意象。"③

2. 结构的跳跃性

诗歌在外形上是分行、分节排列的, 这是诗歌区别于其他文学体裁的表层结构形态。而从其内形式上看, 诗歌呈现出一种跳跃性结构。"所谓

---

① 徐鲁亚:《从汉语修辞看英语语篇修辞的章法和技法》,《中国青年政治学院学报》2008 年第 5 期。

② 赵炎秋主编:《文学原理》, 湖南师范大学出版社 2006 年版, 第 141 页。

③ 赵炎秋主编:《文学原理》, 湖南师范大学出版社 2006 年版, 第 144 页。

诗歌的跳跃结构是指诗歌的结构并不遵循自然时空顺序，而是突破了时空的樊篱。在时空上任意伸张，其间只是由情感和想象的逻辑所维系。"①

3. 语言的凝练性

诗歌语言特别凝练，它以尽可能经济的字句表达尽可能丰富的内容，做到像刘勰在《文心雕龙·物色篇》对《诗经》的称赞一样，能"一言穷理""两字穷形""以少总多，情貌无遗"，富有精练之美。

4. 语音的韵律性

"诗歌语言的音乐美，主要表现为语言的齐整、对仗、节奏和押韵等方面。"②

综合文艺学关于诗歌内外属性的论述，从篇章修辞学的视角来解读分析，我们大概能理出诗歌在篇章修辞上的两个基本特征：

1. 意义衔接上的意象统摄，文脉内藏

诗歌的抒情性使意象成为诗歌形象的重要元素，而诗歌的跳跃结构导致了诗歌对自然时空顺序的颠覆、突破。事件的来龙去脉没有了，事理的前因后果也被打破，诗歌的主题由意象承载统摄，诗歌篇章的各部分由情感和想象的逻辑连缀贯通。

2. 形式衔接上的词句弱化，语音凸显

鉴于诗歌对事物描写的写意性，语言上的凝练性和陌生化，在诗歌语篇的建构上，词汇手段和语法手段都相对失去它们在其他语篇连接中的强势效能，诗歌语音的韵律性使语音成为诗歌篇章衔接的一种主要手段。

四 新化山歌"兴"的篇章修辞效能

（一）新化山歌"兴"的开篇引领作用

关于"兴"的作用，李泽厚从文艺学的角度进行过这样的论述："文艺创作为什么要比兴？……'山歌好唱口难开'，'山歌好唱起头难'……情感的主观发泄只有个人的意义，它没有什么普遍必然的客观有效性……而且还要求把你的主观感情予以客观化、对象化。所以，要表达感情反而要让情感停顿一下，酝酿一下，寻找客观形象把它传达出来。这就是所谓'托物兴词'，也就是'比兴'。无论在《诗经》或近代民歌中，开头几

---

① 季水河主编：《文学理论导引》，湘潭大学出版社2009年版，第125页。
② 赵炎秋主编：《文学原理》，湖南师范大学出版社2006年版，第146页。

句经常可以是似乎毫不相干的形象描绘，道理就在这里"①。虽然谈的是文艺问题，但也可以从篇章修辞学的视角来解读，那就是"兴"在诗歌篇章的建构上具有开篇起首作用。

关于"兴辞"在篇章结构上引领下文的作用，前人论"兴"时早有提及。《尔雅》《说文》训"兴"为"起"，而朱熹《诗集传》称："兴者，先言他物以引起所咏之辞也。"《朱子语类》对此有更深入的解说："雎鸠，毛氏认为'挚而有别'。……盖'挚'与'至'同，言其情意相与深至，而未尝狎，便见其乐而不淫之意。此是兴诗。兴，起也，引物以起吾意。如雎鸠是挚而有别之物、荇菜是洁净和柔之物，引此起兴，犹不甚远。"② 朱熹的这一段论述不但说到了兴辞在篇章建构上有开启下文的作用，还顺带论及了使之成为可能的原因，即篇首所描写的兴象与作者后文的所咏之词在形式上、结构上或者是在时间空间上有着某种共同点或关联，而使得通过甲物来说明乙物成为可能。从意识形态的角度讲，也就是兴辞描写对象所承载的文化内涵同下文的思想主题处在同一义域中。如"桃之夭夭，灼灼其华"在《诗经》时代就是喻意盛年绮貌的女子，在这样的观念形态下，下句"之子于归，宜其室家"就与它有了意义上的关联，上下文就此连贯起来成为一个连续的整体。

认知心理学认为，人们的认知习惯总是以已知引出未知，未知粘连于已知。因此，在诗歌语篇中为了促进语篇的连贯，后文承载的往往是前文已明示或暗示的信息，以此来促成句子间的贯通。

除了能应用心理学对兴辞引领下文的内在连贯机制进行简要认识外，我们还可以借用语法的结构式来表述兴辞与下文的关系。兴辞可以称为"主句"，因为它是后面句子所表现或陈述的"对象"。而后面的句子则应称为"谓句"，因为它在表现或陈述着"主句"。在语法学中，谓语所表述的动作行为往往是由主语发出来的，主语是谓语的引领者。在诗歌篇章中，作为主句的兴辞当然也是引领者，创作者巧妙利用兴象所蕴含的观念内涵引发出所要表现的主要对象。

如上文所述，新化民歌的兴象一般承载某种为当地民众共识的观念内

---

① 李泽厚：《形象思维再续谈》，《文学评论》1980 年第 3 期。
② （宋）朱熹撰，（宋）黎靖德类编：《朱子语类》卷三，山东友谊出版社 1993 年版，第 3413 页。

涵，这个观念内涵的存在，使该兴象成为了人们认知世界中的已知信息，已知信息的存在使未知信息的出现显得连贯而自然。如"斑鸠"，在新化地域是求偶之象；因此，在《斑鸠上树》第一句"斑鸠上树脑摇摇"一开篇，马上让人联想到男女情事，在这样的观念导引之下，第二句"哥妹唱歌寻对头"就顺应而生，看似语义没有关联的两句之间因此而建立了联系，意义上暗隐的衔接使语篇产生连贯。

同样，因花事在新化地域是盛年绮貌，适龄婚嫁的象征，因此，《井上开花井里红》的第一句"井上开花井里红"虽然在字面语义上与第二句"新夫新妻情意浓"没有任何关联，但在第一句所蕴含的观念内涵的关照下，这两句就有了内在的关联，第一句成了第二句的导引，第二句用新婚夫妇的浓情蜜意勾连了第一句，后续的篇章主体部分也在这一意脉的延展下陆续铺开，整个篇章就此成为了一个有效关联的结构体。这样的关联形式在新化民歌中大量存在，如以太阳兴象引出时间节律，以苦花苦果兴象引出人生的艰难困苦，以乌鸦引出凶兆等等，无不借助地域文化赋予物象的观念内涵来构筑兴象与篇章主体的联系，最终达到以兴辞开启下文的篇章修辞效能。以《井上开花井里红》为例，民歌兴象在篇章建构上的开篇起首作用，可以用图 5-1 显示。

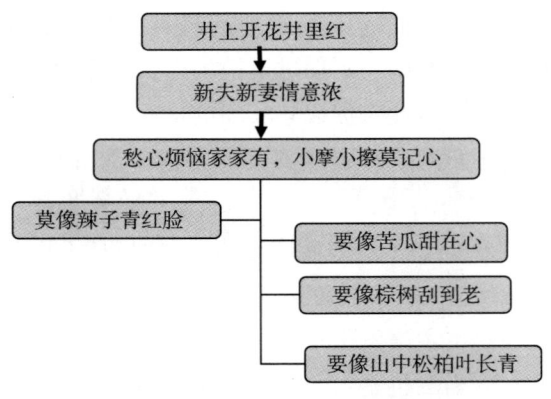

图 5-1 "兴"的开篇起首作用

意义上的关联，除了上述一致性的关联外，还有相反性的关联。如，在《甜梨子树开花》篇中，虽以甜梨子树开花起兴"甜梨子树开花像牡丹"，但引出的却并不是婚嫁的主题，而是"黄花女巴肚像雪山"这一人生的尴尬和困境。乍看这两者在语义上不具可接性，但在对比联想的心理机制下，这两者在新化山民的心理世界中被统摄到了一个共同的反义义场中，同一义场中共有的元素让这两者具有了相反相成、相依相济的辩证关系，这些关系的存在让"甜梨子树开花"这一兴象能顺势引出"黄花女巴肚"这一主体事件。虽然在新化山民的认知世界里，两者在观念形态上的不谐性，让构筑沟通的桥梁需要花费更多的心智，但就篇章修辞的效能而言，它们却在反向对接中使诗歌篇章腾挪跌宕、一波三折。由此可见，诗歌兴象所蕴含的观念内涵成了导引后文的内脉，而它的开篇起首作用也就在此。

（二）新化山歌"兴"的篇章统摄作用

从篇章的外在形式看，民歌中的"兴"作为诗歌的开头部分起到了导引下文的作用。但更重要的是，因为"兴象"中观念内涵的存在，使作为起首的"兴"还起到了交代题旨，统摄和控制全文的作用。民歌《日头落土四山黑》歌词：

> 日头落土四山黑，早煮茶饭留郎歇，今晚跟姐呷餐随便饭，明早打发看牛伢子塘里捞鱼笼里捉阉鸡，打住十天半月莫回去，阳雀叫来由他叫，草鸡啼来由他啼。

显然，这是一首以太阳起兴的民歌。关于太阳所蕴含的观念内涵，在上文我们已论及，在新化地域它是时间、规则、男性美的象征。于是，在这一观念内涵的统摄下，民歌的下文"早煮茶饭留郎歇，今晚跟姐呷餐随便饭，明早打发看牛伢子塘里捞鱼笼里捉阉鸡，打住十天半月莫回去，阳雀叫来由他叫，草鸡啼来由他啼"，抒情主体以"郎"为中心轴，今晚、明早、十天半月等时间段为轴承来抒发对郎难舍难分的情意。深入解析该诗的篇章结构，我们能发现，鉴于太阳兴象在新化地域的独特内涵，使出现在该篇之首的起兴句"日头落土四山黑"不但起到了引领下文的作用，更重要的是它还确立了全篇的主题。而根据恩斯特·卡西尔对篇章修辞的认识，语篇连贯关系的语义表现之一便是语篇话题，一个可以被顺畅理解的结构块或者语篇中，一定存在一个清晰的话题，这个话题是结构块或语篇要表达的中心内容，是核心命题，全部的语言成分都是为这个语篇话题服务的，它起到内容上的统领作用，语篇组织者从这个话题出发来生成语篇。诚然，在《日头落土四山黑》

后续的篇章中，所有的语言成分都以线性的时间为序，围绕着"郎"这个语篇话题展开。"早煮茶饭留郎歇，今晚跟姐呷餐随便饭，明早打发看牛伢子塘里捞鱼笼里捉阉鸡。"这是抒情主体要为"郎"做的，而"打住十天半月莫回去，阳雀叫来由他叫，草鸡啼来由他啼"则是抒情主体希望"郎"对其行为的一个呼应。整个语篇都处在开篇兴象所属意蕴的统摄之下，后续的篇章尽管在形式结构上不断地进行跳跃，如各诗行的主语不断地进行变换，由姐而及哥，由哥而及姐，又及阳雀、草鸡，叙述的内容也极为分散，或吃饭，或捞鱼，或打住；但整个语篇因统一兴象即象征男性美的"日头"的存在而具有了整体性。又因为观念内涵的社会性，使这种情感与想象的内在逻辑很容易地被听唱者感知并提取出来，因而能引导着他们对语篇顺利地产生连贯理解。民歌兴象在篇章建构上的总摄作用，可以用图 5-2 显示。

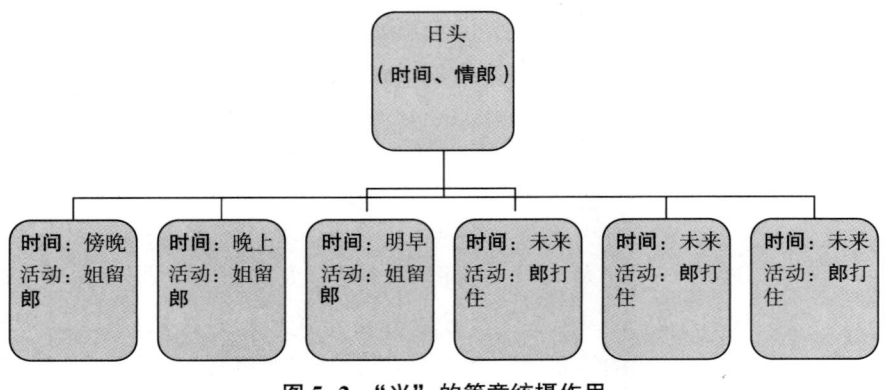

图 5-2 "兴"的篇章统摄作用

兴辞在篇章建构上的整体性作用因在编码者和解码者之间形成了良好互动而在新化民歌中被广泛使用。同样的例子，如《小小公鸡跳上台》篇："小小公鸡跳上台，半夜想妹半夜来，碰到猛虎当猫耍，踩到恶蛇当干柴。"因公鸡兴象在新化是求偶之象，公鸡兴象独特文化内涵的存在使该篇的起兴句"小小公鸡跳上台"既顺畅地开启了后句"半夜想妹半夜来"，也确立了全篇的主题即对美好爱情的大胆追求。于是，在这一主题的统摄下，后续篇章"半夜想妹半夜来，碰到猛虎当猫耍，踩到恶蛇当干柴"浑然一体，都在言说着爱情追逐路上的种种困难和战胜它们的勇气与决心。

由此可见，民歌兴象因其在客观物象之外还承载了意识形态的文化内涵，这些文化内涵的存在使全篇的主题得以确立。而主题是"自上而下"连贯语篇的一个重要关系，它把一组互有联系的组块拢入了一个确定的语义框架内，完成了对篇章各部分语义宏观上的统领和限制作用，从而达到构建篇章整体连贯的目的。

（三）新化山歌"兴"的串联篇章作用

在新化民歌的篇章修辞中，兴象对全篇的控制作用，除了上述的意脉内摄外，有时还外显为重章式的连缀。相同的兴象在诗歌每节的开头反复出现，这种手法在修辞学上被称为复沓。传统的修辞学主要从文意的表达效果来认识它，认为它有突出思想，强调感情，分清层次，加强节奏的作用。除了上述作用外，在篇章修辞上，复沓以复现的方式出现在诗歌的每一节，是一个特别醒目的形式标记，成为了一种外显的衔接手段。以《杉木水桶桶梁高》为例：

　　杉木水桶桶梁高，上井无水下井挑，晓得妹子来挑水，我做芙蓉水上浮。
　　杉木水桶扁担长，哥哥挑水妹也忙，缸里本有半缸水，借着挑水会情郎。
　　杉木水桶铁箍腰，妹妹挑水郎心焦，有朝一日人相好，千担井水郎来挑。
　　杉木水桶亮堂堂，篾箍水桶姐箍郎，洞房花烛成婚配，上山下水姐陪郎。

全诗共四节，每节的开头都以杉木水桶起兴。杉木水桶是一个极具新化地域色彩的物象。在新化县，山地和丘陵居多，井水是居民的主要生活水源。每个村落都分布有水井，这口水井不仅给村民提供饮用水，也是村民们进行清洗的场所。往往是，白天的任何时段井边都会聚集着前来挑水和清洗的村民，因此，井边就顺理成章地成为了村民生活的一个开放式的公共空间。这个空间既是村中信息的传播之地，也是青年男女传递感情的方便之所，于是挑水常用的杉木水桶就成了男女传递感情的纽带，在民歌中它是寓意男女情爱的兴象。

在这首民歌中，杉木水桶这个兴象，从篇章修辞的角度来分析，它是全篇的一个主题词，这个主题词不但开启着下文，而且以它的意蕴内摄着全文，使全诗的四节成为一个意义连贯的整体。这么说，我们还只分析出杉木水桶这个兴象在篇章建构上的内隐作用，即民歌的吟唱者利用杉木水桶的文化背景提供语言暗示，而倾听者承担起领会这暗示的责任，把未说出的信息补足，以填补空缺，从而构成连贯，这是在篇章建构上，杉木水桶这个兴象在新化山民主观世界里起的连贯作用。而在外显的形式上，在语言的客观世界里，"杉木水桶"在民歌每节的开头反复出现，其实已经构成了篇章衔接手段之一的复现。这种复现如果就"杉木水桶"这一词而言，它是一种无变化的重复，但如果从整个起兴句来看，则是一种有变化的复现，它的每一次变化都会引出一个"水桶"场域内的词，如桶梁、桶箍、扁担，所有这些物象又都能归属于"挑水"这个活动框架，水桶在整个篇章中有如一条显目的纬线，它的每次出现都能把青年男女在挑水活动中不同的情感互动编入诗歌的整体篇章中。如诗歌的第一节编入的是见妹挑水时哥的所想，第二节编入的是见哥挑水时妹的所为，第三节编入的是见妹挑水时哥的心情，第四节编入的是见哥挑水时妹的所想。民歌每节的抒情主体都在变化，情感内容也在不断推进，而水桶兴象的不断复现使民歌在内在意蕴上成了一个意义相关的整体，同时在外在形式，反复出现的水桶又成为了一个串联全篇的醒目的形式标记。这个标记语在编码上是一根串珠的线，起到了串联诗节构成篇章的作用。从解码者的角度说，它是一个反复出现的激活点，它的每次出现都能激活解码者对"挑水"所蕴含的地域文化的联想，在这种辐射状联想机制下，解码者在心智世界里把各独立的诗行串联成了一个意义完整的篇章。新化民歌兴象的复沓在篇章建构上的作用如图5-3所示。

从上面论述可见，在新化民歌的篇章建构中，"兴"是一种重要的手段，它的作用主要体现在三个方面，一是开篇起首，引领下文。二是交代题旨，总摄全篇。三是复沓出现，串联全篇。新化民歌中"兴"在篇章建构上的重要作用是建立在"兴象"所蕴含的独特的地域文化内涵基础之上的。在语言世界里，独具地域文化内涵的各类"兴象"成了编码者构筑形式连贯、意义完整篇章的重要手法。在心智世界里，"兴象"所蕴含的地域文化内涵又是解码者串联全篇，进行意义整合，重构新篇章的重要媒介。在新化原民的审美认知中，他们的情感世界与周边景物之间是神秘共通的。这种认识在民族生生不息的繁衍中陈陈相因，构成了厚重的文化积淀与心理积淀，最终以强大的效能显现在他们

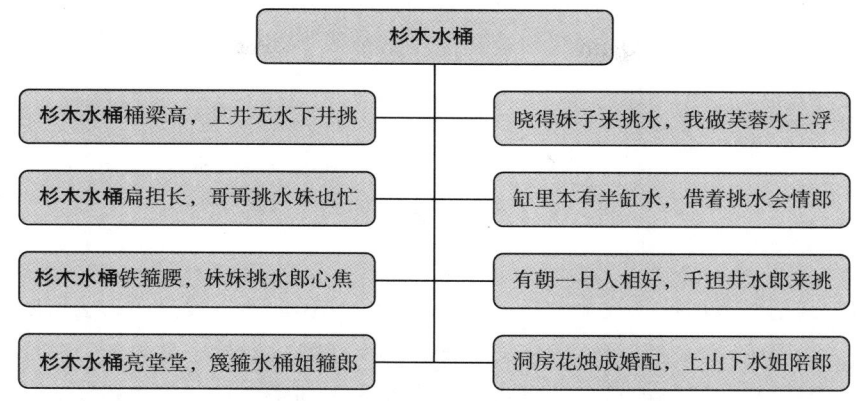

图 5-3 "兴"的篇章串联作用

创造的独特语言文本中,新化民歌篇章修辞的地域色彩正是这种强大效能的鲜明呈现。

第二节　新化山歌的韵律特点及其篇章修辞效能

一　新化山歌歌词的音乐性

(一) 民歌歌词音乐性渊源

1. 初始阶段——祝词咒语,咏而无律

原始社会之初,由于生产力极为低下,人类的力量十分弱小,面对突如其来的自然灾难、难以把握的天气变化以及狩猎中种种不确定因素,极易产生恐惧和担忧的情绪。祈祷之词和诅咒之语,因具有强大的心理暗示作用和瞬间改变人的心理状态功能,便被原始人神秘化地运用起来。"加上舞蹈的神秘作用——能使舞者在摹仿对象时仿佛变成摹仿的对象本身,确确实实感受到'人神以和'的相互交织、相互作用、相互融合的互渗,因此歌、乐、舞相伴而生,成为原始人在狩猎仪式、祭神仪式上的一种主要形式,并一次又一次给人以获得战胜困难、祈求保佑的超常的信心和力量。"[①]

---

① 柳笛:《中国古代歌词起源与发展新探》,《江西社会科学》2006年第9期。

按上面所述，新化民歌中的仪式歌，应是典型的祝词咒语，其目的是向神灵祈祷。如新化山区猎户打猎前在猎神张五郎前演念的祷词：

> 弟子××为保一方平安，持祖师当年神弩，誓灭山前猛虎，射尽山后野猪。恭请祖师保佑，箭无虚发，手不空回。人无受伤，狗不溅血。今日许下良愿，明日猪头酬恩。

这是狩猎出征仪式上的祈祷之词。新化先民们希望通过语言去影响神灵，达到劳动有成和消除灾害的目的，具有浓厚的原始宗教色彩。关于人类早期祝语咒词的盛行，法国人类学家路先·列维·布留尔教授认为，是因为原始人把"原逻辑"的神秘性作为思维活动的"最高的指导和支配原则"，不仅不认为他们所达到的神秘知觉是可疑的，而且还在这种知觉里面（如同在梦中一样）看见神灵和看不见的力量交往得更完美，因而也是更重要的形式。由此可见，在祝词咒语中有着浓郁人神共通的原始思维色彩，它们应该是民歌的早期形态。

新化民间的仪式歌有赞歌和斩煞歌两种类型，举凡婚丧喜庆都会用斩煞歌驱除灾厄，用赞歌去祈求吉祥。在吟唱仪式歌时，为了达到人神共通的目的，参与仪式的人们在念念有词的同时还要烧钱敬纸并伴以手舞足蹈以通于神灵。整个过程中，祷词的吟咏与祝祷者演绎的动作在节奏上具有协调一致性，是有节奏而无节拍的一种语言活动。在这个活动中，祷词没有固定的乐谱，祝祷者不同，其吟咏的韵律也会有所差异，有节奏而无音律，这是新化民歌的初始阶段。

2. 发展阶段——劳动号子，和而有拍

随着原始人生产劳动的变化和思维的发展，人们需求的不断扩大，原始歌唱艺术的功能也在悄悄地发生变化。在《中国民歌集成·湖南卷·新化资料本》中，我们可以清晰地看到新化民歌功能的转变。在民歌发展的第二阶段，出现了大量协调劳动节奏的劳动号子歌，如有抬轿号子、撬石号子、毛板船号子，可以说，举凡需要众人齐集力量的劳动都有号子歌。号子歌的出现表明民歌功能由祝祷通神向协调动作，消除疲劳发展演变。对于号子歌的产生，鲁迅在《且介亭杂文·门外文谈》中有生动的解说："我想人类是在未有文字之前，就有了创作的。……假如那时大家抬木头，都觉得吃力了……其中有一个叫道'杭育杭育'，那么，这就是创作。"① 鲁迅说的"杭育杭育"就是号子歌，它们是人们在集体劳动中一唱一和，借以调整动作，减轻疲劳，加强工作效率的呼声。原始人不仅在祷词和咒语中获得神奇的信心和力量，而且渐渐懂得了用歌唱来协调动作，增强力量，消除疲劳。劳动号子就是逐渐理性化思维下的产物。在劳动中，先民们认识到，节拍的一致是凝聚力量的关键，因此，他们用声音的节拍去唤醒动作的节拍，在动作的协调一致中汇聚力量。以新化民歌《打夯号子》为例：

> 石夯提起——嘿左，四根绳——嘿。
> 打起夯来——嘿左，要着神——嘿。
> 一轮打个——嘿左，钱凿眼——嘿。
> 二轮打排——嘿右，鲤鱼鳞——嘿。
> 冻土如铁——嘿左，修塘坝——嘿。
> 修好塘坝——嘿左，保收成——嘿。
> 家有余粮——嘿左，和剩米——嘿。
> 自有婆娘——嘿左，送上门——嘿。

整首民歌，对歌词的演绎不是靠唱，而是靠喊，在新化方言中亦称之为"叫"或"打"。动词的选用鲜明地说明了其旋律的缺乏，但这并不是说它缺乏音乐性，它的音乐性在于其鲜明、固定的节拍。《打夯号子》的节拍用顿歇来表示的话，以第一句为例，由领唱者开始在"石夯"与"提起"之间是一顿，然后是一歇，接着众人相合"嘿左"，接着是一稍长的歇，然后是领唱者喊"四根绳"，接着又是一歇，然后是众人和"嘿"，用符号可以表示如下"石夯/提起——嘿左，四根绳——嘿"。剩下几节其节奏都一致，其律动单位不仅字数相同，且其时值也一致。周期性反复的节奏，让劳动者在集体性劳动中，统一步伐，调节呼吸，振奋情绪。音乐节奏的简单有力，反映出先民征服自然力的艰辛及其原始性的心理渴求，而劳动号子的音乐性也就体现在对生命律动的呼应中。

3. 成熟阶段——陶情山歌，旋律悠扬

随着新化先民的思维从简单的"直感思维"逐步向以文化为主体的

---

① 吴中杰编著：《吴中杰评点鲁迅杂文》，复旦大学出版社2006年版，第823页。

文明思维即理性思维进行转变，他们的民歌也经历了从原始到理性的演化，从祷词、咒语到劳动号子，随着民歌音乐性的增强，他们逐渐意识到，词的吟咏除了可以通神和协调动作外，还可以消除疲劳、表情达意和自娱自乐。正如《毛诗序》所说："情动于中而形于言，言之不足故嗟叹之，嗟叹之不足故咏歌之，不知手之舞之，足之蹈之也。"可见，古人早就意识到"言"与音乐之间亲密的关系，而每次与音乐的结合，民歌的功能也在逐渐扩大，这是一个相互生成、互相促进的过程，民歌的音乐性越强，其功能也就越发扩展，而其功能的扩展无疑又能促进民歌音乐性的增强，在这个过程中，以表情达意和自娱自乐为目的的陶情歌和生活歌就此产生了。

新化山歌的陶情歌数量最多，体式最为完备，音乐样式最复杂。其句式有四句头、六句头、八句头和长段子等偶字句，也有七字式、五字式和长短相间式的奇数句。其音乐调式有平腔、花腔、高腔和波罗腔等。节奏和节拍是音乐的基本表现手段，新化民歌中的节拍是比较简单的，分为散拍、2/4、3/4拍。在情歌中，一些子调式歌曲多采用规整的2/4节奏，羽调式情歌多使用2/4拍和具有舞曲性的4/3混合节拍，歌词的演唱富有律动感。由民歌节拍可见，陶情山歌节奏运用的美学原则是快慢相济，疏密有致，抒情性与描绘性有机结合。

陶情山歌的发展与成熟除了体现在节奏的复杂化和多元化外，还表现在对歌词的演绎上出现了音高的规律变化。陶情山歌的旋律特点大致为："山歌的调式主要以羽、徵为主，其次是商、宫、角等调式。……在曲调进行中，旋律复杂多变，平腔山歌、田歌音程一般比较平缓，而号子、高腔山歌常出现大跳、多变化音。"[①] 节奏的多样化，旋律的复杂多变充分说明陶情山歌已经成为了一种成熟的音乐样式。而随着民歌音乐性的增强，作为歌词的"言"在音韵上也在积极配合音乐的节奏和旋律，以求得与整部作品的协调一致。

（二）新化山歌唱词音声的地方性音乐价值

从上述论述可知，民歌是音乐与文学日渐紧密结合而成的综合性艺术，音乐旋律与歌词是这一综合艺术的两个方面，它们之间是相辅相成，相依相生的关系。因此，在民歌创作中，歌词的拟定是特别讲究与

---

① 刘淮保：《湖南梅山民歌述略》，《中国音乐》2009年第1期。

旋律协调一致的。新化山歌歌词在与音乐的配合上主要呈现出以下特征：

1. 拖音与押韵

山歌演唱的场合多处高山茂林，演唱者为尽情表达感情、展示力量和求得附和，必在音阶的末尾采用长长的拖音。在新化地域，山高林密，山歌演唱者尤喜用拖音。关于拖音的使用，在其歌谣中有这样的描绘，"前句唱来后句拖，好比高山推石磨"。于民歌而言，音末当然也是句末。因此，在创作歌词时，由于"韵"多处在音末"长休止"的重要位置，故在句末有意识地"押"上回环往复又具微妙变化的"韵"，尤能显得旋律的隽永与悠长。在新化民间歌谣集成中，虽然用韵上各有差异，但基本都押方言韵。对歌词押韵的讲究，一方面体现了民歌作为音乐作品在词、律上的协同，另一方面它也体现出了民歌独特的地域色彩。以《拜四门》第一节为例：

清早起，拜东门，拜开东门出晓星，
晓星本是真命主，真命天子定乾坤
何愁天下不太平。

其演唱乐谱如下：
谱例1：《拜四门》谱例

歌词的韵脚"门""星""坤""平"与曲调的长休止吻合，韵的重复与音的拉长停顿配合丝丝入扣，民歌的曲音在词曲巧妙的配合中袅袅不绝。

歌谣押韵的作用，鲁迅认为："给大家容易记，又顺口，唱得出来"①。朱自清则进一步地认为："韵是一种复沓，可以帮助情感的强调和意义的集中，至于带音乐性，方便记忆还在次要的作用。"② 由此可见，音韵与音乐有着内在的统一，歌词对音韵的追求毋庸就是对音乐的追求，对旋律的跟进。

2. 高腔与方言声韵

恶劣的自然条件和艰难的民族发展历程练就了新化人豪爽、泼辣、大胆的民族性格。这种性格显现在新化山歌中，让充满野性美的高腔山歌成为了新化民歌的主体。新化高腔山歌起音较高，跳跃性强，其音色高亢、嘹亮、粗犷、激越，既不同于江南民歌的温婉秀丽，也不同于陕北信天游的空阔苍凉。在新化地域，山民们唱这种山歌喜配以锣鼓，既能吓退野兽，又能鼓舞士气，减轻疲劳。

新化山歌的高腔与新化方言有着内在的统一性。上文已介绍，新化方言浊音丰富，有十对清浊对立声母。具体而言，塞音 [p] [t] [pʰ] [tʰ] 和 [bʰ] [dʰ]，塞擦音 [ts] [tʂ] [tɕ] [tsʰ] [tʂʰ] [tɕʰ] 和 [dz̥] [dʐ̥] [dʑ̥]，擦音 [f] [s] [ʂ] [ɕ] [x] 和 [v] [z] [ʐ] [ʑ] [ɣ] 同部位都分别有严整的清浊对立。且塞音和塞擦音对立的均为浊音送气声母。新化方言声母清浊音对立情况见表5-12。

表 5-12　　　　　　　　　新化方言清浊对立声母

p pʰ	bʰ
t tʰ	dʰ
f	v
ts tsʰ	dzʰ
tʂ tʂʰ	dʐʰ
s	z
ʂ	ʐ
tɕ tɕʰ	dʑʰ
ɕ	ʑ
x	ɣ

---

① 杨匡汉、刘福春编：《中国现代诗论上编》，花城出版社1985年版，第181页。

② 朱自清著，蔡清富等选编：《朱自清选集》第二卷，河北教育出版社1989年版，第328页。

新化方言除了具声母浊化的特点外，其声调也别具特色。新化方言共五个声调，其调值分别为33、13、21、45、24，从这五个调值可见，其声调整体呈上扬状态。在这五个声调中去声为45调，是一个典型的高升调。其方言入声调值为24，是一个升调，再加之"入声的发音不短促，与其他声调的长度差不多。入声不带塞音韵尾"①。既然，方言声调中去声和入声的调值都较高，这就有利于山歌音律的高扬。除了方言音韵本身与民歌高音具有契合点外，在歌词创作中，创作者为了配合高亢的民歌音调，在歌词的音节选择上，多选用开口度较大的洪音来进行配合。如，《神仙下凡实难猜》，就是这种歌的代表。整首歌曲旋律很有特色，音阶有三个骨干音 la-do-mi。句尾落在不稳定的五音 mi 上，四声羽调式。羽调式决定了这首民歌音腔的高亢，为了配合其高音律，民歌歌词的各音节在声韵调上也有特别的选择。如其开篇第一句"郎在高山打鸟玩，姐在河边洗韭菜"其方言音为：

［lõ¹³］［zæ³³］［kʰɔ³³］［sã³³］［ta²¹］［tiə¹³］［ɣæ²⁴］，［tɕia²¹］［zæ³³］［xo²¹］［piɛ̃³³］［ɕi²¹］［tɕiəu²¹］［tsʰæ⁴⁵］。首句"郎在高山打鸟玩"谱例如下：

谱例2：《神仙下凡实难猜》首句谱例

郎 在 对 面 高 山 啊　　打 鸟 玩，

全句的韵母大部分为开口度大的洪音，而各音节的声调除［zæ³³］、［kʰɔ³³］、［sã³³］、［piɛ̃³³］为平调外，其他的调都是升调，尤其是处在句尾韵位上的音节［ɣæ²⁴］、［tsʰæ⁴⁵］更是高扬，与乐曲的高腔相得益彰，形成了民歌高亢、激越的声腔特色。

腔声合一是传统民族声乐的一项重要审美原则。新化山歌的演唱正是正确处理好了"字"与"声"的关系，唱腔的曲调与字音的声调相吻合才更加充分地发挥出了歌曲的美感。

3. 加腔与衬字

在新化山歌中，只有较少单一节拍的歌曲，其大部分歌曲的节拍和节奏具有多样性和混合性特点。节拍和节奏的多样化和混合性特点跟民歌的自由演唱方式有着密切的联系。在自由演唱中，具有开放性思维和浪漫主

---

① 罗昕如：《新化方言研究》，湖南教育出版社1998年版，第18页。

义风格的新化山民会根据演唱情境加入衬字、衬词。衬字、衬词的加入使山歌的节奏更为丰富，演唱更为自由，歌词的表现力更强，民歌的地方特点更为突出。新化山歌的衬字大致有三种情况：

（1）首衬

首衬，顾名思义即在歌曲的曲首加衬。首衬不仅为正词的出现做准备，具有启示引入的功用，而且还是全曲基本风格和情绪的铺垫，有助兴起唱或称呼对方的作用，它们的音调大都和基本结构的旋律有着密切联系。有的歌曲首衬在音乐上形成一个乐句，有的则紧跟首句正词，不形成单独的乐句。新化山歌首衬主要有两种形式，一种是开篇的呼唤语。新化处在武陵山区，茂林深壑，在深山中耕作的山民们在劳作中特别喜欢用"呦嚯［yo³³］［ho³³］"来进行呼喊和提请注意，在山歌演唱中，一声"呦嚯［yo³³］［ho³³］"在音韵上以叠韵的形式和高平的声腔呼应了乐曲的高亢，以穿云裂石之势奠定新化山歌高腔的基调。另一种是称谓语。新化山歌主体——陶情歌，一般以男女对唱的形式出现，因此"哥哥唧""妹妹唧"等称谓语常出现在乐曲的开头，成为极具代表性首衬，起到呼唤对方、铺垫情绪和提请注意的作用。"哥哥"的方言音韵为［ko¹³］［ko］，"妹妹"念［mɤ³³］［mɤ］，"唧［tɕi］"是新化方言常用词尾，其韵母为齐齿呼，往往用来表达细微、喜爱之意。在山歌名曲《神仙下凡实难猜》中三次以首衬"哥哥唧"进行呼唤，在方言表述中，随着情感的推进，一次比一次缱绻甜糯，为了配合情感上的变化，其乐曲在实际演唱中会依情境出现一定的变化，以呼应其在语音上的变化。"哥哥唧"这一首衬的三次加入大大增强了《神仙下凡实难猜》演唱的灵活性和即兴感，让乐曲充满了生活气息，其谱例如下：

谱例3：《神仙下凡实难猜》"哥哥唧"首衬谱例

（2）间衬

间衬是指衬词穿插在歌词句子中的衬字句，在歌曲中起着垫衬音节、扩充结构、承上启下、连接过渡等作用。

在新化山歌中，各类衬词都有出现在篇章的中间，其中出现得最为频繁的是四个衬词，即"呜哇""溜溜""波罗""兴隆子山"。在民歌中，由于这四个衬词在唱词中的一再复现，民间演唱者据此而把山歌分为了四类，即呜哇山歌、溜溜歌、波罗山歌、兴隆子山歌。

"呜哇"是新化山歌中常用的拟声类衬词，在方言中，其音韵是开口度大的［u⁴⁵］和［a⁴⁵］，声调为去声，演唱时候声音高亢入云，其声腔充满了山地唱腔特点，是一个极富地域色彩的衬词。"其衬词功能具有单独性和联合性，既可以独自使用，又可与其他衬词结合使用。"① 以《呜哇峒》中的"呜哇"衬词为例：

  呦依呦嗨嘿，山高高，水长长，层层哎梯田呜哇呜哇入云端。郎开山前呜哇呜哇万亩田，妹引个泉水唉唉浸田庄。山歌那个好唱口难开，杨梅子好呷树难栽，不用那个猪羊不用酒，一句山歌带妹回。呜哇呜呜呜哇呜呜呜哇呜呜呜，哇呜哇呜……呜。唱得个好咧，唱得个乖哎，唱得那个冤家挨拢来，呜哇呜哇，唱得那个哥妹平排坐，唱得那个牡丹哎，呜哇，哇呜哇呜哇呜哇呜哇呜朵朵开，呜哇呜哇呜哇。

在山歌演唱中，"呜哇"衬词的出现是十分灵活的，首先，就位置而言，它不但出现在句中，起到延长声腔的作用，还出现在段中成为山歌间隙中男女声打趣逗乐的插曲，最后乐曲又是在男女合唱呜哇声中结束。其次，"呜哇"可以两个连用，也可多个连用，极具灵活性。新化山歌行腔时运用了大量的装饰音来表现歌曲的独特风格，丰富歌曲的色彩，如倚音、滑音和颤音等等。在歌曲《呜哇峒》中运用了大量的前倚音来配合衬词的使用，衬词与乐曲的装饰音相互配合，从而丰富了音乐的表达样式。"呜哇"衬词谱例如下：

谱例4：《呜哇峒》"呜哇"间衬谱例

"溜溜"也是新化山歌中常用的修饰类衬词，在方言中，其音韵是开口度较小的［iəu］，演唱时声音轻快活泼，与乐曲基调十分吻合。"溜溜"的使用，据金姚调查主要有两种情况："（1）加在谓语之前，做状语

---

① 金姚、孔庆夫、辜红卫：《湖南新化山歌的衬词研究》，《大舞台》2014年第9期。

以修辞动词；(2) 加在宾语之前，做定语以修饰名词"①。因此，"溜溜"就语法性质而言，应是一个表修饰限定的形容词性衬词。其语法属性决定了溜溜的组合性，在新化民歌中，"溜溜"与"哇呜"不同，它既不会作为独立的乐段出现在乐中，也不会出现在乐尾，往往要与其他词进行组合，成为一个过渡性音阶。如《溜溜歌》中的"溜溜"：

谱例5：《溜溜歌》"溜溜"间衬谱例

"波 [po³³] 萝 [lo¹³]"也是新化山歌中常用的语气类衬词，在方言中，其音韵均为开口度较大的 [o]，由此而构成了叠韵模式。"波萝"与"溜溜"一样，也是一个纯间衬性衬词，其衬词表达功能也是为了增加轻快甜蜜的情感，为了配合这种情感，其衬词曲调也均为轻快跳跃式。以《情姐住在巴竹山》"波萝"间衬为例：

谱例6：《情姐住在巴竹山》"波萝"间衬谱例

该首歌中加了很多的衬字：如"我郎住在（嗯啊的波波的波的）波罗山"这句，在实际演唱中，在衬词"嗯啊的波"和"波的波的"之间

---

① 金姚、孔庆夫、辜红卫：《湖南新化山歌的衬词研究》，《大舞台》2014年第9期。

有个气口,这样能更形象更突出地体现"波的波的"衬词的风趣性。这个气口一般采用偷气的方法,不要真正的停顿下来,而是让人在不易察觉的情况下强调后面的歌词,体现了歌曲富有情趣的特征。

"兴隆子山"是新化山歌中另一衬词,其结构比较复杂。这一衬词应分为两部分,前面为实词"兴隆［ɕin³³］［lən¹³］",后一部分为词缀"子山［tsʅ²¹］［sã³³］"。在新化民歌中,因在祝福兴隆时常附加词缀"子"和语助"山",四字的习惯性连用大大增加了其凝固性,因此,当地民间文艺工作者认为"兴隆子山"是一个结构体,并用它来指称带有该衬词的民歌。"兴隆子山"在民歌的演唱中是一句应和歌词,其前一句为领,众人接和一句"兴隆子山呀",因语助"［sã³³］"在新化方言中韵母开口较大,且元音鼻化,因而一经应和,其声势十分壮大,与乐曲相得益彰,这一衬词十分吻合新化民众热情、乐观的民族精神。如新化民歌《恭喜老板大发财》中的"兴隆子山"衬词:

谱例 7:《恭喜老板大发财》"兴隆子山呀"间衬谱例

前句一人唱出"铜鼓耍锣打开台哪咧",后面众人齐和"兴隆子山呀",浑厚的方言衬词与高亢的乐曲形成互抬之势,从而起到了壮大声势、活跃气氛的效果。

(3) 尾衬

尾衬就是在歌曲的结尾处加衬,也称语气或语尾衬词。这类衬词往往用"哎""嗨""咿""呀""那""喂""耶"等字。而在新化山歌中,受方言影响,单音节的尾衬一般是方言常用语气词"咧［lie］""哩［li］"啰［lo］,其调值随语气而变。而双音节尾衬出现频率最高的则是"哦［o³³］嗬［xo³³］"。哦［o³³］嗬［xo³³］在新化方言中是两个平调,且韵母相同,构成叠韵,音韵悠长,作为语气或语尾拖腔的衬词,最适合用以延续正词唱完后未尽的情感,装饰和补充乐思。其他常见多音节尾衬还有"呀呼哩嘿哟""匡且匡"等。在这些衬词中,最具代表性的尾衬是方言叹词"哦嗬"。"哦嗬"在民歌的演唱中,是一个众人齐和的衬词,往往在曲终的时候,演唱者必拖上一声长长的"哦",然后众人齐和,这一声悠长、雄壮的"哦嗬"声促成歌曲向高潮演进。对此,新化山歌《扯秧歌》有这样的描写:"只要一人起了调,哦嗬喧天众人和,好比南天门上打大锣。"因此，尾衬"哦嗨"在乐曲的篇章建构中起到了有力收束全曲的作用。以《神仙下凡实难猜》尾衬为例：

谱例8：《神仙下凡实难猜》尾衬谱例

全曲结束的时候，一声悠长的"哦嗨"使乐段的结构更为完整和丰满，鲜明地体现出调式的终止感。把作品的音乐氛围和意韵提到了更高的境界，从而更深刻更生动地表现了歌曲的主题思想。

新化山歌的演唱多为当地民众在田头地间进行的一种偶发性、即兴型演唱，因交流感情，协调劳动节奏的需要，山歌演唱中常有多人参与，为适应此种演唱模式，在歌曲演唱中大量加入衬词与衬腔能加强作品的统一感，增强歌曲的表现力，增进旋律的美，从而创作出更具艺术魅力的音乐作品。而音韵特色独具的新化方言衬词，以其灵动多姿的方式从调式、调性、节拍、节奏以及速度、力度等各角度配合了山歌旋律的演进，对铸就山歌灵动、活泼、轻快、高亢的行腔风格起到了重要作用。

由上所述，以方言音韵为基础构建的新化山歌唱词，不仅仅是单纯的文学符号，其音响中还蕴藏了相当分量的音乐特质，是构建其地域性音乐价值的基础元素。以唱词音声系统探究分析模式对新化山歌唱词音声进行解析，其方言音韵所具有的保留古浊声母、元音鼻化普遍，有入声，字调多为升调，句调普遍呈上扬趋势等特点对铸就新化山歌高亢、悠长、灵动的行腔风格有着重要影响。在演唱的过程中，方言音韵与山歌旋律配合妙至豪巅，唱词音声就此成为山歌核心音乐成分之一。

二 新化山歌语音的篇章修辞效能及其地域特征

（一）押韵及其篇章修辞效能

1. 押韵

所谓的押韵，指的是诗歌中相关的诗句或诗行末尾字音的韵母部分按照一定的规律重复出现。汉语音节一般由声、韵、调三个部分组成，在汉语中，声母与押韵无关。汉语韵母可分为韵头、韵腹和韵尾三个部分，但不是所有的韵母都具备三个部分，有无韵头的，有无韵尾的，也有既无韵头也无韵尾的，但均有韵腹。因此，汉语的押韵只要诗歌句行末尾文字的韵母相同或相近就可以相互押韵了。为了有助于写诗押韵，有人将相互押韵的字，分成许多类别的韵部，并汇编成韵书，如《唐韵》分 206 个韵部，《中原音韵》分 19 个韵部。现代新诗常采用 1940 年国民党政府公布的"十八韵"，它与《中原音韵》的"十九韵"极类似。当代新诗常用由"十八韵"简化而成的"十三辙"，"辙"就是韵，所谓"合辙"就是"押韵"的意思。

韵部的归纳与统一有利于诗歌押韵的规范化。但在民歌创作中，民歌的作者一般是各方言区的农民，他们既没有相关的音韵知识，甚至也不会讲普通话，他们进行歌词创作时，用的是方言词汇和方言音韵。因此，民歌的押韵，往往押的是方言韵，在普通话中不押韵的，在方言中却押韵，如新化民歌《郎在高山打鸟玩》：

郎在高山打鸟玩，姐在河边洗韭菜，哥哥叽，你要韭菜拿几把，你要攀花夜里来，莫穿白衣白裤莫拖鞋，扛只小小锄头做招牌。要是那个看牛伢子碰到你，你只讲千丘田里看水来。你到十字街上买双草鞋倒穿起，上排脚印对下走，下排脚印对上来，我俚两个行路莫把笑话讲，坐着总莫挨拢来，有心做个无心意，神仙下凡实难猜。

这首民歌押的是"æ"韵，在普通话中"玩"和"鞋"本都不属此韵，但在新化方言中，玩读作 [ɣæ³³]，鞋读作 [ɣæ¹³]。在方言音韵的制约下，民歌的首句"郎在高山打鸟玩"，就以首句入韵的方式确定了整首民歌的韵，而民歌也因此在音韵上呈现出了鲜明的地域色彩。

2. 押韵的篇章修辞效能

"韵"作为诗歌对时间进行分割的具体手段，能使具有一定音高和音质的声音在一定的时间间隔内重复出现，它常常体现在韵脚的有序前进上。对此，刘勰在《文心雕龙·声律篇》中有言："异音相从谓之和，同声相应谓之韵。"[①] "异音相从"指的是平仄追求变化的问题，而"同声相应"指的是押韵追求整齐的问题。如果说平仄是近距离的声调调配，追求的是音韵变化之美；那么押韵就是远距离的字音协调，追求的是音韵不变之美。这个不变之美是对相同音素反复的结果。"押"是一个强有力

---

① （南朝梁）刘勰：《文心雕龙》，中州古籍出版社 2008 年版，第 322 页。

的动词，它强调了诗人对诗歌声音的主观掌控力量。通过"押"强迫诗歌的声音沿着某一个方向前进，于纷乱中渐渐形成了一条清晰的路线，于是，也就出现了所谓的"韵脚"——声音有序前进的清晰脚步。韵脚在"押"的作用下一个一个地呈现，最后形成一条有组织的声音系统线，从而使诗歌成为一个和谐的统一体。押韵的篇章修辞效能，正如马雅可夫斯基所说，"没有韵脚（广义的韵），诗就会散架子的。韵脚使你回到上一行去，叫你记住它，使得形成一个意思的各行诗维持在一块儿"[1]。对押韵的篇章建构功能，韦勒克和沃伦在《文学理论》一书中论述得更为细致："押韵是一种极为复杂的现象。它作为一种声音的重复（或近似重复）具有谐和的功能……它以信号显示一行诗的终结，或者以信号表示自己是诗节模式的组织者，有时甚至是唯一的组织者"[2]。相同的韵在不同诗行末尾复现，使声音去而复返，前后呼应，回环共鸣，民歌篇章各个组成部分因此而体现出相互关联——不同的诗行在回环往复的乐响中拢为一个相互联系、相互依存的整体。

押韵的篇章修辞效能，除了上述以韵脚贯串涣散的诗行诗节，连缀篇章外，还在于它以韵载情，用同一的情感统摄全篇。诗人李瑛认为："表现明朗、强烈、激昂、雄壮感情的，通常多用较为洪亮的如中东、江阳、人辰、怀来等韵；表现轻快、欢畅、风趣内容的，通常采用发花、遥条等韵；表达悲痛、哀怨、凝重的感情的，通常则选用较为低沉、迫促的韵部，一七、油求等。"[3] 新化民歌中很多篇章就利用了同韵统情的功能去组织篇章，如《贤妹生得一枝花》：

乖乖妹子一枝花，日织绫罗夜纺纱，
手臂弯弯如莲藕，十指尖尖像藕芽，
走路好比风摆柳，说话如同雪中花，
十人看见九人爱，梦里想和妹成家。

该首民歌以开口度较大的"a"韵开始，为全诗奠定了轻快、欢畅的

---

[1] [俄] 马雅可夫斯基：《马雅可夫斯基选集》，人民文学出版社1961年版，第89—90页。
[2] [美] 勒内·韦勒克、奥斯汀·沃伦：《文学理论》，刘象愚等译，江苏教育出版社2005年版，第177—178页。
[3] 王郊天等编：《新诗创作艺术谈》，江苏人民出版社1982年版，第238—239页。

情感基调。接下的诗行韵脚纱［sa^{33}］、芽［a^{13}］、花［fa^{33}］、家［ka^{33}］在方言中都为"a"韵。"a"韵的开口度较大,根据音韵学原理,在诗歌中"a"韵多承载欢快的情感;因此,它的每次复现在语音情绪上起到了形式标记的效果,把语义相对分散,语法相对零乱的诗行都拢在了一片欢愉的氛围中,构筑成一个情感基调统一的整体。

由上述论述可见,在韵文创作中,押韵的篇章效能不仅显示在用韵脚组织了一条声音系统线以连缀篇章,还以同韵的方式统一了全篇的情感基调,有组织的声音系统线和统一的情感基调的存在弥补了诗歌在篇章建构上的不足,最终把结构跳跃、语言凝练的诗行连缀成为了一个结构关联、情旨统一的整体。

3. 新化山歌的押韵方式及其篇章修辞效能

（1）新化山歌的韵部归纳

在新化方言音韵的基础上,通过对《中国民间歌谣集成·湖南卷·新化资料本》中 372 首新化民歌的押韵进行分析综合,应用音韵系联法,大致可以给新化方言归纳出如下韵部:

一、马 a、ia、ua、ya

二、波 o、yo

三、别 ie、ye

四、埋 æ、uæ

五、德 ɤ、uɤ

六、包 ɔ

七、租 əu、iə、iəu

八、单 ã、iã、uã

九、展 ɛ̃、iɛ̃、yɛ̃

十、关 õ、yõ

十一、青 iɔ̃、ən、in、uən、yn、n̩

十二、比 i

十三、资 ɿ、ʅ

十四、故 u

十五、居 y

（2）新化山歌押韵的方式及其篇章修辞效能

诗歌中的押韵方式大致有以下一些类型:

①一韵式

一韵式即只用一个韵，一韵到底。这种押韵形式在新化山歌中最普遍，因此，情况也最为复杂，有以下诸多形式：

a. 排韵

即从第一句开始直至末句都协同一韵，这种押韵的方式在新化山歌中多用，如《车水谣》：

六月热忙忙，绿杨树下汗如浆，龙骨架上留双影，南风吹得禾线长，杨花时节南风好，不枉车水热一场，车完水，莫歇凉，早修谷箩早补仓。

整首歌曲一共八句，韵脚分别是"忙、浆、影、长、场、凉、仓"。这几个字在新化方言中，其韵腹都是 [ð]，这也是这首山歌唯一押的韵，从第一句开始，到最后一句，一韵到底，相同的韵反复出现，对于整个诗歌篇章而言，"ð"韵在语音层面上是一个形式标记，它的每次复现，既在音韵上产生了回环往复的美感，同时又把它所属的诗行串联进了整个篇章中。除此之外，"ð"的出现还给整首民歌奠定了明快、昂扬的基调，"ð"的一再复现，民歌的吟唱都拢在同一基调中，不管是"绿杨树下汗如浆"的辛苦，还是"南风吹得禾线长"的希望，都在内在主题上构成了关联和统一，那就是挑战自然，不怕困难的勇气和决心。

b. 同字协韵

在新化民歌中，有些民歌不仅是从开始直至末句都协同一韵，而且协韵的字都为同一个字。如民谣《抽中指》：

捉猪息，抽中指，你抽我抽玩花子，抽不着，唱歌子，抽着了，猜谜子，猜不着，打板子。

除了首句的韵脚为"指"外，其他各歌行的韵脚均为"子"。"子"在这首民谣中其语法属性为词缀，语法属性的一致决定了其在语音上的统一，因此，这首民谣不但在字形上有了醒目而统一的形式标记，而且在语音上形成了整齐划一的格局，外显形式的同一性直接构筑了篇章的整体性。

协韵的字除了这种完全相同的情况外，还有声韵完全相同，字形部分相同的，如《云遮日头是真心》：

桐子树开花遮不得郎的荫，花言巧语冒好心，当面桃红柳绿天气好，背面秋头板脸天转阴，砂糖口，苦瓜心，云遮日头是假心。桐子树开花遮得郎的荫，有好笑脸有好心，人到知心不偏口，马到识路不偏行，砂糖口，蜜糖心，云遮日头是真心。

这首民歌所协的韵为 in，在整首歌谣中协这个韵的有四个字，一个是"荫"，出现两次，一个是"阴"，出现一次，一个是"行"①，出现一次，一个是"心"，共六次。这几个字"荫""阴""行"在方言中韵全部相同，"心"字协韵呈强势出现。相同的声韵，大致统一的字形，也是构筑篇章整体性的一个有效手段。"心"的每次复现，在解码者的心理都会引发对它初现的记忆和联想，各歌行之间也由此而在心理世界中建立起有效的勾连，形成一个意义完整的结构体。

c. 头尾协韵

从篇章整体看，新化山歌中有头尾协韵的方式。即开头的一两句和结尾的一两句押，中间部分则为散韵，如《瘦竹生枝疏疏稀》："瘦竹生枝疏疏稀，劝哥莫把妻子欺，夫妻好比同林鸟，连理枝头比翼飞，从来好狗不咬鸡，从来好汉不打妻。"在方言中，民歌的前两句押 i 韵，中间两句句末音节的韵母分别为 iə 和 ɤ，最后两句句末音节的韵母为 i，因此，从整个篇章来看，民歌的前两句和结尾的两句是押的，中间两句则为散韵。虽然中间部分没有入韵，但前后韵的一致，在结构上构成了前后的呼应和往复，篇章的整体感因此而生。

②交韵式

交韵式是指整首民歌押两个韵，两个韵的韵脚字交替出现。如《唱起山歌实好玩》：

唱起山歌实好玩，好比神仙下了凡，唱得鹅毛沉海底，唱得洞庭水也干，唱得山中树木成连理，唱得姣莲自倒山。

---

① "行"在新化方言中有文白异读，此处应为书面读法 [zin¹³]。

在方言音韵中,"玩"的韵母为[æ],因此,民歌首句不入韵,但其他奇句押"i"韵,偶句押"ā"韵,奇句与偶句交替用韵,整齐中富于变化。就民歌整体而言,虽然出现了两韵,看似在形式上出现了分离,但因为交替使用,韵与韵之间形成了胶着状态,它们之间的关系就像拧成麻绳的两股绳,虽则可以独立,但又互相缠绕,在形式上产生了勾连,反复出现的两韵成了连缀篇章的有效手段,篇章因此而连贯成一个整体。交韵式除了这种情况外,也有首句入韵的,但为了求得整个篇章的前后呼应,首尾一致,首句往往跟尾句同韵,如《春来早起》:

春来早起莫贪眠,夏日勤耕苦向前,秋来懒惰无收实,冬来饥饿莫怨天,唯愿人间多有意,何愁衣食不周全。

虽然首句是奇数,但因为这首诗的尾句是偶数,为了求得首尾的照应,故首句押的也是偶句的韵。就整个篇章而言,它既在中间呈胶着状态,且在首尾形成了呼应,其篇章连缀更紧密,整体感也就更强。

③转韵式

转韵式即民歌的一章(或一首)押两个以上的韵,它们不是交替出现,而是先后出现。这种押韵的方式主要见于篇幅比较长的歌特别是长篇叙事歌中,如《郎在高山打尖声》:

郎在高山打尖声,妹在房中野了心,假装挑水山中转,日午挑到日西沉,娘骂女,野鬼精,一担水挑到如今?娘,江边鸭子踩浑水,手掩瓜瓢等水清。头上头丝如何乱?风吹头丝乱纷纷,八幅罗裙带子何变结?背上黄泥哪里来?罗裙带子自己把结解,黄泥都是墙上挨。哥哥叽,我会回,不然牛栏底下打出马脚来。

在方言音韵中,民歌从首句到"风吹头丝乱纷纷",一直押的是in、ən、iɔ̃,中间部分为了求得转韵的自然,以"背上黄泥哪里来"为折点转入了æ韵,因"解"在方言音韵中念[kæ²¹],所以后面的篇幅都通押æ韵。"韵"的前后转换,让歌谣的韵律在整齐中富于变化。虽说后韵与前韵不一致,有背于全歌的整体感,但因中间转韵过渡自然,且 in、ən、iɔ̃和æ韵都承载明朗、欢快的情感,韵律所承载的情感与整首民歌大胆、俏皮的风格具有一致性，在此基础上，民歌内在格调的整体性因此生成。

④多韵位押韵

多韵位押韵就是指民歌中押韵的部位不止出现在句尾，还出现在句首、句中。韵的反复出现会产生节奏，单韵位产生单节奏，多韵位产生多节奏。多韵位押韵意味着韵句不再只有一个节奏，而是有两个或两个以上的节奏了。民歌《高山拣粟粟米黄》：

> 高山拣粟粟米黄，粟米煮酒像蜂糖，呷酒要呷粟米酒，呷糖要呷蜜蜂糖，呷饭还是白米饭，恋姐还是当家娘，杀起鸡来留鸡腿，煎起酒来掺酒娘。

如上标示，这首民歌除了句尾押 yō 韵外，它的句首也是押韵的，其中除方言词"呷"字三次出现在句首，构成同字押韵外，"呷"和"杀"所属的 a 韵还跟"恋"和"煎"所属的 ɛ 韵构成了交韵。从全歌的气韵而言，句首韵的出现意味着民歌的节奏在此处多了一顿，这一顿不但起到了强调内容的作用，还增加了节奏的铿锵之感，民歌粗犷、强悍的民族风格得以体现。从民歌的篇章结构来看，句首韵和句尾韵的同时出现，无疑为全篇提供了贯通的两条串子，在听觉上把涣散的声音联络贯串成一个完整的整体。

民歌中除了出现句首押韵的形式外，在早期的各类仪式歌中还有句中押韵的，如《赞柜》：

> "红漆柜子黄铜锁，装糖装饼装人情，打开堡柜偿众客，洞房花烛宴嘉宾。"

因在方言音韵中，句中标记的几个字都合韵为 yō，因此，这首歌谣在句中构成了押韵，句中韵的出现让篇章的中部多了一条贯串全篇的串子。上面所举的句中韵是比较简单的，还有情况更为复杂的，如《地仙赞》：

> 红男绿女进新门，风水进门敬家神，左拜金鸡乾坤舞，右拜八卦玉麒麟，鸡鸣四路迎财宝，凤舞三江纳余庆，祖宗法德水千尺，代代鲤鱼跳龙门。

因在方言中"敬""金""迎"与"进"合韵为 in,"女""玉""水""鱼"在方言中合韵为 y。如上所示,这两韵在民歌的各句间构成句中交韵。除此之外,因进、金、敬、迎所属的 in 与尾韵一致,故这几句内部互押的韵构成了句中的自韵形式。句中韵、句尾韵的同现,句中的交韵,句内的自韵使整首民歌成了一曲多声部的交响乐,在井然有序中呈现出跌宕多姿。

多韵位用韵是一个很富于地域特色的用韵形式,早在楚辞阶段就已经有鲜明的体现。"《楚辞·九歌·东君》:'青云衣兮白霓裳,举长矢兮射天狼。操余弧兮反沦降,援北斗兮酌桂浆。'裳、狼,阳部;衣、矢微脂合韵。降、浆,冬阳合韵;弧、斗,鱼候合韵。屈原放逐,窜伏沅湘,仿民间之乐歌,寄忧怀于辞章;《九歌》的多韵位押韵方式,显然来自楚地歌谣。"①

由此可见,对于地处南楚的新化县而言,在民间歌谣中保留着多韵位押韵的方式,是由它的地域文化传统决定的。在所有的歌谣中,仪式歌是比较古老的,因此它保留的传统因素也最多,多韵位押韵多见于仪式歌中便是缘此。多韵位押韵于篇章建构而言,以协韵的方式在篇章内部构筑了一道道经线和纬线,把脱离语法规范的歌行和富于跳跃性的语句都编入了民歌的整体框架中。

从上述分析可见,当词汇手段和语法手段都相对的失去它们在语篇连接中的强势效能后,歌谣的韵律性使语音成为篇章衔接的一种主要手段。通过对新化民歌韵律的分析,我们能看到诗歌音韵在篇章建构上具有的重要意义。因为民歌语音的韵律性是以民歌的地域唱腔和方言音韵为基础,所以,不但韵律本身的多样化体现出了鲜明的地域色彩,而且韵律的篇章修辞效能也深深地受制于地域特征,民歌篇章修辞的地域特色就此呈现出来。

(二) 新化山歌中的衬字及其篇章修辞效能

1. 衬字

衬字是指在山歌的歌词中,除直接表现歌曲思想内容的正词外,为完整表现歌曲而穿插的一些由语气词、形声词、谐音词或称谓语构成的衬托性字词。衬字大都与正词没有直接关联,不属正词基本句式之内,甚至很

---

① 纽国平:《论〈老子〉的多韵位押韵及其他》,《西北师范大学学报》1989 年第 3 期。

多还是无意可解的词语，但一经和正词配曲歌唱，成为一首完整的歌曲时，衬字就表现出鲜明的情感，成为整个歌曲不可分割的有机组成部分。

我国民歌中的衬字有着悠久的发展历史，其产生的时间较民歌中的实词早。鲁迅说"杭育杭育"是最原始的歌词，实际上"杭育杭育"就是衬字。西汉刘安《淮南子》"今夫举大木者，前呼邪许，后亦应之。此举重劝力之歌也，岂无郑卫激楚之音哉？"[①]中的"邪许"是劳动中的呼声，也是衬字，以此类衬字为基础产生了我国民歌的早期形态——劳动号子。在后续的民歌发展史中，我国民歌歌词中一直保留了衬字。如候人之歌的歌词"候人兮猗"中实词只有"候人"二字，另二字为虚字，也是衬字。其他，如《诗经》国风中的歌词，屈原的《九歌》，唐代的"竹枝词"，及宋、元、明、清的歌词作品中，莫不有衬字。

衬字在民歌中应用，对增加歌曲的生活气息，渲染气氛，体现民族风格，塑造音乐形象，丰富音乐表现手法，都起着一定的作用。如果从篇章学角度来解读的话，它对民歌篇章的建构也起着重要的作用，如促成歌曲段落之间的转换与过渡；加强乐段之间的对比，使之产生前后呼应的效果；促成歌曲向高潮演进；渲染，深化作品的音乐氛围和意境等都属于衬字在篇章修辞上的重要效能。

2. 衬字的类型

歌曲中的衬字，按语法性质来分大致可以分为四类，即语气助词类衬词、拟声类衬词、指代称谓类衬词、修饰类衬词。

（1）语气助词类衬词

在我们的口语表达中，叹词、语气助词是最能表现说话者的态度、情感、思想认识的，因此，在歌词中加入相应的叹词或语气词往往能起到加强情感、渲染气氛的作用。而民歌中的叹词和助词往往来自当地方言土语，因此，还能起到增添地方色彩的作用。在我国民歌中，常用的语气助词类衬字有"啊""哟""哎""呀""哪"等。如新化民歌《十二岁攀花》中的一段：

十二岁攀花花不曾开（呀），叫郎莫把姐来缠，我姐好比后花园中城隍树，城隍花朵未曾开（呀）。有朝一日花开了（哎），千里搭

---

① 杨有礼注：《淮南子》，河南大学出版社2010年版，第414页。

信叫郎攀（哎咳哟哎咳也）叫郎攀（也）。

这段唱词中的"呀""哎""也"都属于语气助词类衬词。

（2）拟声类衬词

拟声类衬词是指民歌中那些模仿各种音响的象声词、拟声词。有模仿自然界音响的，如"布谷""哗啦啦""衣得儿呀得儿哟"等。有模拟日常生活中的喧哗声、吆喝声和叫卖声的，如"呀儿伊儿呀""咚锵咚锵咚咚锵"等。还有表现人们生活中的嬉笑怒骂声的，如"嘿嘿""哈哈哈"等，如我国著名民歌《回娘家》中的"风吹着杨柳嘛，唰啦啦啦啦，小河里水流得儿，哗啦啦啦啦啦"中的"唰啦啦啦啦""哗啦啦啦啦"就是模拟自然界的风声和流水声的拟声词。

（3）指代称谓类衬词

在民歌中，为了演唱的需要，有时将表示指代的"那个""么个""介子个"等词编入歌词中，以起到延伸曲腔的作用，如新化民歌《点兵歌》中的"正月（里个）点兵是新年，琉璃（衣个）灯盏照堂前衣呀买了（里个）壮丁又欠，男子（里个）成人多孽冤衣呀。"中的"里个"和"衣个"就属于指代类衬词。

还有将呼唤歌唱对象的词也编入歌中用以互相对答响应的。在民歌表演中，指代称谓类衬词的加入能使音乐的表现更生活化，听起来更亲切。此外，在演唱过程中，指代称谓语的转换其实是乐曲转换的标志，如在新化民歌中，民歌的称谓语如果由"哥哥唧"转换为"姐姐唧"的时候，就意味着表演者和乐曲都将发生转换，新的轮次开始了。如新化民歌《麦子鸟叫》的歌词就有用到称谓衬词的：

麦子鸟叫起要插田，郎在田中想娇莲。哥哥唧，莳田功夫莫懒散，有钱难买四月天，棍棒落地也生根。妹妹唧，郎一日无粮千兵散，空肚难进姐花园。

山歌中的两个称谓语"哥哥唧""妹妹唧"的加入成功地实现了话轮的转换，在篇章上起到了承上启下的作用。

（4）修饰类衬词

民歌中的修饰类衬字有两类，一是形容性的，如"花儿红""乖乖弄的冬"等。二是重叠类的，即将原词中有实义的正字或词进行重复叠加，也是修饰性衬词的又一表达形式。修饰性衬词在歌词中的应用能发展和补足乐思，起到抒发情感，渲染气氛的作用。如新化民歌《溜溜歌》歌词：

路边溜溜草，开黄溜溜花；娇莲溜溜爱我，我爱溜溜她。

其中的"溜溜"这一修饰性叠音衬词的加入使民歌更加生动、俏皮。

除了可从语法性质来进行划分外，乐曲中的衬字还可按语法结构分，按在乐曲中的位置来分。从语法结构来分，乐曲衬字可分为衬字、衬词、衬句、衬段、衬歌（全曲无实词）。从所处位置来分有首衬、间衬、尾衬三种，其具体情况如下。

（1）首衬

首衬，顾名思义即是在歌曲的曲首加衬。首衬不仅为正词的出现做准备，具有启示引入的功用，而且还往往是全曲基本风格和情绪的铺垫，有助兴起唱或称呼对方的作用，它们的音调大都和基本结构的旋律有着密切联系。有的歌曲首衬在音乐上形成一个乐句，有的则紧跟首句正词，不形成单独的乐句。在民歌号子中，采用首衬的情况比较多，如新化的《毛板船工号子》开曲的衬词"呜—罗罗罗罗嗨——嗬"就处开首的位置，且形成了一个乐句。众人齐唱，一开始就形成了热烈的集体劳动气氛。

（2）间衬

间衬是指衬词穿插在歌词句子中的衬字句，在歌曲中起着垫衬音节、扩充结构、承上启下、连接过渡等作用。如新化民歌《点兵歌》歌词：

正月（里个）点兵是新年，琉璃（衣个）灯盏照堂前衣呀，买了（里个）壮丁欢债，男子（里个）成人多尊冕衣呀。

其乐曲中多处用到的"里个""衣个"就是典型的间衬。

（3）尾衬

尾衬就是在歌曲的结尾处加衬，也称语气或语尾衬词。这类衬词往往用"哎""嗨""咿""呀""那""喂""耶"等字。作为语气或语尾拖腔的衬词，主要用以延续正词唱完后未尽的情感，装饰和补充乐思。尾衬的使用能使乐段的结构更为完整和丰满，体现调式的终止感。很多民歌在结束句正词唱完之后,都会出现一些由语气助词构成的装饰性衬词,它们在音乐上不构成一个单独的乐句,仅仅是一个乐汇或乐节,用以延续和补充正词未尽之意,进一步深化歌曲的情感和意境。如新化山歌《十月望郎》的歌词:

  正月望郎是新年,个人捡拾去拜年,视郎行,随姐步,哥郎(哎咦呀)何不留郎在身边(嘀也)。

其末句后带的"嘀也"就是民歌中常用的尾衬。

  3. 新化山歌的衬词类型及其篇章修辞效能

  新化山歌衬字种类齐全,且与方言音韵联系紧密。其语助类衬词有"哩""喃""咧""山""啊""噢""啰""哎""唧"等方言语气助词。其拟声类衬词有模拟当地自然声响和乐器声响的"呜噢呜噢""呜哇呜哇""咚哐咚哐""嗨唔"等。其指代称谓类衬词有"哥哥唧""妹妹唧""里个""恩咯"等方言指代称谓语。其修饰类衬词有"波罗波罗""溜溜""兴隆子山"等。因本节主要论述篇章修辞的地域性,因此,对民歌中衬字的研究将从篇章建构的角度展开。在此,对新化民歌衬字的分类按其在篇章中的位置进行划分,分别论述首衬、间衬、尾衬的篇章修辞效能和地域色彩。

  (1)新化山歌的首衬及其篇章修辞效能

  在新化民歌中,出现在乐曲前面的衬字主要有两种,一是语气助词类衬字,如劳动号子歌就常用语气助词开篇引入,在引领者的一声"嗨-嘿"声中开始众人的合唱呐喊。如《撬石号子》的开篇衬词"嘿咦着,唉着——"一起,万人和,由此把演唱者带入众人热火朝天的劳动情境中。又如山歌《朗打夜工莳丘田》歌词:

  冬冬冬匡冬,冬冬冬冬匡冬,冬冬冬匡冬匡,郎(也咯个)打个夜工(哎)(也)莳丘田(噢),(喔噢喔噢喔噢喔噢喔噢哎)郎(也)个(哎)赚个(喔噢喔噢喔噢喔噢)莳田包子(哎),我(哎)看(噢)姣莲(噢),匡冬匡冬匡,我(哎)姐(哎)叫郎(哎)是丘个方田(哎),莫打(哎噢)垄(噢)是丘个长田(咧),莫搭边(噢喔噢喔噢喔噢喔噢喔)。恐怕噻逢强遇里手(喔噢喔噢喔噢喔噢）上丘赶到噢下丘（噢喔噢喔噢喔噢喔）田（噢）。

该曲中的衬词极多，不但篇首有，篇中有，篇末也有。其开篇的衬词"冬冬冬匡冬"在乐曲演唱中一经演唱者唱出，它所定的乐调和韵律就对下面乐段起了引领和决定的作用，因此，它在篇章中不但有引领下面乐段的作用，而且它还为整个乐曲定下了欢快、昂扬的风格和情绪，它在山歌的篇章建构中起到了开篇起首和统摄全篇的作用。

二是称谓类衬字。在民歌的陶情类山歌中有很多对唱体，对唱的体式让山歌的演唱有呼有应，有问有答，有利于构筑前后呼应的篇章结构。在对唱体中常用称谓类插入语。如《郎在高山打鸟玩》是对唱体，其开篇就采用了"妹妹唧"这一称谓衬词：

<u>妹妹唧啊</u>，郎在那个高高高高山上唧，呜哇呜哇呜哇……打鸟玩嗬嗬，冒到那个堂黑呜哇呜哇……冒得嗬回来。

称谓衬词的使用以呼唤的形式引出了下面的演唱内容。另一方面它还引出了另一方的回应：

<u>哥哥唧啊</u>，妹在那个清清河边唧，呜哇呜哇呜哇……洗韭菜嗬嗬，鲤鱼戏水那个呜哇呜哇……心发呆。

因此，此类处在开篇位置的称谓类衬词在篇章建构中一方面起到引出下文的作用，另一方面它还与下文的称谓语构成呼应，在篇章建构上形成了前后照应，让全篇的曲词有效勾连，共同构筑了篇章。

（2）新化山歌的间衬及其篇章修辞效能

在新化山歌中，各类衬词都有出现在篇章的中间，其中出现得最为频繁的是四个衬词，即"呜哇""溜溜""波罗""兴隆子山"。在民歌中，由于这四个衬词在篇章中的一再复现，民间演唱者据此把山歌分为了四类，即呜哇山歌、溜溜歌、波罗山歌、兴隆子山歌。由此可见，这四个间衬在新化山歌中是一个重要的形式标记，它们已经起到了标记体式的作用，当地民间艺术工作者甚至认为它们是"山歌品种类衬词"。但这类衬词的作用绝不仅此，就篇章修辞而言，它们作为一个重要的标记，在篇章中反复地有规律性地间隔出现，形成了一次又一次的回指，由此在听觉、视觉上都起到了连缀篇章，构筑整体的作用。下面以这四个典型衬词为例，论述民歌中的间衬在篇章修辞中的作用及其地域色彩。

①呜哇

"呜哇"是新化山歌中常用的拟声类衬词，在方言中，其音韵是开口度大的［u］和［a］，演唱时候声音高亢入云，其声腔充满了山地唱腔特点，是一个极富地域色彩的衬词。据金姚调查，它主要具有以下特征："（1）作为结束句的甩腔，类似于山歌中常用的"喔嚯"；（2）用于男女情歌的对唱，用在段与段之间或句与句之间，起"打趣""调情"之能；（3）也用于号子之中，伴以固定韵律，以统一劳动节奏；（4）其衬词功能具有单独性和联合性，既可以独自使用，又可与其他衬词结合使用。"① 在金姚归纳的这四点特征中，其所说的第二点、第三点都已说及"呜哇"作为间衬在篇章中的作用。以上文已提及的《呜哇峒》中的"呜哇"衬词为例：

呦依呦嗨嘿，山高高，水长长，层层哎梯田呜哇呜哇入云端。郎开山前呜哇呜哇万亩田，妹引个泉水唉唉浸田庄。山歌那个好唱口难开，杨梅子好树难栽，不用那个猪羊不用酒，一句山歌带妹回。呜哇呜呜哇呜呜哇呜呜呜，哇呜哇呜……呜。唱得个好咧，唱得个乖哎，唱得那个冤家挨拢来，呜哇呜哇，唱得那个哥妹平排坐，唱得那个牡丹哎，呜哇，哇呜哇呜哇呜哇呜哇呜朵朵开，呜哇呜哇呜哇。

"呜哇"不但出现在句中，起到延长声腔的作用，它还出现在段中成为山歌间隙中男声女声打趣逗乐的插曲，最后乐曲又是在男女合唱呜哇声中结束。在这个乐曲中，"呜哇"的篇章修辞效能是显而易见的。首先，"呜哇"以或长或短的形式反复出现在篇章中，成为一个醒目的形式标记，使篇章形成了前后关联，互相呼应的格局。反复出现的形式标记，在解码者的心理世界里成了一个连续刺激，同一刺激物的反复出现，使篇章的各个部分在心理感觉上勾连起来，整体感由此而生。其次，演唱者对乐句中的"呜哇"、乐段中的"呜哇"、乐尾的"呜哇"富有特色的演唱，

---

① 金姚、孔庆夫、辜红卫：《湖南新化山歌的衬词研究》，《大舞台》2014 年第 9 期。

共同构筑了篇章的特色，使整体篇章呈现出统一的风貌格调，篇章的整体感油然而生，民歌由此而获得了统一的名号"呜哇峒"。

②溜溜

"溜溜"也是新化山歌中常用的修饰类衬词，在方言中，其音韵是开口度较小的［iəu］，演唱时候声音轻快活泼。"溜溜"的使用，据金姚调查主要有两种情况："（1）加在谓语之前，做状语以修饰动词；（2）加在宾语之前，做定语以修饰名词。"① 因此，"溜溜"就语法性质而言，应是一个表修饰限定的形容词性衬词。其语法属性决定了溜溜的组合性，在新化民歌中，"溜溜"与"哇呜"不同，它既不会作为独立的乐段出现在乐中，也不会出现在乐尾。以《溜溜歌》为例：

路边溜溜草，开黄溜溜花；娇莲溜溜爱我，我爱溜溜她；娇莲溜溜爱我年纪溜溜小，我爱溜溜娇莲十七溜溜八；年纪溜溜小，十七溜溜八，桐油溜溜石灰正相溜溜黏。

在这首民歌中，几乎词词有"溜溜"，句句有"溜溜"，因此，"溜溜"的出现就篇章修辞而言，是全篇的一个重要形式标记。在形式上，它的一再出现起到了连缀全篇的作用；在格调风格上，它奠定了全篇轻快、欢乐的氛围，使全曲的演唱一直在轻松、畅快的情绪中进行，篇章的整体性、地域性就在这回环复沓的"溜溜"声中生成。

③波罗

"波罗"也是新化山歌中常用的语气类衬词，在方言中，其音韵均为开口度较大的［o］。"波罗"的使用，据金姚调查有三种情况："（1）每一句句头的前两个字之后；（2）前后句之间；（3）乐段与乐段之间。"② 由此可见，"波罗"与溜溜一样，也是一个纯间衬性衬词。以《情姐住在巴竹山》为例：

情姐住在（结巴）巴竹山（就）我郎住在（嗯啊的波波的波的）波罗山。情哥要去看我姐，我姐住在（嗯啊的波波的波的）波

---

① 金姚、孔庆夫、辜红卫：《湖南新化山歌的衬词研究》，《大舞台》2014 年第 9 期。
② 金姚、孔庆夫、辜红卫：《湖南新化山歌的衬词研究》，《大舞台》2014 年第 9 期。

罗山。转（哦）风吹桃花叫，绿叶两边堆起火（吵）月团圆。少年哥青少年，千里（个）姻（噢）缘（噢也是）用线穿（噢）。情姐住在（结巴）巴竹山（就）我郎住在<u>（嗯啊的波波的波的）</u>波罗山。情姐搭信要麻篮，你要麻篮（山）我郎有。我郎破起翻蔑复蔑拖刀手刀匀刀刮刀，破起个黄瓜子蔑，织起了胡椒眼、斑竹锁、广藤缠我伞把起（噢）（也是）看姣莲。

由上面篇章可见，"波罗"这一衬词不但在句中作为形式标记连缀了全文，而且它还出现在两段乐曲的中间形成了一个过渡性语句，促成了乐曲曲式的发展及歌曲段落之间的转换与过渡，在篇章建构中承担着承上启下的作用。

④兴隆子山

"兴隆子山"也是新化山歌中常见的衬词，其结构比较复杂。这一衬词应分为两部分，前面为实词"兴隆"，后一部分为词缀"子山"。"子""山"是两个极具地域性的词缀。关于"子"缀，上文已有论述，在此不再赘叙。"山"在新化方言中可做词缀，多出现在四字格的重叠式中，如"V山V里""A山A里"等，也可单做语气助词，在句末表示陈述、疑问、祈使等语气，如"那边起火哩，去看看山"。在新化民歌中，因在祝福兴隆时常附加词缀"子"和语助"山"，四字的习惯性连用大大增加了其凝固性，因此，当地民间文艺工作者认为"兴隆子山"是一个结构体，并用它来指称带有该衬词的民歌。"兴隆子山"在篇章修辞中的作用，可从《恭喜老板大发财》这一篇章分析得出。歌词：

  铜鼓耍锣打开台哪咧，<u>兴隆子山呀</u>；我俚同把喜歌唱哪咧，<u>兴隆子山呀</u>；（领）田产金银土出宝哪咧，（齐）<u>兴隆子山呀</u>；（领）党的政策是春雨哪咧，（齐）<u>兴隆子山呀</u>。

如上曲中所示，在每一句后都加衬"兴隆子山"，因此"兴隆子山"成为了一个典型的乐句标记，统一标记的存在有如一条绳索把全曲的乐句串成了一个统一的篇章。而在演唱中，每遇到"兴隆子山"乐段，众人必齐和，因而形成了排山倒海的气势，其声势浩大、声腔高远的演唱风格由此奠定。

（3）新化山歌的尾衬及其篇章修辞效能

新化山歌常用"哦嗬""呀呼哩嘿哟""匡且匡"等衬词来结束乐曲。在这些衬词中，最具代表性的尾衬是方言叹词"哦嗬"。"哦嗬"在民歌的演唱中，是一个众人齐和的衬词，往往在曲终的时候，演唱者必拖上一声长长的"哦嗬"，然后众人齐和，这一声悠长、雄壮的"哦嗬"声促成歌曲向高潮演进。对此，新化山歌《扯秧歌》有这样的描写："只要一人起了调，哦嗬喧天众人和，好比南天门上打大锣。"因此，尾衬"哦嗬"在篇章建构中起到了有力收束篇章的作用。以《神仙下凡实难猜》为例：

郎在高山打鸟玩，姐在河边洗韭菜。哥哥叽，你要韭菜拿几把你要攀花夜里来。莫穿白衣白裤莫拖鞋，扛只小小锄头做招牌。要是那个看牛伢子碰到你，你只讲去田里看水来。你到十字街上买双草鞋倒穿起，上排脚印对下走，下排脚印对上来。我哩两个行路莫把笑话讲，坐着总莫挨拢来。有心做个无心意，神仙下凡实难猜。<u>哦哦哦哦嗬</u>。

全曲结束的时候，一声悠长的"哦嗬"使乐段的结构更为完整和丰满，鲜明地体现出调式的终止感。把作品的音乐氛围和意韵提到了更高的境界，从而更深刻地表现了歌曲的主题思想。

新化民歌中尾衬"哦嗬"的高频出现是地域自然条件和生产方式的产物。前文已论及，新化地域山高坡陡、人烟稀少、交通不便，到处深山密林，野兽出没。因此，人们打个招呼，都必须扯大嗓门，用以传得广远。在深山劳作，为了驱赶孤独，吓退猛兽，也必须有洪亮的声音，浩大的声势，在民歌结曲的时候齐唱一声"哦嗬"，用以增强力量，壮大声势成为演唱的必然。

民歌作为一种韵文作品，它特有的表达方式使词汇手段和语法手段都相对地失去了它们在语篇连接中的强势效能。相比之下，意象、音韵成为篇章衔接的一种主要手段。新化山歌以其地域物产、民族文化观念、方言音韵为依托，用"兴象"开篇起首，统摄全文，用歌行的押韵连缀篇章，用乐曲加衬的方式上下衔接、收束全文。其兴象统摄、方言音韵在篇章建构中体现了强大的效能，而其篇章修辞的地域性正通过它摄取的各类兴象及方言音韵得以显示出来。

第三节　新化山歌的风格特征

"风格"这一概念，在我国最先出现在文艺学、文章学理论著作中，如刘勰《文心雕龙·议对篇》中说到应劭、傅咸、陆机三人的作品时用到了风格一词："亦各有美，风格存焉"①。《夸饰篇》说："虽《诗》《书》雅言，风格训世，事必宜广，文亦过焉。"② 这里的"风格"虽也关涉到作品的语言因素，但主要是就写作主体的气质禀赋、风骨气节与作品的思想内容、表现手法、题材、结构等非语言因素而言的。后来的文论、诗话、文体论以及20世纪30年代的修辞学论著中常用"体""体性""体式""文体""品"等表示风格的概念。如《典论·论文》说的"文以气为主，气之清浊有体"，司空图《二十四诗品》，以及龙伯纯《文字发凡·修辞》的"简洁体""刚健体""优柔体""华丽体"，王易《修辞学通诠》的"雄健体"中的"体、性、品"都是风格的代名词。真正从语言学的角度来研究风格，当肇始于陈望道。"陈望道论'体'与曹、刘和龙、王论'体'有承传关系，但有质的区别。《发凡》'体'是在修辞学范围之内并在修辞论的基础上进行，从语言、语言运用的角度观察和剖析风格现象的。这样的风格论揭示了语言风格的本质属性，是修辞学理论体系的一个组成部分，它属于语言学范畴。《发凡》研究'体'标志着风格研究的根本转向，由文艺学、文章学转向语言学，使风格论从文艺理论、文章作法中分离出来，成为比较科学而又相对独立于修辞学之内的语言风格论，这是一个开创性的功绩"。③

一　山歌语言风格手段

（一）风格的性质

在修辞学界，学者们对风格的认识虽各有侧重，但对风格属性却有如下共识。

---

① （南朝梁）刘勰：《文心雕龙》，中州古籍出版社2008年版，第242页。
② （南朝梁）刘勰：《文心雕龙》，中州古籍出版社2008年版，第349页。
③ 黎运汉：《陈望道先生的汉语风格论》，《修辞学习》1998年第2期。

1. 语言性

在修辞学界,风格是有特指性的,它主要就作品的语言风格而言。从修辞学的角度进行风格研究主要研究作品在语音、词汇、句式、修辞手段选取上的特点。在此,它与传统的文论学和文章学具有很大的差异。传统的文论学文章学在研究作家作品的风格时虽也会谈及作品的语言,但其主要目的是通过对语言这一表征的研究来探寻表达者的气质禀赋、风骨气节,及整部作品或一系列作品所呈现的气氛格调。此外,除了对作品的语言进行研究外,文论学和文章学的风格研究还关涉到作品的思想内容、表现手法、题材、结构等诸多方面。而修辞学的风格研究,虽则也会联系上述的各个因素展开进行,但它的研究中心和重点却始终只有一个,那就是作品的语言,以及由语言方式所显现出来的格调气氛。

2. 独特性

在修辞学界,风格即"言语特点总和论"是大多数学者所持的观点,而持其他"风格论"学者虽则在对风格的表述上会有其他的补充和偏离,但都没有否认风格的"个性"。如宗世海,对风格是持"美学风貌说"的,但他也说"言语风格是制导于言语表达者个人审美趣味"。既然个人的审美趣味是风格的制导因素,那么在这个个性化的制导因素之下,不同语言风格的作品当然也会有不同的特点呈现出来了。

任何作品,如果没有鲜明的特性那就谈不上风格,而作为语言艺术的文学作品,表现在语言上的鲜明个性正是它最为彰显的风格特征。

3. 整体性

语言风格是表达主体选炼词语,进行艺术的排列组合形成的一种风貌、格调,它不仅具有独特性,而且具有整体性的特点。这就是说,一篇作品的语言风格不是通过该作品的只言片语体现出来的,而是通过作为一个艺术系统的整部作品反映的,一个作家的语言风格也不仅仅是该作家某一部作品的反映,而是通过该作家所有的作品体现出来的整体倾向性。同样,说到一个文学流派的语言风格也是就该流派的所有作家的系列作品而言的。总之,无论是作家风格还是流派风格、语体风格或时代风格、地域风格,都是该范畴之下系列作品的共同反映,整体倾向。

据修辞学对语言风格的认识,对语言的不同选择和组织产生了不同的语言风格,不同的语言风格体现在不同的语言方式中。因此,对任何作品进行风格特征考察,都离不开对该作品所用语言形式的分析、总结。在语言系统中，语音、词汇、句式、修辞各层面都存在着铸造风格的手段，在言语活动中，反复而经常地运用这些风格手段，把它稳定下来就会形成某种特定的风格。应用修辞学原理，对新化山歌的风格手段进行分类，新化山歌的风格手段主要有以下几种类型。

（1）语音风格手段

汉语的音节结构分声、韵、调三个组成部分，元音在音节中占主要地位，加上不同声调的升降抑扬，汉语具有明显的音乐美。因此，在言语表达中，在语音的选择上如果讲究平上入去的抑扬起伏，宏音细音的搭配调谐，十三韵辙的偕同交错就能凸显出语言的韵律美。而在韵律的讲究中，不同的押韵方式，押不同的韵，又会产生不同的风格特征。

（2）词汇风格手段

"词汇是语言的建筑材料，是语言风格赖以形成的十分重要的物质材料因素。在汉语丰富的词汇宝库中，有各式各样的风格成分。"[①] 在言语表达中，用词汇构筑语言风格主要体现在对各类色彩词的选取、寻常词语的艺术化和陌生化上。一般而言，口语词和方言词的选用能让文本呈现出俚俗、活泼的风格特征，而书面语词和古语词的选用是形成文本典雅、蕴藉风格特征的必备因素。描绘性较强的形象语词常使文本呈现出生动、华丽的风格特征，而专有名词、行业术语的使用则会让文本的语言风格显得规范、严整。

（3）语法风格手段

语法中的不同句式对语言风格的形成也起着重大的作用，对它们的有意选取能形成特定的风格，特别是短句和长句的选取，最能产生风格特征。一般而言，短句节奏明快，干脆有力，是形成语言短促雄壮气势的要素，此外，它结构单纯，短小精悍，还能构成简洁的特点。而长句结构复杂，内涵丰富，是构成语言严整性、逻辑性的风格手段。在语法手段中，除了长短句的选取能形成风格特征外，常式句和变式句的选取，不同语气的应用都能使语言染上不同的风格色彩。

（4）辞格风格手段

辞格的应用直接影响到语言风格的形成。首先，辞格的应用与否会产生两种不同类型的风格特征。一般而言，"文章中不用或者少用修辞方

[①] 黎运汉：《试论语言风格的形成因素》，《暨南学报》1987年第1期。

式,语言就显得质朴、平实,多用就显得绚烂、藻丽"①。而在众多的辞格中,对特定辞格的选用也会在语言上形成风格特征。大致而言,运用排比、反复和联珠等辞格有助于形成壮丽、繁缛的风格;运用婉曲、双关、拈连、反诘、借代等辞格有助于构成蕴藉含蓄的风格;运用仿拟、反语、双关、借代、拈连、夸张、降格、析字等辞格有助于构成幽默的风格;运用比喻、比拟、摹拟等辞格,能表现出生动、华美的风格。

二 新化山歌的地域风格

应用上述修辞学理论对新化山歌的语言风格进行考察。我们对新化山歌的风格研究有如下认识:首先,新化山歌是一个由不同创作者创作的民歌聚合体,因此,新化山歌的风格应该是一个整体风格,研究工作应在系列作品中进行,而不是就单篇展开。其次,新化山歌在文体上属于韵文作品,语音手段是其主要风格手段,因此,对山歌风格的分析,首先要从语音入手。此外,新化山歌是特定地域的艺术产物,它的风格特征必然与当地的地理物候、民族历史、道德价值、精神信仰、语言模式、族群亲情等密切相关,因此,研究工作要紧密结合各空间因素展开,以探寻出其地域色彩及成因。

(一) 新化山歌的语音风格及其地域特征

对韵文风格特征的把握,可以通过对其押韵的情况进行分析归类获得。在汉语中,韵母较为洪亮的中东韵、江阳韵等通常用于表现雄壮、豪放、明朗、慷慨激昂的感情,因而表现出豪放、雄壮的风格;韵母比较柔和、细微的一七、姑苏等韵通常用来表示柔和、悲痛、哀怨的感情,因而表现出柔和、纤细的风格。新化民歌的创作者都是当地农民,歌谣押的都是方言韵,因此,在用韵上有着鲜明的地域特色,无法与普通话的十八韵或十三辙形成一一对应的关系。为了全面准确地把握新化山歌的押韵情况,本书以上文归纳的新化方言韵部为基础,对《中国民间歌谣集成·湖南卷·新化资料本》中收录的 372 首新化民歌的用韵,进行分析归类统计。为了更加科学系统地总结出新化民歌音韵的风格特征,本书在上述韵部的基础上根据各韵的具体发音方式及音响效果把韵部分为三级:第一级发音时开口度大或韵尾是鼻音的,其音响度大,声音比较洪亮,可

---

① 黎运汉:《试论语言风格的形成因素》,《暨南学报》1987 年第 1 期。

称之为洪亮级韵，如：a、ia、ua、ya、o、yo、ɔ、ã、iã、uã、ɛ̃、iɛ̃、y ɛ̃、õ、yõ、iõ、ən、in、uən、yn、n；第二级发音时开口度小，韵尾不是鼻音的，声音比较柔和一些，可称之为柔和级韵，如：æ、uæ、ɤ、uɤ、əu、iə、iəu；第三级发音时开口度更小，声音比较细微，可称之为细微级韵，如 u、y、ie、ye、i、ɿ、ʅ。其数据统计方式是：一韵式归入同一韵部进行计算，交韵式和转韵式分别记入其所押的不同韵部，多韵位押韵以尾韵为准归入韵部进行计算，少数几首不押韵的不予记入。按上述原则和方法对新化民歌的用韵情况进行统计，其用韵情况呈现如表 5-13 所示。

表 5-13　　　　　　　　　新化山歌用韵情况统计表

响度	洪亮级						柔和级			细微级			
韵	a ia ua ya	ɛ̃ iɛ̃ yɛ̃	o yo	ɔ	õ yõ	ã iã uã	iõ ən in uən yn n	æ uæ	ɤ uɤ	əu iə iəu	ie ye	i	ɿ ʅ	u y
数量	23	62	22	10	73	7	102	35	7	27	0	11	3	7
总计	299							69			21			

上表统计显示：在新化民歌中，洪亮级用韵的频率最高，多达 299 次，柔和级韵次之，为 69 次，细微级韵出现次数最少，仅为 21 次。由此可见，洪亮级韵在新化民歌中是用韵最多的，呈绝对优势出现。

大量洪音韵的出现使新化民歌在整体上呈现出刚健、雄豪的风格特征。除了韵部的音色可以显现出这一特征外，新化民歌尾韵的音高也能体现出雄健的风格。语音学认为，仄声字短促、含混，较为刺耳或急遽，其中入声部较激壮，上去声较凄郁，而平声因为声音时值较长而更平稳，往往用于表达开朗、壮阔的情感。在对新化民歌进行用韵统计中发现，民歌的尾韵主要为平声和入声。因此，从语音的角度对新化民歌进行风格考察，无论是在音色上还是在音高上都呈现出刚建、雄豪的风格特征。

这样的风格特征完全符合新化地域的民族性格。新化地处连绵起伏的雪峰山脉域内，山势陡峻，沟壑纵横，耕作面积狭窄，耕作条件恶劣。此种自然条件锻就了新化人强悍、骠勇，雄豪的性格。此外，从民族发展史看，中国经历了长达两千多年的封建统治，新化所在的梅山峒蛮地域却有一千多年不归皇土，不服皇法。在这块土地上生成的不受封建王法制约的民族性格，是在峒民粗食野居，游猎氓聚，大咧无拘，斧钺矛刀的生活里锤炼出来的，它显示着山居其险，水怒其峥，苗崛其野，兽王其力的特征与气质，新化山歌刚健、爽朗的风格特征正是这种民族性格的鲜明写照。

新化山歌中高频出现的洪声韵，以它高昂、雄厚、悠长的声腔表现出了当地民众生命创造的艰辛及艰辛中生成的崇高美。这些民歌不但力透民族文化的深处，而且写出了本族生命的本源美和力量美，从而达到民族现代生存精神与艺术精神完美同构的目的，昂扬着一种来自民族文化深层的阳刚之美，显示出独特的艺术风格。

(二) 新化山歌的语词风格及其地域特征

词汇是语言的建筑材料，是语言风格赖以形成的物质基础。因此，对新化山歌语言风格特征的总结还可以通过对文本词汇的统计分析获得。新化山歌是当地山民的口头即兴创作，必然会有大量方言性的口语词出现在文本中。为了验证这一点，本书应用演绎法，对《中国民间歌谣集成·湖南卷·新化资料本》中收录的372首新化民歌中出现的方言词汇按语法属性进行了分项统计，统计结果显示：在文本中，方言词的种属极广，数量极多。具体而言，名词和名词性短语，动词和动词性短语，形容词和形容词性短语，代词、副词、语气词、助词等各类词中都出现了方言词，本书按其在文本中出现的先后次序予以记录，个别晦涩难懂、或易与普通话混淆的给予注释：

1. 名词及名词性短语

本经、伢子、打鱼老子、满女、贤姣、姣莲、麦子鸟、里手、夜工、磨子、擂巴秧、犁弯桩、星子、莳田汉、麻土、蛤蟆、家娘（婆婆）、腿巴、秋边、婆娘、酸糟、老师（唱傩戏的巫师）、鹅公、娘娘（女巫）、老虫、毛苦菜、名堂、公公（爷爷）、婆婆（外婆）、畬、崽（专指儿子）、辣子、牛緄绳、麻篮、花眯子（刚现的花苞）、日头、脑壳、雾露、田坝月里、筅箕、妹子、脱身拳、虾公、落壳（纠纷）、鸡公、手板、脚板、阶基、鸡婆、酒娘（液态糟酿）、鹅梨、毛镰、燥火（怒火）、老鼠牯（老鼠）、磨虎头、毛毛鸟、丁贡落（爆栗子）、扫把肉、鸟子、眼闭（睡眠）、蔑箩、猪娘（母猪）、亚毛货

（调皮鬼）、谜子、眼贡（洞）、麻雀子、老弟（弟弟）、巴巴（伯伯）、黄牯、水牯、背褡（背心）、蛇婆（蛇）、螳蛭（蜻蜓）、麻雀子、兜毛（茅草丛）。

2. 动词及动词性短语

莳、安根、盗食、行（走）、歇凉、打桨、呷、逗懵、着神、空空想、发燥火、扮禾、煨、起（建造）、巴望（盼望）、游坛（一种宗教活动）、洒势（显摆）、扯皮坨（找麻烦）、掏拢（合拢）、检饰（打扮）、陶情（谈情说爱）、打歌、巴（沾染）、讲罗嗦（说闲话）、打单身、默神（思考）、困觉（睡觉）、撇起（扛起）、打住（留宿）、观风（留神观察）、揪尖白眼（偷望）、刈（割）、作田、盘大（养大）、巴肚（怀孕）、讨亲（娶妻）、筛茶（倒茶）、做堆（聚会）、霸蛮（硬干）、贡（钻）、探（管）、落来（下来）、定盘（确定）、打转转（团团转）、飚（向前冲）、射命（潜水快游）、打空肚（挨饿）、泌（滤）。

3. 形容词及形容词性短语

拍拍满满、弯头弯里、骨头骨脑、标、壮滚滚、麻麻痛、梗梗糯糯、汗扒水流、墨墨黑、漏漏空、黄皮寡瘦、乖态（漂亮）、麻麻闭闭（很舒服的样子）、嫩嫩生生、劳皮打卦（很疲劳的样子）、滚壮（很肥的样子）、掀（美）、糯扯扯（很粘软）、灵醒（聪明）、嗯嗯喉（声势很壮的样子）、嘈（饿）、痴根白眼（痴呆）、扯背筋（哮喘状）、五恼七伤、大大细细、味死（有意思）。

4. 副词

冒得、莫、几多、几、蛮。

5. 代词

么咯、何里、我俚、哪个、何得、么子、咯（这）。

6. 语气词

喃、叽、哩、咯、咧、啊、哎、噢。

7. 助词

咯（结构助词"的"）、哒（时态助词"着"）。

8. 拟声词

呜啊、哇呜、喔火火、嗨嗨、哈哈、呵呵、哦嗬。

新化山歌中方言词的使用除了表现在类的多样化和数的多量性之外，还表现在某些词的多频次出现。如，助词"咯"在整部民歌文本中出现次数就多达 16 次，"么咯"这个疑问代词在文本中也出现了 12 次之多。而其他的方言词无论是语音形式还是构词方式都迥异于普通话。这些形式独特、意蕴别具的方言词让民歌在语言上呈现出俚俗、活泼、俏皮的风格特征。

新化山歌中大量方言词的出现除了显现出一定的语言风格特征外，更重要的是，深入考察这些方言词的语义和构词理据，它们还体现出了新化县独特的生产生活方式。如："麦子鸟""里手""夜工""磨子""擂巴秧""犁弯桩""黄牯""水牯""蛇婆""螳蛭""麻雀子""牛綯绳""麻篮""花眯子""日头""雾露""田坝月里""筿箕""毛兜""刘""作田"等都是新化山地农耕生产方式的再现。而"陶情""打歌""巴""讲罗嗦""打单身""默神""困觉""打住""观风""揪尖白眼""射命（潜水快游）""讨亲""筛茶""做堆""霸蛮""贡""探""落来""定盘""打转转""飚""打空肚"等则再现出了新化山民的生活景观和热情、乐观、坚强的生活态度。"拍拍满满""弯头弯里""骨头骨脑""标""壮滚滚""麻麻痛""梗梗糯糯""汗扒水流""墨墨黑""漏漏空""黄皮寡瘦""乖态""麻麻闭闭""嫩嫩生生""劳皮打卦""滚壮""掀（美）""糯扯扯""灵醒""唥唥喉""嘈""痴根白眼"这些方言词是新化地域独特的价值观和审美观的体现。因此，文本中的方言词还体现出一种独特的思想认识和文化理念，展现出与普通话迥异的文化场景、文化传统、生存经验乃至历史联想，而新化县深广的历史场景和独特厚重的民生状态也就蕴含在其中。因此，在山歌中，大量具有地域文化性的方言词出现，不仅仅呈现着一种活泼、俏皮的艺术形式美，还由此完成了对民族文化深层内涵的表达，体现出了民歌创作者体认自然、崇仰自然，参悟自然，揭示自然奥秘、发掘自然精神、创造自然诗风的艺术审美取向和文化价值观，故而民歌集呈现出明快流畅、质朴自然、信手拈来、一气呵成的风格。

（三）新化山歌的语法风格及其地域特征

在诗歌风格研究中，除了对语音和词汇做重点考察外，句式的选用也是形成风格的重要因素。在句式中，短句和长句的选取，最能产生风格特征。因此，为了进一步求证出新化民歌的风格特征，本书对《中国民间歌谣集成·湖南卷·新化资料本》中收录的 372 首新化民歌篇章以句法字数为标准进行了归类统计。统计结果如表 5-14 所示。

表 5-14　　　　　　　　新化山歌句式使用情况统计表

类型	三言	四六	五言	七言	九言	杂言	宝塔诗
篇数	3	10	19	300	7	32	1
比率	0.81%	2.69%	5.11%	80.65%	1.88%	8.60%	0.27%

上表显示：372 首新化民歌中有 300 首是七言为主的歌，占总数的 80.65%，而这 300 首七言歌中有 96 首杂了五、八、九、十一、十三言等句式，占七言歌的 32%。其他占比例比较大的是杂言歌，占到了民歌总数的 8.60%。剩下的五言歌共 19 首占总数的 5.11%，四六言歌为 10 首，占总数的 2.69%，这些四六言歌主要是较古老的仪式歌。九言歌为 7 首，主要分布在对唱形式的民歌中。三言歌只有 3 首，主要分布在儿歌当中。还有一首比较特别的宝塔诗《骂胡瀚》，是民国十三年新化县民骂贪赃枉法的县长胡瀚所做，它以一字句起首，以后每句都在前句的基础上添上一字，最后一句达到 16 字，整首歌谣写下来在视觉上呈宝塔形状，故称之为宝塔诗。

以上数据显示，新化民歌的句式以短句为主。而依据风格学的原理，结构单纯，短小精悍的短句因节奏明快，干脆有力，而易形成雄壮气势。因此，以短句为主的新化民歌在整体风格上呈现出雄壮的特征。除此之外，虽然民歌中的杂言诗只有 32 首，但每一种体例的民歌中都杂有其他的句式在其中，以七言歌为例，300 首七言歌中，纯粹是七言的 194 首，有 96 首杂有其他的句式，如《看着插田又转青》：

　　看着插田又转青，看着娇莲长成人，年龄只有十六岁满，斜眉细眼实逗人，郎来好比浊水田里捉鱼难下手，脚踩流沙不敢行。
　　哥哥叽，你浊水田里捉鱼把网撒，脚踩流沙大胆行，郎的一身四体妹担承。

这一首民歌分为两节，是一首对唱体的情歌。第一节是男性的唱词，前四句都是七言，句式齐整，中间一句转为散句，多达 13 个字，用比喻辞格来形容情路上的艰难；接下来还是用比喻格，但句式又转回了七字格。下一节的女性唱词是对上一节男性提问的回答，没有了抒情性的铺陈，故其句式就出现了参差不齐的特点，既有三字的呼告语，也有九、十字的应答语。民歌的整体篇章就此在整齐中出现了变化，而句式字数的改变是与其内在语义内容相适应的，变化的句式与内在的情感协调一致，整首诗歌呈现出婉曲多姿的弹性感和跳动感。

其他几种体例的民歌也是如此，如 19 首五言歌中有 14 首杂有其他句式，10 首四六言歌中有 3 首杂有其他句式，七首九言歌中有 5 首杂有其他句式。这种以一种句式为主，杂有其他句式的"参差式"的大量存在，让新化民歌在整齐中富于了变化，因而在整体风格上显现出活泼、灵动的特点。

（四）新化山歌的辞格风格及其地域特征

辞格是形成风格的重要因素，在各种修辞格中，比喻、比拟的使用能让作品呈现出生动活泼的特征；对偶、排比的使用能让作品呈现出铺扬、华美的风格特征；夸张的使用能让作品呈现出豪迈、雄奇的风格特征。因此，为了进一步求证出新化民歌的风格特征，本文对《中国民间歌谣集成·湖南卷·新化资料本》中收录的 372 首新化民歌所用辞格进行了归纳统计，经研究发现，新化民歌中用到的主要辞格有：比喻、对偶、夸张、排比、顶真、比拟、对比、双关、设问等辞格。为了以此为据进一步论证出新化民歌在辞格上呈现出的风格特征，本书对民歌中的主要辞格及其频次进行了归类统计，在统计中，遇到辞格综合应用的情况，按其情况给予分别统计，统计结果如表 5-15 所示。

表 5-15　　　　　　新化山歌辞格使用情况统计表

辞格	比喻	对偶	夸张	排比	顶真	比拟
条数	139	105	28	27	15	14

上表数据显示：比喻文本在新化山歌中共出现了 139 例，居所用辞格的首位。比喻格的高频使用，使新化山歌呈现出生动活波的语言风格特征。这些比喻辞格，其喻象或取自当地自然物产，或来源于当地生产生活事象，且均用方言进行指称，在充分显现出地域特征的同时，尽显俚俗的语言风格特征。如《满满添油高挂灯》中的比喻文本：

姐，你莫做鲢鱼夸大口，莫做淡菜冒油烟，要经得起五荒六月天。

我姐好比高山一口岩井水，天干三年不断泉，我俩好比干柴烈火红百年。

在这一对唱中,男女主人公分别设喻以表明心迹,在创设比喻文本中,其所取喻象俚俗、贴切、生动。又如《青青藤上蓬蓬花》中的比喻文本:

青青藤上蓬蓬花,牵牵扯扯是一家,哥是生姜才出土,妹是嫩笋才发芽。

在这一歌谣中,修辞主体巧妙地以生姜和嫩笋设喻来比况哥和妹的关系,其所取喻象本色天然,充满了乡土气息。

在各类修辞格中,夸张和拟人同比喻一样,也是在丰富联想下催生的能展现活泼生动语言风格的修辞格。由上表显示,在新化山歌中,夸张辞格共用到 28 次,比拟辞格共用到 14 次。这两种辞格的多次使用更添新化山歌活泼、诙谐的风格特征。以夸张文本为例,在新化山歌中有扩大夸张,有超前夸张,其用语诙谐幽默,充分体现出新化山民乐观、豁达的人生观世界观。如《赶山开铳调》中的夸张文本:"十回赶山九有货,开铳就闻野味香。"就以超前夸张的形式对狩猎进行了描写。夸张辞格的使用使该歌充满了乐观的精神和战斗的豪情,是民族性格的鲜明显现。又如《手板捧水给郎喝》:

送郎送到石山窝,手板捧水给郎喝,我郎喝了手板水,天干三年不口渴。

用夸大的形式形容情意的大能量,用语通俗生动,极接地气。比拟也是一种彰显作品生动性、形象性的辞格。在新化山歌中既有用到拟人格也有用到拟物格,其比拟贴切,衔接自然。如《要我唱歌就唱歌》:

要我唱歌就唱歌,要我驾船就下河。鸭子生毛鸡生蛋,桩桩件件都有歌。唱得日头永不落,唱得月光打呵呵。

歌中赋予月亮以人格、人情,以"打呵呵"来描绘月亮的形象,语言风趣、生动、形象。

由上述统计分析可见，在新化山歌中，比喻、夸张、比拟三种辞格的高频使用充分展现了新化山歌语言生动、俚俗、风趣的风格特征。

表 5-15 显示，对偶文本在新化山歌中共出现了 105 例，居所用辞格的第二位。排比文本共出现了 27 次，顶真格共用到 15 次。修辞学认为，这三种辞格在语言形式上都有整齐、流畅的特点，故能使作品语言呈现出壮美、明快的风格特征。如《春光当媒人》：

> 萝卜开花一簇银，荠菜开花朵朵金，银花招来蜜蜂采，金花逗来蝴蝶亲，都是春光当媒人。

两组对偶句，其对仗虽不是很工整严格，但看起来整齐醒目，听起来铿锵悦耳，使语言呈现出精美、明快的风格特征。

又如《寡嘴乌鸦讨人嫌》中的排比句"哪有茶叶包得盐，哪有麦秆撑得船，哪有戥子称得山，哪有帽子飞得天。"连用四件不可能的事构成排比来说明乌啼凶兆绝不可信。四句连用有如四弹连发，一弹未至一弹又发，势如连珠，对乌鸦的寡嘴进行了有力反驳，排比的手法尽显排山倒海的强劲势头，让语言呈现出雄壮有力、整齐明快的风格特征。

由上可见，在新化山歌中，比喻、对偶的高频使用，夸张、拟人、排比、顶真辞格的多次使用让新化民歌在语言上呈现出生动诙谐、壮美明快的风格特征。

由上述论述可见，新化山歌在押韵上主押洪声韵，由此而呈现出刚健的风格特征，在语词上大量使用方言词，由此而显现俚俗的风格，在句法上，以七言句为主，杂有其他句式，由此显现出活泼灵动的风格，在修辞上喜用比喻、对偶、夸张，由此而显现出生动明快的风格特征。据此，本书可以把它的风格归纳为刚健质朴中见活泼明快。

本章小结

新化县的民歌又称之为山歌，是国家级非物质文化遗产。新化是传统的山歌之乡，新化山歌之盛恰如山歌传唱的那样："歌书一千八百本，四本合起共一斤……男教女，老教幼，孙传子来子传孙，五湖四海尽歌声。"本章从篇章的角度对其修辞的地域特征展开研究，新化山歌作为最富地域色彩的文艺篇章，以它为篇章典范进行研究是具有典型性和代表性的。在研究中，鉴于起兴、韵律、语言风格是山歌重要的篇章修辞手段，本书据此结合新化县各地域因素对新化山歌的篇章修辞展开了研究，研究结果显示：新化县的地理物候、风俗习惯、民族心理、方言都是制约和影响篇章修辞的重要因素。具体而言，新化县的丘陵山地地形、亚热带气候，以及在此自然条件下出现的物候景观是形成新化山歌独特兴象的决定因素，而山歌兴象所承载的独特民族文化内涵，则让兴象在篇章构建上起到了开篇起首和统摄全篇的作用，在此意义上，"兴"这一篇章建构手段深受地域特征的制约，体现出了浓郁的地域色彩。除了"兴"的篇章建构作用外，作为音乐性韵文，押韵、衬字是新化山歌构建篇章的又一重要手段。新化山歌作为一种极富地域性和即兴性的民间创作，押方言韵、在乐曲中加入方言性衬字是其篇章的主要连接机制。经过对新化方言的详细考察，以 372 首民歌的实际押韵为基础，应用音韵系联法，本书把新化方言归纳为 14 个韵部，在此基础上分析出新化山歌的四种押韵方式，即一韵式、交韵式、转韵式、多韵位押韵。这四种押韵式，不管其具体形式如何，它每押一韵，对山歌篇章而言，都是一条绳子，起到了串联全篇的作用。而每一个韵脚的出现，都是同一形式的复现，它是篇章中醒目的形式标记，是篇章的重要连贯手段。鉴于山歌押的都是方言音韵，因此，在押韵这一篇章建构手段上依然体现出了浓郁的地域色彩，地域特征仍然在制约着篇章的建构。山歌语言风格特征的分析是从宏观的角度对新化山歌整体进行的篇章格调考察，本书应用语言风格学的原理，从音韵、词汇、句法、修辞四个角度对 372 首民歌进行了风格分析，经统计分析发现，新化山歌在押韵上主押洪声韵，由此而呈现出刚健的风格特征，在语词上大量使用方言词，由此而显现出俚俗的风格，在句法上，以七言句为主，杂有其他句式，由此显现出活泼灵动的风格，在修辞上喜用比喻、对偶、夸张，由此而显现出生动明快的风格特征。据此，本章可以把它的风格归纳为刚健质朴中不失活泼明快。新化山歌的这些风格特征是由其独特的地理特征、历史文化、民族性格交汇形成的，有着深厚的地域文化渊源，是新化方言修辞地域性的鲜明体现。

附　录

表1　　　　　　　　新化县自然景观类地名通名统计表

通名类型			地名名称	数量
自然景观类通名	山地类通名	山	福景山、铺冲山、刘家禁山、肖家山（2条）、马鞍山（2条）、方竹山（3条）、王家山（3条）、花山、峨嵋山、昌家山、水口山（4条）、板栗山、梧桐山（2条）、实竹山（3条）、天龙山（2条）、安乐山（2条）、半山（5条）、老木山、小维山、芦竹山、杨梅山（2条）、龙回山（2条）、青山（3条）、鸡脚山、碧云山、九溪山、雷鸣山、维山、易家山（3条）、洋楼山、驼背山、苗竹山、金盆山、万龙山、大象山、茶子山、大维山、黄泥山、泌水山、石梅山、石章山、枫木山（3条）、竹锣山、岩山、铜锣山（2条）、庙山（2条）、坪竹山、羊角山、刘家山（2条）、王业山、九峰山、大湾山（3条）、扇溪山、牛寨山、月林山、鸟山、雷公山、楠木山（2条）、乐台山、田家山、老屋山、涩泥山、周家山（4条）、落山、大坟山、黄碧山、爪山、上爪山、下爪山、月光山（2条）、歇凉山（3条）、船形山、株木山（3条）、飞凤山、高椅山、大山、枫树山（4条）、陈龙山、竹子山（2条）、水牛山、洞头山（2条）、峡山（2条）、通梅山、报木山（2条）、黄金山、曹家山（2条）、毛塘山、麻罗山、小山、雪溪山、竹家山（2条）、虎形山（3条）、杉山（3条）、祖山、夹坳山、丫吉山、上丫吉山、下丫吉山、牛皮栗山、公婆山（2条）、狮子山（2条）、红岩山（7条）、白竹前、塘头山、沅江山、取水山、大冲山（2条）、袁家山、横立山、红山、映山、水洞山、梽木山（2条）、大竹山（7条）、小竹山（2条）、吊鸡山、老山、塘山、猿头山、五田山、岩头山（3条）、舒家山、上舒家山、下舒家山、大杉山、马湾山、江禹山、浪山、上浪山、下浪山、琉璃山、广西山、观音山（5条）、笔架山（2条）、大塘山、禾木山、麻木山、旗山、马脑山、小半山、芭蕉山、上芭蕉山、下芭蕉山、梓木山（3条）、龙脑山、石羊山（2条）、木山（2条）、石灰山、青岗山、美石山、燕家山、螃山、贺家山、谭家山（2条）、马头山、芷溪山、老鸦山、石鼓山、石板山、廖家山、吊钟山、周公山、黄家山、椆树山（2条）、陈家山、邓家山（2条）、岩屋山（2条）、申家山、架桥山（2条）、下铁山、铁山（2条）、上铁山、锅底山、汤家山、美貌山、力龙山、葡萝山、斗笠山、木鱼山、上观音山、盐井山、大岩山、牛栏山（2条）、苦竹山（4条）、崽茶山、梅家山、赵家山、曲溪山、峨梨山、石塝山、茶籽山、烟包山、梨子山（2条）、吉龙山、大余山、尖山（2条）、扶家山、枫子山、窑头山、油榨山、鹅公山、鸭婆山、平溪山、陡排山、南溪山、邹家山（2条）、黄土山、隔山、龙头山、将军山、香	

续表

通名类型			地名名称	数量
自然景观类通名	山地类通名	山	炉山（3条）、鸾凤山、大坳山、西山、月茶山、泥溪山、瓜六山、上瓜六山、下瓜六山、坳坪山、老婆山、塘湾山、天台山、对门山（3条）、吉岩山、汪家山、塔山（3条）、牛头山、横过山、油竹山、挂榜山、寨头山、金字山、四季栗山、枇杷山、伍家山、添寿山、洞眼山、栗山、岩落山、下山、岩李山、毛栗山（2条）、封云山、屋场山、廖家山、石坟山、渡头山、剩田山、凤形山、树竹山、猴子山、黄栗山、坳立山、帽子山、猴立山、烟竹山（2条）、青龙山、大垅山、檀山（2条）、湾山、锯竹山、尖尖山、马蹄山、川岩山、烟山、松竹山、岩石山、伏雁山、白岩山、下白岩山、飞蛾山（2条）、流南山、松山、赤竹山（4条）、上白岩山、上峰山、大云山、刘竹山、朱家山、六家山、沿溪山、金竹山（4条）、龙驹山、大树山、白羊山（2条）、老树山、灰印山、乌龟山（2条）、围子山、洞下山、茅冲山、翠竹山、张宝山、卢家山（2条）、江木山、黄茅栗山、龙茅山、白羊山、光冲山、涧山（2条）、富栗山、大安山、南盘山、户长山、庵堂山（2条）、虎岩山、长滩山、千家山、堰塘山、柏木山、郑家山、车竹山、华山、柏竹山、陇山、上陇山、下陇山、南山、界头山、坳地山、胡龙山、崇山、坪塘山、温山、大神山、张家山、打望山、土桥山、白竹山、杨柳山、上牛栏山、下牛栏山、谢岩山、茶山、栗子山、钉子山、白杨山、眠牛山、磙坪山、上磙坪山、下磙坪山、钱家山、辣子山、洞山、喜鹊山、徒桐山、荞子山、杨家山、中杨家山、上杨家山、下杨家山、斗山、大利山、桐子山、向家山、田螺山、老洞山、扇把山、黑竹山、朽木山、四甲山	478
		岭	聂家岭（2条）、李家岭（3条）、圆珠岭、戈弓岭、棉花岭（2条）、黑公岭、潘家岭（2条）、双井岭、石公岭、野鸡岭（2条）、石山岭（2条）、谭家岭、汪家岭（2条）、车竹岭、小洞岭、田家岭、崇冲岭、枫木岭（4条）、蜜蜂岭、雷打岭（2条）、命天岭、张公岭、炮台岭、崇山岭（3条）、纱帽岭、香山岭、石板岭、尖石岭（2条）、茅岭、麦子岭、陪古岭、其公岭、牛寨岭（3条）、石子岭（2条）、穿岩岭、东古岭、竹子岭、白石岭、沙子岭（2条）、锯齿岭、茶园岭（4条）、坳岭、杉木岭（5条）、牛角岭（3条）、龙山岭、上杉木岭、下杉木岭、黄茅岭（3条）、庙冲岭、石灰岭、黄道岭、得毛岭、羊牯岭（7条）、南家岭、周家岭（5条）、庵堂岭（5条）、彭家岭（4条）、兔子岭、邹家岭（10条）、亭子岭（2条）、半岭、张家岭（7条）、观音岭（2条）、猴子岭（2条）、纳谷岭、樟树岭、枫树岭（3条）、红岭、上红岭、下红岭、栗山岭（2条）、禾树岭、唐家岭（2条）、对门岭、燕子岭、陈家岭（4条）、石阶岭、鸟坳岭、禾枪岭、鸦吉岭、岩排岭、海公岭、长丘岭、对屋岭、孟公岭（3条）、马家岭、蛇形岭、曾家岭（7条）、芭蕉岭（2条）、鹅公岭（2条）、段家岭（2条）、豺狗岭、罗家岭（6条）、谢家岭、连峰岭、打豪岭、大冲岭、黄家岭（8条）、课堂岭、马牯岭、探花岭、可兴岭、长岗岭、斑鸠岭、大岭、游家岭（3条）、滑木岭、土地岭（3条）、梅子岭、易家岭（3条）、黄鸡岭、晒谷岭、破石岭、卸衣岭、横岭（2条）、上横岭（2条）、下横岭（2条）、向家岭（2条）、伍家岭（3条）、肖家岭（3条）、画眉岭、茶馆岭、蔡家岭、颜家岭（2条）、油竹岭、小尖岭、大尖岭、泥溪岭、王家岭（4条）、坡刀岭、	

续表

通名类型			地名名称	数量
自然景观类通名	山地类通名	岭	狮子岭（2条）、炭家岭、火把岭、常家岭、高山岭、南湾岭、道士岭、毛家岭、太阳岭、大山岭、何家岭（5条）、贺家岭（2条）、井家岭、岼山岭、蔚家岭、邓家岭、麦禾岭、万里岭、狗公岭、柘木岭、石头岭、号子岭、杨家岭（6条）、陆家岭（2条）、石岭、长岭、短岭、邵家岭、大岭上、坳花岭、夏家岭（2条）、流星岭、马鞍岭、洪家岭（2条）、云崇岭、木筧岭、梻木岭、葡萄岭、猫儿岭、西斯岭、百步岭、慈善岭、岩密岭、栗古岭、雷公岭、梻子岭（2条）、胡家岭（3条）、刘家岭（5条）、桂花岭、袁家岭（2条）、曹家岭（2条）、麻子岭、峡山岭、石溪岭、南北岭、马岭、傅家岭（3条）、东山岭、东岭、熊家岭、岩门岭、斗篷岭、炉背岭、鹅羊岭、凤栖岭、牛屋岭、背后岭、担谷岭、白岩岭、刘吉岭、老屋岭、白家岭、绍星岭、万山岭、建军岭、廖家岭（2条）、志福岭、蛮子岭、戴冠岭、国仙岭、横路岭、井冲岭、田湾岭、次溪岭、新屋岭、田塬岭、雄华岭、六子岭、程家岭、扶家岭、莫家岭（2条）、姜家岭（3条）、天鹅岭、梅青岭、大峰岭、皂角岭、皮匠岭、光玉岭、山丘岭、石皂岭、秀林岭、敖家岭、汉家岭、独树岭、魏家岭、叔文岭、阎王岭、云翳岭、关山岭、上关山岭、下关山岭、红正岭、先生岭、页子岭、家背岭、椆木岭、红岩岭（2条）、庭望岭、贵人岭、双岩岭、云霄岭、定屋岭、雪山岭、木青岭、燕塘岭、书清岭、戴家岭、萝卜岭、锡子岭、天雾岭、六家岭、青岳岭、源兴岭、康新岭、米家岭、柴山岭、黎明岭、荣华岭、灿家岭、同公岭、德家岭、鸡公岭、山冲岭、平石岭、赵家岭、韭菜岭、进柏岭、界头岭、文德岭、甲第岭、卤水岭、天鹅岭、天坪岭、塘泥岭、白竹岭、宋家岭、茅坪岭、华家岭、桃园岭、看牛岭、石家岭、见和岭、一家岭、财主岭、阳家岭、科家岭、红家岭、黄土岭、眼花岭、青山岭、翻身岭、炭山岭、侯家岭、七子岭、金盆岭、鄢家岭、大易岭、穷家岭、郭家岭（2条）、狗脚岭、崔家岭、吴家岭、金粟岭、万家岭、卿家岭、做朝岭、神仙岭（2条）、庙善岭、桑树岭、梓高岭、许义岭、黎家岭、猛虎岭、端天岭、岩屋岭、白山岭、曲尺岭、大尖山岭、小尖山岭、耙齿岭	475
		峰	大凌峰、维峰、磨峰、三尖峰（2条）、尖峰、长峰、上大峰、下大峰、青峰	10
		塝	新屋塝（2条）、六一塝、仁楚塝、蔡家塝、老屋塝、老山塝、庵堂塝、桥头塝、蜡树塝（2条）、南门塝、罗家塝（2条）、大坪塝、陈家塝、大湾塝、岩山塝、大丘塝（2条）、长田塝、黄土塝（3条）、杨家塝（2条）、栗山塝、陆家塝、曾家塝、胡家塝、晒谷塝、牛脚塝、禾树塝、葫芦塝、田塝上（2条）、松山塝、木鱼塝（2条）、戴家塝、沙子塝、岩屋塝、何公塝、鸟凼塝、刘家塝（3条）、魏家塝、吴家塝、大山塝、枫树塝（2条）、谢家塝、当风塝、砂子塝、峨梨塝、石山塝、学堂塝、烟石塝、火烧塝	60

续表

通名类型		地名名称	数量
自然景观类通名	山地类通名	坳	黄泥坳（7条）、石坳、冯家坳（2条）、淘清坳、宣达坳、源水坳、长生坳、椆木坳、康家坳（4条）、铁匠坳、寒婆坳、坟山坳（2条）、鹅公坳、马鸡坳（2条）、葫叶坳、打造坳、挂子坳、鸬鹚坳、黄木坳、大山坳、回鸟坳、双子坳、延陵坳、刘家坳、栗子坳（2条）、峨梨坳（4条）、石塘坳、马牯坳、方家坳、野猪坳、井丝坳、川坳（3条）、袁家坳（2条）、鸟坳（3条）、杉木坳、深坳、大坳（2条）、周家田坳、峨眉坳、周峰坳、亭子坳（5条）、烟溪坳、麻雀坳、内草坳、杏子坳（2条）、来时坳、牸牛坳、枫树坳（2条）、马颈坳（4条）、土地坳（7条）、竹坳、白石坳、黄土坳、黄泉坳、天门坳（2条）、油亭坳、禾树坳、穆子坳、张岭坳、傅公坳、啸虎坳、长龙坳、姚家坳、庵堂坳、李子坳（2条）、严塘坳、陈家坳、桃树坳（3条）、人字坳、罗林坳、大峨梨坳、小峨梨坳、酸枣坳、上酸枣坳、下酸枣坳、分水坳（2条）、太阳坳、塘冲坳（2条）、凉风坳、鹅洋江坳上、横阁坳、凉坳、马龙坳（2条）、椆树坳、阳南坳、鹅颈坳、泥井坳、邱木坳、天盆坳、杨台坳、土头坳、长乐坳、陆家坳、茄子坳、干田坳、羊脑坳、牛奶坳、丫顶坳、坳上、坑口坳、肖公坳、流水坳、曹公坳、栗山坳（2条）、皂角坳、灰石坳、光冲坳、螺眼坳、坪田坳、白岩坳、横过坳、腊树坳、沙子坳、木亭坳、肖家坳（2条）、罗家坳（3条）、黄皮坳上、育林坳、梽木坳、刘氏坳、孟公坳（2条）、史冲坳、车竹坳、阳斗坳、牛坳、大塘坳、松柏坳、荷花坳、潮泥坳、桐子坳、十字坳（2条）、塔山坳、江孟坳、老桃花坳、桃花坳、毕家坳、柯家坳、两山坳、梨子坳、马口坳、侯益坳、聂家坳、梅青坳、竹山坳、宝四坳、歇马坳、白家坳、马路坳、石头坳、密井坳、唐家坳、枫木坳、蜡树坳、木山坳、马鞍坳、猪婆坳、洞冲坳、涧山坳、塘堤坳、马止坳、朝风坳、光溪坳、长冲坳、禁田坳、学堂坳、大门坳、彭家坳、小马颈坳、彩石坳、扁担坳（2条）、卢家坳、樊家坳、东门坳、栗树坳、摘栗坳、文艺坳、兴隆坳、李家坳、桥冲坳、凉亭坳、上峨梨坳、下峨梨坳、钟子坳、双家坳	235
		排	刘家排（3条）、徐家排、林家排、栗山排（3条）、郭家排、上横排、下横排、桐子排（3条）、横排（2条）、老虎排、黄鼓排、檀山排、桃树排、樟树排、敖家排、半排、石排（2条）、罗家排（3条）、上罗家排、下罗家排、邹家排、陈家排、厥家排、茶山排、十二排、彭家排（2条）、胡家排、八亩排、竹排、金鹅排、五里排（3条）、连家排、当阳排、老屋排、邓家排（2条）、祖山排、张家排、吴家排（2条）、曾家排（5条）、四方排、黑土排（2条）、蓝家排、黄家排、何家排、曹家排（2条）、山义排、辣子排、金鸡排、鸭屎排、流沙排、长岭排、成家排、段家排、石子排、田家排、长青排、田心排、梁家排、牛安排、大排上、洞坑排、石丘排、长冲排、淹塘排、谢家排、易家排（3条）、千田排上、李家排（2条）、姜家排、周家排、卢家排、邵家排、田山排、庵堂排、砂子排、踏得排、南芝排、长排、戴家排、黎家排、得山排、康家排、通风排、一家排、肖家排、王家排、袁家排、六山排、学堂排	116

续表

通名类型			地名名称	数量
自然景观类通名	山地类通名	台	竹台、老屋台、周家台、王家台（2条）、邹家台、伍家台、高坪台、龙坪台、刘家台、坪头台、卢家台、黄家台（3条）、张家台（3条）、彭家台、金家台、杨家台、自山台、吴家台（3条）、余家台、虎印台、桂花台、柳阴台、胡家台、龚家台、毛家台	32
		岩	乌龟岩、白石岩（2条）、鸟竹岩、上鸟竹岩、下鸟竹岩、红岩（2条）、观音岩（2条）、鹞嘴岩、下猴子岩、上猴子岩、猴子岩（4条）、吊脚岩、下燕子岩、鏊字岩、狗脑岩、磊儿岩、豆腐岩、横岩（2条）、上横岩、下横岩、黄公岩、龙岩、陈家岩、白岩（4条）、尖石岩、豹子岩、马公岩、罗洪岩、燕子岩、管竹岩、狮子岩、杨和岩、老虎岩、香炉岩、川岩、燕子岩、立公岩、吊钟岩（2条）、柑子岩、江东岩、高家岩、丁字岩、老山岩、罩金岩、狗爬岩、鸡叫岩、道士岩、杨红岩、朝阳岩、魁星岩、胡修岩、米家岩、王家岩、乱古岩、青狮岩、冠子岩、城墙岩	69
		界	庵堂界（3条）、后龙界、分水界（3条）、一眼界、塘茅界、牛寨界、坳头界、一字界、牛骨界、长龙界、基长界、十字界（2条）、黄帝界、茅草界（2条）、大上界、垅山界、松树界、坟山界（6条）、梓客界、界上、灵公界、天星界、斗笠界、大湾界、竹山界（1条）、樱桃界、关王界、鸡笼界、老婆界、大田界、松山界、姚家界、杉峰界、梅梅界、脑顶界、岩屋界、鸭公界、蚂蟥界、刘氏界、水平界、野鸡界、两接界、大顶界、抱袋界、观音界、堤基界、长茅界、高公界、飞鹅界、老茅界、茶子界、燕公界、栗山界（2条）、高田界、张公界、荒田界、长峰界、茅冲界、窑门界、麦坳界、土地界、干田界（2条）、梅户界、独田界、黄皮界、庙山界、游龙界、拔刀界、卧龙界（2条）、钟岭界、肖马界、枫树界、亭子界（2条）、汩田界、龙八基界、老虎界、码头界、回蓬界、盐洞界、椆树界、黄茅界、牛鼻界、平山界、埒溪界、龙溪界、山溪界、芭蕉界、刘头界、星子界、白毛界、学堂界、坝塘界、老山界、田湾界、大黄栗界、细黄栗界、和睦界、峨梨界、石槽界、碧岭界、将冲界、葡萄界、长丘界、杨基界、团鱼界、云盘界、木皮界、长行界、油竹界、禾树界、中怡界、茅坪界、黄阳界	129
		垴	西门垴、跑巴垴、谭家垴、塘垴、继志垴（2条）、狮子垴（2条）、瓦窑垴、吴家垴、舒家垴、王家垴、朱家垴、蛇溪垴、黄牯垴、曾家垴、张家垴、田家垴、沙洲垴、湾冲垴、杉木垴、羊牯垴、谌家垴、黄伞垴、晒谷垴、五马垴、茶园垴、石门垴、美视垴、陆家垴（4条）、大屋垴、塝古垴、何家垴（2条）、邹家垴、唐家垴、羊古垴、木鱼垴、炭山垴、彭家垴上、胡家垴、松山垴、杨家垴、井山垴、王岸垴、毕家垴、肖家垴、袁家垴、鹅公垴、老树垴、枫树垴、福久垴、谢家垴、曹家垴、李家垴	58
		圫	阴山圫、牛崽圫、芦茅圫（6条）、黑山圫、磨石圫、南蛇圫、红薯圫、牛丫圫、稗子圫、桃树圫（2条）、油麻圫、横屋圫、土地圫、石岩圫、傅家圫、塘茅圫、梓树圫、周家圫、天门圫、株木圫、柏木圫、富木圫、横屋圫、樟木圫、双龙圫、桐子圫、三家圫、谭家圫、金鸡圫、白毛圫、峨梨树圫、冷水圫、绍宜圫、黄皮圫	40

续表

通名类型			地名名称	数量
	山地类通名	塝	坝塘塝、洞子塝、平山塝	3
		崀	芭蕉崀	1
		坡	麻石坡、黄家坡、大山坡、极陡坡	4
		垭	枫树垭、烂屋垭	2
		埮	白岩埮、鄢家埮	2
		畬	大畬、赵家畬	2
自然景观类通名	山间平地类通名	冲	李家冲（6条）、佐家冲、庆家冲、王家冲（11条）、羊牯冲（4条）、瑶堡冲、牛囟冲、盐井冲、石冲（2条）、塘冲（15条）、鹅公冲、荷包冲、塘梅冲、常乐冲、双冲（3条）、青山冲（7条）、谭子冲、长田冲、牸牛冲、九井冲、南园冲、碗冲、黄泥冲（3条）、社冲、梅冲、侯家冲（2条）、余山冲、大冲（10条）、井头冲、白溪冲、洲回冲、芦茅冲（6条）、渡龙冲、干家冲（2条）、段家冲（2条）、大山冲、福塘冲（2条）、见家冲、孙家冲、贺家冲（3条）、竹山冲（5条）、玉米冲（2条）、香山冲、鸡公冲、新塘冲（7条）、土塥冲、岩屋冲（9条）、维山冲、芭蕉冲（9条）、老庵冲、白烟冲、长冲（8条）、大山冲、水冲、瓦窑冲（2条）、槽子冲、陈家冲（11条）、仁山冲、黄家冲（6条）、肖家冲（3条）、茶山冲、苏家冲（3条）、安乐冲、高禾冲、老山冲（8条）、后冲、十冲、大河冲、湖塘冲、界头冲（2条）、下冲、邓家冲（3条）、井山冲（2条）、夏家冲（4条）、猪楼冲（2条）、旺冲、水井冲、炭山冲（3条）、坟山冲、山塘冲（3条）、邹家冲（2条）、老屋冲（4条）、株木冲、娄冲、木瓜冲、光冲（4条）、葡萄冲（4条）、江西冲、塘下冲（2条）、石骨冲（2条）、谢横冲、雀鸟冲、檀山冲（4条）、西冲（5条）、桃树冲（3条）、田家冲（4条）、黄茅冲（2条）、涩泥冲（2条）、湾子冲、毛桃冲、玄冲、杨梅冲（2条）、光眼冲、笕头冲、巨井冲、高山冲、杉山冲、横冲（3条）、南冲（5条）、章庙冲、石灰冲（10条）、糁子冲、杨柳冲（3条）、庵堂冲（2条）、正家冲、洞冲、麻石冲、骡子冲、龙家冲（5条）、长水冲、双水冲、大石冲（2条）、碧田冲、楚竹冲、茶冲、荞畲冲、九槽冲、水源冲（3条）、下南冲（2条）、烟南冲、上南冲（2条）、牛眠冲、牛寨冲、水沟冲、田冲（6条）、刘虎冲、坟冲、屋子冲（2条）、歪冲、木耳冲、罗家冲（6条）、叉八冲、胡必冲、杏冲、晒谷冲、秧田冲、箩基冲、带树冲、铁子冲（2条）、道光冲、东冲（3条）、戴家冲（3条）、李老冲、井冲（2条）、白茅冲（3条）、小西冲、横溪冲（2条）、长路冲、消虎冲、白羊冲、山岭冲、傅家冲（3条）、油寨冲、丁家冲、九条冲、长子冲、石屋冲、干塘冲（2条）、曾家冲（5条）、黑冲（3条）、涩冲（2条）、白蛇冲、才华冲、杉木冲（3条）、深冲、李排冲、石鼓冲、杜家冲、苏麻冲、对家冲、沿河冲、火粟冲、大元冲、北冲、毛家冲（5条）、莫家冲（2条）、下莫家冲、鸭子冲、锯木冲（2条）、水吉冲、白公坳、课堂冲、黎家冲、高茅冲、红山冲、青台冲、罗莎冲、安家冲（2条）、樟叶冲、崔家冲、背冲、林家冲（2条）、瑶人冲、老马冲、牛角冲（3条）、俭朴冲、张家冲（9条）、金江冲、桐子冲、双树冲（2条）、茅冲（2条）、告冲、车田坪冲、老田冲、黑鸡冲、何家冲（7条）、道士冲、易家冲（5条）、	

续表

通名类型			地名名称	数量
自然景观类通名	山间平地类通名	冲	香蒲冲、梅子冲、香草冲、左家冲、石板冲（4条）、水碓冲（4条）、坝塘冲、黄皮冲（2条）、白岩冲（4条）、磨冲、李子冲、大屋冲、鸭背冲、白水冲（2条）、黄麂冲（2条）、学堂冲、蕨粑冲、板山冲、唐家冲（4条）、吴叶冲、上吴叶冲、下吴叶冲、胡家冲（2条）、烂屋冲、湖冲、月光冲、横江冲、牛耳冲、龙虎冲、唐冲、禾树冲、杉树冲、朝衣冲、廖家冲（4条）、草鞋冲、彭冲、冷水冲（2条）、纸槽冲、羊角冲、平光冲、庙山冲（3条）、斗家冲、向家冲（2条）、峨梨冲（4条）、碓屋冲、庙冲、鸭公冲（2条）、板冲（2条）、正冲（2条）、偏冲、柿子冲、高老冲、雷家冲、牛婆冲、罗溪冲、仓冲、楼冲、七家冲、董家冲、张洪冲、火鸡冲、大长冲、毛笔冲、椅子冲、外婆冲、石落冲、席草冲、猴子冲（2条）、白耳冲、杜花冲、竹鸡冲、干冲、螳蛭冲、莫老师冲、良易冲、小长冲、猿猴冲、万国冲、肖氏冲、桐木冲（4条）、上桐木冲、下桐木冲、殿冲、沙子冲（2条）、游立冲、罗子冲、简冲、孟山冲、洛家冲、流星冲、温冲（2条）、东岭冲、井家冲（2条）、垅山冲、小峨梨冲、鸳篡冲、相爷冲、郎山冲、楼底冲、大塘冲（4条）、茶耳冲（2条）、瑶冲、老树冲、欧才冲、上谭家冲、下谭家冲、袁家冲（3条）、漆树冲（2条）、老鸦冲（3条）、麻篮冲、林溪冲、阳家冲（4条）、胡少组冲、乐家冲、实竹冲（2条）、斋老冲、何耳冲、峡山冲、周家冲（6条）、香炉冲、木山冲（3条）、黄牯冲、爪冲、小山冲、山底冲、蛇溪冲、陶家冲、小塘冲、树苑冲、阳狮冲、坛家冲、庙冲、马槽冲（2条）、高笕冲、晏冲、隘门冲、架笕冲、苏峨冲、芋头冲、悬板冲、杨家冲（4条）、凤里冲、错里冲、烂草冲、沙坪冲、田井冲、木皮冲、靠椅冲、禁山冲（2条）、红豆冲、龙骨冲、刘家冲（3条）、斋家冲（3条）、荒田冲、热山冲、洞坑冲、颜家冲（3条）、无家冲、蓝家冲、爱灰冲、糠头冲、凤山冲、一里冲、墨水湾冲、谭家冲（2条）、黄冲（2条）、肖里冲、月角冲、蕨芭冲、上石灰冲、下石灰冲、杨里冲、纸泥冲、瑶山冲、三塘冲（3条）、小里冲、洞里冲、靛里冲、寨下冲、柘木冲、新立冲、茶底冲、上茶底冲、关头冲、毛冲、培溪冲、麻溪冲、回包冲、枫木冲、样塘冲、柘堉冲、鸭婆冲、坪溪冲、石龙冲、弘家冲、郭家冲、皂角冲（2条）、羊眼冲、坪头冲（2条）、布袋冲、皮洞下冲、扶乱冲、长溪冲（2条）、龚家冲（3条）、婆婆冲、中家冲、鳌头冲、横山冲、进山冲、平乐冲、曹家冲（2条）、破石冲、七里冲（3条）、麦苑冲、谢家冲（3条）、曹子冲、封家冲、芭油冲、岩山冲、大楼冲、狗石冲、思念冲、菜树冲、梅户冲、大风冲、小风冲、白花冲、枇杷冲、老殿冲、老虎冲、塘头冲、石子冲、扶家冲、黄连冲、江本冲、梁山冲、横岩冲、新田冲、石乐冲、塘果冲、楠木冲、谭德冲、芦冲、凉井冲、京竹冲、潘家冲、伍家冲（4条）、桃李冲、孝芳冲、狭小冲、早禾冲、横板冲（2条）、上毛叶冲、排家冲、尖堉冲、禾冲、上禾冲、下禾冲、晏家冲（3条）、石槽冲（2条）、铁炉冲（2条）、瓦槽冲、道堂冲、池家冲、指背冲、毛叶冲、下毛叶冲、铁线冲、坳头冲、猫儿冲、佛光冲、牛子冲、芦家冲、江井冲、烧铁冲、桃地冲、伟塘冲、岩泉冲、杨桥冲、桥子冲、下暗冲、打锣冲、光宝冲、老王冲（2条）、华吉冲、菜园冲、太吉冲、马塘冲、龙塘冲、沿田冲、马牯冲、旨封冲、黄蜡冲、龙池冲、青家冲、炭家冲、石蚁冲、牛茶冲、麦园冲、陆家冲、石家冲、茶油冲（2条）、猪槽冲、磨子冲、对省冲、烂木冲、稗草	

续表

通名类型		地名名称	数量
自然景观类通名	山间平地类通名 冲	冲、黄塘冲、干禾冲（3条）、浆泥冲、铁石冲、龙溪冲、暗冲、游家冲、仁义冲、塘泉冲、南家冲、坝子冲、郑家冲（2条）、背溪冲（2条）、山溪冲、六家冲、蔡家冲（2条）、舒长冲、暗塘冲、方家冲、邵家冲、温家冲、温江冲、清江冲、姚家冲、王箭冲、和田冲、内里冲、茅坪冲（2条）、徐家冲、六里冲、水桐冲、埒溪冲、早溪冲、棕树冲、赤竹冲、裁缝冲、汉子冲、柳立冲、七冲、滴水冲、峨梨界冲、里马冲、大吉冲、将市冲、老人冲、黑槽冲、卢家冲、盛家冲、石梅冲、舒家冲、双架冲、黄包冲、坪底冲、高头冲、荞麦冲、塘角冲、檀木冲、桂竹冲、卤泥冲、田庄冲、上塘冲、下塘冲、白木冲、坑井冲、宝积冲、坑子冲、胡福冲、岩鹰冲、梓木冲（2条）、袁氏冲、石塘冲、八家冲、温塘冲、上茅冲、下茅冲、百井冲、显子冲、温井冲、马家冲（2条）、仁怀冲、八井冲、绿豆冲、洞山冲、丰家冲、窖塘冲、架桥冲、洋江冲、密井冲、东风冲、殷家冲、高枧冲、老井冲、罗富冲、新屋冲、潭家冲、彭家冲（3条）、见木冲、孙家冲、流水冲、烂萝冲、又茅冲、涂家冲、取宝冲、鸽子冲、良民冲、火堂冲、上和家冲、毛吉冲、凫鸭冲、毛溪冲、槽头冲、伞里冲、成德冲、聂家冲（2条）、吕家冲、巨山冲、料槽冲、水架冲、蔡氏冲、钥匙冲、张富冲、吴家冲、九立冲、柴家冲、老刘冲、金竹冲、老毛冲、刘冲、郎子冲、老塘冲、小冲、龙井冲、白蜡冲、上白蜡冲、下白蜡冲、槽冲、象鼻冲、正方冲、江家冲、超山冲、高家冲、瓦衣冲、木方冲、岩子冲、毛田冲、笕冲、烟竹冲、纱帽冲、童家冲、刘达冲、烂塘冲、梅家冲（2条）、孝木冲、艾家冲、喻家冲、桥头冲、含章冲、蒋家冲、桥冲、油榨冲、放石冲、黄獭冲、油籽冲、高富冲、牛牯冲、李门冲、中南冲、泥山冲、流江冲、史家冲、金家冲、犴皮冲、鹅头冲、细坝冲、芙蓉冲、江山冲、茅斗冲、癞子冲、庙冲、高木冲、穿岩冲、新老冲、礼山冲	1065
		坪	松山坪（2条）、喜家坪、陈家坪、大水坪、炭水坪、蔡家坪、罗家坪、枫树坪（4条）、长草坪、龙落坪、茶坪（3条）、大坪（7条）、玄宗坪、邹家坪、栗山坪（2条）、城坪（2条）、沙坪（4条）、木瓜坪（2条）、桐子坪、漆树坪（2条）、豪猪坪、艾溪坪、百羊坪、溪坪、大荆坪、小荆坪、余西坪、清江坪、长石坪、水竹坪、扶竹坪、坪上、凤兰坪、葛藤坪、老鸦坪、银杏坪、颜氏坪、老艾坪（2条）、栗子坪、林家坪、荆竹坪、柳家坪、石双坪、杨家茅坪、蕨纳坪、白沙坪、上白沙坪、邹家茅坪、庵堂坪、谷打坪、育蜡坪、上育蜡坪、下育蜡坪、石榴坪、桑树坪（2条）、大路坪（4条）、横拉坪、上横拉坪、下横拉坪、蜡树坪、毛坪（2条）、岩坪、雷坪、早禾坪、田坪（3条）、竹子坪、金竹坪（2条）、峨梨坪、浪沙坪、杏子坪（3条）、松树坪（2条）、桥坪、上桥坪、下桥坪、京竹坪、大竹坪、燕子坪、石坪、九里坪、燕山坪、黄桑坪、杨禾坪、桃树坪（2条）、双蹄坪、赵家坪（2条）、椿树坪（3条）、黄泥坪、槐花坪、瓜络坪、石山坪、小鹅坪、鹅坪、三龙坪、槠子坪、淘金坪、土坪、白泥坪、蛇坪（2条）、邓家坪（2条）、毛竹坪、黄瓜坪、苦楝坪、上苦楝坪、下苦楝坪、瓦窑坪、油榨坪、大草坪（3条）、茅坪、茶竹坪、杨家坪（2条）、罗甫坪、大石坪、黄龙坪、绚牛坪、桔竹坪、迎风坪、黄柳坪、陶金坪、马过坪、栗树坪、凤阳坪、厥南坪、黄金坪、瓦子坪、高大坪、学堂坪、柳树坪、何家坪（3条）、杨柳坪、丹滩坪、熊家坪、射弓坪、山下坪、铁山坪、罐子坪、喜鹊坪、相思坪、长溪坪、鸟子坪、曾家坪、鸠鸡坪、老晏坪、月金坪、余家坪、洞上坪、樟树坪（2条）、茅古坪、炭山坪、下炭山坪、塘最坪、神仙坪、放马坪、石马坪、	

续表

通名类型			地名名称	数量
自然景观类通名	山间平地类通名	坪	方家坪、老屋坪、雷公坪、金木坪、锁落坪、大瓜坪、金南坪、烧纸坪、枫安坪、野茅坪、刘家坪（2条）、椅子坪、曹家坪（2条）、城石坪、塘下坪、青烟坪、沙子坪（2条）、干禾坪、株子坪、江水坪、水积坪、金家坪、谢家坪（3条）、李家坪、肖家坪、厂坪、段家坪、长冲坪（2条）、桃里坪、海安坪、杉木坪、尖山坪、泥鳅坪、大油坪、对山坪、双树坪、彭家坪、摊金坪、易家坪、王家坪、周家坪、烟竹坪（2条）、黄沙坪、仓场坪、竹山坪、瑶人坪、十里坪、邓氏坪、禾树坪、黄荆坪、辣子坪、毛家坪、贺家坪、林子坪	257
		垅	塔田垅、石桥垅、坪山垅、下田垅、上田垅、毛家垅（2条）、晏家垅、横竹垅、光义垅、唐家垅（3条）、陈家垅（2条）、神山垅、长冲垅（2条）、东泽垅、廖家垅、乐田垅、江溪垅、中田垅、涩泥垅、楚竹垅、庙垅、坑田垅、茶山垅、胡家垅（3条）、白背垅、黄垅、田家垅、鄢家垅、横溪垅、曾家垅（2条）、刘家垅（3条）、竹山垅、邓家垅、富溪垅、上富溪垅、下富溪垅、南湾垅、小冲垅、泌水垅、大坪垅、上大坪垅、下大坪垅、沙井垅（2条）、熊家垅、塘山垅（2条）、茅冲垅、长春垅、夹九垅、常宁垅、白岩垅、郭家垅、井家垅、田冲垅、枇杷垅、金羊垅、石灰垅、岩下垅、双子垅、相天垅、营盘垅、乱石垅、潘家垅（2条）、何家垅、竹鸡垅、月湾垅、山海垅、山下垅、山峡垅、正冲垅、石板垅、白竹垅、同利垅、光冲垅、圆头垅、贺家垅、木山垅、江家垅、早禾垅、尹家垅、塘冲垅、田心垅、长田垅、老屋垅（2条）、大冲垅、朱家垅（2条）、皮家垅、白水垅、桂花垅、毕家垅、奉家垅、段家垅、算溪垅、青山垅、石骨垅、峨梨垅、樟树垅、海池垅、土桥垅、双冲垅、谢家垅、硃溪垅	116
		甸	新家甸、阳家甸、彭家甸	3
	山间洼地	凼	炭窑凼、殷家凼、消水凼、垅落凼、盐丝凼、丝茅凼、锅坝凼、罗安凼、石屋凼、老木凼、九顶凼、廖家凼、野鸡凼、易湖凼、陈家凼（2条）、马牯凼、田凼（3条）、黄泥凼（7条）、卧凼、张家凼（2条）、黄纸凼、老古凼、鹅公凼、篱笆凼、吕家凼、刘家凼（2条）、双坪凼、何家凼（2条）、毛家凼（3条）、戴家凼、黎家凼、林凼、罗家凼（2条）、东凼、雷公凼（2条）、捞扒凼、报木凼、坳溪凼、茶子凼（2条）、杏子凼、上溪凼、杨柳凼（2条）、漆树凼（2条）、熊家凼、曾家凼、邓家凼、袁家凼（2条）、白石凼、鸭击凼、茅芦凼、蜜崽凼、山牛凼（6条）、冬茅凼、荞畲凼、蛤蟆凼（5条）、奉家凼、三牛凼（2条）、峨梨凼、瑶人凼、毛凼、陈君凼、峨梨树凼、坪溪凼、龙溪凼、马家凼（2条）、大丘凼、观音凼、枫木凼、鸡婆凼、滴水凼、捞扒凼、彭家凼、天鹅凼（5条）、逆坝凼、小田凼、大湖凼、泥凼、水竹凼（3条）、养凼、长坡凼、杉树凼、麦岩凼、石板凼、野猪凼、锅底凼（2条）、枫树凼（2条）、桃树凼、横岩凼、孟家凼、腥泥凼、花凼、回心凼、芦茅凼（2条）、夏家凼、天凤凼、阴阳凼、苦竹凼、鸭婆凼、鹿角凼、浊水凼、王家凼（4条）、外公凼、大凼、黄皮凼、尖山凼、横冲凼、楠木凼、杨梅凼、石界凼、牛寨凼、大凼里、松山凼、谢家凼（2条）、南京凼、阴山凼、落水凼、金家凼、响双凼、大义凼、丁家凼、韭菜凼、二屋凼、茶园凼（3条）、水浮凼、锡溪凼、易家凼、豹竹凼、盐井凼、梅青凼、满竹凼、干燥	

续表

通名类型			地名名称	数量
自然景观类通名	山间洼地	凼	凼、瘦泥凼、冬茅凼、阳和凼、瘦瘠凼、牛婆凼、斋公凼、茶凼、四季凼、锯木凼、亭子凼、秋家凼、官厅凼、潮泥凼、油麻凼、曹家凼（2条）、孝义凼、梁家凼、青凼、大水凼、鸡峰凼、云安凼、铜锣凼、风止凼、月光凼、都富凼、大坳凼、半边凼、汪井凼、桑树凼、竹山凼、李花凼、芋子凼、龙须凼、梅子凼、朱家凼、桥冲凼、文家凼、栗山凼、木鱼凼、泥积凼、双天凼、庙屋凼、冷眼凼、五峰凼、余家凼、羊牯凼、吴家凼	226
		坑	龙坑、大坑（2条）、小溪坑、肖家坑、淘金坑（3条）、磨石坑、大金坑、小金坑、石头坑、石冲坑、廖家坑、牛尿坑、烂草坑、陈家坑、杨家坑、周南坑、袁家坑、龙须坑、上龙须坑、下龙须坑、梅坑、桐木坑、石坑（2条）、芹菜坑、上芹菜坑、下芹菜坑、杆子坑、架笕坑、崇山坑、蛇溪坑、主溪坑、大冲坑、马溪坑、深水坑、雷溪坑、球溪坑、岩湾坑、笕冲坑、栗树坑、上栗树坑、下栗树坑、岩子坑、风溪坑、老山坑（2条）、茶山坑、石顶坑、靛山坑、正坑、香石坑、雷公坑、铁山坑、罗心坑、铜星坑、桥溪坑、时耀坑、电山坑、水打坑、棚溪坑、岩龙坑、水溪坑、缚条坑、寨溪坑、泉溪坑、洞山坑、梧桐坑、龙古坑、茅芦坑、老泉坑、盛家坑、羡仁坑、蛇溪坑、石桥坑、湾塘坑、井冲坑、横溪坑、龙王坑、应呼坑、坝塘坑、青山坑、长坑、曾家坑、刘家坑	88
	水文类通名	洋	潘洋、小洋	2
		江	资江、石渡江、滑石江（2条）、三溪江、谭山江、白毛江（2条）、对江、小半山、横江、中横江、上横江、油麻江、石桥江、烟竹江、横沙江、白石江、双林江、玄溪江、花溪江、下大桥江、小桥江、青猴江、茶亭江（2条）、斋老江、中洲江、桐子江、沙江、崑井江、鹅洋江、正溪江、河溪江、花芦江、瓦溪江、猫儿江、黄毛江、上流江、黄土江、小茅江、黄沙江、锁匙江、大茅江、上大茅江、下大茅江、大洋江、芦江江（2条）、石板江、铁山江、小江、浪石江、黄栗江、石灰江、磨石江（2条）、水江、邓家江、石马江、分溪江、思游江、车田江、铁锁江、杨柳江	65
		河	茅洲河、大河、白岩河	3
		湖	烟竹湖（2条）、九寨湖、韭菜湖	4
		溪	缺耙溪、石鼓溪、清江溪、化溪、温溪、白石溪（2条）、江溪、汝溪、鼎溪、颜家溪、洋溪、苍溪、小枣溪、茶家溪、茶园氏溪（2条）、槎溪、石门溪、五溪、黄溪、金溪、枇溪、桤溪、壁溪、后溪、油坪溪、袁家溪、双插溪、小范溪、豆溪、沱溪、望溪、东溪、下横溪、锡溪、高溪、麻溪、许家溪、上许家溪、下许家溪、横南溪、上横南溪、下横南溪、木山溪（2条）、上木山溪、下木山溪、青坡溪、木樟溪、罩子溪、大罩子溪、小罩子溪、杆子溪、白水溪（3条）、荒溪、夫溪、卯溪、罗氏溪、沫江溪、上沫江溪、下沫江溪、坪溪（2条）、上坪溪、下坪溪、赵溪、青草溪、井溪、上横溪、上上横溪、下上横溪、河蜡溪、思澧溪、石溪、白露溪、云溪、清水溪、芷溪、大金溪、小金溪、横山溪、上横山溪、下横山溪、小擂溪、大擂溪、高垅溪、	

续表

通名类型			地名名称	数量
自然景观类通名	水文类通名	溪	小阳溪、太阳溪、火焰溪、枫子溪、大石溪、大猴溪、蕨芭溪、罗家溪（2条）、苦竹溪、黄蜡溪、珠溪、大坪溪、小门溪、大江溪、青围溪、梓江溪、菜花溪（2条）、上菜花溪、中菜花溪、下菜花溪、接木溪、黄连溪（2条）、桐木溪（2条）、车板溪、葫芦溪、曙光溪、金家溪（2条）、上金家溪、下金家溪、锡江溪、蜈蚣溪、柏木溪、木瓜溪、梅溪、上梅溪、下梅溪、苏溪、澧溪、柘溪、石乌溪、北门溪、温石溪、暗溪、活龙溪、桐树溪、葡树溪、木材溪、上木材溪、下木材溪、磨石溪、鹅落溪、黄花溪、滑板溪、上葡萄溪、下葡萄溪、横茶溪、芳溪、上芳溪、下芳溪、甘溪、龙溪（2条）、易茶溪、茶溪（3条）、团山溪、上团山溪、下团山溪、横溪、莘溪、油麻溪、石板溪、刘家溪、白溪、富溪、上富溪、下富溪、下路溪、油溪、洞溪、蜀溪、上蜀溪、邓家溪（2条）、嘉溪、岩江溪、长溪、造溪、大官溪、小官溪、小溪、鹅溪（2条）、木关溪、横沙溪、峡山溪（3条）、豹溪、俗美溪、大熊溪、大茶溪、小茶溪、平山溪、山溪、黄溪、上黄溪、下黄溪、南华溪、中路溪、岩板溪、海南溪、双江溪、山羊溪、潭漏溪、白沙溪、虾溪、维礼溪、木枧溪、盐井溪、大盐溪、枫木溪、黄皮溪、三角溪、田家溪、野猪溪、龙山溪	222
		塘	菱角塘、杨家塘、湾塘、洪家塘、鹧鸪塘（2条）、白茅塘、盐塘、墨溪塘、小塘（2条）、高木塘、淤泥塘、蔡家塘、浅塘、龙真塘、仙神塘、流离塘、两头塘（4条）、早禾塘、汪家塘（2条）、荷叶塘（3条）、白牛塘（2条）、莲花塘、温水塘、干塘（3条）、菖蒲塘、锣家塘、荷塘、角塘、石禾塘、红双塘、新塘、石塘、大塘（2条）、白塘、冷水塘、古塘、罗家塘、东塘、木底塘、观音塘（2条）、蚂蚁塘、土地塘、落木塘、三角塘（6条）、老庄塘、杨柳塘（5条）、竹插塘、猫儿塘（2条）、野牛塘（2条）、寡角塘、国玉塘、芦竹塘、要公塘、火石塘、峨梨塘、凤形塘、磨禾塘、芋头塘、石鹅塘、垅头塘、坑山塘、猴里塘、张晚塘、黄心塘、灯心塘、骡子塘、龙瓜塘、鹅婆塘、长塘、陈家塘、严塘、人起塘、石板塘、清水塘（8条）、鹅共塘、碓坑塘、三塘、月塘、柘泥塘、老三塘、龙塘、芦茅塘（4条）、螺丝塘、琅塘、阳雀塘、金鸡塘、石屋塘、架桥塘、老君塘、长峰塘、炭末塘、廖家塘、道塘、樟树塘、白岩塘、大坝塘（4条）、合安塘、尖石塘、油麻塘、黄獭塘、亭子塘、印塘、野泥塘、湾塘、见安塘、大石塘、杨树塘、象塘、岩塘、栗树塘、金志塘、三义塘、石鼓塘、凫鸡塘、蔡氏塘、空树塘、独石塘、上鹧鸪塘、下鹧鸪塘、张古塘、马蹄塘、沙泥塘、六股塘、江家塘、满圣塘、浊水塘（2条）、碟子塘、樟木塘、曾家塘、牛池塘、龙逼塘、小茅芦塘、曲尺塘、漩塘、木架塘、颜家塘、杉木塘、落水塘、下淹塘、坪塘、梨树塘、野鸭塘、赵龙塘、温塘、马家塘、鲫鱼塘、苏家塘、芦山塘、山羊塘、牛轭塘、麻水塘、内鼓塘	191
		潭	泥潭、深碧潭、龙王潭、湾潭、上湾潭、下湾潭、龙潭（2条）、黄龙潭、回龙潭	10

续表

通名类型			地名名称	数量
自然景观类通名	水文类通名	湾	周家湾（7条）、三房湾、念家湾、岩鹰湾、谭家湾（3条）、竹山湾（25条）、彭家湾（5条）、陈家湾（14条）、邓家湾（2条）、曾家湾（6条）、蔡家湾（3条）、罗家湾（11条）、井冲湾（5条）、竹子湾、高庄湾、坆山湾（3条）、侯家湾（2条）、塘子湾、潘家湾、栗子湾（2条）、杨家湾（9条）、谭山湾（2条）、大湾（12条）、孙家湾（2条）、桐子湾（2条）、小曾家湾、大曾家湾、段家湾、孔家湾、园门湾、同堂湾、高椅湾、维山湾、羊角湾、合龙湾、塘湾（4条）、桃林湾、土坊湾、㞗田湾、檀山湾（2条）、茅坪湾、曲岐湾、王家湾（3条）、石山湾（2条）、龙潭湾、肖家湾（3条）、刘家湾（7条）、象形湾、株树湾、南冲湾、大平湾、夏家湾（3条）、芭蕉湾、邹家湾（8条）、黄家湾、江西湾（2条）、袁家湾（6条）、沙田湾、尧家湾、塘家湾、千田湾（4条）、张家湾（12条）、漩塘湾（2条）、桃树湾（6条）、石骨湾、大湾里、烂泥湾、禾树湾（2条）、炭窑湾、木南湾、上坛山湾、坛山湾（3条）、大石湾、大石骨湾、转龙湾、麻竹湾、麦子湾、抄水湾、家潮湾、火岩湾、峨梨湾、漆树湾（3条）、南门湾（3条）、桂竹湾、回柴湾、老师湾、奉家湾（2条）、牛寨湾、上牛寨湾、下牛寨湾、田九湾、田、青山湾（8条）、龙家湾、井湾（3条）、近池湾、国楚湾、曹达湾、黄家湾、石井湾（2条）、磨石湾、十八湾（2条）、伍家湾（4条）、映山湾、石湾、庙湾、钱家湾、李家湾（12条）、老湾、龙塘湾、南湾、江水湾、学堂湾（3条）、天祥湾、游家湾（3条）、官庄湾、周塘湾、洞里湾、蓝溪湾、尹家湾、龙颈湾、槭米湾、银星湾、廖家湾（4条）、桐树湾、上桐树湾、下桐树湾、何家湾（4条）、中间湾、龙滩湾、沙湾、上沙湾、下沙湾、湾里、溪湾、戴家湾（3条）、墨水湾、上黄家湾、下黄家湾、多溪湾、三撞湾、簪溪湾、白沙湾（4条）、桥头湾、大山湾（2条）、城坪湾、松山湾（3条）、松柏湾（2条）、蛇冲湾、金家湾（2条）、高坪湾、燕窝湾、月塘湾（2条）、西家湾、青龙湾、岩鸡湾、岩脚湾、黄龙湾、观山湾、黄溪湾、岩山湾（7条）、仕禄湾、石桥湾（3条）、椅子湾、大桥湾、柘溪湾、胡家湾（5条）、檀木湾、十六湾（2条）、洞湾、贤锁湾、水石湾、瑶湾、汇半湾、尚家湾、毛家湾（2条）、中家湾、钩家湾、井湾里、八角湾、九龙湾、命田湾、棕树湾（2条）、雪溪湾、白杨湾、鸬鹚湾、交通湾、梁家湾、吴家湾（7条）、培溪湾、土地湾、株子湾、成家湾（2条）、杉山湾、康段湾、聂家湾（3条）、大井湾、欧家湾、西北湾、淡家湾、卿家湾、塘冲湾（2条）、石塘湾（2条）、丹塘湾、源头湾、江田湾、邱家湾、江泥湾、驼柏湾、易家湾（2条）、井山湾、烂田湾、梅树湾、谢家湾（7条）、边田湾、蓝靛湾、四亩湾、唐家湾（2条）、木子湾（2条）、石子湾、龙爪湾、大塘湾（2条）、姜家湾、细田湾、方石湾、转义湾、油匠湾、老塘湾、长冲湾、村竹湾、杏子湾、横冲湾、牛车湾、五星湾、学家湾、枫树湾、大溪湾、横江湾、神山湾、新屋湾（3条）、庙山湾、岩塘湾、井田湾、方家湾（3条）、回水湾（3条）、柳树湾（2条）、七星湾、栗山湾（3条）、枇杷湾（2条）、石圳湾、田螺湾、天井湾（3条）、龚家湾、俞家湾、桅子湾（2条）、向家湾、滴水湾、火山湾、柿树湾、祖婆湾、老屋湾（2条）、月田湾、余家湾、茅屋湾（2条）、绿竹湾、清塘湾、梓树湾、老熊湾、柑子湾、	

续表

通名类型			地名名称	数量
自然景观类通名	水文类通名	湾	董家湾、神仙湾、田庄湾、南山湾、南杨湾、三塘湾、文家湾、西江湾、阳家湾、赵家湾、竹林湾、神冲湾、黑泥湾（2条）、童家湾、黎家湾、豺狼子湾、杨金湾、杨笃箕湾、祝家湾、椿树湾、井塘湾、六亩湾、连山湾、析仁湾、福家湾、滨湾、毛子湾、潭山湾、小溪湾（2条）、康家湾（4条）、老曾家弯、新曾家湾、谢作湾、芦茅杆湾、椿笕湾、洞中湾、梅形湾、学子湾、清凼湾、柳溪湾、学士湾、火侍湾、胶子湾、吊水湾、邬家湾、铁匠湾、十都湾、八房湾、洞冲湾、颜家湾、上头湾、下头湾、白泥湾（2条）、向山湾、半山湾、盐塘湾、禁田湾、岩底湾、朝胜湾、大塘山湾、鄢家湾（2条）、公铺湾、淹塘湾、胜祖湾、淹山湾、彭子湾、石狮湾、水井湾、背底湾、水桐湾、皮匠湾、罗锡湾、田心湾、太甲湾、黄泥湾（2条）、甑楼湾、维岳湾、林山湾、秦家湾、新塘湾（2条）、傅家湾、上泥湾、下泥湾、吾家湾、抱棠湾、王氏湾、沲塘湾、水家湾、浆泥湾、金鸡湾、邱住湾、崔家湾、冷山湾、谭甫湾、关山湾、爵甫湾、秧田湾（2条）、曹家湾、郭家湾（2条）、徐家湾、莫家湾、汤家湾、四季湾、石碑湾、金章湾、水洞湾、简家湾、担茶湾、墨鱼湾、大塯湾	641
		洲	碧洲、贺家洲、河东洲、白茅洲、鲢鱼洲、杨木洲、鲢鱼洲、白沙洲、阳家洲、瑜家洲	10
		池	龙王池、洗马池	2
		井	黄泥井、擂钵井（2条）、沙井、廖家井、白井、上下井、双井边、枫树井、罗家井（2条）、蚂蟥井、鸡婆井、漏天井、老鸦井、田井、猪头井、冷水井、盘水井、铜锣井、董家井、杨柳井、滴水井、少坝井、龙井、周家井、见山井	27
		田	梅山田、石田、洪沙田、唐家田（2条）、五亩田、十二亩田、七亩田、木田、四丘田、马田、流水田、大干田、蛇田、车田（2条）、官田、成田、陈家田、伍家田（2条）、乱山田、铜锣田、水打田、桐油田、李家田、柿子田、马轱田、黄毛田、新开田、红田、插旗田、八亩田（2条）、报木田（2条）、文田、茅田、黄土田、大田、长田、小田（2条）、上小田、下小田、湖田（2条）、难搞田、空田、九路田、金马田、浆泥田、烟田、坳田、四亩田、咸泥田、共田、上共田、下共田、下水田、打望田、洪泥田、沫田、在田、冲交田、禁田、上水田	67
		滩	三洲滩、浪石滩、铜锣滩、东关滩、周家滩、太阳滩、米家滩、长滩（2条）、龙滩、茶园滩、高滩、金滩、瓦滩、邹家滩、谢公滩、桐子滩	17
		圳	同美圳、石圳	2
		荡	雷子荡	1
	交通意义通名	口	石冲口、水口（2条）、猪公口、大江口、石门口、回龙口、双江口（13条）、江口、峡山口、塘口、龙溪口、新江口、岩山口、三江口、石子口、岩口、洞门口（2条）、白岩口、罗家门口、岩门屋口	35

通名类型		地名名称	数量
自然景观类通名	地下地形通名 洞	茶园洞、龙岩洞、小洞、车门洞、颜家洞（2条）、莲子洞、崇阳洞、白水洞（2条）、芦茅洞、响鼓洞、弩溪洞、漏水洞、横岩洞、东山洞、水牛洞、章古洞、煤山洞、茶口洞、陈公洞、娘娘洞、张园洞、羊头洞、檀木洞（2条）、松柏洞、公洞、牛皮洞、龙虎洞、趵水洞、落水洞（3条）、鸠鸡洞、滴水洞（3条）、淹沙洞、荷家洞、谭家洞、茅连洞、水盖洞、凡家洞、雷打洞、黄麂洞、黄沙洞、上黄沙洞、中黄沙洞、下黄沙洞、老虎洞、曾家洞、鲁溪洞、梅花洞、观音洞（2条）、乌鸦洞、张公洞、牛鼻洞、白马洞、株梓洞、木马洞、黄双洞、高岩洞、樊家洞	65

表 2　　新化县人文景观类地名通名统计表

通名类型		地名名称	数量
人文景观类通名	宗教建筑类通名 庙	李氏家庙、黄土庙、土地庙、毛公庙、带溪庙、奉公庙（2条）、石堆庙、大树庙、关王庙（2条）、低溪庙、龙公庙、石人庙、雨淋庙、谢家庙、和利庙、陈家庙、张家庙、真新庙、童公庙（2条）、水府庙、八角庙	24
	寺	油麻寺、天玉寺、洪山寺、回龙寺、西泉寺	5
	殿	灶王殿、雷王殿、罗公殿、刘家殿、下刘家殿、姚公殿、枫神殿、杨公殿、辖公殿、梅公殿、娘娘殿、大王殿、灵官殿、梅山殿、奉公殿、杨洲殿、杨家殿、关山殿、石板殿、望河殿、金树殿、真人殿、双龙殿、关圣殿	24
	观	崇阳观、炉观（2条）、石山观	4
	庵	地母庵、磨东庵、水月庵、花亭庵、回龙庵（2条）、八仙庵、白云庵、金凤庵、朝阳庵、太平庵、朝天庵、莲花庵、尖岭庵、柏香庵、望龙庵、正觉庵	17
	宫	玉虚宫、文昌宫	2
	堂	观音堂（2条）、老庵堂、庵堂、土地堂（2条）、黄庵堂	7
	园林建筑类通名 亭	五里亭、花亭子、茅亭子、气可亭、龙山岭茶亭、红亭子（2条）、彭家亭子、烂亭子、茶亭子（3条）、乐柏亭、横亭子、小牛牯亭、隘门茶亭、牛牯天茶亭、长茅界茶亭、曲子界茶亭、金江溪茶亭、新亭子、十茶亭（2条）、孟公亭、伴山亭、远泉亭、石亭子（3条）、普济亭、仰止亭、怀德亭、鸟毛亭、蛇山亭、过街亭、茶亭、回阳亭、新茶亭、分水界茶亭、朝阳亭、遗爱亭、一里亭、水月亭、八十亭（2条）、铁山亭、白水亭、香炉亭、半岭亭、老果亭、土地界茶亭、十茶亭子、七里亭、复兴亭、甲子亭、谢家茶亭、碧岭界茶亭子、金竹亭、九九亭、指梅亭	60
	楼	八角楼（6条）、八家楼	7
	阁	三义阁、文昌阁（3条）、观音阁、蛇山阁	6
	园	桂园、如园、凤尾园、圣帝园、桂花园、新园（2条）、棠棣园、千斤茶园（4条）、学堂园、滋园、千家茶园、毛园、老茶园（3条）、桂竹园、梓木园、横茶园（2条）、竹园、桐皮园、巨竹园、茅茨园、毛家园、沙子园、茶园、千金茶园、周家园、猪嘴园、金竹园、梧桐园、芭蕉园、石头园、竹筒茶园、岩园、红花园、大茶园（2条）、峨梨园、青山园、王家园（2条）、枣子园、潭家园、松山园、香草园、鸭婆园、土茶园、董家园	53

续表

通名类型			地名名称	数量
人文景观类通名	一般人工建筑类通名	庄	壬七山庄、下庄、老庄、栗树庄、碓家庄、回龙庄、中家庄、东庄（2条）、桂庄、石居庄	11
		寨	唐梅寨、新牛寨、尧公寨、黄牛寨、尖峰寨、石门寨、下石门寨、上石门寨、金星寨、禁山寨、南山寨、牛寨、陈家寨、犀牛寨、千家寨、田螺寨、丫髻寨、石狮寨、梁山寨、青京寨、鸡冠寨、石羊寨、大脑寨、十指寨、打赢寨、天星寨、壶峰寨、虎老寨、向家寨、铁炉寨、百人寨、彭家寨、黄家寨、昌家寨、徐家寨	35
		堂	义学堂、两重堂、烟竹堂、乾庆堂、广大堂、环青堂、清德堂、治安堂、蒙化堂、立本堂、老祠堂（2条）、野牛堂、新祠堂、行恕堂、荆华堂、忠鹄堂、后堂、天仙堂、忠孝堂、殷家堂、树德堂、高明堂、吉士堂	24
		庐	省吾庐	1
		屋	老屋（2条）、油榨屋（6条）、铜锣屋、树山屋、长屋、茅屋、独屋、砖墙屋（2条）、李家屋、新屋、刘家屋、老鸦屋、豆腐屋、土砖屋、大屋里、肖屋、千连屋、石头屋、牵连屋（2条）、张家屋、茶溪老屋、上门屋、对门屋（3条）、铁匠屋、月华屋、正元屋、太山屋、井山屋、岳山屋	39
		院	游家院（2条）、廖家院（4条）、刘家院（12条）、黄家院（2条）、竹子山院子、吴家院（9条）、冼脚塘院子、戴家院（2条）、林家院、易家院、阳家院、罗汉院、樟树院、刘家院子、吕家院、曾家院（5条）、桅子院（2条）、潭家院子、段家院（4条）、蔡家院、张家院（8条）、高家院（2条）、彭家院（2条）、桃树院、北方院、半山院、谢家院（5条）、孟家院、北冲院、新屋院（12条）、闵家院、李家院（10条）、洪家院、林屋院、石屋院（2条）、峨梨树院子、岩前院（2条）、洞下院、炉边院、陈家院（4条）、胡家院、罗家院（5条）、松柏树院子、肖家院（5条）、贺家院（2条）、徐家院、虞家院、孙家岭、杨家院（3条）、洁廷院、石山院、神仙院、水东院子、龙家院（2条）、颜家院、曾家院子、孙家院子、水溪院子、田凼院（3条）、老屋院子（2条）、潮头院、湾家院、上车院、周家院（5条）、孔昭院、邹家院（4条）、八角院子、大院子（3条）、拱门院、燕窝院子、石丰院、老庄院子、袁家院子、杨家院子（4条）、院子、排行院、官庄院、湾泉院、伍家院（5条）、田心院、大坪院（2条）、石坳院、王家院（2条）、许家院、欧家院（2条）、老屋院（12条）、大房院（2条）、老六房、鸟山院、九房院、八房院、茅冲院、又文院、坪上院、月塘院、星塘院、贤才院、砖墙院（2条）、双槽门院、鹅塘院、石牛院、陶坪院、毛坪院（2条）、碓家院子、麦园院、简在院、洞里院、白枫院、中塘院、燕窝院、头里院、高仓院、芦家院、团山院、洛家院、总溪院、石洲院、何家院、柳林院、水磨戴家院、芭蕉院、对门院、刘昭院、坳田院、塝家院、双冲院、高屋院、七都院、谭家院（2条）、汪家后院、寿林院、栗山院、康林院、下冲院、火石院、石鸡院、卿家院、鄢家院（2条）、正屋院、蚂蚁院、中家院、庙湾院、塔山院、大屋院、景堂院、五房院、西荡院、柏青院、井湾院、简家院、黄家院子、赵家院（2条）、坝上院、罗山院、中房院、谌家院（2条）、庭诰院、龚家院、梅溪院、中湾院、晚房院、炉里院、方家院、洞江院、托山院、台上院、塘屋院、封家院、陈家院子、火星院、中间院、吴家院、黎家院、邓家院子、唐家院、洞眼院子、桐树山院子、松柏院（2条）、坝凼院、金家院（2条）、汪家院子、塘边院、相思院、毛家院、扶家院、孙家院、杏子院、花屋院、虎形院、四房院、三房院、应侯院、康家院、丁家院、康家院子、康兴院	327

续表

通名类型		地名名称	数量
人文景观类通名	一般人工建筑类通名	屋场	老屋场（8条）、石屋场、正家屋场、岳屋场、邹家屋场（2条）、龙家屋场、马屋场（2条）、大屋场（5条）、陈家屋场（2条）、贺家屋场、谭家屋场、肖家屋场、红立屋场、李家屋场（2条）、姚老子屋场、赵家屋场、张家屋场（2条）、田家屋场（4条）、杨家屋场、伍家屋场、易家屋场（2条）、刘家屋场、万益屋场、瓦屋场、门斋屋场、梁木屋场、黄家屋场、李大老屋场、向家屋场、廖家屋场、迁户屋场、曾家屋场、新屋场、枣子屋场、天狗屋场、夏屋场、钟家屋场、周美屋场、潮水屋场、曹家屋场、周家屋场、康兴屋场、罗家屋场、瓦子屋场、学生屋场	65
		庙	张家庙、杨家庙、大山庙、方家庙、苎麻庙、凤家庙、吴家庙	7
		馆	西畬山馆	1
		桥	万家桥、接龙桥（2条）、龙家桥、李家桥、谭家桥、尖山桥、合龙桥、龙湾缓桥、落马桥、大桥、徐家桥、杉木桥（2条）、卢家桥、三板桥（4条）、汝溪桥、七星桥、红岩桥、仙人桥、官渡桥、陶家桥、踏水桥、董家桥、青山桥、平游桥、岩板桥、花石桥、太阳桥、两板桥、上两板桥、下两板桥、月弓桥、久大桥、永丰桥、高桥（3条）、罗家桥（2条）、官庄桥、许家桥、鸭婆桥、鹅公桥、悬桥、夏家桥、河木桥、横板桥（4条）、铁索桥、中腰桥、白水桥、龙潭桥、大石桥、黄板桥、火石桥、仙石桥、魏家桥、靛山桥、鹊桥、梓木桥、彭家桥、马家桥、株木桥、命妇桥、清河桥、穿岩桥、观王桥、思本桥、谢家桥、大同桥、龙溪桥、又一桥、回龙桥、龚家桥、鼎新桥、山溪桥、仙神桥、新安桥、永镇桥、火板桥、永隆桥、蔡家桥、栗溪桥、宋家桥、黄泥桥、娘家桥、马路桥、聚星桥、蜈蚣桥、木筧桥、双石桥、石桥（2条）、关王桥、新石桥（2条）、杨桥、油溪桥（2条）、范家桥、和合桥、光家桥、颜家桥、渡人桥、下蓬桥、云霄桥、邹家桥、白岩桥	114
		牌	石渣牌	1
		第	南昌第	1
	生产贸易类通名	窑	罐子窑、江田窑、陈家窑	3
		坊	作坊、杨家坊（3条）、刘家坊（2条）、槽坊、南家坊、周家坊、连家坊、螃夹坊、谭家坊、袁家坊、大袁家坊、小袁家坊、张家坊（2条）、黎家坊、彭家坊、油榨坊（2条）、曾家坊	23
		场	杀青场、看牛场、太平场、马栏场、久大场、道人场、龙盘场、大吉场、界茅场	9
		厂	双厂、老纸厂、铁弯厂、老厂里、富山厂	5
		市	孟公市、白枫市、驼背市	3
		店	三合店、杉木店、和门店	3
		铺	冷水铺、福典铺、潮水铺、南烟铺、长铺子、腰铺子、糖铺、角塘铺、石桥铺、念铺、傅家铺、对门铺（2条）、太平铺（2条）、里铺、沙田铺、康家铺、相思铺、横铺子、石口铺、岩落铺、王家铺、晏家铺、关上铺、上头铺	26

通名类型			地名名称	数量
人文景观类通名	交通类通名	路	南墙路、城南路、城东路、大桥路、梅城路、城西路、城北路、十字路（2条）	9
		街	向东街、东正街、南正街、南门街、永兴街、井头街、青石街（2条）、邵阳街（2条）、老鼠街、炭山街、复兴街、大街（2条）、敦厚街、新街、牌坊街、半边街、基堤街、横街、文田街、桥坪街、朸把街、墙巷街、新铺街、河口街、花池街、联盟街、中心街、新建街、中街、兴隆街、渡头街、庙前街	35
		巷	毕家巷、兴贤巷、仁贤巷、马家巷、郭家巷、宿三巷、金家巷、毛家巷、杨家巷、建设巷、永盛巷、承熙巷、科甲巷、居士巷、安家巷、戴家巷、北门巷、张家巷、冷水巷、月光巷、长巷子、肖家巷、皮家巷	23
		码头	炭码头、大码头	2

表3　　　　　　　　新化县行政区划类地名通名统计表

通名类型		地名名称	数量
行政区划类通名	县	新化县	1
	镇	白溪镇、曹家镇、槎溪镇、奉家镇、吉庆镇、琅塘镇、炉观镇、孟公镇、桑梓镇、上梅镇、石冲口镇、水车镇、田坪镇、温塘镇、文田镇、西河镇、洋溪镇、游家镇、圳上镇	19
	乡	金凤乡、科头乡、荣华乡、天门乡、维山乡、油溪乡、坐石乡	7
	林场	大熊山林场、古台山林场	2
	办事处	上渡办事处	1
	村	行政村名均取自自然村落名，不再赘录	1133
	工区	董家工区、峨梨工区、高峰工区（2条）、横茶工区、黄双工区、大熊工区、金坪工区、九龙工区、礼中工区、桃塘工区、锡溪工区、熊山工区	13
	社区	新园社区、新城社区、唐家岭社区、桥东社区、望城社区、桑树社区、炉矿二井社区、跑马岭社区、坪山垅社区、五里亭社区、崇阳岭社区、东外社区、福景山社区、工农河社区、华新社区、火车站社区、青石社区、十字街社区、永兴社区、玉虚宫社区、园株岭社区、枫树社区、琅塘社区、孟公社区、芦茅江社区、炉光社区、茅茨江社区、北塔社区、紫鹊社区、平安社区、黄龙湾社区、寨前社区、秦人社区、金星社区、白羊坪社区、大水坪社区、雪峰社区、大桥社区、朝辉社区、向学社区、立新桥社区、游家湾社区	42

表4　　　　　　　　新化县方位词类地名统计表

方位词	地名名称	数量
东	东冲（3条）、东塘、东方、东溪、东山洞、东岭冲、东山岭、东岭、东湾里、东富、江东岩、东庄（2条）	15

续表

方位词	地名名称	数量
西	西冲（3条）、小西冲、黄西（2条）、中黄西、江西湾、广西山、江西湾、西斯岭、西边垣、西山、西北湾、西荡院、西江湾、西岭上、西泉	18
南	南冲（4条）、上南冲、南昌第、木南湾、横南溪、上横南溪、下横南溪、南湾岭、南湾坨、南蛇圫、南家坊、南湾、阳南坳、南门湾（2条）、南溪山、南北岭、南风后、南盘山、南坪里、南山湾、南杨湾、海南溪、南台山底下、南山、南芝排、中南冲	29
北	北冲、北门院、北门溪、西北湾、南北岭	5
中	田中间、中横江、中塘院、中间湾、中菜花溪、中家冲、中腰桥、中家湾、中家院、中心街、中街、中房院、中家庄、中湾院、中函里、中路溪、中间院、中杨家山、中南冲	19
前	林家门前、胡家门前、象门前、岩门前、仓前、游家门前、炉前（2条）、口前、关庙前、烂屋前（2条）、庙前、王家门前、岩门前、方家门前、学堂门前、前安界上、炉前、上炉前、下炉前、谢家门前、炉门前（2条）、槐家门前、戴家门前、陈家门前、象门前、王家门前	28
对门	对屋岭、对家冲、罗对门、河对门（2条）、对门铺（2条）、对门院、对门山（2条）、对门函里、对门屋	12
后	岭背后（2条）、老屋后、新屋背后、洞背后、山背后（5条）、刘家背后、山背、寨背后、坳背后（4条）、鹰背后、庙背后、岩背后（2条）、老屋后、张家背后、钟家背后、南风后、井背后、曾家背后、栗山背	28
上	麒麟上、黄塝上、洲台上、排上（5条）、寨垴上（2条）、上盐塘、上横排、上梅树、上刘家殿、洋楼上、大塝上（2条）、上石门寨、黄岭上、狗脑丘石岭上、圳上（2条）、拖上、上冲、上肖家、三板桥坳上、上鸟竹岩、上罗家排、上红岭、洲岭上、上南冲（2条）、上爪山、大圳上（2条）、上横江、田函上、大岭上（8条）、上猴子岩、石岭上、洲上（2条）、坟山上、坳上（2条）、台上（3条）、大界上（3条）、坪岭上、界上（2条）、台台上、潭岭上、马脑上、石塝上、大排上（4条）、庙垴上、上横岭（3条）、上许家溪、上坛山湾、上横南溪、上育蜡坪、上木山溪、上吴叶冲、上横拉坪、田岭上（2条）、田垴上、上团、上潭湾、上沫江溪、上舒家山、上牛寨湾、上岩板头、上坪溪、上栗树坑、上浪山、上石燕、上桥坪、上横岩、马界上、上横溪、上上横溪、上芭蕉山、上富溪垅、上桐木冲、上大坪垅、上两板桥、庵堂上、福全上、上潭家冲、上小田、上横山溪、大土上、戏台上、上酸枣坳、田塝上（5条）、上椆树湾、上铁山、上沙湾、街上、上菜花溪、鹅洋江坳上、半塝上（3条）、上石灰冲、上金家溪、上观音山、长岭上、庙岭上、上黄家湾、上苦楝坪、长圳坑上、上茶底冲、寨上（2条）、上梅溪、上流江、岩上、海垴上、马路上、塝上（2条）、上大通、背篓上、上木材溪、上六瓜山、上大茅江、彭家垴上、上葡萄溪、上芳溪、上团山溪、石碓上、上茅叶冲、堤上、上禾冲、坝上院、上陆家、白岩坳上、桥塝上、上富溪、井坳上、半排上（2条）、上蜀溪、滩垴上、上白岩底、黄皮坳上、洞上、庄上、茶溪界上、照排上、横溪界上、上黄皮、上黄塝、瓦土界上、田排上、桥端上、前安界上、上炉前、大路上、上白岩山、上峰山、水井垴上、泥坳上、上渡、河上坝、上鹧鸪塘、庙排上、峦岭上、大洲上、上大峰、上塘冲、洞桥上、上陡岩、塘坳上（3条）、上关山岭、周家垴上、上何家冲、上头湾、杨柳塘坳上、上陇山、上水田、上白蜡冲、老寨上、茅坳上、张义屋上、塘上、上牛栏山、大坳上、猪脑上、田坳上、对门岭上、上碌坪山、上泥湾、罗顶上、张家上、横岭上、塘排上、庙坳上（2条）、上杨家山、炸岭上（2条）、西岭上、关上、上头铺、沙洲上	234

续表

方位词	地名名称	数量
下	岩底下（12条）、红叶子树底下、下温、桑梓树底下、新屋下、松柏树下、下盐塘、下垣、下横排、下梅树、下石门寨、下杉木岭、红岩下、梓山下、李家菊花树下、殿底下（3条）、山下、竹山下（6条）、下庄、下肖家、罗根树下、岩下（3条）、寨底下（3条）、棘树下、彭家底下、下黄西、青山下、月山下、庙山下、栗山下、下爪山、飞蛾树下、下鸟竹岩、下红岭、桐树下（2条）、下横江、樟树下（6条）、下罗家排、禾树下（2条）、洞下（2条）、鹰下、下猴子岩、高洪下、下南冲、树底下、桑树下、洞底下（4条）、邹家树下、窖底下、桐罗树下、楼下、德山下、道观下、枫树下（2条）、杏树下、坪下、岩山下（6条）、下横岭（2条）、下横南溪、下吴叶冲、下木山溪、下育蜡坪、下横拉坪、下许家溪、下大桥江、下团、下潭湾、下沫江溪、下舒家山、下牛寨湾、下岩板头、下坪溪、下栗树坑、下浪山、下石燕、下桥坪、下上横溪、下芭蕉山、下富溪垅、下桐木冲、横岭下、梅树下、株树下、杏山下、下大坪垅、下两板桥、黄家底下（2条）、下谭家冲、下小田、下横山溪、板栗树下、瑞岩底下、下酸枣坳、下桐树湾、下铁山、下沙湾、下菜花溪、河底下、下石灰冲、下金家溪、下黄家湾、下苦楝坪、山底下（3条）、岸山下、塘下（2条）、娘娘殿底下、大岩底下、下梅溪、洞下冲、下段垣、岩下垅、下大通、岭底下（2条）、下木材溪、下六瓜山、庙底下、下大茅江、峨梨坳底下、下葡萄溪、下芳溪、下冲院、下团山溪、杏子树下、杨家底下、下禾冲、袁家底下、下毛叶冲、岩山底下（6条）、大枫树下、大松树下、江家下、下山、庵堂下、下陆家、岩脚下、山下坪、滩底下、下富溪、下路溪、下暗冲、下水田、白岩底下（2条）、下白岩底下、胡家下、杏子下、檀山下、槽门底下、下白岩山、坳脚下、錾字岭脚下、茅栗下、下黄沙洞、冷树下、将冲界底下、下黄皮、下黄溪、下炉前、吴家下、江下、刘家下（2条）、冯家下、曾家下、白岩下、平山界底下、坟山下（2条）、南台山底下、下鹧鸪塘、桐锣树下、坝底下、栗树下、下大峰、下塘冲、石山底下、下关山岭、洞下山、白岩岭下、吴家底下、下茅冲、新塘下（2条）、王山底下、下头湾、下陇山、庵堂底下、下淹塘、田家下、下白蜡冲、大山下、罗家下、鄢家下、阳家下、阳家底下、康家底下、江底下、彭家下、尖岩下、下牛栏山、青树底下、下磙坪山、下泥湾、下杨家山、易家底下、石桥下、杨家下、下蓬桥、坳底下、景山底下、柳树底下、栗树底下、大岩山下	273
边	李家边、祠堂边（2条）、高车边（2条）、庙边（2条）、大塘边（2条）、大井边、石桥边（4条）、桥边、寨边（2条）、烂屋边、双井边（2条）、阁边、南边、杨家边（2条）、张家边、高桥边、庵堂边（2条）、溪口边、塘边（2条）、拱桥边、大石边、塘子边、水口边、老屋边、高笕边、大桥边、桥亭边、学堂边（2条）、跳石边、大冲塘边、江边、卢家边、新桥边、鲢鱼边、风洞边、孙家桥边、深坑边、满洲河边、人行边、碧塘边、水井边、刘家边、塘井边（2条）、干塘边、大路边、大江边	60

续表

方位词	地名名称	数量
里	大园里（4条）、庙山里（3条）、泥湾里（2条）、上院里、龙院里、大山里、岩山里、冲里、田凼里（3条）、老湾里（2条）、岩凼里（2条）、井湾里（15条）、兰园里、新屋里（12条）、井山里、富凼里、湾里（6条）、茅屋里、大湾里（8条）、肖家院洞里、老园里、花坛里、中园里、仁院里、老屋里（9条）、老塘里、庄房里、藕塘里（2条）、大畲里、大坪里（11条）、竹山里、大屋里（6条）、石门里、蛇窝里、老田里、大凼里（4条）、帽子石塘里、塘湾里（22条）、水凼里、农庄里、铺子里、树山里、沙湾里（2条）、大坑里、麻园里、倒凼里、老殿里、田湾里（5条）、游家屋里、庙湾里（2条）、鹅洋江湾里、花屋里（4条）、大垅里、庙坪里、石园里（2条）、周佃里、岩落里、庵堂里（2条）、长湾里（2条）、对门屋里、瓦厂里（2条）、茶园里（3条）、东湾里、头前湾里、田坪里（3条）、老厂里、细院里、塘院里、排院里、柳山里、墙园里、社仓里、焕章屋里、沙坪里（7条）、中凼里、村里、南坪里、岩口里、茅凼里、金子坑岩里、砖屋里、墓屋里、毛铺里、庙里、大坪垴里、大垴里、塘冲里、山口里、大院里（2条）、富园里、洪立垴里、吹风垅里、井排里、淹塘里（3条）、同湾里、洞冲里、庙冲里（2条）、王冲里、胆坳里、象坪里、泥凼里（3条）、柏湾里、石坑里（4条）、河湾里、新塘里、塘托里、七湾里、六湾里、茅坪里、塘冲里、四湾里、黄冲里（2条）、锡凼里、水托里、半山里、凼里、麦冲里、尧湾里、祖园里、边田里、蔑匠屋里、坪湾里、湍塘里、长冲里、大托里、长托里、贵才屋里、回湾里、方平里、庙冲里、田垅里（2条）、井冲里（2条）、王家冲湾里、黑湾里、对面湾里、荒山里、黄田里、扇家山坑里	268

表5　　　　　　　　新化县物产类地名统计表

物产		地名名称	数量
矿产	石灰	石灰冲（8条）、上石灰冲、下石灰冲、石灰垅、石灰岭、石灰山	13
	金	淘金坪、黄金山、金滩、黄金坪、淘金坑、大金坑、小金坑	7
	铁	铁窝、铁山、铁山坪、铁子冲（2条）、铁石冲、铁山江	7
	炭	炭末塘、炭山冲（2条）、炭山岭、炭山坪、炭山垴	6
	其他	盐井溪、盐塘冲、锡凼里、铜星坑	4
植物	竹	竹山湾（25条）、竹山坳、烟竹山（2条）、翠竹山、水竹凼（3条）、竹山冲（3条）、赤竹山（4条）、苦竹山（5条）、车竹山、金竹冲、白竹岭、小竹山（2条）、苦竹山村、竹山凼、白竹山、烟竹冲、实竹冲（2条）、烟竹坪（2条）、金竹山（4条）、竹山坪、黑竹山、油竹界、竹子山院子、竹台、六竹山、车竹岭、竹子岭、竹山下（6条）、实竹山（2条）、方竹山（3条）、芦竹凼、苗竹山、竹山下（6条）、坪竹山、鸟竹岩、楚竹垅、楚竹冲、烟竹堂、绿竹、竹家山、扶竹、水竹坪、扶竹坪、烟竹、竹山界（3条）、竹山坳、荆竹坪、烟竹湖（2条）、芦竹塘、实竹、金竹坪（2条）、苦竹溪、金竹园、毛竹坪、苦竹坪、桂竹坪、竹林、竹筒、油竹山、京竹山、管竹岩、白竹垅、苦竹凼、树竹山、水竹湾、车竹坳、松竹山、绿竹湾、大竹山（7条）、刘竹山、赤竹冲、金竹亭、满竹、桂竹冲、竹林湾、竹子排、竹坳、桂竹园、麻竹湾、桂竹湾、竹子坪、巨竹园、油竹岭、京竹坪、大竹坪	147

续表

物产		地名名称	数量
植物	茅芦草	冬茅凼（2条）、茅冲山、上茅冲、下茅冲、芦茅杆湾、芦茅冲（6条）、黄茅栗山、小芦茅塘、毛坪、芦茅塘（4条）、芦茅坨（6条）、芦茅边（3条）、茅坪里、茅坪岭、芦山冲、白茅坪、茅斗冲、茅草界（2条）、界茅场、白茅塘、茅山岭、上茅塘界、长草坪、黄茅岭（3条）、黄茅冲（2条）、白毛江（2条）、茅坪湾、白茅冲（2条）、茅塘、高茅冲、芦茅洞、茅冲（2条）、长茅界、茅坪、小茅江、黄茅江、丝茅界、大茅江、芦江、茅连洞、芦茅江（2条）、茅古坪、黄茅界、白茅界、野茅坪、茅坪冲（2条）、茅凼里、花芦江	73
	栗	栗树下（2条）、栗子湾、栗山塝（2条）、黄茅栗山、富栗山、栗山湾、栗山坳（2条）、栗子山、栗山岭（2条）、栗树岭、摘栗坳、栗山坡、毛栗山、金栗湾、栗山凼、栗子坳（2条）、栗树底下、栗山排（4条）、栗山下、栗山冲、牛皮栗山、栗子坪、板栗树下、栗山界、栗古岭、栗树坪、栗山院、四季栗山、巨栗山、栗山（2条）、猴栗山、栗山村、栗树塘、毛栗下、黄栗江、大黄栗界、栗树坑	47
	枫	枫树坳（4条）、枫木岭（4条）、枫树下（2条）、枫木溪、枫树山（4条）、枫树塝、枫树坪（3条）、枫林、枫木山（2条）、枫树岭（3条）、枫木凼、枫树井、白枫市、枫木冲、桐树溪、枫树凼（3条）、大枫树下、枫树界、枫树垴、枫木界、枫树湾、枫安坪	38
	茶	茶园凼、茶山、茶溪（2条）、茶山冲、茶园洞、茶园岭（4条）、茶子山、茶家溪、茶园溪（2条）、茶冲、茶山排、茶山坳、老茶园（2条）、茶子凼（2条）、茶耳冲、茶籽界、茶籽山、牛茶冲、茶油冲、横茶园、茶山坑、茶凼、大油坪、油寨、千斤茶园（5条）、千金茶园、千家茶园（2条）	39
	桐	桐子滩、水桐湾、桐子坨、徒桐山、桐子山（3条）、梧桐山（2条）、桐湾子、桐子排（3条）、桐子坪、桐罗树下、桐油田、桐树下、桐子冲（2条）、桐木冲（3条）、桐树山、桐子溪、桐树湾（2条）、梧桐园、桐木溪（2条）、桐树岭、梧桐坑、桐子湾、水桐冲、桐子坳、桐皮园、桐木坑	36
	杨、柳	杨柳井、柳溪湾、杨柳塘坳上、杨柳冲（2条）、杨柳江、柳树底下、杨柳凼（2条）、杨柳塘（5条）、杨里冲、杨木洲、杨柳院、白杨湾、柳树坪、杨柳坪、柳山塘、柳阴台、柳山里、杨树塘、杨柳湾（2条）、南杨湾、柳立冲、白杨山、杨林	30
	松、柏	松柳院、松柏院、松山园、松柏湾（2条）、松山坪（2条）、松柏树下、松柏树院子、松树坪（3条）、松柏园、柏木溪、松山冲（3条）、柏木坨、柏木山、柏瑙里、松山塝、松山垴、大松树下、驼柏湾、松柏坳、松竹山、柏香庵、松山凼、柏香树、松山界	30

续表

物产		地名名称	数量
植物	梨	峨梨垅、梨树塘、峨梨塝、峨梨树托、峨梨坳（4条）、峨梨树院子、峨梨树山、峨梨冲（3条）、小峨梨山、大峨梨坳、峨梨山、梨子山（2条）、峨梨园、峨梨树界、梨子坳、峨梨塘、峨梨湾、峨梨凼、峨梨坪、峨梨树凼	26
	桃	桃树湾（4条）、桃里坪、桃树坳上、桃树坪（2条）、桃园岭、桃树坳（2条）、桃树塘、桃树排、桃林湾、桃树冲（3条）、桃林、桃溪、桃树托、桃溪冲、桃树凼、桃李冲、桃地冲、老桃花坳	25
	杉	杉木塘、杉木山、杉木店、杉木坪、杉木岭（5条）、杉木冲（5条）、杉木坳（2条）、杉山（4条）、杉木垴、杉木凼、杉山湾、杉山界、大杉山	25
	梅	梅青坳、梅子凼、塘梅冲、梅冲、梅山、上梅树、下梅山、杨梅山（2条）、杨打梅、杨梅冲（2条）、梅子岭、梅树坑、梅子冲、梅树下、梅溪、梅树湾、梅溪院、杨梅凼、石梅界、梅青凼、杨梅界	23
	樟	樟树湾、樟木冲、樟树下（6条）、樟木塘、樟树垅、樟木托、樟树院、樟树排、樟树岭、樟树塘、樟树坪（2条）、木樟溪	18
	芭蕉	芭蕉冲（8条）、芭蕉园、芭蕉岭、芭蕉湾、芭蕉院（2条）、芭蕉山、芭蕉茆、芭蕉界	16
	禾木	早禾冲、禾树下、高禾冲、禾树坪、禾树岭、禾树坳（2条）、禾树冲、干禾、早禾坪、干禾坪、早禾垅、禾树塝、石禾塘、甲禾塘	15
	檀	檀山湾（2条）、檀山排、檀木山、檀山冲（4条）、檀木洞、檀木湾、檀山（2条）、檀山下	13
	梓	梓木冲、梓木山（2条）、梓高岭、株梓洞、梓山下、梓江溪、双梓垅、梓树托、梓树湾、株梓坪、雷打梓、梓木园	13
	杏	杏子坳、杏子湾、杏子下、杏子坪（3条）、杏山下、杏子坳、杏子树下、杏冲	10
	漆树	漆树湾（3条）、漆树凼（2条）、漆树冲、漆树坪（3条）	9
	株木	株木山（3条）、株木托、株树湾、株树下、株子湾、	7
	梽木	梽木山（3条）、梽木坳、梽溪、梽木岭	6
	桑树	桑树下、桑树岭、桑树坪（2条）、桑树凼、黄桑坪	6
	楠木	楠木界、楠木山（2条）、楠木凼、楠木冲	5
	皂角	皂角岭、石皂岭、皂角冲（2条）、皂角坳	5
	枇杷	枇杷垅、枇杷冲、枇杷山、枇杷湾（2条）	5
	枣	枣子园、小枣溪、酸枣坳、枣子屋场（2条）	5
	葡萄	葡萄冲（3条）、葡萄岭、葡萄界	5
	报木	报木山、报木凼、报木田（2条）	4

续表

物产		地名名称	数量
植物	椆木	椆木岭、椆树山院子、椆木山、椆树下	4
	柿	柿子冲（2条）、柿树湾、柿子田	4
	木瓜	木瓜溪、木瓜坪（2条）、木瓜冲	4
	其他树木	秀林岭、林圫、白木冲、江木山、木山冲（2条）、木山坳、枧木冲、高木冲、富木圫、高木塘、老木圫、树底下、木山坳、木田、木山（2条）、柴山岭、进木岭、木山溪（2条）、木子湾、老树塸、木关溪、金木坪、树山里、大树山（2条）、青树底下、树山屋、空树塘、菜树冲、葡树溪、柘木冲、金树殿、柘塸上、柘泥塘、柘溪、材木溪、椿树冲、烂木冲、棕树冲、铜锣树下、苦楝坪、棕树湾、槐树圫、椿树湾、银杏坪、石榴坪、李子冲、樱桃界、柑子岩、柑子湾、李子坳、双树坪、抱棠湾	56
	花草类	红花园、花溪江、栀子湾（2条）、李花圫、香草园、映山红、桂花园、桂花岭、桂花圫、桂庄、花圫、黄花溪、菜花溪（2条）、芙蓉冲、菊花树下、白花冲、凤兰上、杜花冲、槐花坪、花屋里、箩萱莲、黄荆坪、葫叶坳、菖蒲塘、荆坪、葛藤坪、苎麻冲、烂草坑、青苔冲、黄芪田、香蒲冲、香草冲、老艾坪（2条）、青草溪、灯芯塘、蕨巴溪、稗籽圫、瓜络坪、黄连溪（2条）、黄连排、葡萝山、茅兜起、大草坪、毛叶冲、蓝靛湾、靛山坑、靛山桥、靛里冲、黄皮冲、黄皮圫、麻田里、稗草冲、蕨巴冲（2条）、蕨纳坪、蕨根村	61
作物类	旱地作物	油籽冲、辣子坪、绿豆冲、红豆冲、玉米冲（2条）、棉花岭（2条）、麦子湾、麦子圫、麦坳界、麦黄冲、荞麦冲、荞畲冲、穄子冲、豆溪、木耳冲、白耳塘、穄子坳（2条）、红薯圫、荞畲圫、芹菜坑、芋头塘、芋子圫、芋头冲、韭菜岭、韭菜湖、韭菜圫、黄瓜坪	30
	莲藕	菱角塘、藕塘里（2条）、荷叶塘（3条）、荷塘、莲花塘	8
动物	兽类	豺狼湾、野牛圫、黄獭冲、野猪溪、羊牯冲、牛寨山、虎旺、野猪坳、野牛塘、牛寨、牛寨冲、毫猪坪、白牛塘、啸虎坳、野牛堂、老虎冲、老虎界、黄獭塘、大熊溪、黄麂洞、黄麂冲、老熊塘、青猴江	23
	禽类	鸟圫塝、凫鸭冲、乌鸦洞、野鸡岭、野鸭塘、喜鹊山、金鸡圫、鸭婆园、鹧鸪塘（2条）、野鸡圫、雀鸟冲、鸟山、鸟岩、鸟竹岩、鸟坳岭、鸦吉岭、鸟坳（2条）、麻雀坳、老鸦坪、竹鸡冲、老鸦冲（2条）、老鸦、鸟山院、老鸦屋、小鹅坪、鹅坪、天鹅圫（3条）、鸟岭、斑鸠洞、阳雀塘、喜鹊坪、鸟子坪、鸠鸡塘、金鹅排	38
	其他	白蛇冲、南蛇圫、鲤鱼塘、蜜蜂岭、蚂蚁院、蜜崽圫	6

表 6　　　　　　　　新化方言祖、父辈亲属称谓

爷爷	公公 [kən³³kən]	奶奶	奶奶 [niɛ³³niɛ]
外公	外公 [uɤ³³kən]	外婆	婆婆 [bʰo¹³bʰo]
爸爸	爹爹 [ti³³ti] 爷 [ia¹³]	妈妈	妈妈 [ma³³ma] 娘 [yõ¹³]
伯父	伯父 [pɤ¹³ia]	伯母	伯娘 [bʰɤ¹³yõ]

续表

叔叔	满 [mã²¹mã]	叔母	叔娘 [ɕiəu¹³yõ]
姑父（父亲姐夫）	大爷 [dʰæ³³ia]	姑妈（父亲姐姐）	大娘 [dʰæ³³yõ]
姑父（父亲妹夫）	姑爷 [ku³³ia]	姑妈（父亲妹妹）	满满 [mã²¹mã]
舅舅	舅舅 [ʑiəu²¹ʑiəu]	舅妈	舅娘 [ʑiəu²¹yõ]
姨父（母亲姐夫）	大爷 [dʰæ³³ia]	姨妈（母亲姐姐）	大娘 [dʰæ³³yõ]
姨父（母亲妹夫）	姨爷 [i¹³ia]	姨妈（母亲妹妹）	姨娘 [i¹³yõ]
公公	家爷 [ka³³ia]	婆婆	家娘 [ka³³yõ]
岳父	丈人公 [z̩õ³³nkən]	岳母	丈人婆 [z̩õ³³nbʰo]

表7　　　　　　　　　新化方言子、孙辈亲属称谓

男性称谓词	新化方言	女性称谓词	新化方言
儿子	崽 [tsæ²¹]	媳妇	新妇 [ɕin³³fu]
女婿	郎 [lõ¹³]　郎把公 [lõ¹³pa⁴⁵kən]	女	女 [y²¹]
侄子	侄儿子 [ʐ̩¹³ɤ¹³tsʅ]	侄女	侄女 [ʐ̩¹³y²¹]
外甥	外甥 [uɤ³³sõ³³]	外甥女	外甥女 [uɤ³³sõ³³y²¹]
孙子	孙 [sən³³]	孙媳	孙新妇 [sən³³ɕin³³fu]
孙女婿	孙郎 [sən³³lõ]	孙女	孙女 [sən³³y²¹]
外孙	外孙 [uɤ³³sõ]	外孙女	外孙女 [uɤ³³sõ³³y²¹]

表8　　　　　　　　　新化方言同辈亲属称谓

男性称谓词	新化方言	女性称谓词	新化方言
丈夫	男人家 [lã¹³n³³ka]	妻子	婆娘 [pʰo¹³yõ]　老婆 [lɔ²¹pʰo]　老娘 [lɔ²¹yõ]
哥哥	哥 [ko³³ko]	嫂子	嫂嫂 [sɔ²¹sɔ]
姐夫	姐夫 [tɕia²¹fu]	姐姐	姐姐 [tɕia²¹tɕiə]
弟弟	老弟 [lɔ²¹li]	弟妹	老弟嫂 [lɔ²¹li²¹sɔ]
妹夫	妹郎 [mɤ³³lõ]	妹妹	妹妹 [mɤ³³mɤ]
堂哥	叔伯哥哥 [ɕiəu¹³bʰɤ¹³ko³³ko]	堂姐	叔伯姐姐 [ɕiəu¹³bʰɤ¹³tɕia²¹tɕiə]
堂弟	叔伯老弟 [ɕiəu¹³bʰɤ¹³lɔ²¹li]	堂妹	叔伯妹妹 [ɕiəu¹³bʰɤ¹³mɤ³³mɤ]

续表

男性称谓词	新化方言	女性称谓词	新化方言
表哥	表哥 [piə²¹ko]	表姐	表姐 [piə²¹tɕiə]
表弟	表老弟 [piə²¹lɔ²¹li]	表妹	表妹 [piə²¹mɤ]

表9　　　　　　　　新化方言姻亲称谓

男性称谓	新化方言	女性称谓	新化方言
亲家	亲家 [tɕʰin⁴⁵ka]	亲家母	亲家母 [tɕʰin⁴⁵ka³³mu]
大舅子	大阿舅 [dʰa³³a³³ziəu]	大姨子	姨姐 [i¹³tɕiə]
小舅子	细阿舅 [ɕi⁴⁵a³³ziəu]	小姨子	姨妹 [i¹³mɤ]
姻亲兄弟姐妹称呼对方父亲	姻伯 [in³³bʰɤ]	姻亲兄弟姐妹称呼对方母亲	姻伯母 [in³³bʰɤ¹³mu]

表10　　　　　　　　新化山歌自然类兴象统计表

类别	序号	篇名	起兴句
天象类	1	清末民谣	天上雷公打雷公,地上豹子吃老虎
	2	不平歌	天不平,地不平,阎王怕了大财神
	3	山歌唱得翠鸟来	春雨沙沙落姐怀,山歌唱得翠鸟来
	4	太阳出土又出弯	太阳出土又出弯,满姑提篮卖牡丹
	5	斗笠遮雨挂高山	斗笠遮雨挂高山,笠下陶情实好玩
	6	星子出来朗朗稀	星子出来朗朗稀,照见情哥哥穿烂衣
	7	山风伴脚过岭东	山风伴脚过岭东,问姐何年何月何日生
	8	天上起云地下遮	天上起云地下遮,干田无水靠筒车
	9	这边落雨那边淋	这边落雨那边淋,姐挽清风送郎行
	10	日头出来三丈长	日头出来三丈长,情姐打扮上庵堂
	11	看云莫看露水云	看云莫看露水云,恋郎莫恋几条心
	12	日头出来晒四方	日头出来晒四方,手提书篮进学堂
	13	日头落土四山黑	日头落土四山黑,早煮茶饭留郎歇
	14	日头当顶午时中	日头当顶午时中,情姐挑茶担饭送田垅
	15	日头出来像米筛	日头出来像米筛,筛到郎咯床上来
	16	风吹乌云罩屋架	风吹乌云罩屋架,雨打蔷薇靠红花
	17	蛾眉月	蛾眉月像把梳,将钱买把送满姑

续表

类别	序号	篇名	起兴句
天象类	18	雾露层层不见天	雾露层层不见天，禾穗摇摇不见田
	19	天上星子眼眨眨	天上星子眼眨眨，地上苦菜开苦花
	20	郎做太阳从东来	郎做太阳从东来，姐做笼里关鸡不出来
	21	昨夜做梦好时新	天上落雨地下淋，做了个美梦好时新
	22	十二个时辰	辰时日头红，姐在绣房中
	23	鲤鱼跳进草鱼塘	天上落雨地下装，装成两眼小池塘
	24	日头落土黑瞅瞅	日头落土黑瞅瞅，郎说姐屋冒灯油
	25	手帕化成一朵一云	日头当顶火一盆，望见情哥汗淋淋
	26	日头落土遍山黄	日头落土遍山黄，早煮茶饭留情郎
	27	门前大水满了溪	大雨落，毛雨飞，郎到家屋借蓑衣
	28	五更送郎	一更月照山，你姐前门后门切莫关
	29	一命射过九眼塘	星子出来漫天花，想起冤家遍身麻
	30	天上星子昏昏光	天上星子昏昏光，地下满姑冒爷娘
	31	世间最苦单身娘	星子出来亮堂堂，照见人间单身娘
	32	做娘莫做两样心	天上起了五色云，做娘莫做两样心
	33	杨益与潘九娘	日头圆圆照四方，照见梅州潘九娘
地理类	1	高山高岭高高天	高山高岭高高天，看见瓦屋吐青烟
	2	回湾水	回湾流水浪旋旋，船儿恋水水恋船
	3	隔山隔岭又隔岩	隔山隔岭又隔岩，隔条天河两分开
	4	大路凉水顺枧流	大路凉水顺枧流，有人喝来无人修
	5	家花和野花	河水冒得井水亮，南风冒得北风凉
物产类	1	莲花闹诉苦	毛苦菜来开苦花，农民苦楚齐屋架
	2	哭嫁歌	苋菜才出土，满畲一样红
	3	云遮日头是真心	桐子树开花遮不得郎的荫，花言巧语冒好心
	4	三片茶叶两片青	三片茶叶两片青，男儿不知女儿心
	5	青青藤上蓬蓬花	青青藤上蓬蓬花，牵牵扯扯是一家
	6	栀子打花伴墙载	栀子打花伴墙载，墙矮花高现出来
	7	桃花情	桃花李花两树开，树下打歌谁来猜
	8	春光当媒人	萝卜开花一簇银，荠菜开花朵朵金
	9	山中茅草好盖屋	山中茅草好盖屋，黄花女子好搭铺
	10	对门山上一树槐	对门山上一树槐，手攀槐树望郎来
	11	娇莲门前一树槐	娇莲门前一树槐，槐子树上扎戏台

续表

类别	序号	篇名	起兴句
物产类	12	橘子开花叉对叉	橘子开花叉对叉,花花朵朵团云霞
	13	路边黄连开黄花	路边黄连开黄花,苦花苦树苦一家
	14	一树好花淡淡红	一树好花淡淡红,可怜开在荆棘中
	15	山青自有鸟落脚	枫树叶子三只角,二人有话当面讲
	16	油菜开花两面黄	油菜开花两面黄,朵朵闪金亮堂堂
	17	石榴开花叶青青	石榴开花叶青青,花开还要叶遮荫
	18	天上星子眼眨眨	天上星子眼眨眨,地上苦菜开苦花
	19	一片子蔑吊千斤	一片子蔑吊千斤,情姐挂郎挂在心
	20	枫树叶子片片翻	枫树叶子片片翻,二人相恋莫逗玩
	21	牵牛花	枇杷树上牵牛花,带花带朵往上爬
	22	井上开花井里红	井上开花井里红,新夫新妻情意浓
	23	三皮芥菜两皮青	三皮芥菜两皮青,解开罗裙放宽心
	24	去年想你到今年	板栗子开花一根线,去年想你到今年
	25	瘦竹生枝稀稀疏	瘦竹生枝稀稀疏,劝哥莫把妻子欺
	26	黄丝茅	黄丝茅,像把刀,冒情意咯姣莲切莫讨
	27	冠子树开花	冠子树开花红朵朵,自家养女不像我
	28	墙上缠马难转身	高山苦果也是果,穷家女子也是人
	29	莲子开花夜里香	莲子开花夜里香,帐子里面画情郎
	30	甜梨树开花	甜梨树开花像牡丹,黄花女巴肚像雪山
	31	海棠花	一枝花,海棠花,妹子头上插
	32	十一嫂	细细笋子细细心,细细媳妇难做人
	33	三匹青菜两匹黄	三匹青菜两匹黄,只有我撞个后家娘
	34	柑子开花苦又酸	柑子开花苦又酸,后娘边做女难当
	35	刀把豆	刀把豆,开红花,养满女,嫁人家
	36	映山红	映山红,朵朵红,关公骑马我骑龙
	37	麦子鸟叫	麦子鸟叫起要插田,郎在田中想娇莲
	38	斑鸠上树	斑鸠上树叫喳喳,妹是单丝哥是纱
	39	斑鸠上树	斑鸠上树脑摇摇,哥妹唱歌寻对头
	40	一对鸽子飞过堤	一对鸽子飞过堤,一对姣莲一崭齐
	41	高山画眉叫唉唉	高山画眉叫唉唉,肉少毛多实乖态
	42	小小画眉小小莺	小小画眉小小莺,小小姣莲爱陶情
	43	喜鹊搭窝靠树叉	喜鹊搭窝靠树叉,蜜蜂采糖靠野花

续表

类别	序号	篇名	起兴句
物产类	44	小小鲤鱼	小小鲤鱼紫红鳃，下水游到上水来
	45	绣荷包	天上乌鸦叫，情哥哥修书到
	46	三只画眉一笼关	三只画眉一笼关，一对成双一只单
	47	小小公鸡跳上台	小小公鸡跳上台，半夜想妹半夜来
	48	清早起	清早起，雾沉沉，看看一对黄鹿过堤身
	49	郎做蜜蜂飞半天	郎做蜜蜂飞半天，姐做蜘蛛缠网在屋檐
	50	五只金鸡叫哀哀	五只金鸡叫哀哀，姐在房中才起来
	51	猴子爬树不怕高	猴子爬树不怕高，后生家攀花不怕绚
	52	野鸡下蛋尾驼驼	野鸡下蛋尾驼驼，厉害咯姣莲难情哥
	53	鸡公相啄为口尖	鸡公相啄为口尖，云儿相挤为块天
	54	五更鸡叫天了光	五更鸡叫天了光，天光难舍少年郎
	55	郎做岩鹰天上来	郎做岩鹰天上来，姐做小鸡笼里呆
	56	磨虎头叫	磨虎头叫来姐心慌，情哥重病在远方
	57	毛毛鸟	毛毛鸟儿冒毛飞，毛毛媳妇吃哑亏
	58	山歌传	十万蚂蚁一路行，十万山歌同本经
	59	公鸡下蛋我才回	红鸟子叫，绿鸟子飞，撞个后娘好呷亏
	60	麻雀子	麻雀子，尾巴长，讨了老婆不要娘
	61	人要专心石也穿	鲤鱼敢冲拦鱼网，水牛敢进烂泥田，燕子敢抱雁鹅蛋

表 11　　　　　　新化山歌生产类兴象统计表

序号	篇名	起兴句
1	扯秧歌	秧田里扯秧要唱歌，有歌不唱稗子多
2	郎打夜工莳丘田	郎打夜工莳丘田，赚只莳田包子送姣莲
3	阳春四月秧苗黄	阳春四月秧苗黄，雷公敲背莳田忙
4	扯秧莫扯擂巴秧	扯秧莫扯擂巴秧，要扯锅盖平一掌
5	放羊歌	正月放羊雪打灯，风如鞭子抽奴身
6	高山挖土两边分	高山挖土两边分，天不公来地不平
7	拜佛歌	高山砍树响当当，做个木鱼进庵堂
8	看着插田又转青	看着插田又转青，看着姣莲长成人
9	园里载花	园里栽花园外香，扇子托瓜送郎尝
10	金竹打水	金竹打水细细飞，河边洗衣不用捶

续表

序号	篇名	起兴句
11	犁田要有牛绚绳	犁田要有牛绚绳，唱歌要有妹接音
12	棘蓬里摘苞	棘蓬里摘苞要手尖，后生攀花要口甜
13	高山高界修凉亭	高山高界修凉亭，妹修凉亭郎遮荫
14	日头出来姐晒谷	日头出来姐晒谷，只见你身子好看脚板粗
15	高山拣粟	高山拣粟粟米黄，粟米煮酒像蜂糖
16	抬头看见麦子黄	抬头看见麦子黄，收了麦子栽高粱
17	好田好土不用肥	好田好土不用肥，好男好女不用媒
18	石板上晒谷	石板上晒谷要勤翻，冒年纪咯姣莲爱打扮
19	新打毛镰难转弯	新打毛镰难转弯，头次恋姐实为难
20	高山种谷谷叶尖	高山种谷谷叶尖，兜兜谷苗靠山泉
21	高山点荞叶红红	高山点荞叶红红，有心攀花不怕红
22	粟米蒸酒送情郎	高山种粟粟米黄，朵朵粟米狼尾长
23	高山点粟粟叶尖	高山点粟粟叶尖，粟几出来靠龙天
24	高山种粟粟生根	高山种粟粟生根，山里恋姐不要钱
25	小小菜园	小小菜园打篱桩，丝瓜苦瓜行挨行
26	一河春水化浮云	高挂犁耙干了齿，烧山下雨返了青
27	高山砍树陡排排	高山砍树陡排排，哥哥骑马妹担柴

表12　　　　　新化山歌生活类兴象统计表

序号	篇名	起兴句
1	嫁郎要嫁唱歌郎	呷姜要呷麻辣姜，嫁郎要嫁唱歌郎
2	花鼓响堂堂	今夜花鼓响堂堂，个个讲我在你姐姐屋里行
3	油纸扇	油纸扇，镶金边，掏钱买把送到姐面前
4	琉璃瓦屋生青烟	琉璃瓦屋生青烟，屋里有个好姣莲
5	花花扇子配金边	花花扇子配金边，将钱买把送姣莲
6	杉木水桶桶梁高	杉木水桶桶梁高，上井无水下井挑
7	好柴烧火不冒烟	好柴烧火不冒烟，好菜放盐比糖甜
8	慢打鞋底慢抽针	慢打鞋底慢抽针，看见情哥懒起身
9	新起槽门八尺高	新起槽门八尺高，再加八尺比天高
10	四杯酒	一杯酒，酒清甜，双手敬酒对郎言
11	金丝斗笠银丝圈	金丝斗笠银丝圈，好姐要个好郎连

续表

序号	篇名	起兴句
12	金丝稻草打草鞋	金丝稻草打草鞋,麻线扯来红布缠
13	楠木造船	楠木造船对下装,上装胡椒下装姜
14	盆要箍来桶要箍	盆要箍来桶要箍,冒年纪咯寡妇莫去箍
15	铜锣耍鼓	铜锣耍鼓响沉沉,隔壁姣莲要出门
16	糯米蒸酒满缸浮	糯米蒸酒满缸浮,郎得相思妹得痨
17	扯炉歌	扯起炉来唱起歌,人人说我爱快活
18	抗美援朝保和平	好铁要打掌马钉,好男要当志愿军
19	姐在河边洗莳蒿	姐在河边洗莳蒿,洗得莳蒿满江浮

表 13　　　　　　　　鄂温克族歌谣兴象统计表

类别		序号	篇名	起兴句
自然类	天象类	1	难和家人团聚	初升的太阳啊,被云雾遮蒙
		2	真心想念的情意	升腾起来的雾气呀,会变成云朵下起雨来
		3	谁也隔不断相爱的人	东北方弥漫着乌云,升起的雾气不安地飘摇
	地理类	1	额尔根哈达的岩石	额尔根哈达的岩石,怎么破碎也不见少
		2	道格陶勒河	道格陶勒河啊,可爱的河
		3	贝尔茨河哟,母亲河	贝尔茨河哟,母亲河,我常年在你身边游猎
		4	孟阿吉河	孟阿吉河啊,可爱的河,你从我身边潺潺流过
		5	阿拉巴吉河	阿拉巴吉河,可爱的河,我和兄弟曾在你岸边生活
		6	美丽的辉河,我的家乡	金波闪光的辉河啊,水流清澈的雅鲁河
		7	白头山	白头山再高,也够不上鸣雷闪电的苍穹
	植物类	1	残害我们的是诺颜	额莫尔图的樟松旁边,有棵弱榆树孤单单
		2	红花耳基的樟子松	红花耳基的樟子松,迎着微风飒飒摆动
		3	海尔汉的茅草	海尔汉山上的茅草,怎么割也割不完
		4	海尔汉的茅草	高高山上的白桦树,怎么砍也砍不完
		5	没想到会被抛弃	溪水旁的嫩草啊,摆动着碧绿的波纹
		6	没料到	讷干瑟贺尔的青草,生长得碧绿可爱
		7	人生	白桦树再高,也碰不到蓝空
		8	原野的花	原野的花是那样的多,该去采摘哪一朵

续表

类别		序号	篇名	起兴句
自然类	动物类	1	额呼兰德呼兰	花喜鹊，嘴巴长，妯娌们，纳鞋帮
		2	酒歌	善飞的鸟啊，高山峻岭上多逍遥
		3	酒歌	红尾的鲤鱼啊，湍急的水流里多逍遥
		4	酒歌	颠跑的狐狸哟，深密的草丛里多逍遥
		5	酒歌	蹿跑的旱獭哟，树墩草棵里多逍遥
		6	高空盘旋的雄鹰	高空盘旋的雄鹰，落在那山峰最幸福
		7	珊瑚	飞翔的雀鸟啊，给天空和草原添彩
		8	意外	枣红马呀，枣红马，追赶黄羊像一阵轻风
		9	人里头就数南开哥哥好	在七百匹骏马的群里，要数撒欢的花马最神速
		10	谁说又能怎么样	我那步态轻柔的快走马，在辽阔的原野上多酣畅
		11	伤心	我那机灵的铁青马哟，奔跑起来多轻松
		12	达木丁	花斑纹的马，被缰绳绊住
		13	思念家乡	草原上的布谷鸟叫得多么可怜，离开呼伦贝尔的我们多么辛酸
		14	想起父母	花翅膀的水鸟哟，把湖沼的水搅动
		15	额尔根哈达的岩石	有印记的沙毛马，叫靴子磨破胸腰
		16	额尔根哈达的岩石	毛色光滑的枣骝马，叫瘟疫给拖倒
		17	我的凄苦	成群戏飞的鸟哟，个个那样欢喜
		18	为什么把我嫁给他	光秃秃的地方，白脖鸦怎能落下
		19	为什么把我嫁给他	荒凉的地方，百灵鸟怎能落下
		20	为什么把我嫁给他	不长蒿草的地方，黄鹂鸟怎能落下
		21	为什么把我嫁给他	没有枝丫的地方，乌鸦怎能落下
		22	妹妹真可怜	落在草原上的青羽毛的小鸟真可怜
		23	布谷鸟叫的时候	布谷鸟叫的时候，树叶吐出嫩芽
		24	布谷鸟叫的时候	黄鹂鸟叫的时候，山岭披上绿装
		25	安歇	蹦蹦跳跳的野兽，在高高的山林中安歇
		26	喜欢	顺排飞的鸟，喜欢落在沙坨子上
		27	喜欢	叫着飞的野鸡，喜欢在树丛中隐藏
人文类	生活类	1	瓦嘎之歌	海螺号的鸣声，在河湾的村子里听得清
		2	婚宴祝福歌	斟在金碗里的酒，向尊贵的客人们敬举
		3	讷烈妹妹	你那系着拉绳的毡房，门窗朝向哪方

续表

类别		序号	篇名	起兴句
人文类	生产类	1	讷林卓	你居住的毡房，不知坐落在何方
		2	牧歌	珍珠般肥美的羊群，撒满金色的洼地草场，手持羊鞭的姑娘，骑着枣红马翩翩飞翔
		3	回家难	谁能把鬃绳结成宇宙那么长
		4	辕子不好的车	辕子不好的车，父亲造它干什么

参考文献

一

（宋）邱雍、陈彭年等编：《宋本广韵》，中国书店 1982 年版。

（宋）陈彭年修：《重修玉篇》，清文渊阁四库全书本。

（汉）许慎撰，（清）段玉裁注：《说文解字注》，上海古籍出版社 2000 年版。

（东汉）郑玄注，（唐）孔颖达疏：《礼记正义》，山东画报出版社 2004 年版。

（战国）庄子著，费逸评注：《译注庄子》，花城出版社 1998 年版。

傅惜华编：《古典戏曲声乐论著丛编》，人民音乐出版社 1957 年版。

（宋）洪兴祖注，卞岐整理：《楚辞补注》，凤凰出版社 2007 年版。

（清）黄宅中等修，邓显鹤等纂：《宝庆府志》，成文出版社 1975 年版。

黄寿祺、张善文撰：《周易译注》，上海古籍出版社 2010 年版。

（清）江永撰：《音学辨微·附三十六字母辨》，中华书局 1985 年版。

金良年译注：《孟子译注》，上海书店出版社 2003 年版。

李文波编著：《易经通解》，中国致公出版社 2008 年版。

（春秋）老子著，李正西评注：《道德经》，安徽文艺出版社 2003 年版。

（清）刘洪泽等编修：《新化县志》，成文出版社 1975 年版。

（北齐）颜维撰，刘彦捷、刘石注评：《颜氏家训注评》，学苑出版社 2000 年版。

（清）陆次云撰，徐霆疏：《峒溪纤志》，问影楼舆地丛书影印本，光绪戊申仿聚珍版。

吕友仁译注：《周礼译注》，中州古籍出版社 2004 年版。

（清）阮元校刻：《十三经注疏》，中华书局1980年版。

（清）邵晋涵撰：《尔雅正义》，清乾隆刻本。

（清）孙希旦撰，沈啸寰、王星贤点校：《礼记集解》，中华书局1989年版。

（清）孙诒让著，孙以楷点校：《墨子间诂》，中华书局1986年版。

（元）脱脱：《宋史》，中华书局1973年版。

王学典编译：《山海经》，哈尔滨出版社2007年版。

吴毓江校释：《公孙龙校释》，上海古籍出版社2001年版。

（南朝）刘勰著，徐正英、罗家湘注译：《文心雕龙》，中州古籍出版社2008年版。

严斯信著：《尚书·尧典今绎》，云南人民出版社2010年版。

（明）杨慎撰：《升庵经说》，中华书局1985年版。

（战国）荀子著，（唐）杨倞注：《荀子》，上海古籍出版社2010年版。

（南朝梁）钟嵘著，张朵、李进栓注译：《诗品》，中州古籍出版社2010年版。

（宋）朱熹集注：《诗集传》，上海古籍出版社1980年版。

（宋）朱熹等注：《四书五经》，北京古籍出版社1994年版。

二

陈北郊：《汉语语讳学》，山西人民出版社1991年版。

陈望道著，复旦大学语言研究室编：《陈望道文集》，上海人民出版社1980年版。

陈望道著，复旦大学语言研究室编：《陈望道修辞论集》，安徽教育出版社1985年版。

陈望道：《修辞学发凡》，上海教育出版社2001年版。

陈子展撰述：《诗经直解》，复旦大学出版社1983年版。

崔荣昌：《四川方言与巴蜀文化》，四川大学出版社1996年版。

寸镇东：《语境与修辞》，贵州人民出版社1996年版。

戴昭铭：《文化语言学导论》，语文出版社1996年版。

冯广艺：《汉语修辞论》，华中师范大学出版社2003年版。

冯鸿滔：《普通心理学》，中国人民公安大学出版社2006年版。

高长江：《现代修辞学——人与人的世界对话》，吉林大学出版社1991年版。

高名凯：《语言论》，商务印书馆2011年版。

顾嘉祖、陆昇主编：《语言与文化》，上海外语教育出版社2002年版。

桂诗春编著：《心理语言学》，上海外语教育出版社1985年版。

韩宏韬：《〈毛诗正义〉研究》，中国社会科学出版社2009年版。

何自然、冉永平编著：《语用学概论》，湖南教育出版社2002年版。

胡怀琛：《修辞学发微》，大华书局1935年版。

胡裕树主编：《现代汉语》，上海教育出版社1981年版。

胡兆量等编著：《中国文化地理概述》，北京大学出版社2006年版。

黄国文主编：《语篇·语言功能·语言教学》，中山大学出版社2002年版。

黄尚军：《四川方言与民俗》，四川人民出版社1996年版。

黄涛：《语言民俗与中国文化》，人民出版社2002年版。

季水河主编：《文学理论导引》，湘潭大学出版社2009年版。

江南：《汉语修辞的当代阐释》，中国矿业大学出版社2001年版。

李军华：《汉语委婉语研究》，中国社会科学出版社2010年版。

李军华：《汉语修辞学新著》，中国社会科学出版社2010年版。

李如龙：《汉语地名学论稿》，上海教育出版社1998年版。

李亦园：《人类的视野》，上海文艺出版社1996年版。

李中生：《中国语言避讳习俗》，陕西人民出版社1991年版。

林秉贤：《社会心理学》，群众出版社1985年版。

林火旺：《伦理学入门》，上海古籍出版社2005年版。

林伦伦、潘家懿：《广东方言与文化论稿》，中国文联出版社2000年版。

刘芳：《诗歌意象语言研究》，上海译文出版社2012年版。

刘云泉：《语言的色彩美》，安徽教育出版社1990年版。

吕叔湘：《中国文法要略》，商务印书馆1982年版。

吕叔湘、朱德熙：《语法修辞讲话》，中国青年出版社1979年版。

罗常培：《语言与文化》，北京出版社2004年版。

罗昕如：《湖南方言与地域文化》，湖南师范大学出版社2001年版。

罗昕如：《新化方言研究》，湖南教育出版社 1998 年版。
骆小所：《语言美学论稿》，云南人民出版社 1996 年版。
马鸣春：《称谓修辞学》，陕西人民出版社 1992 年版。
马鸣春：《人名修辞学》，陕西人民教育出版社 1990 年版。
牛汝辰：《中国地名文化》，中国华侨出版社 1993 年版。
彭增安：《语用·修辞·文化》，学林出版社 1998 年版。
齐元涛：《篇章应用通则》，春风文艺出版社 2000 年版。
钱钟书：《管锥编》，三联书店 2001 年版。
邱崇丙编著：《俗语五千条》，陕西人民出版社 1983 年版。
曲彦斌：《民俗语言学》，辽宁教育出版社 1989 年版。
曲英杰：《文章结构艺术》，长春出版社 1989 年版。
沙汉昆：《中国民歌的结构与旋法》，上海音乐出版社 1988 年版。
申小龙：《语言与文化的现代思考》，河南人民出版社 2000 年版。
沈锡伦：《语言文字的避讳、禁忌与委婉表现》，台湾商务印书馆 1996 年版。
孙治平、王仿编：《俗语两千条》，上海文艺出版社 1985 年版。
孙作云：《〈诗经〉研究》，河南大学出版社 2003 年版。
谭汝为主编：《民俗文化语汇通论》，天津古籍出版社 2004 年版。
谭学纯、朱玲：《广义修辞学》，安徽教育出版社 2001 年版。
谭永祥：《汉语修辞美学》，北京语言学院出版社 1992 年版。
唐凯麟、曹刚：《重释传统——儒家思想的现代价值评估》，华东师范大学出版社 2000 年版。
汪泽树：《姓氏·名号·别称——中国人物命名习俗》，四川人民出版社 2003 年版。
王德春：《词汇学研究》，山东教育出版社 1983 年版。
王德春：《修辞学探索》，北京出版社 1983 年版。
王德春、孙汝建、姚远：《社会心理语言学》，上海外语教育出版社 1995 年版。
王焕运：《汉语风格学简论》，河北教育出版社 1993 年版。
王郊天等编：《新诗创作艺术谈》，江苏人民出版社 1982 年版。
王捷、徐建华、刁玉明编注：《中国俗语》，上海文艺出版社 1992 年版。

王力：《汉语诗律学》，上海教育出版社2005年版。

王力：《汉语史稿》，中华书局2007年版。

王铭铭：《社会人类学与中国研究》，广西师范大学出版社2005年版。

王苹：《汉语修辞与文化》，浙江大学出版社2007年版。

王勤：《谚语歇后语概论》，湖南人民出版社1980年版。

王思涌：《文化地理学导论：人·地·文化》，高等教育出版社1989年版。

王希杰：《汉语修辞学》，商务印书馆2004年版。

王希杰：《修辞学通论》，南京大学出版社1996年版。

王孝本：《礼俗地理学》，哈尔滨地图出版社2003年版。

温端政：《谚语》，商务印书馆1985年版。

温端政主编：《中国俗语大辞典》，上海辞书出版社1989年版。

闻一多：《神话与诗》，中华书局1956年版。

吴礼权：《委婉修辞研究》，山东文艺出版社2008年版。

吴礼权：《现代汉语修辞学》，复旦大学出版社2012年版。

吴礼权：《修辞心理学》，云南人民出版社2002年版。

伍新福主编：《湖南通史》，湖南出版社1994年版。

武占坤：《汉语修辞新论》，白山出版社1999年版。

武占坤、马国凡：《谚语》，内蒙古人民出版社1997年版。

夏铸九编译：《空间的文化形式与社会理论读本》，明文书局1988年版。

萧兵：《楚辞的文化破译——一个微宏观互渗的研究》，湖北人民出版社1991年版。

新化县志编纂委员会编：《新化县志》，湖南出版社1996年版。

邢福义主编：《文化语言学》，湖北教育出版社1990年版。

徐宗才、应俊玲编：《常用俗语手册》，北京语言学院出版社1985年版。

刘匡汉、刘福春编：《中国现代诗论》（上编），花城出版社1985年版。

杨民康：《中国民歌与乡土社会》，吉林教育出版社1992年版。

杨瑞庆：《中国民歌旋律形态》，上海音乐出版社2002年版。

叶蜚声、徐通锵：《语言学纲要》，北京大学出版社1981年版。
游汝杰：《中国文化语言学引论》，高等教育出版社1993年版。
臧克和：《说文解字的文化说解》，湖北人民出版社1995年版。
张德明：《语言风格学》，东北师范大学出版社1989年版。
张宗正：《理论修辞学：宏观视野下的大修辞》，中国社会科学出版社2004年版。
赵荣、刘军民编著：《文化的地理分布》，人民教育出版社2001年版。
赵炎秋主编：《文学原理》，湖南师范大学出版社2006年版。
郑远汉：《言语风格学》，湖北教育出版社1989年版。
钟敬文主编：《民间文学概论》，上海文艺出版社1980年版。
钟敏：《汉语修辞文化概论》，中国文联出版社2006年版。
钟新梅：《梅山民俗研究》，作家出版社2005年版。
周一农：《词汇的文化蕴含》，上海三联书店2005年版。
周振鹤、游汝杰：《方言与中国文化》，上海人民出版社2006年版。
宗廷虎：《中国现代修辞学史》，浙江教育出版社1990年版。
宗廷虎、李金苓：《修辞史与修辞学史阐释》，山东文艺出版社2008年版。

三

［苏］A.M.科托夫：《对比修辞学及其任务》，于林译，《修辞学习》1986年第4期。

Kramsch Claire J. *Language and Culture*, Oxford：Oxford university press，1998.

Lakoff George & Mark Johnson. *Metaphors we live by*，Chicago：University of Chicago press，2003.

Robert F. Murphy. *An Overture to Social Anthropology*，商务印书馆1991年版。

［美］爱德华·萨丕尔：《语言论》，陆卓元译，商务印书馆1985年版。

［美］爱德华·索亚：《后大都市：城市和区域的批判性研究》，李钧等译，上海教育出版社2006年版。

［美］丹尼尔·托马斯·普里莫兹克：《梅洛-庞蒂》，关群德译，中华书局 2003 年版。

［德］恩斯特·卡西尔：《人文科学的逻辑》，关子尹译，上海译文出版社 2004 年版。

［瑞士］费尔迪南·德·索绪尔：《普通语言学教程》，高名凯译，商务印书馆 1980 年版。

［奥地利］西格蒙德·弗洛伊德：《图腾与禁忌》，文良文化译，中央编译出版社 2005 年版。

［德］黑格尔：《美学》，朱光潜译，商务印书馆 1982 年版。

［美］基辛：《当代人类文化学》，干嘉云、张家启译，巨流图书公司 1980 年版。

［美］罗伯特·F. 墨菲：《文化与社会人类学引论》，王卓君译，商务印书馆 2009 年版。

［英］迈克·克朗：《文化地理学》，杨淑华、宋慧敏译，南京大学出版社 2003 年版。

［法］孟德斯鸠：《论法的精神》，张雁深译，商务印书馆 1961 年版。

［日］桥本万太郎：《语言地理类型学》，余志鸿译，世界图书出版公司 2008 年版。

［德］威廉·冯·洪堡特：《论人类语言结构的差异及其对人类精神发展的影响》，姚小平译，商务印书馆 2008 年版。

［美］威廉·A. 哈维兰：《文化人类学》，瞿铁鹏、张钰译，上海社会科学院出版社 2006 年版。

［美］卫道真：《篇章语言学》，徐赳赳译，中国社会科学出版社 2002 年版。

［英］詹·乔·弗雷泽：《金枝》，徐育新等译，中国民间文艺出版社 1987 年版。

四

曹保平：《赣南客家民俗文化中的语言禁忌》，《赣南师范学院学报》2004 年第 1 期。

曹聪孙：《现代汉语俗语初探》，《天津师院学报》1981 年第 6 期。

曹德和：《汉语文化修辞学论略》（上、下），《江苏教育学院学报》

1997 年第 1、3 期。

曹志耘：《方言与地域文化研究的对象和方法——读〈福建方言〉有感》，《语文研究》1999 年第 2 期。

曹志耘：《谈谈方言与地域文化的研究》，《语言教学与研究》1997 年第 3 期。

陈光磊：《汉语辞格的文化关照》，《鞍山师范学院学报》1992 年第 1 期。

陈计兵：《地名与地理环境关系研究》，《中国地名》2011 年第 2 期。

陈洁：《汉语修辞与汉民族思维方式》，《修辞学习》2001 年第 2 期。

陈炯：《关于中国文化修辞学的几点构想》，《江南学院学报》2000 年第 1 期。

陈桥驿：《论浙江省的方言地名》，《浙江学刊》1983 年第 2 期。

陈文博：《汉维语比喻的民族特色对比分析》，《语言与翻译》2007 年第 2 期。

陈文博：《新疆少数民族情歌的语言修辞艺术与民族文化》，《语言与翻译》2006 年第 2 期。

陈子艾、李新吾：《古梅山峒区域是蚩尤部族世居地之一——湘中山地蚩尤信仰民俗调查》，《邵阳学院学报》2004 年第 4 期。

池昌海：《修辞的文化浸染与修辞研究的文化视角》，《汉语学习》1996 年第 3 期。

储泽祥、王寅：《空间实体的可居点与后置方位词的选择》，《语言研究》2008 年第 4 期。

戴聪腾：《英汉委婉语的对比研究》，《福建师范大学学报》2002 年第 2 期。

段曹林：《汉语语音修辞：选择、组配、谐拟》，《修辞学习》2007 年第 1 期。

方经民：《汉语空间方位参照的认知结构》，《世界汉语教学》1999 年第 4 期。

顾有识：《壮侗语诸族梅山教人物神祇考》，《广西民族学院学报》1995 年第 3 期。

关湘：《粤语歇后语的方言性和民族性》，《修辞学习》2000 年第 4 期。

韩佳蔚：《试论关中方言修辞现象的文化意蕴》，《商洛学院学报》2007 年第 2 期。

何光岳：《梅山蛮的来源和迁徙——兼论梅山蛮与百越、瑶、巴的关系》，《中南民族大学学报》1986 年第 S1 期。

黄佩文：《汉英比喻与民族文化》，《修辞学习》2001 年第 3 期。

健禾、陈琪：《比喻喻体差异中的中西美学渊源》，《当代文坛》2007 年第 4 期。

姜望琪：《篇章结构刍议》，《当代修辞学》2012 年第 4 期。

金姚、孔庆夫、辜红卫：《湖南新化山歌的衬词研究》，《大舞台》2014 年第 9 期。

晶珍：《蒙汉语禁忌语的文化语言学对比研究》，硕士论文，安徽大学，2012 年。

黎运汉：《试论语言风格的形成因素》，《暨南学报》1987 年第 1 期。

黎运汉：《修辞与文化背景》，《暨南学报》2001 年第 4 期。

李军华：《汉语委婉语的社会文化构成及语用发展》，《广西社会科学》2005 年第 12 期。

梁金平：《梅山民歌的起源、传承、发展与变异》，《湖南人文科技学院学报》2008 年第 2 期。

廖秋忠：《空间词和方位参考点》，《中国语文》1989 年第 1 期。

林河：《〈九歌〉与南方民族傩文化的比较》，《文艺研究》1990 年第 6 期。

林伦伦：《粤东闽语区地名的文化内涵》》，《汕头大学学报》2002 年第 1 期。

林文金：《修辞学与民俗学》，《上海师范大学学报》1986 年第 2 期。

刘淮保：《湖南梅山民歌述略》，《中国音乐》2009 年第 1 期。

刘卫红、王雪：《论英汉习语中比喻修辞的民族特色》，《郑州大学学报》2001 年第 1 期。

刘伟顺：《梅山蛮主体民族刍议》，《邵阳学院学报》2004 年第 4 期。

柳笛：《中国古代歌词起源与发展新探》，《江西社会科学》2006 年第 9 期。

罗建军：《试析黄石民间歌谣的语音修辞》，《黄石理工学院学报》2010 年第 1 期。

麻志杰：《地名来源与地理要素》，《中国地名》1998 年第 2 期。

马少侨：《梅山文化的历史特色与自然特征》，《楚风》1991 年第 1 期。

马艳：《布依族汉语情歌的文化内涵》，《民族文学研究》2003 年第 3 期。

马启红：《山西太古方言惯用语探析》，《语文研究》2007 年第 4 期。

倪彩霞：《族群变迁与文化融合——梅山地区宗教信仰的调查与研究》，《文化遗产》2009 年第 4 期。

秦崇海：《论传统文化对汉语修辞的影响》，《河南社会科学》2003 年第 5 期。

任海燕：《陕北民歌"兴"的修辞效果》，《榆林学院学报》2008 年第 5 期。

任建兰、公平：《浅析地名的地域性》，《世界地理研究》2011 年第 3 期。

申小龙：《汉语的文化特征与汉民族修辞学传统》，《云南民族学院学报》1992 年第 1 期。

沈孟璎：《民族性·现实性·互融性——关于汉语修辞与汉文化关系的研究》，《扬州大学学报》2000 年第 2 期。

书乔：《寻找喻体的艺术》，《修辞学习》1990 年第 1 期。

谭卫宁：《原型：中国古傩与生殖崇拜的双向考释》，《吉首大学学报》1991 年第 4 期。

田荔枝：《汉语比喻与传统思维方式》，《山东大学学报》1994 年第 4 期。

王冬梅：《英汉委婉语与中西语言文化异同》，《宁夏社会科学》2007 年第 3 期。

王洪莉：《赤峰地名研究》，中南大学，2010 年。

王文卿：《浅谈山西地名的地域文化特征》，《中国地名》2011 年第 4 期。

温科学：《英汉比喻的地域和民族色彩》，《广西民族学院学报》1994 年第 2 期。

谢征：《赣南客家山歌歌词艺术手法与风格特征探微》，《赣南师范学院学报》2005 年第 2 期。

杨辉:《容器方位词里、内、中、外的空间意义》,《四川教育学报》2008年第12期。

杨邵林:《四川彭州方言中的禁忌语》,《西南民族大学学报》2011年第2期。

于全有:《文化修辞学的内涵与学科属性》,《语言文字应用》2011年第1期。

袁征:《梅山教与梅山民歌——梅山民歌系列研究之三》,《云梦学刊》2002年第1期。

曾毅平:《傣族谚语与傣族文化》,《暨南学报》2000年第4期。

张泽洪:《中国南方少数民族的梅山教》,《中南民族大学学报》2003年第4期。

赵国华:《生殖崇拜文化略论》,《中国社会科学》1988年第1期。

祝敏青:《福州方言熟语的修辞特点》,《方言》2005年第2期。

五

李传机主编:《湖南省新化县地名录》,新化县人民政府编印,1983年。

新化县民间文学三大集成编辑委员会:《中国民间歌谣集成·湖南卷·新化县资料本》,1987年。

新化县民间文学三大集成编辑委员会:《中国民间谚语集成·湖南卷·新化县资料本》,1987年。

中国民歌集成内蒙古自治区卷编辑委员会:《中国民间歌谣集成·内蒙古卷·鄂温克族歌、鄂伦春族分册》(二),1981年。

后　　记

　　佛家喜以"缘"来指称世间事物的各种联系，从语言学的视角来看，我赞赏这个称谓方式。本书的完成，从选题到定稿，直至今天的付印出版，均离不开一个"缘"字。

　　我与复旦是有缘的。记得与复旦的第一次结缘，是 2007 年去上海探亲，图走捷径而穿越复旦园，懵懂中竟行至了燕园门口的老校牌下，手抚沧桑而厚重的木扉，我有些许的激动，而这种感觉，于我，是很多年都没有了。

　　2008 年，我晋升为副教授，新的起点，我对自己未来的科研方向充满了迷茫。吴礼权老师的《修辞心理学》就在这段时间出现在我的视野中，其跨学科的研究意识，严缜的科学思维，辞约旨丰的表述方式，下笔琳琅的文采风流都让我心向往之。于是，我决定再一次负笈外放，访学于复旦吴礼权教授。

　　人与人有两种缘分让人慨叹，一是白首相知犹按剑，二是倾盖相逢便相亲。人世间有两种恩情让人难忘，一是养育之恩，二是知遇之恩。我与吴老师的缘分属于后者。2011 年，经吴老师鼓励，我参加了复旦的博士研究生入学考试，顺利通过考试，被吴老师收列门墙。从此，开启了我在复旦的求学之路。

　　复旦求学之初，正逢学术界的"空间"研究进行得如火如荼。在文学界，有文学的空间地理学研究，在语言学界，有文化语言学和方言地理学研究。但在修辞学界，尚缺乏修辞的地域性研究。我把自己的想法同吴老师进行了交流，吴老师以他宽广的学术格局认可了我的选题方向。确立了研究角度和方法，我们师徒商定，就以我最熟悉的湖南新化方言作为研究个案，从语词、语句、语篇三个方面对其修辞现象、修辞方法、修辞原则、修辞理念等展开系统性研究，以论证出修辞的地域性。

回思自己的人生，有两个阶段难以忘怀，一是师专阶段，青春勃发，养根俟实。二是博士阶段，成熟丰盈，博学笃志。在复旦，有两种体会让我终身难忘。一是生活的温暖，二是学习的自由。复旦生活的温暖体现在：在复旦，读博是国家提供生活费的，喝水是免费的，厕所是备有手纸的，其他，如北苑园区生活设施的齐全，配套设施的完备，服务的周全，凡此种种不一而足。这些温暖，不论将来我们走向何方，都将使每一个复旦人永怀感恩之心，以自己之所长去报效祖国，回报社会。

其学习的自由体现在：在复旦中文系，仅语言学类的课程就开设了三十余门，其他，如各名家的学术讲座数不胜数，各图书馆、资料室纸质资源和电子资源的丰富任选。在此种学术争鸣的氛围中，老师们按自己的研究方向自由讲学，学生们依自己的兴趣自由选课、蹭课。由此，我认识了复旦那些或思辨深邃，或幽默风趣，或专业精深的可亲可爱的老师们，是他们开阔了我的学术视野，教给了我全新的学术理念和研究方法。

复旦的四年，是磨砺心智的四年，是理性思考的四年，也是脱茧化蝶的四年。四年的博士生生涯，广泛搜集方言语料、深入开展田野调查、反复查阅各种文献，以语言事实为基础，深入剖析，反复论证，在湖南人文科技学院图书馆经历了两个酷暑严冬，本论著的初稿即我的博士学位论文——《修辞的地域性研究——以湖南新化方言为例》撰写完成。

四年辛苦不寻常，这厚重的论著熔铸的不仅仅是我个人的心血，恩师吴礼权教授从选题到撰写，可谓是全程跟踪，事无巨细，必悉心指导，反复叮嘱，把他对学术的精益求精精神发挥到极致。而上海大学的赵毅老师，上海师大的张谊生老师、苏州大学的曹炜老师，复旦的彭增安老师，他们以自己丰富的科研经验和渊博的学养，对我的论文从框架的安排，到章目的拟定、文献的引用，乃至行文的规范、语言的表达都提供了宝贵的建议和意见。这些建议和意见不仅对本论著的顺利完成起着重要的指导作用，而且还是我未来科研工作的金科玉律。此外，还有湖南人文科技学院石潇纯校长，梅山文化研究中心主任周探科教授，尽其所能给我提供各种民间调研的机会和经费资助，让我的论著能以丰厚的语言事实和地方文献为基础，严谨有序、张弛有度地展开论证，我感谢他们！

四年初稿，五年精修。2015年我从复旦回到我的原工作单位——湖南人文科技学院继续工作。这五年期间，各种人生困苦接踵而至，父亲生病，女儿升学，教学任务繁重，种种生活的重负让我一直未能抽出时间对博士论文进行系统性修葺整理。2018年，女儿顺利升学，父亲不幸病逝，我才得以有了宁静的心态和完整的时间对博士论文进行修改和完善。感谢湖南人文科技学院学报"梅山文化研究"专栏，是他们的持续约稿和用稿，让我在这五年期间对"新化地名修辞研究""新化山歌篇章修辞研究"两章进行了更深入的论证。而几次国家后期资助项目的申报，虽未能成功，但让我对全书篇章结构及重要章节内容进行了调整和补充。感谢中国社会科学出版社编校人员的倾情付出，特别是本书的责编宫京蕾老师，是他们的精心编排，反复清校，才让我的论作顺利成书出版。

在论著编撰的内围，有那么多可亲可敬的师友们倾情付出，在论著撰写的外围，还有强大的亲友团支持。我的老爸，一位喜把年幼的女儿扛坐肩头四处展示的父亲，是他一以贯之的宠女情怀，培养了我的自信力。我的老妈，一位无所不能的母亲，是她的能干和强势，铸就了我不屈不挠的斗争精神。相信自己，依靠自己，就是这两种精神让我走到了今天。我的先生，一位天性平和的男人，其不争不胜的性情，让我在喧嚣和浮躁中学会了淡泊与安然。我的女儿，新世纪的女汉子，是她的阳光和独立让我的写作心无旁骛，我感谢他们！

而今，论著付印，我终于看到梦想开花。然而成绩永远属于过去，就新化方言修辞而言，还有称谓语、敬谦语、祝福语、致谢语等尚待研究完成；而在"新化地名修辞研究"中，还有诸多地名词汇仍需深入考证；"新化俗语修辞研究"中，还有夸张、比拟、对偶几种辞格可展开论证；在"新化山歌篇章修辞研究"中，新化山歌唱词音声的地方性音乐价值还有广阔的研究空间。其他，如新化方言修辞与其他地域修辞的对比，新化方言修辞与古瑶语、赣语之间的关系都还可深化拓展，总之，科学研究永远在路上，永远未完成。是以为记，是以为励。

姜珍婷

2020年10月26日

记于湖南人文科技学院